Mitglieder und Freunde von ‚Cercle et Carré', Paris 1930, v.l.n.r.: Francisca Clausen, Florence Henri, Manolita Torres-García, Joaquin Torres-García, Piet Mondrian, Hans Arp, Pedro Daura, Marcella Cahn, Sophie Taeuber-Arp, Michel Seuphor, Friedrich Vordemberge-Gildewart, Vera Idelson, Luigi Russolo, Nina Kandinsky, Georges Vantongerloo, Wassily Kandinsky

Die Surrealistengruppe, Paris 1930, v.l.n.r.: Tristan Tzara, Paul Eluard, André Breton, Hans Arp, Salvador Dali, Yves Tanguy, Max Ernst, René Crevel, Man Ray (Photo Man Ray)

Kunstsammlung Nordrhein-Westfalen

„. . . und nicht die leiseste Spur einer Vorschrift" – Positionen unabhängiger Kunst in Europa um 1937

Düsseldorf 4. 12. 1987 – 31. 1. 1988

‚Artists in Exile', New York 1942, vordere Reihe v.l.n.r.: Matta, Ossip Zadkine, Yves Tanguy, Max Ernst, Marc Chagall, Fernand Léger; dahinter: André Breton, Piet Mondrian, André Masson, Amédée Ozenfant, Jacques Lipchitz, Pavel Tchelitchew, Kurt Seligmann, Eugene Berman

Kunstsammlung Nordrhein-Westfalen

„... und nicht die leiseste Spur einer Vorschrift" – Positionen unabhängiger Kunst in Europa um 1937

1937. Europa vor dem 2. Weltkrieg

CIP-Titelaufnahme der Deutschen Bibliothek

1937 *[Neunzehnhundertsiebenunddreissig], Europa vor dem 2. Weltkrieg:* September 1987 – Januar 1988;
e. Gemeinschaftsprojekt Düsseldorfer Kulturinst. /
Koordination: Kunstsammlung Nordrhein-Westfalen, Düsseldorf.
Projektidee u. -leitung: Jörn Merkert.
Wiss. Mitarb.: Thomas Brandt: ... – Düsseldorf:
Kunstsammlung Nordrhein-Westfalen

„... und nicht die leiseste Spur einer Vorschrift“:
Positionen unabhängiger Kunst in Europa um 1937;
anlässl. d. Ausstellung „... Und Nicht d. Leiseste Spur e. Vorschrift“ –
Positionen Unabhängiger Kunst in Europa um 1937 in
d. Kunstsammlung Nordrhein-Westfalen, Düsseldorf,
4. Dezember 1987 – 31. Januar 1988 /
Katalogred.: Freya Mülhaupt ...
Biographien, Katalogeinträge, Bibliogr.: Thomas Brandt; Freya Mülhaupt.
Übers. aus d. Franz.: Joanna Zajac-Wernicke. –
Düsseldorf: Kunstsammlung Nordrhein-Westfalen, 1987.

(1937 [Neunzehnhundertsiebenunddreissig],
Europa vor dem 2. [Zweiten] Weltkrieg)
ISBN 3-926154-04-7

1937. Europa vor dem 2. Weltkrieg
September 1987 bis Januar 1988
Ein Gemeinschaftsprojekt Düsseldorfer Kulturinstitute
Koordination: Kunstsammlung Nordrhein-Westfalen, Düsseldorf
Projektidee und -leitung: Jörn Merkert
Wissenschaftliche Mitarbeiter: Thomas Brandt, Anette Kruszynski,
Sabine Lange, Dirk Luckow, Freya Mülhaupt
Organisation und Sekretariat: Gudrun Harms, Dorothee Jansen,
Birgid Pudney-Schmidt

Im Rahmen des Projektes erscheint dieser Katalog anläßlich der Ausstellung
„... und nicht die leiseste Spur einer Vorschrift“ –
Positionen unabhängiger Kunst in Europa um 1937
in der Kunstsammlung Nordrhein-Westfalen, Düsseldorf,
4. Dezember 1987 bis 31. Januar 1988
Konzeption der Ausstellung: Thomas Brandt, Freya Mülhaupt
Katalogredaktion: Freya Mülhaupt, Thomas Brandt, Sabine Lange, Dirk Luckow
Biographien, Katalogeinträge, Bibliographie: Thomas Brandt, Freya Mülhaupt
Übersetzungen aus dem Französischen: Joanna Zajac-Wernicke
Umschlagabbildungen: Kurt Schwitters, Quadratisches Bild,
1937, Privatsammlung (Kat. Nr. 84);
Internationale Surrealismus-Ausstellung in Paris 1938:
Fotografie der Puppe von Oscar Dominguez; Max Ernst, La joie de vivre, 1936,
Privatsammlung (Kat. Nr. 30)
Graphisches Konzept: Gerd Fleischmann
Lithographien: Regrafo GmbH, Kempen; RZ-Layout, Düsseldorf
Herstellung: Druckerei Hubert Hoch, Düsseldorf

Inhalt

Dank

Den nachstehenden Museen, Galerien und allen privaten Leihgebern,
auch denen, die ungenannt bleiben möchten,
sei herzlich für ihre Unterstützung der Ausstellung gedankt.

Öffentliche Kunstsammlung Basel, Kunstmuseum
Kunstmuseum Bern (Anne-Marie und Victor Loeb-Stiftung)
Kunsthalle Bielefeld
Stiftung Hans Arp und Sophie Taeuber-Arp e.V., Bahnhof Rolandseck, Bonn
The Art Institute of Chicago
Algur H. Meadows Collection, Meadows Museum, Southern Methodist University, Dallas/Texas
Haags Gemeentemuseum, Den Haag
Wilhelm-Lehmbruck-Museum der Stadt Duisburg
Scottish National Gallery of Modern Art, Edinburgh
Museum Folkwang, Essen
Musée de Peinture et de Sculpture de Grenoble
Hamburger Kunsthalle, Hamburg
The Henry Moore Foundation, Hertfordshire
The University of Iowa, Museum of Art, Iowa City (Mark Ranney Memorial Fund)
Staatliche Kunstsammlungen Kassel
Museum Ludwig, Köln (Sammlung Haubrich)
Museum Sztuki, Lodz
British Government Art Collection, London
The British Council, London
The Tate Gallery, London
The Trustees of The Tate Gallery, London
Städtisches Museum Abteiberg Mönchengladbach (Sparkassenstiftung für Kunst und Wissenschaft)
Städtische Galerie im Lenbachhaus, München
The Metropolitan Museum of Art, New York
The Museum of Modern Art, New York
Musée d'Art Moderne de la Ville de Paris
Musée National d'Art Moderne, Centre Georges Pompidou, Paris
Musée Picasso, Paris
Museum Boymans-van Beuningen, Rotterdam
Collection Fondation Marguerite et Aimée Maeght, Saint Paul
Moderna Museet, Stockholm
Staatsgalerie Stuttgart
Von der Heydt-Museum, Wuppertal
Kunsthaus Zürich

Mr. und Mrs. Acquavella, New York
Mrs. Edwin A. Bergman, Chicago
Galerie Beyeler, Basel
Sammlung Ernst Beyeler, Basel
Max Bill, Zürich
Galerie Brusberg, Berlin
Gimpel Fils, London
Sammlung Gimpel Fils, London
Sammlung Krystyna Gmurzynska-Bscher, Köln
Sammlung Hans Hartung, Antibes
Collection Jasper Johns, New York
Annely Juda Fine Art, London
Galerie Jan Krugier, Genf
Galerie Louise Leiris, Paris
Marlborough Fine Art (London) Ltd.
Perls Galleries, New York
Sammlung André-François Petit, Paris
Galerie Rosengart, Luzern
Sammlung Rosengart, Luzern

Vorwort

Vor fünfzig Jahren, am Vorabend des Zweiten Weltkrieges, erreichte die nationalsozialistische Diffamierung der modernen Kunst mit der Beschlagnahmung und der Ausstellung *Entartete Kunst* ihren Höhepunkt. Damit wurde die kulturelle ‚Avantgarde' nicht nur aus den Museen entfernt, sondern überhaupt aus Deutschland vertrieben.

1937 war auch das Jahr der Pariser Weltausstellung, auf der mit großem Zukunftsoptimismus der technische Fortschrift und die Segnungen der Zivilisation gefeiert wurden. Dort standen sich der deutsche und der sowjetische Pavillon als mächtige Turmbauten gegenüber und verkörperten in ihrer monumentalen Geste den autoritären Anspruch ihrer Staaten. Dagegen hatte die Spanische Republik, die sich im zweiten Jahr des Bürgerkrieges befand, zur Selbstdarstellung einen Pavillon aus Fertigteilen und bescheidensten Materialien errichtet. In seinem Inneren erwartete den Besucher – neben anderen bedeutenden Werken – Picassos Bild *Guernica,* eine monumentale Anklage gegen Krieg und Zerstörung überhaupt, im Gedenken an die im April jenes Jahres von der deutschen ‚Legion Condor' bombardierte baskische Stadt.

Gleichzeitig mit der Pariser Weltausstellung, aber als unabhängige Veranstaltung, war im ‚Jeu de Paume' eine Ausstellung zu sehen, in der bedeutende Künstler der Zeit, von Picasso bis Kandinsky, von Léger bis Klee, von Gabo bis González ihre Arbeiten zeigten. Ausgehend von den Ursprüngen der Moderne bis zu aktuellen Beispielen der zeitgenössischen Kunst, umriß diese Ausstellung die Geschichte der Moderne.

Der fünfzigste Jahrestag dieser Zeit voller Widersprüche und epocheprägender Ereignisse ist für die Düsseldorfer Kulturinstitute Anlaß, mit einer Vielzahl von Veranstaltungen der verschiedenen künstlerischen Disziplinen dieses komplexe Kapitel europäischer Geschichte anschaulich zu machen. Jedes Institut entwickelte aus der Perspektive seiner Inhalte einen selbständigen Beitrag zu diesem Thema. Sowohl Konzeption als auch wissenschaftliche Erarbeitung geschahen unabhängig voneinander in voller Eigenverantwortlichkeit. Auf diese Weise entstand mit Ausstellungen, Vorträgen, Lesungen, Bühnen- und Konzertaufführungen und Filmprogrammen ein facettenreiches Panorama, das nicht nur Düsseldorfer und deutsche Geschichte zur Diskussion stellt, sondern darüber hinaus die europäischen Konflikte der damaligen Zeit zur Darstellung bringt. Es liegt in der Natur der Sache, daß das Projekt sich nicht zu einer alles umfassenden Gesamtschau zusammenfügt. Die Brüche, Lücken und vor allem die Widersprüche spiegeln die spannungsreichen Gegensätze der politischen und kulturellen Ereignisse um 1937 wider.

Die Initiative zu diesem Vorhaben ging von der Kunstsammlung Nordrhein-Westfalen aus. Der Leiter der Ausstellungsabteilung hatte als erster dazu die Idee entwickelt und dann zusammen mit seinen Mitarbeitern Freya Mülhaupt, Dr. Anette Kruszynski, Sabine Lange, Thomas Brandt und Dirk Luckow die Koordination der Veranstaltung übernommen. Vor allem aber zeichnet das Team verantwortlich für die beiden Ausstellungen der Kunstsammlung Nordrhein-Westfalen. Ihm gilt unser herzlicher Dank.

Bereits im Frühjahr wurde unter Federführung von Freya Mülhaupt in der Kunstsammlung mit großer öffentlicher Resonanz eine Vortragsreihe mit namhaften Historikern durchgeführt, die durch die Vielfalt und Gegensätzlichkeit der vermittelten Fragestellungen und Sichtweisen auf das Projekt vorbereitete. Dieser Vortragszyklus liegt inzwischen auch gedruckt vor.

Der Beitrag der Kunstsammlung umfaßt zwei inhaltlich miteinander verknüpfte Ausstellungen. Die erste, die zugleich das Gesamtprojekt eröffnete, war speziell der in den dreißiger Jahren in Deutschland verfolgten Kunst gewidmet. Dr. Anette Kruszynski und Dirk Luckow haben Meisterwerke zusammengetragen, die 1937 ausnahmslos aus deutschem Museumsbesitz beschlagnahmt worden sind. Im Katalog zu der Ausstellung ‚Museum der Gegenwart – Kunst in öffentlichen Sammlungen bis 1937' wurde vor allem das Engagement der deutschen Museen für die zeitgenössische Kunst in der Weimarer Republik gewürdigt. Sabine Lange hat für diese Ausstellung eine Dokumentation über den für das Provinzialmuseum Hannover konzipierten ‚Raum der Gegenwart' erarbeitet.

Die zweite Ausstellung in der Kunstsammlung, die das gesamte Projekt beschließt, wurde von Freya Mülhaupt und Thomas Brandt unter dem Titel: *„und nicht die leiseste Spur einer Vorschrift" – Positionen unabhängiger Kunst in Europa um 1937* erarbeitet. Sie zeigt Werke von Künstlern, die in der Zeit um 1937 gegen eine angeblich im Volk verwurzelte ‚offizielle' Kunst an der Position künstlerischer Freiheit festhielten und die durch ihre Haltung und ihr Werk im Widerspruch zur faschistischen Ideologie standen. Sie gehörten so gegensätzlichen Bewegungen wie der abstrakt-konkreten Kunst oder dem Surrealismus an, bzw. waren in dem Spannungsfeld zwischen diesen Polen angesiedelt. Der Schnittpunkt ihrer vielfältigen Beziehungen lag in Paris, das als Hauptstadt der Moderne zugleich Sammelbecken und Ausstrahlungsort der zeitgenössischen Kunst und ihrer Ideen war.

Die fördernde und ermunternde Unterstützung sowohl der Landesregierung als auch der Stadt Düsseldorf haben trotz wachsender finanzieller Schwierigkeiten entscheidend dazu beigetragen, daß die veranstaltenden Institute nicht den Mut verloren, dieses Vorhaben gegen alle sich einstellenden Probleme durchzuführen. Allen Mitarbeitern an diesem Unternehmen danken wir daher sehr herzlich. Ebenso danken wir den Katalogautoren und dem Graphiker, sowie den zahlreichen Kollegen im In- und Ausland, die uns mit Ratschlägen und Hilfestellungen unterstützt haben.

Zum Gelingen der beiden Ausstellungen der Kunstsammlung haben die privaten und öffentlichen Leihgeber entscheidend beigetragen. Ihnen danken wir ganz besonders.

Werner Schmalenbach
Jörn Merkert

„Ein Paradies der Gewalt, der Fratzen, des Wahns“ *
Zum Verhältnis von Kunst und Politik in den 30er Jahren

Freya Mülhaupt

Es hat eine furchtbare Zeit gegeben, und die betraf nicht nur Deutschland. Sie hatten das in Frankreich genauso spüren können. Das waren die dreißiger Jahre, wo allenthalben das Übergewicht der politischen Begriffe so stark wurde, daß es das gesamte Menschliche verwüstete (...) Und in diesen politisch übertriebenen Strukturen da ließ es sich nicht mehr atmen. Und um diesem schäbigen Gesicht des Politischen endlich wieder aus dem Weg gehen zu können, war die ganze Ohne-Mich-Idee sehr vernünftig.(1)

Als Ursprungsort der Moderne, als Stadt der Kunst übt Paris seit dem 19. Jahrhundert auf Künstler aus aller Welt eine bemerkenswerte Faszination aus. In den dreißiger Jahren aber kommt der französischen Metropole, da die ebenfalls bedeutenden deutschen Kunstzentren auf der Kunst-Bühne keine Rolle mehr spielen, als Mittelpunkt der internationalen künstlerischen Avantgarde eine besondere Bedeutung zu. Nirgendwo sonst ist die lebendige zeitgenössische Kunst in solchem Umfang und mit so vielen Aktivitäten vertreten wie hier.

Mit diesem Jahrzehnt ist jedoch das ‚Fest fürs Leben'(2), das Ernest Hemingway und viele andere Künstler dort genossen haben, vorbei. Es beginnen Jahre, die in Frankreich überschattet sind von der Weltwirtschaftskrise, von großen gesellschaftlichen Spannungen und politischer Labilität (zwischen 1933 und 1939 lösen 14 Regierungen einander ab), vom spanischen Bürgerkrieg und von den Auswirkungen der Politik Hitlers, die schließlich in einen Weltkrieg mündet. Diese Umstände beeinflußen und beeinträchtigen das Kunst-Leben in Paris. Durch die Weltwirtschaftskrise wandelt sich das ungebundene Bohème-Dasein für viele Künstler in bloßes Elend. Dazu kommt, daß durch die Vertreibung der modernen Kunst aus Hitler-Deutschland Paris zu einem Zufluchtsort und der Aufenthalt dort für manchen Künstler jetzt zu einem unfreiwilligen Exil wird.

Alles in allem bilden die dreißiger Jahre ein dunkles Jahrzehnt. In seinem Klima ist die Lust auf Abenteuer und Experimente gering: Akademismus und Diskussionen um einen politisch engagierten Realismus scheinen das ‚Projekt der Moderne' abgelöst zu haben. Von der künstlerischen Aufbruchstimmung früherer Jahre ist kaum noch etwas zu spüren. Beunruhigt von dieser Stagnation veranstalten die *Cahiers d'Art,* eine der damals bedeutendsten Kunst-Zeitschriften, 1935 eine Umfrage über die Zukunft der Malerei(2a), und mancher Künstler beginnt, ganz grundsätzlich am Sinn seiner Tätigkeit zu zweifeln: „Schreiben, malen? Wozu das alles angesichts der Zeiten, die uns bevorstehen?“(3). Mehr vielleicht als durch ihre künstlerischen Neuerungen schreiben sich die dreißiger Jahre in die Kunstgeschichte ein durch die von den Umständen erzwungene Reflektion über die Stellung der Kunst in der Gesellschaft. Große Überblickausstellungen (vgl. Ausstellungsverzeichnis) signalisieren das Ende der Epoche der großen Entdeckungen und Erfindungen der modernen Kunst, das Ende ihrer Pionierphase.

Im Rückblick erweisen sich der Surrealismus und die abstrakt-konkrete Kunst als die wichtigsten Bewegungen dieses Jahrzehnts; beide führen Entwicklungen weiter, die ihre Wurzeln noch vor dem Ersten Weltkrieg beziehungsweise kurz danach haben. Die abstrakt-konkreten Künstler wie auch die Surrealisten haben die frühe Phase der schöpferischen Intensität hinter sich, beide Bewegungen beginnen an Kohärenz zu verlieren. Trotzdem sind die Entwicklungen und Aktivitäten dieser Kunst-Richtungen auch in den dreißiger Jahren bemerkenswert, und ist ihre Anziehungskraft für junge Künstler, die ihrerseits neue Impulse mitbringen, ungebrochen.

Im Laufe der zwanziger Jahre lassen sich bedeutende Vertreter der geometrischen Abstraktion, des osteuropäischen Konstruktivismus wie des holländischen Neoplastizismus(4), in Paris nieder, wo, in der Folge, die ungegenständliche Kunst eine zunehmende Anhängerschaft gewinnt. Diese findet sich 1930 zunächst in ‚Cercle et Carré', 1931 dann in ‚Abstraction-Création' zusammen, nicht zuletzt aus dem Grund, um dem skandalträchtigen und viel Aufmerksamkeit auf sich ziehenden Surrealismus, der in Paris von Anfang an zuhause war, besser entgegentreten zu können. Trotz der Vielfalt der Werke, der Verschiedenheit der Programme und gegenseitiger Kampfansagen bestehen zwischen den beiden Bewegungen jedoch auch Beziehungen und Wechselwirkungen. Grundlegende Gemeinsamkeit ist ihnen ohnehin das Unbehagen an der eigenen Kultur, ihrer beschränkten Vernünftigkeit und ihrem auf wissenschaftlich-technischen Fortschritt und bloßen materiellen Reichtum basierendem Gefühl der Überlegenheit.

Ausgehend von Paris gewinnen Surrealismus und ungegenständliche Kunst in den dreißiger Jahren auch in den USA an Boden: sie werden durch Ausstellungen und Publikationen bekannt, werden von ein paar wenigen, aber engagierten Galerien vertreten, finden Käufer und Sammler und inspirieren durch ihre ‚Anwesenheit' junge Künstler. Vor allem das 1929 gegründete *Museum of Modern Art* in New York, aber auch andere amerikanische Museen

* Arthur Rimbaud, Parade
1 Werner Haftmann im Gespräch mit Thomas Kempas, in: *Thema: Informel. Zur Struktur einer ‚anderen' Zeit* (Teil I), Berlin 1973 (Ausst. Kat.), S. 103
2 Ernest Hemingway, *Paris – ein Fest fürs Leben* (Gesammelte Werke Bd. 9), Reinbeck 1977
2a Auf die Umfrage antworten u. a.: Georges Braque, Piet Mondrian, Julio González, Will Grohmann, Wassily Kandinsky, Jean Hélion, Fernand Léger. Vgl. dazu: *Cahiers d'Art,* 10. Jg. (1935), Nr. 1/4
3 Maurice de Vlaminck in einem Brief vom 9. 3. 1934, zit. n.: *Daniel-Henry Kahnweiler. Kunsthändler, Verleger, Schriftsteller,* Stuttgart 1986 (Ausst. Kat.), S. 150
4 1922: Antoine Pevsner, 1924: Piet Mondrian, 1927: Georges Vantongerloo, 1929: Hans Arp und Theo van Doesburg

machen durch Ausstellungen eine größere amerikanische Öffentlichkeit mit der klassischen und auch zeitgenössischen europäischen Moderne bekannt. Als Anfang der vierziger Jahre einigen der bedeutendsten Vertreter der ungegenständlichen Kunst und des Surrealismus die Flucht aus dem von Hitler überrannten Europa und die Einreise in die USA gelingt, fällt ihnen aufgrund der schon bestehenden Beziehungen die Integration leicht (vgl. dazu die Biographien von Salvador Dali, Marcel Duchamp, Max Ernst, Jean Hélion, Fernand Léger, André Masson, Piet Mondrian, Yves Tanguy).

„1932 ff. Viel Steine, wenig Brot."

„Oh ja, die Krise, man spricht von nichts anderem, man denkt an nichts anderes. Vage Vermutungen, keiner weiß etwas Genaues. Wie wird das enden? Naht das berühmte Ende der kapitalistischen Ära? . . . Das alles ist nicht sehr lustig, man sieht nur noch Leute mit Trauermienen. Man spürt es überall: Die Leute kommen noch nicht einmal, um sich die Bilder anzusehen; in der Galerie sieht man keinen Menschen."(5) Als Daniel Henry Kahnweiler, der Kunsthändler und Freund von Pablo Picasso, Georges Braque, Juan Gris, Fernand Léger, André Masson, im Oktober 1931 diese Sätze schreibt, ist die Weltwirtschaftskrise, zwei Jahre nach dem Zusammenbruch der New Yorker Börse, auch in Frankreich angekommen. Der Kunstmarkt bleibt von ihr nicht verschont, für das gesamte Kunst-Leben ergeben sich Einschränkungen und Probleme. Wer damals noch Mittel und dazu auch noch den Mut hatte, konnte für lächerliche Summen moderne Kunst erwerben. Das Angebot war groß und die Nachfrage äußerst gering. „Ich habe während der Krise begonnen, im Hôtel Drouot zu kaufen. Man konnte für praktisch nichts alles bekommen. Die Bilder wurden zu Preisen verkauft, die zehn- oder sogar zwanzigmal unter denen des Vorjahres lagen."(6)

In den Briefen von Paul Eluard lernt man die andere Seite kennen: während er in den zwanziger Jahren als Käufer avantgardistischer und außereuropäischer Kunst auftritt, ist er in den dreißiger Jahren, „um nicht am Hungertuch" zu nagen, gezwungen, seine Erwerbungen wieder zu Geld zu machen(7).

Zahlreiche Galerien müssen schließen oder sind gezwungen, die Verträge mit ihren Künstlern zu lösen. „Die Krise", so erinnert sich Kahnweiler in einem Gespräch, „machte sich bei uns entsetzlich bemerkbar; verkauft wurde sozusagen überhaupt nichts mehr. Nur meine Schwägerin Louise Leiris, die seit 1920 in der Galerie mitarbeitete, war damals noch bei mir. Die Büroangestellten, die wir vorher noch hatten, mußte ich natürlich entlassen. . . . Alles das wäre noch einigermaßen erträglich gewesen, hätte ich nicht die Verantwortung für die Maler gehabt. Ich wollte sie nicht aufgeben."(8) Um die Künstler in dieser Notzeit nicht im Stich zu lassen, gründet Kahnweiler zusammen mit Freunden ein – wie sie es nennen – ‚Syndikat der Künstlerhilfe'. Dessen Mitglieder bezahlen monatlich einen bestimmten Betrag und erwerben sich dadurch das Anrecht auf Bilder eines bestimmten Künstlers. Das Geld wird von der Galerie verwaltet und verteilt. Auf ähnliche Weise sichert ein Kreis von zwölf Personen, ‚Zodiaque' genannt, ab 1933 das Auskommen von Salvador Dali. Aber die wenigsten Künstler haben die Chance, auf solche Weise unterstützt zu werden, und es gibt nur einige ganz wenige berühmte Maler, wie Picasso, Georges Braque, Henri Matisse, die über genügend Rücklagen verfügen, um das Wirtschafts-Tief durchstehen zu können. Für junge Künstler ist die Situation fast aussichtslos, aber auch für solche, die schon einen, wenn auch bescheidenen, Erfolg verzeichnen konnten, sind die Zeiten schwer.

„1932 ff. Viel Steine, wenig Brot" notiert Max Ernst lakonisch in seinen „Biographischen Notizen"(9). Einige der deutschen, zu einem elenden Emigrantendasein gezwungenen Künstler geraten in extreme Notlagen (vgl. die Biographien von Otto Freundlich, Hans Hartung, Wols).

Der Verlag der *Cahiers d'Art* muß 1933 seine Kunstsammlung veräußern, ‚um trotz der Krise den Ofen zu heizen'(10). Andere Zeitschriften, wie z. B. die von Georges Bataille seit 1929 geleiteten *Documents,* müssen ihr Erscheinen ganz einstellen(11). Ebenso ist ‚Abstraction-Création, Art non-figuratif' den schwierigsten wirtschaftlichen Bedingungen ausgesetzt. Die Gruppe vermag zwar eine Reihe von Veranstaltungen zu organisieren, kann aber aus Geldmangel nur einen Bruchteil der ursprünglich geplanten Publikationen herausbringen(12).

Zur ökonomischen kommt die politische Krise. Im Februar 1934 kann ein rechtsradikaler Putsch in Frankreich nur knapp verhindert werden. Der Putsch-Versuch provoziert einen Generalstreik und eine Einheitsfront von Sozialisten und Kommunisten unter der Parole „Nieder mit dem Faschismus!" Aber dieser Erfolg kann über die allgemeine Schwäche der bürgerlichen Demokratie kaum hinwegtäuschen. In dem Jahrzehnt vor 1933 scheitert die parlamentarische Demokratie in vielen europäischen Ländern. Diktaturen entstehen in Italien und in der Türkei, in Polen, Spanien, Portugal, Litauen und Albanien. In Deutschland, Österreich, Jugoslawien, Bulgarien, Estland, Lettland, Ungarn, Rumänien und Griechenland war die parlamentarische Ordnung schwach und machte 1933 oder wenig später autoritären Regimen Platz.

Das wirtschaftliche Desaster, politische Skandale und schwache Regierungen machen auch in Frankreich große Teile der Bevölkerung für die Idee einer tiefgreifenden Umgestaltung der Gesellschaft empfänglich. Das Land ist gespalten: auf der einen Seite stehen diejenigen, die in der Wiederbelebung nationaler Traditionen und Größe, in Disziplin, Ordnung und Autorität den Ausweg aus der Krise sehen. Und auf der anderen Seite stehen die, die auf den endgültigen Kollaps der abgewirtschafteten Verhältnisse hoffen, damit, aus deren Schutt, sich dann die neue, klassenlose Gesellschaft der Zukunft erheben kann.

Dieser Riß geht auch durch die Gesamtheit

5 Daniel-Henry Kahnweiler in einem Brief vom 6. 10. 1931, zit. n.: a. a. O., S. 147

6 R. Moulin, Le marché de la peinture en France, Paris 1967, S. 40, zit. n.: Bernard Ceysson, Peindre, sculpter, dans les années 30 en France, in: *L'art dans les années 30 en France*, Saint-Etienne 1979 (Ausst. Kat.), S. 18 (Übersetzung von mir, F.M.)
Diesem Bericht eines Sammlers ist anzufügen, daß der Wertverfall von Kunstwerken nur vorübergehend und geringer war als bei der Mehrzahl der Aktien. Gerade in den 30er Jahren wird die Kunst als ein relativ stabiler, krisenfester Wertfaktor entdeckt.

7 Paul Eluard in einem Brief vom 22. 2. 1935, in: Paul Eluard, *Liebesbriefe an Gala*, Hamburg 1987, S. 238. Vgl. auch die Briefe vom Februar 1931, S. 130; vom 17. 8. 1933, S. 211; vom 15. 8. 1934, S. 234 f., u.a.

8 Daniel-Henry Kahnweiler, *Meine Maler – meine Galerien*, Köln 1961, S. 113 f.

9 Max Ernst, *Biographische Notizen. Wahrheitsgewebe und Lügengewebe*, in: Max Ernst, Köln/Zürich 1963 (Ausst. Kat.), S. 29

10 Cahiers d'Art, 8. Jg. (1933) Nr. 1/2

11 Das erste Heft der Zeitschrift *Documents – Archéologie, Beaux Arts, Ethnographie, Variétés* erscheint im April 1929. Zu den Mitarbeitern der Zeitschrift, die 1931 aus finanziellen Gründen ihr Erscheinen einstellen muß, gehören u.a. Carl Einstein und Autoren aus dem Umkreis des Surrealismus wie Robert Desnos, Michel Leiris und Georges Limbour. Das Konzept der Zeitschrift, die Interessensgebiete, die Mischung der Themen, wird, in aufwendigerer Aufmachung, von dem zwischen 1933 und 1939 erscheinenden *Minotaure* wieder aufgenommen.

12 Gladys C. Fabre, in: *abstraction-création 1931–1936*, Münster 1978 (Ausst. Kat.), S. 12

der Intellektuellen und Künstler. Die einen gründen im März 1934 das ‚Comité de Vigilance des Intellectuels Antifascistes' (Wachsamkeitskomitee der antifaschistischen Intellektuellen) und rufen auf „zum Kampf an der Seite der Arbeiter gegen die Pläne zur Errichtung einer faschistischen Diktatur und zur Verteidigung der demokratischen Rechte und Freiheiten" 13). Die anderen erklären sich, als demokratische Staaten beim Angriff des Duce auf Äthiopien Sanktionen fordern, mit dem faschistischen Italien solidarisch und rechtfertigen, um der ‚Verteidigung des Abendlandes und um des Friedens' willen, eine expansive Kolonialpolitik(14).

Dazwischen stehen jene, die auch die Zeichen des Unterganges lesen und trotzdem und aus gutem Grund zu keinen radikalen Lösungen neigen. Wie Daniel-Henry Kahnweiler ziehen sie die Republik trotz ihrer Schwächen und Mängel den anderen Staatsformen vor. „Sie läßt uns in geistiger Hinsicht wenigstens unsere Freiheit."(15) Diese Haltung steht damals allerdings unter einem starken Legitimationsdruck. Sie muß sich den Vorwurf gefallen lassen, daß sie für gesellschaftliche Verhältnisse eintritt, die gleichbedeutend sind mit sozialer Not und politischer Unordnung, und daß sie mit der Freiheit des Denkens und der Kunst einen höchst fragwürdigen Wert verteidigt. Auf der Rechten wie auf der Linken sind sich die politischen Gruppierungen darin einig, daß die bedingungslose Freiheit der Kunst zu einer ‚Neuerungs-' und ‚Originalitätssucht' geführt habe und zu jenen ‚Verrücktheiten', die es nicht verdienen, geschützt zu werden. Die Rechte begründet ihren Angriff auf die moderne Kunst damit, daß sie keinerlei Entsprechung zu ‚nationalen' oder ‚rassischen' Eigenarten aufweise und deshalb ‚entartet' sei. Die Linke sieht in der modernen Kunst den ‚Ausdruck der untergehenden Bourgeoisie', der nicht mit den Idealen der ‚Arbeiterklasse' und dem ‚gesunden Empfinden des Proletariats' vereinbar sei.

„Die Mittelmäßigkeit triumphiert."

Die Realität der dreißiger Jahre stellt die Utopie der Konstruktivisten wie den revolutionären Geist der Surrealisten auf eine harte Probe. Ob sie als Anhänger der geometrischen Abstraktion beanspruchen, die Welt der Phänomene zu transzendieren und deren Wesen in einer idealen Geometrie zum Ausdruck zu bringen, ob sie als Konstruktivisten eine dem Maschinenzeitalter entsprechende, universelle und kollektive Formensprache schaffen und damit verändernd in das Leben eingreifen wollen, oder ob sie zur Befreiungs-Bewegung der Surrealisten gehören und als Anwälte des Unbewußten, der von der Vernunft unterdrückten Wünsche und Bilder, auftreten, ihnen allen antwortet ein breites Bündnis des konservativen Geschmacks. „Die Mittelmäßigkeit triumphiert. Alles ist im Niedergang, nur der Enthusiasmus in einigen wenigen Ateliers nicht", schreibt Jean Hélion im Oktober 1934 an seinen New Yorker Briefpartner A. E. Gallatin(16). Die Avantgarde-Künstler sind nicht nur von ihren Käufern, Auftraggebern und Galeristen verlassen, sie geraten auch geistig und politisch in die Isolation: sie sind nicht mehr gefragt.

„Es wird schwer, von etwas anderem zu sprechen als von gesellschaftlichen Ereignissen, die so bedrückend sind. Man arbeitet und macht weiter, aber die ganze Welt ist weit entfernt von unserem künstlerischen Problem. Sie pfeift drauf. (. . .) Hier die Angst, die langsam steigt wie das Wasser, aber der Oberkörper ragt noch heraus. Welche Epoche! Sie haben Glück, daß sie einen sozialen Beruf haben, der sich an die Menge richtet. Unsere ‚Auswahl' als Maler isoliert uns . . ."(17). Der ‚Welt' sind, stärker und spürbarer als in den zwanziger Jahren, die Innovationen und Anliegen der zeitgenössischen Moderne egal. Politische und soziale Probleme haben ein solches Gewicht, daß Kunst allenfalls dann noch gefragt ist, wenn sie in die allgemeine Miserabilität etwas Kulissenzauber oder tröstliche Ansichten bringt. Wenn überhaupt, so hat eine konventionell gegenständliche, leicht ‚lesbare' Bildsprache Konjunktur.

Nicht nur in Moskau und Berlin, auch in Paris ist eine Renaissance des Akademismus zu verzeichnen. Dies zeigt sich gerade auch auf der Weltausstellung 1937 in Paris, für die sowohl als Arbeitsbeschaffungsprogramm für Künstler wie auch als Versuch, Kunst und Öffentlichkeit zusammenzuführen, allein 345 staatliche Aufträge für Wanddekorationen vergeben werden. Historische und mythologische Szenen überwiegen deutlich die Wandgestaltungen im Geist der Moderne, wie sie von Sonia und Robert Delaunay im ‚Pavillon de l'Air' oder von Fernand Léger im ‚Pavillon de la Découverte' ausgeführt werden. Ein noch heute sichtbares Zeichen für die Wiederbelebung des Akademismus sind die französischen Repräsentationsbauten auf der Weltausstellung. Der Architektur-Wettbewerb für das Palais Chaillot und für einen neuen Museumskomplex wird zugunsten akademisch-monumentaler Entwürfe entschieden: symmetrische, hierarchisch gliedernde Bau-Ordnung, Wasserbecken, Ehrenhöfe, Pfeiler, Skulpturen und mit Reliefs geschmückte Mauerflächen (Abb. S. 14).

Bezeichnend für den Zeitgeist und seine Unduldsamkeit gegenüber den ‚Zumutungen' der modernen Kunst ist auch die Entfernung der Prometheus-Skulptur von Jacques Lipchitz, die, nachdem sie ebenfalls im Rahmen der Weltausstellung auf den Champs Elysées aufgestellt wurde, aufgrund starker Proteste wenig später wieder abgeräumt wird(18).

Gerade weil man sich damals in Frankreich, im Unterschied zu anderen Ländern, um kulturpolitische Liberalität bemüht und auch bei der Vergabe staatlicher Aufträge ästhetische Gängelei zu vermeiden sucht, erweist sich die im freien Spiel der Kräfte schwache Position der zeitgenössischen Moderne. Eine Ausnahme macht hierbei die heute fast legendäre Ausstellung *Origines et développement de l'art international indépendant* (Ursprünge und Entwicklung der internationalen unabhängigen Kunst),

13 Zit. n.: Albrecht Betz, *Exil und Engagement. Deutsche Schriftsteller im Frankreich der dreißiger Jahre*, München 1986, S. 105
14 Vgl. dazu B. Ceysson, a. a. O., S. 17. 1935 unterzeichnen 850 französische Intellektuelle und Künstler ein Manifest mit dem Titel: „Pour la défense de l'Occident et la Paix en Europe" (Für die Verteidigung des Abendlandes und des Friedens in Europa)
15 Daniel-Henry Kahnweiler in einem Brief vom 9. 3. 1934, in: a. a. O., Stuttgart 1986, S. 150
16 Jean Hélion in einem Brief vom 4. 10. 1934, zit. n.: Christian Derouet, Kandinsky in Paris: 1934–1944, in: *Kandinsky in Paris. 1934–1944*, New York 1985 (Ausst. Kat.), S. 43 (Übersetzung von mir, F. M.)
17 Fernand Léger in einem Brief vom 26. 2. 1933 an den sowjetischen Regisseur Sergei Eisenstein, zit. n.: *Fernand Léger. 1881–1955*, Berlin 1980 (Ausst. Kat.) S. 627
18 Vgl. dazu: Patrick Weiser, Die Weltausstellung, der Staat und die schönen Künste, in: *Paris – Paris, 1937-1957*, München 1981 (Ausst. Kat. Paris 1981), S. 54–56

Der zentrale Hof mit Wasserbecken vor dem zur Weltausstellung 1937 gebauten *Museum für moderne Kunst.* Kommentar eines Kritikers: „Wenn man schon ein endgültiges Gebäude für die Sammlungen moderner Kunst errichtet, dann wird man natürlich die Außenwände mit den akademischen Abfällen von Herrn Janniot schmücken, um irgendein antikes Gelage zu verherrlichen oder ein neues Dauerwellenverfahren."

Das zur Weltausstellung 1937 gebaute *Palais de Chaillot,* Paris

Alberto Giacometti, Zeichnung abgebildet in: *Commune* (Revue de l'association des écrivains et artistes révolutionnaires) Nr. 22, Juni 1935

Die Ausstellung *Origines et développement de l'art international indépendant* im Musée du Jeu de Paume. An der Wand sind fünf Bilder von Wassily Kandinsky zu erkennen, im Raum steht jeweils eine Skulptur von Julio González und Naum Gabo.

die während der Weltausstellung im ‚Jeu de Paume' gezeigt wird (Abb. S. 14). Doch wird sie erst aufgrund des Protestes einiger Künstler(19) in kurzer Zeit zusammengestellt, und hat sie, während sich auf dem Weltausstellungsgelände das Publikum drängt, in zwei Monaten nicht mehr als 5000 Besucher. Die Ausstellung stellt als Begründer der Moderne vor: Künstler wie Edgar Degas, Paul Gauguin, Georges Seurat, Henri Rousseau, Paul Cézanne und Vincent van Gogh. Als „Origines" werden darüberhinaus auch Skulpturen und Objekte aus Polynesien, Ozeanien, Neuseeland und Schwarz-Afrika gezeigt. Bei der zeitgenössischen Kunst stehen die Werke ausländischer Künstler im Vordergrund, wobei das Nebeneinander von Surrealismus und abstrakt-konkreter Kunst in Paris ein Novum ist, einen gemeinsamen Auftritt beider Richtungen hat es hier bis dahin nicht gegeben. In einem Katalogvorwort bekunden die Ausstellungsorganisatoren die mit der Präsentation verbundene Absicht, diejenigen Ausdrucksformen zusammenzufassen, „in denen sich das zeitgenössische ästhetische Abenteuer am deutlichsten kundtut". Dabei, so schreiben sie, zeichne die Auswahl der gezeigten Werke bei aller scheinbaren Verschiedenheit eine gemeinsame Grundhaltung aus: „Sie weichen ab von den eingefahrenen Grundsätzen, durch die der Konformismus versucht, das Wagnis individueller Erfahrung und Initiative, das allen Vorhersagen trotzt, zu begrenzen"(20). Die Internationalität der in der Ausstellung vertretenen Künstler, der ausdrückliche Bezug auf außereuropäische, ‚primitive' Objekte und das Katalogvorwort, das die subjektive Autonomie und schöpferische Freiheit des Künstlers betont, unterstreichen Merkmale der Moderne, die in den dreißiger Jahren bedroht werden von einem extremen Nationalismus, mächtigen Ideologien und starken Massenbewegungen mit ihrem auf unumstößlichen ‚Wahrheiten' beruhenden Streben nach ‚höheren' Zielen.

„Où va la peinture?"

1933 startet die Zeitschrift *Commune* eine Umfrage unter Schriftstellern: „Warum und für wen schreiben Sie?" 1935 werden die bildenden Künstler mit der Frage konfrontiert, welchen Weg die Malerei einschlagen wird („Où va la peinture?"). Zu den Befragten gehört auch Alberto Giacometti. Wortlos reagiert er mit einer Zeichnung, die als Stellungnahme für eine auf seiten der Arbeiter und in ihrem politischen Kampf engagierte Kunst zu lesen ist (Abb. S. 14). Dieses Bekenntnis bleibt für die weitere Arbeit Giacomettis allerdings folgenlos.

Commune war die Zeitschrift der ‚Association des Ecrivains et Artistes Révolutionnaires' (‚A.E.A.R.'), einer Anfang 1932 gegründeten, von der Kommunistischen Partei gelenkten Vereinigung von Schriftstellern und Künstlern, der zunächst auch die surrealistische Gruppe um André Breton angehört. Doch obwohl die Surrealisten sich – wie der Titel ihrer Zeitschrift(21) beansprucht – „in den Dienst der Revolution" gestellt haben, währt ihr Zusammengehen mit den Kommunisten nur kurze Zeit. Einig sind sich beide Seiten in der Verurteilung des deutschen Faschismus und seiner Verfolgung mißliebiger Intellektueller und Künstler, die als ‚schädliche Elemente' gebrandmarkt und vertrieben werden. Einig sind sie sich ursprünglich auch in der Kritik und Ablehnung der bürgerlichen Gesellschaft. Sie geraten aber aneinander, als die Kommunistische Partei in ihrem Bemühen um ein breites antifaschistisches Bündnis prominente, für Humanismus und Pazifismus eintretende Wissenschaftler und Künstler umwirbt und in ihren Veranstaltungen auftreten läßt. Gerade diese Sympathisanten mit berühmten Namen, diese – wie Paul Eluard sie bezeichnet – ‚apolitischen und damit ungefährlichen Intellektuellen'(22) mit ihrer ‚humanitären Gefühlsduselei', sind den Surrealisten schon immer ein Greuel. Auch fehlt ihnen jede Bereitschaft, ihre ‚surrealistische Spezialarbeit' einem wie auch immer gearteten Diktat zu unterwerfen. Der Bruch ist unausweichlich und wird 1935 endgültig vollzogen.

„‚Die Welt verändern', sagte Marx; ‚das Leben ändern', sagte Rimbaud. Uns verschmelzen beide Aussprüche zu einem einzigen Schlachtruf." (23) Ziel der Surrealisten war es, nicht nur mit den Konventionen der Kunst, sondern auch mit denen des Denkens und Verhaltens, mit allen ideologischen Werten zu brechen, die die Aufrechterhaltung der bürgerlichen Ordnung gewährleisten. Diesem Zweck haben sie ihre vielfältigen Aktivitäten, ihre systematische „Erforschung von kartographisch noch nicht erfaßten Gegenden des menschlichen Geistes" (24), verschrieben. Mit ihrem Interesse für alle, im umfassenden Sinn, kulturellen Phänomene und mit ihrem geschärften Blick für alles, was von kleinbürgerlichem Zuschnitt und in ihren Augen ein Schreckbild ist, kritisieren sie schon früh nicht nur „die armselige Produktion der ‚Proletarischen Kunst' und des ‚Sozialistischen Realismus'". Sie wenden sich auch gegen den „Wind der systematischen Verdummung, der über Rußland weht", gegen die ‚einfältige Moral' und den ‚traurigen Konformismus': Erscheinungen, die sie Nachrichten aus der Sowjetunion entnehmen. Darüberhinaus attackieren sie den „Idolkult" und seine Funktion, „die Masse der Arbeiter nicht nur an die UdSSR, sondern auch an die Person ihres Führers zu binden" (25).

Sie tun dies, noch bevor André Gide im Sommer 1936 in die Sowjetunion reist, um anschließend in einem Buch über seine Eindrücke zu berichten. Enttäuscht und ernüchtert kehrt er zurück, da er in dem aus der Ferne bewunderten Land einen Zwang zur geistigen und künstlerischen Konformität erfahren hat, der ihm den Verhältnissen in Hitler-Deutschland vergleichbar scheint. Gide's Buch *Retour de l'URSS* erregt viel Aufsehen, zumal es zur Zeit des ersten großen Schauprozesses in Moskau herauskommt(26).

Es sind vielleicht diese Ereignisse, die Jean Hélion, kürzlich nach seiner Mitgliedschaft in der ‚A.E.A.R.' befragt, in seiner Antwort anklin-

19 Vgl. dazu: Christian Derouet, Kandinsky, ‚Triumvir' der Ausstellung im Musée du Jeu de Paume 1937, in: *Paris–Paris. 1937–1957,* München 1981 (Ausst. Kat. Paris 1981), S. 62–64
20 *Origines et Développement de l'Art International Indépendant,* Paris 1937 (Ausst. Kat.), Vorwort (Übersetzung von mir, F.M.)
21 *Le Surréalisme au Service de la Révolution* (Der Surrealismus im Dienst der Revolution) erscheint unter der Leitung von André Breton von Juli 1930 bis Mai 1933.
22 Zit. n.: Paul Eluard, a. a. O., S. 402 (Anm. 2 zum Brief 170 vom 23. 3. 1933)
23 Zit. n.: Elisabeth Lenk, *Der springende Narziß. André Bretons poetischer Materialismus,* München 1971, S. 167
24 Salvador Dali, Ich fordere Aragon heraus (1937), in: Salvador Dali. *Unabhängigkeitserklärung der Phantasie und Erklärung der Rechte des Menschen auf seine Verrücktheit,* München o.J., S. 287
25 André Breton, Als die Surrealisten noch recht hatten, in: Günter Metken (Hrsg.), *Als die Surrealisten noch recht hatten.* Texte und Dokumente, Stuttgart 1976, S. 162
26 André Gide, *Retour de l'U.R.S.S.,* Paris 1936. U.a. enthielt das Buch folgende Passage: „Ich bezweifle, daß heute in irgendeinem Land, Hitler-Deutschland einbegriffen, das Denken unfreier, unterdrückter, furchtsamer und abhängiger ist. (. . .) Was man vom Künstler, vom Schriftsteller erwartet, ist, daß er konform geht; und alles übrige wird ihm gegeben werden." Zit. n.: David Pike, Deutsche Schriftsteller im sowjetischen Exil. 1933–1945, Frankfurt a. Main 1981, S. 227 f. Gides Buch erreicht innerhalb eines knappen Jahres eine Auflage von 150.000 und wird fünfzehnmal übersetzt.

gen läßt: „Ich fühlte mich vor allem von den (. . .) Ideen (. . .) angezogen (. . .), als ich aber 1936 erfuhr, daß nicht die Freiheit aus Rußland kam, sondern genau das Gegenteil, da habe ich mich von dieser Bewegung zurückgezogen. Dennoch", so fährt Hélion fort, „gab es im Kommunismus einen Traum, der auch ein Traum von ‚Abstraction-Création' war, und das war der Traum von der Freiheit, von einer Gesellschaft, die auf der Freiheit des Seins beruht, der Traum von einem neuen und anderen Dasein, an das ich mein ganzes Leben lang geglaubt habe"(27). Auch auf seiten der abstrakten Kunst-Bewegung bestehen partielle Übereinstimmungen zwischen Kommunisten und den Künstlern, die die Forderung nach einer Erneuerung der Kunst mit der Forderung nach einer Erneuerung der Gesellschaft identifizieren. Manch einer erkennt in den Ideen des Internationalismus und Kollektivismus der Arbeiterbewegung die eigenen Vorstellungen von einer möglichen Zukunft wieder – Vorstellungen, aus denen gestalterische Prinzipien und der Anspruch abgeleitet wird, Vorläufer einer neuen Epoche zu sein.

Vielleicht meint Hélion, wenn er von Erfahrungen im Jahr 1936 spricht, den Reisebericht von Gide und den Moskauer Schauprozeß, vielleicht aber meint er noch ein anderes Ereignis, nämlich die Realismusdiskussion (‚La Querelle du Réalisme'), die in diesem Jahr von der Kommunistischen Partei in Gang gesetzt wird. Als ihr Repräsentant fordert Louis Aragon von den Künstlern künftig den Verzicht auf Abstraktion und ‚magische Zeremonien' und propagiert stattdessen die Wiederbelebung einer ‚darstellenden' Kunst, die sich an Vorbildern aus der ‚heroischen' Zeit des Bürgertums und aus dem 19. Jahrhundert orientiert(28). Fernand Léger und Le Corbusier dagegen verteidigen einen ‚Neuen Realismus', der ohne alle deskriptiv-literarischen und sentimentalen Züge im modernen Leben begründet ist. Tatsächlich aber sind die Kommunisten damals weder an einer – wenn nicht linientreuen – Antwort auf ihre Frage interessiert, welche Entwicklungswege die Künstler für ihre Arbeit sehen, noch wollen sie eine wirkliche Diskussion führen. Mit der Begründung, die Kultur gleichermaßen vor ‚bürgerlicher Dekadenz' wie vor faschistischer Barbarei retten zu müssen, bestehen sie auf der Rückkehr zu einem prä-modernen Kunstkanon. Gleichzeitig entledigen sie sich unbequemer Verbündeter, die es sich herausnehmen, an der stalinistischen Parteilinie Kritik zu üben und auf einer von politischen Erwägungen oder anderen Opportunitätsgründen freien Kunstausübung bestehen, wie es Fernand Léger in der Auseinandersetzung tut.

„Unter dem Vorwand mangelnder menschlicher Werte möchte mancher die Brücken zwischen uns und dem Volk abbrechen, die befreiende Malerei, um die wir während Jahrzehnten gerungen haben, rücksichtslos abtun und mit Hinweisen auf Rembrandt und Rubens zu einer Kunst zurückkehren, vor der uns der Himmel bewahre."(29)

Sonia Delaunay notiert nach den ‚Diskussions'-Veranstaltungen in ihr Tagebuch, daß Aragon ‚arrogant' mit der modernen Kunst ins Gericht gegangen sei. „Alle waren unzufrieden, und ich habe Jean Cassou erklärt, es sei sehr dumm, sich in dem Augenblick zu entzweien, in dem sich alle vereinigen sollten."(30) Die Kommunistische Partei verstößt die künstlerische Avantgarde aus ihren Reihen zu dem Zeitpunkt, als in Frankreich die Volksfront ihren keineswegs unumstrittenen Sieg erringt, sich der spanische Bürgerkrieg ankündigt und aus Hitler-Deutschland die Informationen über die Verfolgung und Vertreibung der modernen Kunst zunehmen(31).

Engagement und Distanzierung

Mehr als jedes andere Ereignis bewirkt in den dreißiger Jahren der spanische Bürgerkrieg ein politisches Engagement von Künstlern und Intellektuellen. Für sie besitzt dieser Kriegsschauplatz eine besondere Symbolkraft: die Verteidigung der spanischen Republik gilt ihnen als die Verteidigung der Freiheit und Demokratie schlechthin. Naturgemäß hat dieser Krieg für die spanischen, in Paris lebenden Künstler eine unmittelbar existentielle Bedeutung. Das Engagement von Pablo Picasso, Joan Miró (Abb. S. 19) und Julio Gonzáles, die für den Pavillon der spanischen Republik auf der Pariser Weltausstellung große Wandbilder beziehungsweise Skulpturen ausführen, gründet in dem Bewußtsein, direkt und vital für ihre Sache einzustehen. Viel weniger selbstverständlich ist, daß Alexander Calder für denselben Pavillon einen Quecksilber-Brunnen entwirft, daß so bekannte Schriftsteller wie André Malraux, Georges Bernanos, George Orwell und Ernest Hemingway in Spanien selber, propagandistisch oder mit der Waffe, kämpfen.

Nicht eine als zwingend empfundene politische Verpflichtung oder der Auftrag einer Partei läßt sie so handeln, sondern ihre Identifikation mit einem Kampf gegen die weitere Expansion des Faschismus und seine totalitäre, die individuelle Freiheit einschränkende Politik. Die deutschen Künstler, die in Spanien kämpfen, sind mit wenigen Ausnahmen Mitglieder der kommunistischen Partei. Zu den Ausnahmen zählt Carl Einstein, Schriftsteller, Kunsttheoretiker und -kritiker(32), der seit 1928 in Paris lebt und dort Mitarbeiter der Zeitschriften *Documents, Transition* und *Cahiers d'Art* ist. Mit seinem Freund, dem Galeristen Daniel-Henry Kahnweiler verbindet ihn eine große Verehrung und das Eintreten für den Kubismus. Dieses Engagement ist bei Carl Einstein mit der politischen Überzeugung verbunden, „daß der kubistischen ‚Revolution' die persönliche Auflehnung des Künstlers gegen die etablierte Ordnung, gegen das traditionelle Empfinden des Raumes und der Dinge vorangehen müsse" (33). Aus dieser Überzeugung beteiligt er sich an verschiedenen politischen Bewegungen der Linken, und geht 1936 nach Spanien, wo er sich den Anarchisten anschließt. 1940 bereitet er, auf der Flucht vor den Frank-

27 Aline Vidal, Jean Hélion. Zwei Avantgarde-Bewegungen der frühen dreißiger Jahre in Paris: Arp und die Gruppe ‚Abstraction-Création'. Ein Gespräch mit Jean Hélion, in: *Arp. 1886–1966,* Stuttgart 1986 (Ausst. Kat.), S. 173

28 Vgl. Louis Aragon, Forderungen an die Kultur an die Maler: Realismus! Aragons erste Rede während des Realismus-Streits am 16. Mai 1936 (gekürzt), in: *absolut modern sein. Zwischen Fahrrad + Fließband. Culture technique in Frankreich 1889–1937,* Berlin 1986 (Ausst. Kat.), S. 381–384

29 Fernand Léger, Der neue Realismus nimmt seinen Lauf, in: *Mensch, Maschine, Malerei,* Bern 1971, S. 202

30 Patrick Weiser, a. a. O., S. 56

31 Vgl. dazu den zweiteiligen Artikel von Christian Zervos: Réflexions sur la tentative d'Esthétique dirigée du IIIe Reich, in: *Cahiers d'Art,* 1936 (11. Jg.) Nr. 8/10, S. 209–212 und *Cahiers d'Art,* 1937 (12. Jg.) Nr. 1/3, S. 51–61.
Der Verfasser stützt sich auf ein gerade erschienenes und – wie er schreibt – gut dokumentiertes Buch, das die Grundzüge der Kulturpolitik der Nationalsozialisten und der von ihnen oktroyierten Ästhetik darlegt: E. Wernert, L'Art dans le IIIe Reich, Paris 1936

32 Carl Einstein hat sich einen Namen gemacht als Autor von Büchern wie: *Negerplastik,* Leipzig 1915; *Die Kunst des 20. Jahrhunderts* (Propyläen Weltgeschichte Bd. 16), Berlin 1926; *Georges Braque,* Paris/London/New York 1934

33 Liliane Meffre, Daniel-Henry Kahnweiler und Carl Einstein, in: *Daniel-Henry Kahnweiler. Kunsthändler, Verleger, Schriftsteller,* Stuttgart 1986 (Ausst. Kat.), S. 87

reich besetzenden deutschen Truppen seinem Leben ein Ende.

Auch Max Ernst scheint mit dem Gedanken zu spielen, sich im Krieg gegen die ‚Heilige Allianz' Francos, Hitlers und Mussolinis zu verpflichten, läßt sich durch Freunde allerdings von diesem Plan abhalten(34). 1937 malt er den *Hausengel* (Abb. S. 19) ein Bild, von dem er sagt, daß er es nach der Niederlage der Republikaner in Spanien gemalt habe. „Der *Hausengel* (. . .) ist natürlich ein ironischer Titel für eine Art Trampeltier, das alles, was ihm in den Weg kommt, zerstört und vernichtet. Das war mein damaliger Eindruck von dem, was in der Welt wohl vor sich gehen würde, und ich habe damit recht gehabt." (35). 1937 ist das republikanische Spanien zwar noch nicht besiegt, aber die Nichteinmischungspolitik Frankreichs und Englands hat die Hoffnung, die faschistische Flut über Europa aufhalten zu können, gering werden lassen. Max Ernst trennt sich von den Surrealisten, mit deren – angesichts der allgemeinen Lage – kleinlichen Streitereien und mit deren jüngstem, von Breton unternommenen Versuch, die programmatische Verbindung von Kunst und Revolution zu retten, er nichts mehr zu tun haben will. Er hält jedes weitere Engagement für sinnlos aus Hoffnungslosigkeit, aber auch aus Überdruß an Ideen und Weltanschauungen, die eine bessere Zukunft für sich in Anspruch nehmen: ob Faschismus oder Kommunismus, letztlich geht es immer um die Macht und um ihre gewalttätige Eroberung und Behauptung(36).

Max Ernst zieht sich aus einer als heillos erkannten Geschichte in eine selbstgeschaffene, nicht mehr von der Realität sondern von Poesie und Traum bestimmte Welt zurück. Er kauft 1938 in einem kleinen südfranzösischen Ort ein verfallenes Anwesen, das er renoviert und mit phantastischen Fabel- und Mischwesen bevölkert. Was er hier schafft, ist eine lebendige Welt der Wunder und Metamorphosen, deren magische Kraft ihren Schöpfer vor dem ‚bösen Blick', d. h. vor allem äußeren Unheil bewahren soll(37). (Abb. S. 18 u. 19). Dieser poetischen Welt gehen seit 1933 mehrfach variierte, visionäre Bilder voraus: ein monumentaler, leblos steinerner Stadtkörper wird, verlassen und ruinös, von der wuchernden Natur zurückerobert (vgl. *Die ganze Stadt,* Kat. Nr. 28; Farbabb. S.: 89). Romantische Metaphern der Vergänglichkeit, die den Verfall als Rache der Natur sehen „für die Vergewaltigung, die der Geist ihr durch die Formung nach seinem Bilde angetan hat" (Georg Simmel), und Oswald Spenglers Geschichtstheorie vom unausweichlichen „Untergang des Abendlandes"(38) fließen hier gleichermaßen zusammen.

Das Bewußtsein, in einer Ende- und Wendezeit zu leben, ist in den dreißiger Jahren weit verbreitet – aber erst als der diktatorische Charakter des sowjetischen Regimes immer deutlicher zutage tritt, sich die Niederlage des republikanischen Spanien abzuzeichnen beginnt, die Westmächte mit ihrer Appeasementpolitik der Expansion des Faschismus in Europa nachgeben, mehrt sich die Zahl der Künstler, die sich von jeder Politik distanzieren und angesichts einer übermächtig gewordenen, äußeren Bedrohung versuchen, ihre Unangepaßtheit, wenigstens individuell zu bewahren und in kompromißloser Besinnung auf sich selbst ihren Weg zu machen. So löst sich auch Joan Miró von dem ‚tragischen Realismus' der während des spanischen Bürgerkriegs entstandenen Bilder (vgl. Kat. Nr. 66). In Varengeville, einem kleinen Dorf an der normannischen Küste, in der Natur und ihren sich gleichbleibenden, unabhängig von der Geschichte vollziehenden Rhythmen gewinnt er durch die Gestaltung einer kunstvoll poetischen Bildwelt (vgl. Kat. Nr. 69) eine neue, innere Unabhängigkeit.

Abschied von der Politik

„Das künstlerische Paris, wie der Rest von Frankreich, ist bedrückt, als wäre vor einem heftigen Gewittersturm der Luftdruck gesunken. Wenn dort ein relativer sozialer Frieden herrscht, so ist dies ein Frieden der Verzweiflung." (38) Mit diesen Worten schildert der Korrespondent der amerikanischen Zeitschrift *Partisan Review* im Herbst 1938 die lastende Atmosphäre der Vorkriegszeit. In dieser Situation sind zwei historische Daten, die das Verhältnis von Kunst und Politik reflektieren, aufschlußreich. André Breton verfaßt gemeinsam mit Leo Trotzki das Manifest *Für eine unabhängige revolutionäre Kunst,* und in London wird, als Antwort auf die *Entartete Kunst*-Ausstellung in München, deutsche Kunst des 20. Jahrhunderts präsentiert. Die beiden Ereignisse stehen in keinem inneren Zusammenhang, und doch ist ihnen dasselbe Anliegen gemeinsam: es geht darum, die Unabhängigkeit der Kunst von allen staatlichen Zwängen und politischen Weisungen zu bekräftigen.

Auch nach seinem Bruch mit der Kommunistischen Partei hat Breton den Versuch nicht aufgegeben, die Einheit von poetischer Praxis und Revolution zu retten und hat sich Trotzkis antikapitalistischer und zugleich antistalinistischer Position angenähert. Dessen Theorie der permanenten Revolution scheint Breton und den ihm treu gebliebenen Anhängern mit der Offenheit des surrealistischen Denkens am ehesten vereinbar. Zudem hat Trotzki als einer der führenden Männer der jungen Sowjetmacht in Kunstfragen eine gewisse Liberalität bewiesen(39). Von Stalin verdrängt und ins Exil getrieben, ist in den dreißiger Jahren sein Verhältnis zu Fragen der Politik gezwungenermaßen nur noch reflexiv: er kann unbelastet von Problemen der realen Machterhaltung für die Freiheit von Wissenschaft und Kunst eintreten.

Als Breton im Frühjahr 1938 zu Vorträgen nach Mexiko reist, nutzt er seinen Aufenthalt, um den inzwischen dort lebenden Trotzki zu besuchen (Abb. S. 19). Im Verlauf mehrerer Unterredungen kommt ein Manifest zustande, das „die revolutionären Anhänger der Kunst" zu einer internationalen Vereinigung aufruft. „Tausende und Abertausende isolierter Denker und Künst-

34 Vgl. dazu: Jimmy Ernst, *Nicht gerade ein Stilleben. Erinnerungen an meinen Vater Max Ernst,* Köln 1985, S. 163
35 Zit. n.: Uwe M. Schneede, *Max Ernst,* Stuttgart 1972, S. 154
36 Vgl. dazu die Erinnerungen seines Sohnes, Jimmy Ernst, a. a. O., S. 189 und 195
37 Zur Bedeutung des Auges bei den Surrealisten und zu ihrer Auseinandersetzung mit dem ‚bösen Blick' und seiner Abwehr vgl.: Jean Clair, Alberto Giacometti. La pointe à l'oeil, in: *Cahiers du Musée National d'Art Moderne, Centre Georges Pompidou* 83/11, S. 64–99
38 Vgl. dazu: Oswald Spengler, *Der Untergang des Abendlandes. Umrisse einer Morphologie der Weltgeschichte,* München 1986 (8. Aufl.), bes. das Kapitel ‚Städte und Völker', S. 656 ff.: „Der Steinkoloß ‚Weltstadt' steht am Ende des Lebenslaufes einer jeden großen Kultur." „Die steinerne Masse ist die absolute Stadt (. . .) Ihr Bild (. . .) enthält die ganze erhabene Todessymbolik des endgültig ‚Gewordenen'." Sie ist die „Reinzucht der zivilisierten Form – Erstarrung"
38 Zit. n.: Serge Guilbaut, *The Spittle and the Square: the impossible task of geometric abstraction in the late 1930's in New York and Paris.* Vortrag auf einem von der Universität Osnabrück veranstalteten Kongreß ‚Der spanische Bürgerkrieg und die bildenden Künste' vom 8.–10. Mai 1987. Maschinengeschriebenes Manuskript, S. 16 (Übersetzung von mir, F.M.)
39 Vgl. dazu: Leo Trotzki *Literatur und Revolution,* Berlin 1968, Teil I., Kap. VII: ‚Die Parteipolitik in der Kunst', S. 182 ff.

Joan Miró bei der Ausführung seines Wandbildes *Le faucheur* (Der Schnitter) für den Pavillon der spanischen Republik auf der Weltausstellung Paris 1937

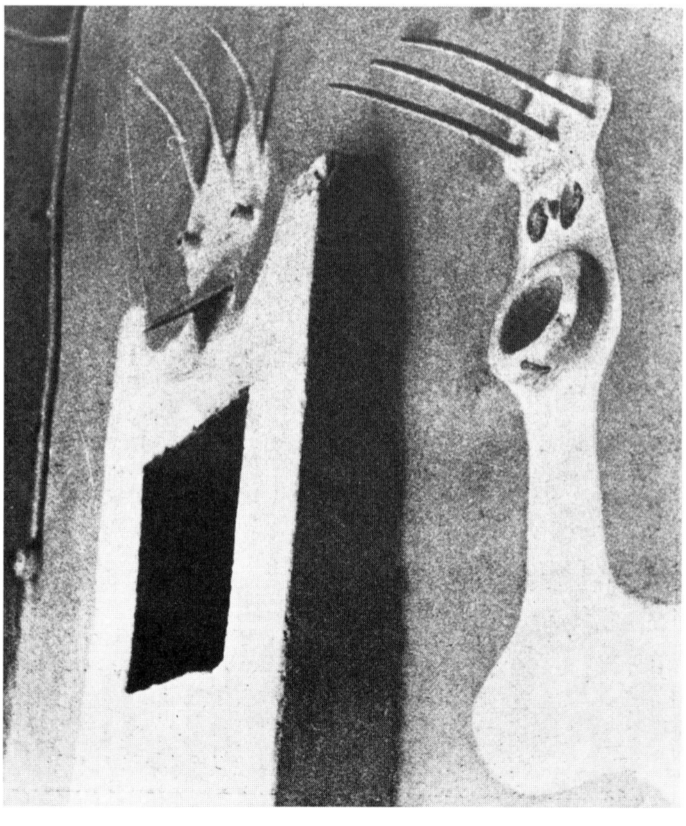

Max Ernst, *Masken* aus landwirschaftlichen Geräten an seinem Haus in Saint-Martin d'Ardèche 1938/39

Max Ernst, *L'ange du foyer* (Der Hausengel) 1937, Öl auf Leinwand, 114 x 146, Privatbesitz

Max Ernst, *Zementreliefs* an seinem Haus in Saint Martin d'Ardèche, 1938/39

André Breton (5.v.l.) und Leo Trotzki (6.v.l.) in Mexiko 1938, l.: Diego Rivera und Frida Kahlo

ler, deren Stimme im widerlichen Lärm der rekrutierten Falschmünzer untergeht, sind momentan über die Welt verstreut. Zahlreiche kleine lokale Zeitschriften versuchen, junge Kräfte um sich zu sammeln, die auf der Suche nach neuen Wegen, nicht nach Subventionen sind. Jede fortschrittliche Tendenz in der Kunst wird vom Faschismus als Entartung gebrandmarkt. Jede freie Schöpfung wird von den Stalinisten für faschistisch erklärt. Die unabhängige revolutionäre Kunst muß sich zusammentun im Kampf gegen die reaktionären Verfolgungen und laut und deutlich ihr Daseinsrecht verkünden".(40)

Noch im gleichen Jahr wird die ‚Féderation internationale de l'art révolutionnaire indépendant': ‚FIARI' (Internationale Vereinigung der unabhängigen revolutionären Kunst) gegründet. 1939 erscheinen zwei Hefte der von ihr herausgegebenen Zeitschrift *Clé* und einige Aufrufe, doch kann die Organisation bis zum Ausbruch des II. Weltkrieges keine große Bedeutung mehr gewinnen. Trotzdem ist der ganze Vorgang bemerkenswert, zeigt er doch die große Schwierigkeit, Ende der dreißiger Jahre den Anspruch einer zugleich ästhetisch wie auch politisch ‚revolutionären' Kunst aufrechtzuerhalten. Das politisch Revolutionäre, verkörpert in der Person des um den halben Erdball gejagten, ständig von Attentaten bedrohten, keine bedeutende politische oder soziale Kraft repräsentierenden Trotzki, hat sich buchstäblich zu einer bloßen Idee verflüchtigt.

Das Manifest, das aus taktischen Gründen nicht von Trotzki, sondern von Diego Rivera unterschrieben wird, erscheint im Juli 1938. Zur selben Zeit (Juli/August) ist in London die Ausstellung *20th Century German Art* zu sehen. Sie wird von Kunstfreunden in der Schweiz und in England als Entgegnung auf die *Entartete Kunst*-Ausstellung 1937 in München organisiert. Es bedarf, damit die Londoner Ausstellung stattfinden kann, eines großen Engagements ihrer Initiatoren: nicht nur die Finanzierung muß durch Spendengelder gesichert werden, das Unternehmen soll auch durch die Schirmherrschaft namhafter Persönlichkeiten Bedeutung und öffentliche Aufmerksamkeit gewinnen. Beides erweist sich als schwierig. Zum einen erscheint das Vorhaben wegen der englischen Appeasementpolitik wenig opportun. Zum anderen ist moderne Kunst in dem überwiegend traditionell ausgerichteten Kulturleben Englands weitgehend, die in Deutschland entstandene aber gänzlich unbekannt. „Das erste Buch über die zeitgenössische deutsche Kunst in englischer Sprache"(41) erscheint denn auch parallel zu der Ausstellung, in der u.a. Werke von Ernst Barlach, Willi Baumeister, Max Beckmann, Max Ernst, Wassiliy Kandinsky, Ernst Ludwig Kirchner, Paul Klee, Oskar Kokoschka, Käthe Kollwitz, Franz Marc gezeigt werden, Gemälde und Skulpturen, die mit ihren Besitzern Deutschland verlassen haben oder Sammlern und Galerien in der Schweiz und Frankreich gehören.

Den Vorsitz im Organisationskomitee der Ausstellung nimmt Herbert Read ein, der für die Vermittlung moderner Kunst in England eine zentrale Figur ist und dort zu den wenigen gehört, die sich für die künstlerische Entwicklung in Deutschland interessieren. Sein Engagement für die Realisierung der ‚20th Century German Art'-Ausstellung basiert auf seiner grundsätzlichen Bejahung der modernen Kunst, die mit einem unbedingten Eintreten für die Freiheit der Kunst verbunden ist. So wie er – trotz seiner politisch eher ‚linken' Neigungen – in dem 1936 erschienenen Buch ‚Art and Society'(42) die Verpflichtung der sowjetischen Künstler auf den Sozialistischen Realismus verurteilte, wendet er sich jetzt auch gegen die Repressionen, denen die Kunst in Deutschland ausgesetzt ist. „Künstler, die wir zu schätzen gelernt haben", so sagt er auf der Pressekonferenz für die Ausstellung, „wurden vor aller Welt lächerlich gemacht. Deshalb ist es, nach unserer Meinung, keine Frage der Politik, sondern eine Frage der Gerechtigkeit, wenn wir der Münchner Ausstellung entgegnen. Uns verbindet nur eines – der Respekt für die Freiheit des künstlerischen Ausdrucks"(43). Read vermeidet jede politische Stellungnahme und auch im Katalogvorwort wird betont, daß die Ausstellungsorganisatoren sich nicht für die politischen Aspekte der Unterdrückung und Vertreibung der deutschen Künstler interessieren, sondern lediglich dem Grundsatz Nachdruck verleihen wollen, daß die Kunst „nur groß ist, insoweit sie frei ist. Dies ist der einzige Grundsatz, an dem wir festhalten, und kraft dieses Grundsatzes können wir den verfolgten deutschen Künstlern die Möglichkeit bieten, sich an die vorurteilslosen Augen der Welt zu wenden."(44)

Diese – vorsichtigen – Äußerungen als eine Folge der englischen Appeasementpolitik gegenüber Hitler zu sehen, liegt zwar nahe, trifft aber nicht zu, wenn man sie in Zusammenhang bringt mit anderen Aussagen von Read. So zeugt neben seinem Buch *Art and Society* auch ein Brief an den in Paris lebenden Wassily Kandinsky davon, daß er auch dann jede Politisierung der Kunst ablehnt, wenn die Freiheit der Kunst durch die Politik eingeschränkt wird(45). In einem 1939 erschienenen, von der Vorahnung des nahen Krieges bestimmten, Artikel, wird das Motiv dieser Haltung deutlich. „Krieg, Finsternis, Verzweiflung – der Künstler ist bereit, ihnen zu trotzen, er ist bereit, zwischen dem Grauen und der verängstigten menschliche Seele zu vermitteln. Ein Großteil des Unglücks des Menschen, vielleicht sogar sein grundsätzliches Scheitern, gründet auf seiner Unfähigkeit, eine Brücke zu bauen über den Abgrund, der den Traum von der Realität trennt. Wir haben uns so lange bemüht, unser Bewußtsein nur von der Vernunft leiten zu lassen, wir haben die instinktiven Kräfte verdrängt und geleugnet, daß sich jetzt ein Monstrum von fantastischen Dimensionen vor uns aufrichtet und die zerbrechlichen Fundamente unserer Kultur bedroht. Es gibt nur zwei Wege, dem drohenden Schicksal zu entgehen: die Religion und die Kunst. Jene haben wir entstellt, diese haben wir absichtlich nicht beachtet: keine Macht der Welt kann die imperia-

40 André Breton und Diego Rivera (Leo Trotzki), Für eine unabhängige revolutionäre Kunst, zit. n.: Günter Metken (Hrsg.), a. a. O., S. 186

41 Cordula Frowein, The Exhibition of 20th Century German Art in London 1938 – eine Antwort auf die Ausstellung ‚Entartete Kunst' in München 1937, in: *Exilforschung* (Ein internationales Jahrbuch, Bd. 2), München 1984, S. 215

42 Herbert Read, *Art and Society*, London 1936

43 Herbert Read zit. n.: Cordula Frowein, a. a. O., S. 218 (Übersetzung von mir, F.M.)

44 Zit. n.: Cordula Frowein, a. a. O., S. 219 (Übersetzung von mir, F.M.)

45 In seinem Brief vom 9. November 1938 schreibt Herbert Read u.a.: „Politisch und intellektuell befinde ich mich in grundsätzlicher Opposition zum Faschismus und kämpfe gegen ihn. Aber es gibt politische Realitäten, und es gibt ästhetische Realitäten, und man muß diesen Unterschied beachten. Ich meine, wenn man für die Freiheit der Kunst eintritt, darf man nicht gleichzeitig für ihre Politisierung eintreten." (Übersetzung von mir, F.M.), zit. n.: Christian Derouet, Kandinsky in Paris: 1934–1944, in: a. a. O., S. 20

listische Fassade unserer Gesellschaft retten. Wir werden glücklich sein, wenn die Zukunft einige ihrer Bruchstücke aus der Hand der heute lebenden Künstler übernehmen wird." (46)

Read vertritt eine entschiedene Trennung von Kunst und Politik, weil er, wie überall so auch in der Politik eine ‚Vernunft'- am Werk sieht, die die ‚instinktiven Kräfte' des Menschen – seine sinnliche Wahrnehmungs- und Ausdrucksfähigkeit, seine Imagination, seine Gefühle, sein Seelenleben und dessen Energien – nicht wahrhaben will. Die Verdrängung dieser Kräfte und Energien jedoch hat – so Read, der hier deutlich der Tiefenpsychologie C. G. Jungs folgt – verheerende Folgen, da das Verdrängte in destruktiver Form wiederkehrt und droht, alle kulturellen Errungenschaften hinwegzufegen. Angesichts dieser Drohung gibt es keine andere Hoffnung als vielleicht die Kunst. Denn sie allein ist, Read zufolge, noch imstande, den ‚ganzen' Menschen, seine Sinne, seine Gefühle, seinen Verstand anzusprechen, Innen- und Außenwelt des Menschen miteinander zu verbinden, den Einzelnen gegen allen äußeren Konformitätsdruck in seiner Subjektivität zu bestärken. Reads Kunstverständnis resultiert aus einem tiefen Kulturpessimismus, der einen ‚heroischen Individualismus' zur Kehrseite hat. Beides gehört auch nach dem II. Weltkrieg zum Selbstverständnis nicht weniger Künstler, die sich mitten ‚im Dschungel der Geschichte' jedem Engagement verweigern, um allein „für alles Einzigartige und Einmalige im Menschen" einzutreten(47).

46 Herbert Read, L'artiste dans le monde moderne, in: *Clé. Bulletin mensuel de la F.I.A.R.I.*, Nr. 2, Februar 1939, S. 7
47 Albert Camus, Der Künstler und die Freiheit, in: *Der Monat*, 2. Jg. (1950), Nr. 17, S. 526

Abschied von Europa: Marcel Duchamp am Bug des Schiffes bei der Abfahrt aus Marseille, 1942.
In Marseille finden sich Anfang der vierziger Jahre unter dem Schutz des ‚Comité américain de secours aux intellectuels' (Amerikanisches Hilfskomitee für Intellektuelle) eine Reihe von Surrealisten zusammen (u. a. André Breton, Marcel Duchamp, Max Ernst, André Masson), die hier auf ihre Ausweispapiere zur Ausreise nach Amerika und auf die Möglichkeit einer Überfahrt warten. Dorthin waren Salvador Dali und Yves Tanguy schon 1939 gegangen, 1940 waren Fernand Léger und Piet Mondrian, 1941 André Breton, Max Ernst und André Masson gefolgt.
Als Marcel Duchamp 1942 in New York ankommt, trifft er hier zahlreiche Vertreter der europäischen Avantgarde wieder. Auf dem Gruppenporträt, das anläßlich der Ausstellung ‚Artists in Exile' in der Galerie Pierre Matisse im Frühjahr 1942 aufgenommen wurde (siehe S. 4), sind sie versammelt.

Piet Mondrian, *Komposition mit Rot, Blau und Gelb,* 1930, Öl auf Leinwand, 50 x 50, Christie's, New York 1985

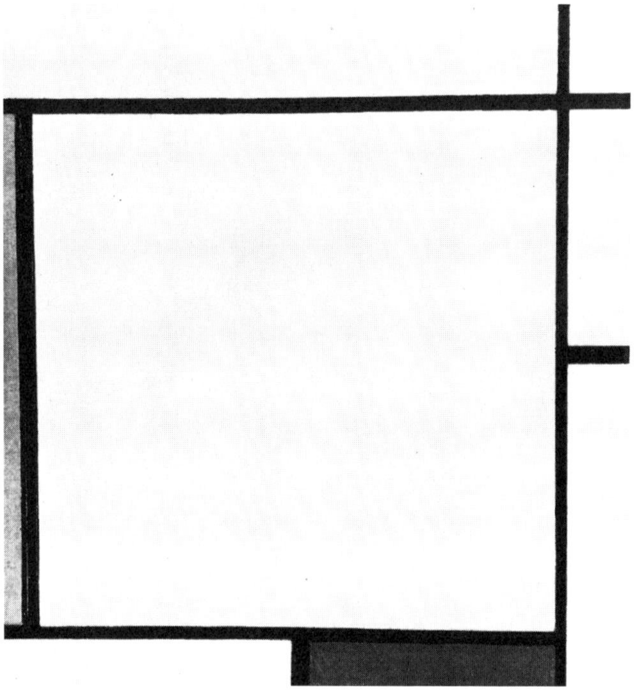

Piet Mondrian, *Komposition,* 1927, Öl auf Leinwand, 38,5 x 36, The Menil Collection, Houston

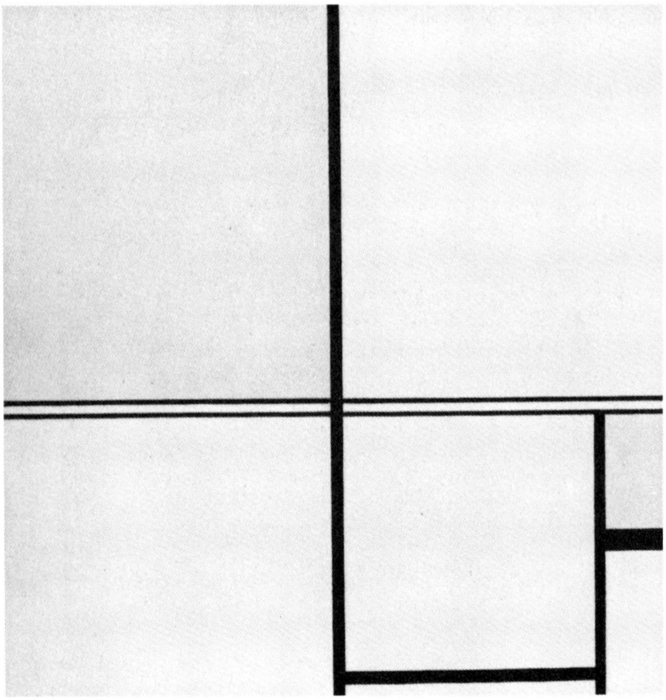

Piet Mondrian, *Komposition B mit Grau und Gelb,* 1932, Öl auf Leinwand, 50 x 50, Sammlung Müller-Widmann, Basel

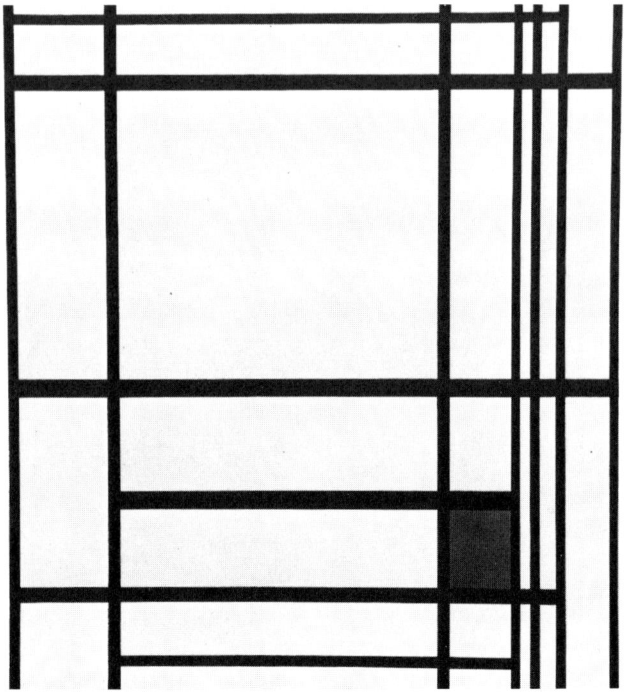

Piet Mondrian, *Komposition mit Blau,* 1937, Öl auf Leinwand, 80 x 77, Haags Gemeentemuseum, Den Haag

Von der Reduktion zum Wachstum
Vom Wandel geometrischer Formen in den 30er Jahren

Thomas Brandt

In meiner Eigenschaft als Nicht-Gelehrter sondern als Künstler, könnte ich vielleicht die Frage stellen: „Sind wir am Vorabend des Bankrotts der rein ‚positiven' Methoden angelangt?" Zeigt sich nicht die Notwendigkeit, sie durch unbekannte (oder vergessene) Methoden zu vervollständigen, durch Methoden, die das ‚Unterbewußte', das ‚Gefühl' rufen, die man oft ‚mystische' nennt? (1)

Die Anfänge der abstrakten Kunst liegen in den 30er Jahren fast zwei Jahrzehnte zurück. Ihre unterschiedlichen Strömungen haben sich kurz vor und während des I. Weltkrieges an mehreren Orten Europas unabhängig voneinander entwickelt. In Paris allerdings macht die abstrakte Kunst erst um 1930 in stärkerem Maße auf sich aufmerksam. Wichtige Vertreter dieser Kunstrichtung haben sich dort im Laufe der 20er Jahre angesiedelt und weitere, abstrakt arbeitende Künstler nach sich gezogen.

Um sich hier behaupten zu können, gründen sie 1930 die Gruppe ‚Cercle et Carré'. In ihrer Nachfolge bildet sich 1931 die Vereinigung ‚Abstraction-Création'. Bis zu ihrer Auflösung 1936 gehört dieser Gruppe eine große Zahl von Künstlern aller Nationen an. Paris ist das geistige Zentrum der abstrakten Kunst, wo alle Strömungen zusammenfließen, sich gegenseitig beeinflussen und sich zum Teil einander annähern.(2) Bis auf die von Theo van Doesburg gegründete kurzlebige Gruppe ‚Art Concret' (1930) (3) haben diese Zusammenschlüsse keinen streng programmatischen Charakter. Sie werden aus wirtschaftlichen Gründen ins Leben gerufen und helfen den Künstlern in sozialer, aber auch in „psychologischer Hinsicht, mit den Entbehrungen der Weltwirtschaftskrise fertigzuwerden." (4)

Diese organisatorische Um- und Neugruppierung ist ein für die Kunstgeschichte der 30er Jahre bedeutender Vorgang. Ein anderer wichtiger Aspekt aber betrifft die Kunstwerke selbst und die Beobachtung, daß ab Anfang der 30er Jahre im Werk mehrerer, der Abstraktion verpflichteter Künstler ein Wandel der Bildsprache einsetzt. Im folgenden werden ausgewählte Werke von sechs Künstlern vorgestellt, nach Veränderungen und nach gemeinsamen Merkmalen befragt, aus denen sich eventuell ein gemeinsamer, zeittypischer Stil ableiten läßt. Die sechs Künstler sind jeweils wichtige Vertreter einer Richtung der Abstraktion. Sie gehören zu den Begründern dieser Kunstrichtung, wie Piet Mondrian, Wassily Kandinsky und Fernand Léger und sind Leitfiguren der künstlerischen Gedankenwelt der 30er Jahre, oder sie gehören einer jüngeren Generation an und spielen als Vermittler der abstrakten Kunst in dieser Zeit eine bedeutende Rolle, wie Georges Vantongerloo, Sophie Taeuber-Arp und Jean Hélion.

Piet Mondrian.
Die Suche nach einer neuen Dynamik.

Für jene Mitglieder von ‚Abstraction-Création', denen an einer geometrischen Formensprache liegt, ist Piet Mondrian die zentrale Figur. Sein Pariser Atelier ist seit Mitte der 20er Jahre ein Wallfahrtsort für diejenigen, die – nach den Worten Ben Nicholsons – ‚wie Löwen einen Ort suchen, um sich einen Dorn aus der Tatze ziehen zu lassen.' (5)
Sein Gemälde *Komposition mit Rot, Blau und Gelb* entsteht 1930 (Abb. S. 22). Durch die Reduktion seiner formalen Struktur vermittelt es Stabilität und Klarheit und strahlt große Ruhe aus. Seine formale Struktur ist reduziert.

Auf dem quadratischen Grund sind drei Farbflächen angeordnet. Das Hauptelement ist ein nach zwei Seiten offenes, an der oberen und rechten Bildgrenze anliegendes rotes Quadrat, dem diagonal ein sehr viel kleineres, blaues Rechteck gegenübersteht. Zwei schwarze Balken durchziehen, streng an Horizontale und Vertikale orientiert, die Bildfläche. Sie kreuzen sich in der linken unteren Bildhälfte. Dabei schließen sie die beiden großen Farbflächen an jeweils zwei Seiten zwischen sich ein. Drei weitere, kurze Balkenstücke, die die weißen rechteckigen Restflächen unterteilen, und eine kleine gelbe Fläche ergänzen die Komposition.

Diese Beschreibung, mag sie auch auf den ersten Blick die Komposition erfassen, wird der eigentlich vorliegenden Bildstruktur nicht gerecht. Denn bei genauer Betrachtung fehlt der als ‚Quadrat' beschriebenen Fläche in der Höhe genau ein der Breite des horizontalen Balkens entsprechender Streifen, d.h. es handelt sich eigentlich um ein kaum wahrnehmbar liegendes Rechteck. Die blaue Fläche hingegen, die oben als ‚Rechteck' bezeichnet wurde, ergänzt sich zu einem Quadrat, denkt man sie sich unter dem senkrechten Balken fortgesetzt. Ohne Überschneidung durch die schwarzen Balken berühren sich dann ein rotes und ein blaues Quadrat genau auf einer Diagonalen der Bildfläche.

Durch dieses Abweichen von der Quadratform werden die Gegensatzpaare ‚klein'/‚groß', ‚blau'/‚rot' und ‚unten'/‚oben' durch die Charaktere ‚aufgerichtet' und ‚liegend' ergänzt. Die Idealität der Quadratform, die im Bildformat deutlich angesprochen wird, ist in den Bildelementen modifiziert zu einer bewegten Ponderation elementarer gegensätzlicher Eigen-

1 Wassily Kandinsky, Der Wert eines Werkes der konkreten Kunst, in: *XXe Siècle*, No. 5-6/I und 1-2/II, Paris 1939, zit. nach: Max Bill (Hrsg.), *Kandinsky. Essays über Kunst und Künstler*, Stuttgart 1955, S. 235 f.
2 Vgl.: Werner Haftmann, *Malerei im 20. Jahrhundert. Eine Entwicklungsgeschichte.* München 1979, S. 358
3 Nähere Angaben zu den erwähnten Gruppierungen in diesem Katalog im Aufsatz von Gladys C. Fabre oder im Ausstellungsverzeichnis. Vgl. auch: *abstraction-création 1931-1936*, Münster 1978 (Ausst. Kat. Münster 1978/ Paris 1978)
4 Merle S. Schipper, Hélions abstrakte Periode, in: Armin Zweite (Hrsg.), *Jean Hélion. Abstraktion und Mythen des Alltags*, München 1984 (Ausst. Kat.), S. 37
5 Michel Seuphor, *Piet Mondrian. Leben und Werk*, Köln 1957, S. 171

schaften. Mondrian, der in seiner Kunst beispielgebend eine Neugestaltung des Lebens anstrebte, versuchte durch Visualisierung des lebendigen Ausgleichs gegensätzlicher Kräfte die Beseitigung von ‚Tragik' im Leben darzustellen. Die Ursache dieser ‚Tragik' sah er in der Herrschaft des einen Elementes über das andere.(6)

Das Thema der Ponderation als Grundthema seiner Kunst ist in der Bildkomposition vielfach angesprochen. Die langen schwarzen Balken verdecken nicht nur den Rand der Quadrate, sondern üben auch eine rahmende Funktion aus. Der horizontale Balken rahmt die blaue Fläche und überdeckt den Rand des roten ‚Quadrates'. Beim vertikalen Balken geschieht dieser Wechsel von dominierender und dienender Funktion bei der jeweils anderen Farbfläche.

Durch diese Kompositionsnuancen wird die Wahrnehmung des Betrachters, die dazu neigt, geometrische Grundformen zu favorisieren, dazu gebracht, die absolute Form zu umspielen. Die Unfaßbarkeit des Absoluten wird so im Bild präsent.

Um 1930 sind Kompositionen mit dem Hauptelement einer großen, nach zwei Seiten offenen, quadratähnlichen Fläche charakteristisch für Mondrians Werk. In der hier abgebildeten Arbeit sind die drei Farbflächen in den Bildecken angeordnet und nach außen hin geöffnet. In Verbindung mit der asymmetrischen, diagonalen Anordnung der Bildelemente führt diese Kompositionsweise zu einer Erweiterung des Bildes über seine tatsächlichen Grenzen hinaus.

Diese zentrifugale Öffnung unterscheidet die Gemälde dieser Zeit von jenen der 20er Jahre, wo, durch die fensterartige Aussparung im Bildzentrum, die Komposition zentripetal ausgerichtet war. (Abb. S. 22)

Ab 1932 tritt ein neues Bildelement in Mondrians Gemälden auf, welches eine grundlegende Veränderung der Bildstruktur einleitet (Abb. S. 22). Zwei horizontale Geraden überziehen parallel das gesamte Bildfeld. Sie schließen keine Farbfläche mehr zwischen sich ein, haben keine rahmende Funktion und werden zu autonomen Elementen. Ihre große Nähe zueinander verleiht der zwischen ihnen sichtbaren weißen Fläche eine starke Streckung und erhöht die optische Spannung. So dynamisieren sie das Bildfeld und reduzieren dessen Flächencharakter.

Zunehmend vervielfacht sich die Anzahl der parallelen und sich überkreuzenden Geraden, bis sie 1936 zu einer dichten Gitterstruktur führen.

Die *Komposition mit Blau* entsteht 1937 (Abb. S. 22). Durch die Dynamik, Vielfalt und Überkreuzung der schwarzen Geraden wirkt die Komposition spannungsvoll und bewegt.

Vertikale Geraden durchlaufen das gesamte Bildfeld in größeren und kleineren Abständen, so daß es alternierend zu Öffnungen und Verengungen der Bildstruktur kommt. An der rechten Bildseite, wo die Geraden schmaler werden und dicht beieinander liegen, steigert sich der dynamische Charakter des Bildes. Der auf den ersten Blick ausschließlich asymmetrischen Anordnung der vertikalen Geraden unterliegt eine verdeckte Symmetrie. Der dynamischen Komposition stehen statische, die Bildstruktur stabilisierende Elemente gegenüber.

Die symmetrische Unterteilung wird durch waagerechte Balken akzentuiert, deren mittlerer das ganze Bildfeld durchzieht. Zwei Balken laufen nach links aus dem Bild, während drei weitere jeweils zwei senkrechte Geraden verbinden. Diese Geraden sind symmetrisch, in gleicher Entfernung vom Rand angeordnet, verweisen also auf eine innerbildliche Mitte. Sie stehen den asymmetrisch angeordneten Bildelementen gegenüber, die die Wahrnehmung des Betrachters über die Bildgrenzen hinausführen.

Wieder findet in der Komposition eine Ponderation statt, in diesem Fall des absoluten, idealen Bildgedankens der Symmetrie und des relativen der Asymmetrie. Beide Kompositionsprinzipien sind zu einem lebendigen Ganzen verbunden, das unser optisches und geistiges Erfassen des Bildes immer neu anzuregen vermag.

Wenn auch das Grundthema Mondrians gleichgeblieben ist, so haben sich dennoch die Mittel verschoben, mit denen das Thema formuliert wird. Nicht mehr die Beziehungen von Flächenformen stehen im Vordergrund, sondern die Rhythmisierung des Bildfeldes. Den Geraden, die nun die Bildkomposition bestimmen, ist ein hoher Grad an Abstraktheit eigen. Im Verhältnis zu den farbigen Flächen besitzen sie nur wenig Eigenwert. Sie haben mehr hinweisenden, akzentuierenden Charakter.

Mehrere Autoren sehen in dieser neuen Bildstruktur eine Ähnlichkeit mit Mondrians abstrahierenden Gemälden aus der Zeit vor den 20er Jahren. So spricht L. J. F. Wijsenbeek von einer zweiten Zäsur in Mondrians Schaffen, einer „Rückkehr aus der völlig geistig bestimmten Abstraktion zu einer abstrahierenden Verarbeitung der Motive der uns umgebenden Welt."(7) Kermit Swiler Champa nennt diesen Prozeß eine Wiedergeburt bildhafter Ausrichtung der Kompositionen.(8)

Diese Überlegungen vermögen allerdings nur Teilaspekte der neuen Bildform zu erfassen. Sie nähert sich in der Vielfalt der Beziehungen der Bewegtheit und Beweglichkeit des Lebendigen an. Diese neue Bildform ist wohl kaum von optischen Erlebnissen abgeleitet, eher könnte sie als Ausdruck einer gewandelten Einstellung gedeutet werden – einer Einstellung, die die sinnliche Erfahrung nicht mehr zugunsten einer rein geistigen Weltsicht ausschließen möchte.

Georges Vantongerloo.
Vom begrenzten zum unbegrenzten Raum.

Georges Vantongerloo gehört wie Piet Mondrian in den 20er Jahren der Gruppe ‚De Stijl' an. Seit 1931 zählt er zu den Hauptorganisatoren von ‚Abstraction-Création'. Ganz anders als Mondrian, der die Maße seiner innerbildlichen Beziehungen rein intuitiv durch optische Annäherung findet, richtet Vantongerloo seine Bil-

6 Vgl.: Hans L. C. Jaffé, *Piet Mondrian,* Köln 1982, S. 134
7 L. J. F. Wijsenbeek, Piet Mondrian – Sein Werk, in: *Piet Mondrian,* Berlin 1968 (Ausst. Kat.), S. 20/22
8 Vgl.: Kermit Swiler Champa, *Mondrian Studies,* Chicago und London 1985, S. 113

Georges Vantongerloo, *Komposition in einem eingeschriebenen und einem umschriebenen Kreis mit Violett, Grün und Rot,* 1930, Öl auf Leinwand, 85 x 72, Kunstmuseum Basel

Georges Vantongerloo,
3457 gelb, 1936,
18 blau
Öl auf Sperrholz, 73 x 66,1, Sammlung Inge Gerstner-Höchberg, Basel

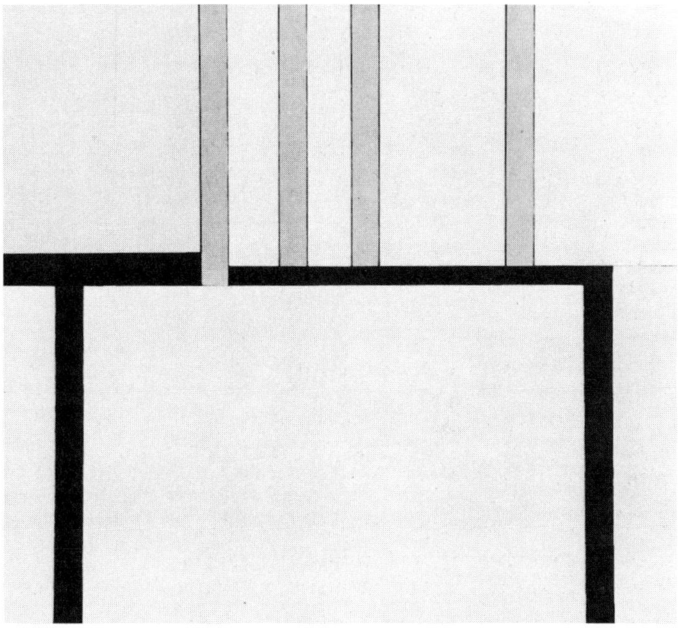

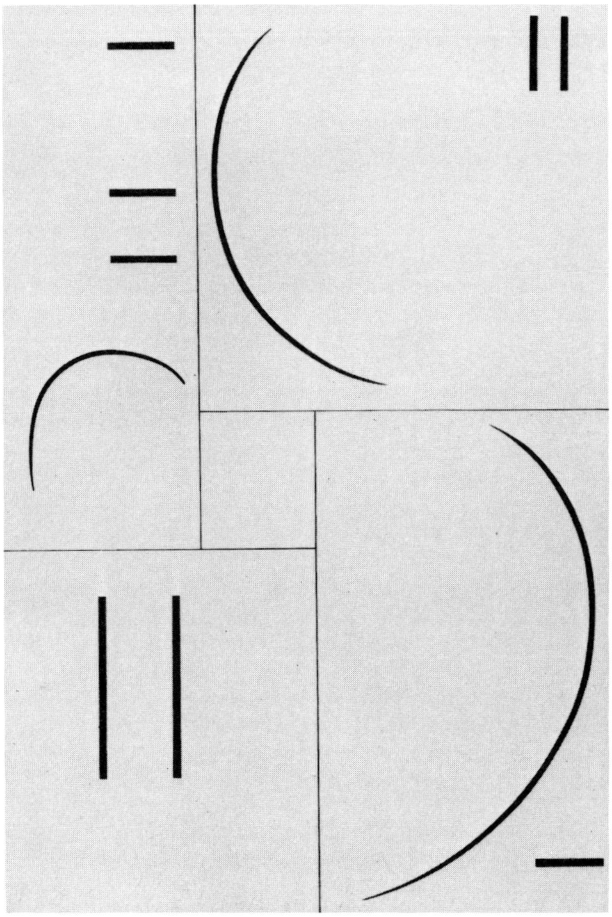

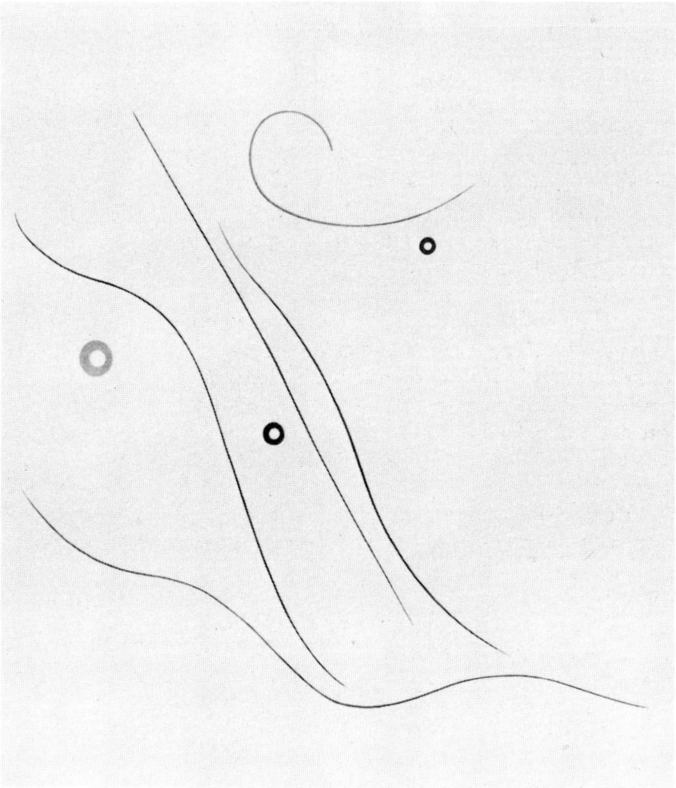

Georges Vantongerloo, *Kurven,* 1937, Öl, 101,8 x 70,5 Sammlung Max Bill, Zürich (links)

Georges Vantongerloo, *Varianten,* 1939, Öl auf Masonit, 101 x 92,2, Sammlung Binia Bill

Sophie Taeuber-Arp, *Komposition Aubette,* 1927-28, Öl auf Karton, 72,4 x 55, Musée d'Art Moderne, Straßburg

Sophie Taeuber-Arp, *Gleichgewicht auf roter Fläche,* 1932, Öl auf Leinwand, 41 x 33

Sophie Taeuber-Arp, *Wehende Formen,* 1935, Öl auf Leinwand, 50 x 65, Hamburger Kunsthalle, Hamburg

Sophie Taeuber-Arp, *Verlorene Linien vor chaotischem Grund,* 1939, Öl auf Leinwand, 65 x 50, Nachlaß Hans Arp, Clamart

der und Skulpturen streng an den rationalen Maßstäben von Wissenschaft und Technik aus. Er legt seinen Arbeiten mathematische Funktionen zugrunde und gibt ihnen entsprechende Titel, z. B.: $-x^2 + 3x + 10 - y$.

Vor 1933 unterteilt er seine Gemälde durch ein Liniengerüst in unterschiedlich große, stehende und liegende Rechtecke, wobei die kleineren farblich akzentuiert sind (Abb. S. 25). Dann treten an die Stelle der kleinen farbigen Rechtecke Farbstreifen, die die Bildfläche rhythmisieren und aktivieren (Abb. S. 25). Im Verlauf des Jahres 1937 lösen sich diese Streifen von ihrer Bindung an die feine schwarze Rahmenstruktur und nehmen regelmäßige Krümmungen an (Abb. S. 25). Weiterhin orientieren sie sich an der Orthogonalität der Bildgrenzen. In einem nächsten Schritt läßt Vantongerloo die gebogenen Linien von den Enden zur Mitte hin anschwellen. Sie verändern sich von der Kreissegmentform zu parabelähnlichen Figuren. Zunehmend lösen sich die Kurvenformen von ihrer Anbindung an das rechteckige System der feinlinigen Bildfeldunterteilung. 1938 fällt selbst dieses Gliederungssystem weg und die Kurvenformen stehen frei im Bildfeld. Seit 1939 werden sie dünner, erhalten den Charakter von Linien, schwingen wellenförmig auf dem Bildgrund, wirbeln umeinander. Ihre Anordnung scheint in einem Feld sich wandelnder Energieströme ständiger Veränderung unterworfen. Jegliche Tektonik und Bindung an elementare Geometrie ist aus den Gemälden verschwunden.

Einen Höhepunkt erreicht diese Veränderung im Bild *Varianten* von 1939 (Abb. S. 25). Keines der Bildelemente scheint sich aktiv zu bewegen. Alle Teile nehmen nur passiv Krafteinwirkung von außen auf. Die Bildelemente sind Seismographen eines nicht sichtbaren Kraftfeldes, welches über die Bildgrenzen hinausreicht.

Wie Mondrian entfernt sich Vantongerloo von einer Bildstruktur, die von flächigen Rechteckformen bestimmt war. Bei beiden Künstlern beginnen Linien autonom und bildbestimmend zu werden. Mondrian behält weiterhin die Rechtwinkligkeit in seinen Bildern bei. Vantongerloo dagegen geht zu geschwungenen Linien über, deren Beziehungen zufällig zu sein, und die in einem ‚freien Raum' zu schweben scheinen. Seine Bilder entfernen sich auf diese Weise von jeder rationalen Erfaßbarkeit. Folgt man Giulio Carlo Argan, so scheinen die beschriebenen formalen Veränderungen von einer neuen, kritischen Sicht auf die von Wissenschaft und Technik bestimmte Welt geprägt. Vantongerloos Absicht hätte darin bestanden, „die objektiven Formen einer nicht mehr natürlichen Welt, welche von der Wissenschaft und Technik geprägt war, mit erkenntnismäßiger Energie neu aufzuladen. Jene Welt drohte in ihrem serienmäßigen Ablauf zu versteifen und in einer Vermassung zu versinken . . . Man mußte verhindern, und dies konnte *die neue Funktion der Kunst* sein, daß die Technologie das historische Werden der Welt blockierte, indem sie ihr den mechanischen Ablauf eines Automaten, eines perversen Robots aufzwang. . . ."(9)

9 Giulio Carlo Argan, Georges Vantongerloo. Ein Zeuge unserer Zeit, in: *Georges Vantongerloo*, Mailand 1986 (Ausst. Kat. Berlin 1986/Bottrop 1986), S. 13 (Hervorhebung von mir, Th. B.)
10 Piet Mondrian, in: *De Stijl*, I, S. 53, zit. nach Jaffé 1982, a. a. O., S. 28
11 H. L. C. Jaffé 1982, a. a. O., S. 34

Sophie Taeuber-Arp.
Die Kunst der Synthese.

Zwischen 1927 und 1928 arbeitet Sophie Taeuber-Arp mit Hans Arp und Theo van Doesburg in Straßburg an der Umgestaltung des *Palais de l'Aubette*. Aus dem Gebäude des 18. Jahrhunderts entsteht eine moderne Kombination aus Café, Restaurant, Dancing, Cabaret und Kino. Sophie Taeubers Entwürfe für die Gestaltung der Wand- und Deckenflächen im *Salon de Thé* sind streng orthogonal an den Maßen der Architektur ausgerichtet (Abb. S. 25). Die rhythmische Unterteilung dieser Entwürfe in einzelne Rechteckflächen läßt an Bewegungsformen des technischen Zeitalters denken. Die Komposition dieser Entwürfe erinnert auch an moderne Formen von Tänzen, die Piet Mondrian, selbst ein leidenschaftlicher Tänzer, als Ausdruck einer zunehmenden Naturunabhängigkeit schon 1918 hoch schätzte: „Die Maschine ersetzt immer mehr die natürliche Kraft. In der Mode sehen wir die typisierende Straffung der Form und Verinnerlichung der Farbe, Zeichen einer Entfremdung von der Natur. Im modernen Tanz (Step, Boston, Tango usw.) finden wir dieselbe Straffung: die runde Linie des alten Tanzes (Walzer usw.) weicht der geraden Linie, während jede Bewegung sofort eine Gegenbewegung aufgehoben wird – ein Zeichen für das Verlangen nach Gleichgewicht."(10)

Zwischen 1931 und 1934 entstehen in Sophie Taeubers Werk dynamische Kompositionen aus Balken, Rechtecken, Kreisen und Quadraten (Abb. S. 25). Die spielerisch leichte Balance dieser Kompositionen, das Pendeln und Kippen der schrägstehenden Bildelemente, kennzeichnet alle diese Bildlösungen – sie muten an wie artistische Drahtseilakte. Die einzelnen Bildelemente wirken wie empfindsame Sensoren für geringste atmosphärische Veränderungen, ganz ähnlich den *Mobiles* Alexander Calders, bei denen jedes einzelne Element eine einmal aufgenommene Erschütterung an alle Teile des gesamten Systems weitergibt.

Im Laufe des Jahres 1934 erscheint eine neue Formkomponente in Sophie Taeubers Bildern: die geschwungene Kontur, die neben den geraden Abschluß von Flächenformen tritt. Es entstehen Formen, die sich teils konvex in den Grund hinausschieben, ihn teils konkav in sich aufnehmen. Das kontinuierliche An- und Abschwellen der Formen durchströmt wie Wellenbewegung das Bild (Abb. S. 25). Sophie Taeubers Malerei bleibt weiterhin anonym in der Formgebung und streng flächig und klar in der Begrenzung der Bildelemente. Die Kurvaturen unterliegen nicht der freien Erfindung, sondern weisen einen mathematisch bestimmbaren Verlauf auf. Wenn, nach den Worten von H. L. C. Jaffé, die gerade Linie der Stempel des Menschen und seiner Arbeit ist im Gegensatz „zu der gebogenen, schwingenden Linie, die für die Natur, für das organische Wachstum" steht(11), dann ist in Sophie Taeubers Werk ein neuer Gedanke der Synthese eingetreten: das Organische tritt neben das Mechanische, das

Biomorphe neben das Tektonische. Carolyn Lanchner sieht in dieser Entwicklung die konzeptionelle Annäherung von verstandesmäßiger Geometrie an einen surrealistisch abstrakten Biomorphismus.(12)

Lignes perdues sur fond chaotique (Verlorene Linien vor einem chaotischen Grund) stammt aus dem Jahr 1939 (Abb. S. 29). Verschiedenfarbige, schmale Linien konstanter Breite, mit rechtwinklig begrenztem Anfang und Ende, bewegen sich in engeren und weiteren Schwingungen, Schlaufen bildend, sich überlagernd und überschneidend, vor einem fleckigen Grund. Die Anordnung der Linien scheint ganz dem Zufall unterworfen. Die Komposition spiegelt einen ursprünglichen Zustand von Unordnung wider, der hinter aller Zivilisationsdisziplin im organischen Leben verborgen ist. Die Unruhe des Grundes induziert die Bewegtheit der Bänder. Dennoch existieren in dem Bild auch regelmäßige Elemente, wie die gleichmäßig breiten und farblich homogenen Bänder. Der gestische Malstil des Grundes bringt unkontrollierte Unruhe in das Werk. Diesem bildnerischen Ausdruck für das Chaotische, Formlose steht aber deutlich spürbar eine Kraft entgegen, die Georg Schmidt als den „Glauben der Künstlerin" an die bauenden Kräfte des Lebens bezeichnet hat, als ihr Streben nach „Überwindung des Chaos" und dem „Stiften sinnvoller Ordnungen".(13) Die kurvigen Formen ihrer Linienspiralen mögen hierbei für eine Abkehr von der naturentfremdeten Zivilisation des Menschen hin zu elementaren überzeitlichen Gesetzen der Materie und des organischen Lebens stehen.

Jean Hélion.
Die Wiederentdeckung der Welt mit den Mitteln der abstrakten Malerei.

Jean Hélion gehört einer jüngeren Generation von Künstlern an, die in den 30er Jahren in Paris der abstrakten Malerei wesentliche Impulse verleihen. Er wird erst Ende der 20er Jahre durch den uruguayischen Maler Joaquin Torres-García mit den modernen Kunstrichtungen bekannt gemacht. In dieser Zeit, in der der Surrealismus viele junge Künstler in Paris an sich zieht, freundet er sich mit Theo van Doesburg an, zu dessen strenger Bildauffassung er sich hingezogen fühlt. Er gibt seine stark von expressiven Elementen bestimmte figurative Malerei auf (Abb. S. 29) und orientiert sich an der geometrischen Bildstruktur des Neoplastizismus (Abb. S. 29). Er unterwirft seine Gemälde einer starken Reduktion und ist überzeugt von dem „Ideal strenger Ökonomie der Mittel", um der „äußeren Anarchie des Fauvismus und der inneren Anarchie des Surrealismus entgegenzuarbeiten".(14) 1930 gründet Torres-García zusammen mit Michel Seuphor die Gruppe ‚Cercle et Carré', die neben Vertretern der reinen Abstraktion auch solche Künstler aufnimmt, die abstrahierend arbeiten. Hélion lehnt in einem Brief an seinen ehemaligen Lehrer ab, sich an der Gruppe zu beteiligen, deren ‚duales' Konzept er nicht akzeptiert. Da er und auch Georges Vantongerloo, Antoine Pevsner und Piet Mondrian „jegliches Eingehen von Natur auf ‚formaler' Ebene in die Struktur ihrer Arbeit unterbinden wollten"(15), hätten sie keine gemeinsamen Ziele mit Künstlern, die die rein konstruktive Kunst als unvollständig betrachteten.

Kurze Zeit später schließt Hélion sich der Gruppierung ‚Art concret' an, die von van Doesburg ins Leben gerufen wurde. Im Manifest der Gruppe fordern die Mitglieder, daß ein Kunstwerk „vor seiner Ausführung vollständig im Geiste konzipiert und formuliert sein" müsse. Die Konstruktion eines Bildes, ebenso wie die seiner Elemente, müsse einfach und visuell überprüfbar, die Technik „mechanisch" sein. Die Kunst dürfe „keinerlei vorgegebene Formeln aufgreifen; „weder aus der Natur, noch aus der Sinnen- oder Gefühlswelt". Lyrik, Dramatik und Symbolismus wollen sie ganz aus ihren Werken verbannen.(16)

1931 tritt Hélion der Gruppe ‚Abstraction-Création' bei, die sich gegen alle Versuche der Zeit verwahrte, „das künstlerische Trachten nach rassistischen, ideologischen oder nationalen Erwägungen einzuschränken."(17) Auch steht er der kommunistischen Gruppierung ‚AEAR' (Vereinigung revolutionärer Schriftsteller und Künstler) nahe und nimmt regen Anteil an der gesellschaftlichen Entwicklung der Sowjet-Union. In den intellektuellen Kreisen von ‚AEAR' wird er mit zahlreichen Kritikern der abstrakten Kunst konfrontiert. Der Kommunismus sei menschlich, die abstrakte Kunst hingegen nicht, hält man ihm vor.(18) Hélion, der davon überzeugt ist, daß die Kunst das zum Ausdruck bringen müsse, was, nach seinen eigenen Worten, den Menschen angeht(19), zieht sich aus dieser Diskussion zurück und versucht, ‚die Welt mit den Mitteln abstrakter Malerei *wiederzuentdecken*'.(20)

Während er noch 1930, dem Manifest von ‚Art Concret' entsprechend, jeglichen Naturbezug in seiner Malerei rigoros ablehnte, stellt er nun seine Kunst in ein enges Verhältnis zur Natur: „Es geht mir um das Herausarbeiten von Farben, Linien und Formen, von einer so stimmigen Gliederung wie die der Bäume, einer so gleichmäßigen Klarheit wie der des Himmels. Man muß eine ausdrucksvolle Sprache entwickeln, die den Geräuschen entspricht, die der Wind von entfernten Gesängen herüberweht, die das Surren der Insekten wiedergibt, den Flügelschlag oder das Fallen reifer Früchte ins Gras."(21) Hélion hatte sich entschieden, der „Idee der Reduktion die Idee des Wachstums entgegenzusetzen".(22)

Seine Bilder in dieser Zeit nennt er *Equilibres* (Gleichgewichte) (Abb. S. 29). Die einzelnen Kompositionselemente lösen sich aus der orthogonalen Ausrichtung auf dem Bildfeld. Es erscheinen gerundete und schrägstehende Formen sowie eine durch kontinuierliche Abtönung gewonnene Illusion des Plastischen. Die Größendifferenz der Formen als auch ihre mehrfache Überschneidung verräumlichen das Bild. Sie scheinen bewegt, in ständiger Veränderung,

12 Vgl.: Carolyn Lanchner, Sophie Taeuber-Arp: An Introduction, in: *Sophie Taeuber-Arp,* New York 1981 (Ausst. Kat.), S. 15
13 Vgl.: Georg Schmidt (Hrsg.), *Sophie Taeuber-Arp,* Basel 1948, S. 8
14 Zit. nach: Armin Zweite, Vorwort, in: A. Zweite (Hrsg.), a. a. O., S. 8
15 Vgl.: Margit Rowell, Ordnung und Symbol: Europäische und amerikanische Ursprünge im Konstruktivismus des Torres-García, in: *Torres-García. Gitter, Muster, Zeichen. Paris-Montevideo 1924-1944,* Düsseldorf 1986 (Ausst. Kat.), S. 7
16 Otto Gustaf Carlsund, Theo van Doesburg, Jean Hélion, Léon Tutundjian und Marcel Wantz, Die Basis der konkreten Malerei, in: *Art Concret,* Nr. 1, Paris 1930, zit. nach: A. Zweite (Hrsg.), a. a. O., S. 114
17 Vorwort des Komitees, in: *abstraction-création art non-figuratif,* 2, 1933, S. 1. (Reprint, New York 1968) (Übersetzung von J. Zajac-Wernicke)
18 Vgl.: Hans Joachim Neyer, Standardisierung der Arbeit und Mythen des Alltags bei Jean Hélion, *Absolut modern sein. Zwischen Fahrrad und Fließband. Culture technique in Frankreich 1889-1937,* Berlin 1986 (Ausst. Kat.), S. 352
19 Daniel Abadie, *Hélion ou la force des choses,* Brüssel 1975, S. 15/16 f., zit. nach A. Zweite (Hrsg.), a. a. O., S. 139
20 H. J. Neyer, a. a. O., S. 352 (Hervorhebung von mir, Th. B.)
21 Zit. nach: M. S. Schipper, a. a. O., S. 32
22 Zit. nach A. Zweite, a. a. O., S. 8

Jean Hélion, *Rechtwinklige Komposition,* 1929/30, Öl auf Leinwand, 146 x 97, Privatsammlung, Paris

Jean Hélion, *Gleichgewicht,* 1933, Öl auf Leinwand, 81 x 100, Kunsthalle Hamburg, Hamburg (oben rechts)

Jean Hélion, *Sitzender Mann,* 1928, Öl auf Leinwand, 130 x 89, Centrum für Kunst, Vaduz (oben links)

Jean Hélion, *Stehende Figur,* 1936, Öl auf Leinwand, 146 x 114, The Metropolitan Museum of Art, New York

Wassily Kandinsky, *Spitzen im Bogen,* 1927, Öl auf Leinwand, 66 x 49, Verbleib unbekannt

Wassily Kandinsky, *Gruppierung,* 1937, Öl auf Leinwand, 147 x 88, Moderna Museet, Stockholm

23 M. S. Schipper, a. a. O., S. 43
24 Vgl.: Vivian Endicott Barnett, Kandinsky and Science: The Introduction of Biological Images in the Paris Period, in: *Kandinsky in Paris,* New York 1985 (Ausst. Kat.)
25 Vgl.: Christian Derouet, Kandinsky in Paris: 1934-1944, in: *Kandinsky in Paris,* New York 1985 (Ausst. Kat.), S. 34/36
26 Chr. Derouet, a. a. O., S. 41
27 Wassily Kandinsky, Berechnung, in: M. Bill, a. a. O., S. 149
28 Vgl.: V. E. Barnett, a. a. O., S. 87
29 Vgl.: Christopher Green, Wandlungen der Figur. Fernand Léger als Figurenmaler 1909-1927, in: *Fernand Léger. Das figürliche Werk,* Köln 1978 (Ausst. Kat.), S. 38

bei gleichzeitiger Aufrechterhaltung des Gleichgewichtes.

Ab 1935/36 entsteht die Reihe der *Figures* (Abb. S. 29). Beweglichkeit ist aus den Kompositionen verschwunden, ihre Bildhaftigkeit indes hat zugenommen. Schildförmig nach vorne gebogene, gerundete Formen und unmodulierte Flächen sind zu einer geschlossenen, aufgerichteten Figur, zu einem Organismus, zusammengefügt. Die vorgewölbten, gerundeten Bildelemente stehen surrealistischer Formensprache nah. Hélion, der noch 1930 der surrealistischen Bewegung ablehnend gegenüberstand, bringt nun dieser Weltanschauung sehr viel mehr Verständnis entgegen. Er sieht gerade in diesem Stil ‚die Unsicherheit der Zeit' widergespiegelt.(23)

Wassily Kandinsky.
Der gemeinsame Ursprung allen Lebens.

Nach der Schließung des Bauhauses durch die Nationalsozialisten 1933 emigriert Wassily Kandinsky nach Paris, das ihm von früheren Aufenthalten her gut bekannt ist. Sein Werk hat hier zunehmend Beachtung gefunden. 1929 erhält er eine erste Einzelausstellung in der Galerie Zak und im Herbst 1933, kurz vor seinem Umzug an die Seine, stellte er zusammen mit den Surrealisten im ‚Salon des Surindépendants' aus.

Nach einer mehrmonatigen Arbeitsunterbrechung beginnt er wieder zu malen. In seinen Bildern treten neue Motive auf, die an Amöben, Plankton und wirbellose Tiefseetiere erinnern (Abb. S. 30). Diese organischen Formen scheinen ständiger Metamorphose unterworfen. Wie von einer Strömung getragen schweben sie über dem Bildgrund. Sie stehen im Gegensatz zu den strengen, deutlich definierbaren, geometrischen Bildelementen seiner Arbeiten der Bauhausjahre (Abb. S. 30). Rechtecke, Kreise und Dreiecke haben sich in vielgestaltige organische Motive gewandelt.

Die neuen Formen orientieren sich an der Welt der Biologie – speziell der Zoologie und Embryologie. Zur Motivfindung dienen Kandinsky Abbildungen in zoologischen Büchern.(24)

Neben seiner Beschäftigung mit den Naturwissenschaften interessiert er sich für die Formenwelt des Surrealismus. Sehr faszinieren ihn die ersten ‚weichen' Bilder von Salvador Dali, die er in Kunstzeitschriften publiziert findet, und in denen ihn das Unbekannte und Unerwartete anzieht.(25) Auch inspirieren ihn Phänomene wie Metamorphose, Zufall und Wachstum, die er in den Werken von Hans Arp und Joan Miró entdeckt.

Christian Derouet sieht in dieser künstlerischen Entwicklung Kandinskys in den 30er Jahren ein ‚Wiederaufgreifen der Romantik' und damit die Aufhebung seiner ‚Avantgarde-Position' der Bauhauszeit.(26) Tatsächlich stand Kandinsky einer Anwendbarkeit künstlerischer ‚Rezeptbücher', wie er sie für seinen Vorkurs am Bauhaus entwickelt hatte, nun skeptisch gegenüber.(27) Den Werken aus dieser Zeit zog er jene vor, die vor den 20er Jahren entstanden, von größerer Expressivität geprägt und stärker auf die Natur bezogen waren. Eine Parallele ist hier zu Mondrian zu ziehen, dessen Bildform der 30er Jahre sich ebenfalls wieder früheren abstrahierenden Bildlösungen nähert. Bei beiden öffnet sich das Werk dem Ausdruckhaften.

Man mag in den neuen Bildern einen gemeinsamen Ursprung allen Lebens thematisiert sehen. In den verwendeten Motiven, die eine geistige Bedeutung von Beginn und Regeneration enthüllen mögen(28), sucht Kandinsky die ideale Einheit in der ursprünglichen Ganzheit und Ungebundenheit des Natürlichen.

Fernand Léger.
Das Ende der Maschinenmensch-Metapher.

1927 entsteht das Gemälde *Drei Frauen auf rotem Grund* (Abb. S. 33) von Fernand Léger, das von dem Eindruck zeitloser Ruhe und asketischer Strenge bestimmt wird. Alle Bildelemente verbindet ähnliche Form und Größe. Jede Einzelform ruht durch ihre Abgeschlossenheit in sich selbst, wirkt aber durch additive Überschneidung mit anderen Figurenteilen nicht vereinzelt.

Keine Form ist einer anderen untergeordnet. Es existieren nur gleichwertige Zuordnungen. Die einzelnen Bildelemente scheinen allen drei Figuren gemeinsam anzugehören. Die dargestellten Frauen werden nur geringfügig durch ihre Frisuren und ihre Haltung individualisiert. Vorherrschend ist die Stereotypie ihrer Gesichter und Körper. Die Nähe und räumliche Verschränkung der voluminösen Körper stellt die Gruppe als Gemeinschaft dar.

Die strenge Ausrichtung der Figuren und der frontale Lichteinfall als auch der einheitliche rote Grund und das Fehlen natürlicher Farbigkeit bei den Frauen rücken die Gruppe in eine zeitenthobene, ideale Sphäre. Die Frauen in dem Bild scheinen einer archaischen Welt zu entstammen. Die Symmetrien im Bildaufbau und die fehlende Perspektive bei dem Figurenrelief unterstützen diesen Eindruck.

Metallischer Glanz und schwarzblaue Schattierungen geben dabei den Körpern einen maschinenhaften Charakter. *Drei Frauen vor rotem Grund* gehört zu den letzten Bildern Légers, die „so kompromißlos die technisierte klassische Ordnung" verkörpern. Christopher Green verweist darauf, welche konstruktive Macht damals der Serienproduktion zugeschrieben wurde.(29) Léger begreift Technik als eine Kraft, die den Menschen als soziales Wesen erhöht und zu sich selbst führt. Er beschwört in diesem Bild die Utopie eines kollektiven Lebens, des vollkommenen Aufgehobenseins des Einzelnen in der Gemeinschaft.

Ein Jahrzehnt später entsteht das Gemälde *Adam und Eva* (Abb.). Statische Ordnung und asketische Strenge sind einer Vielzahl von schrägen Kompositionslinien und fließenden weichen Formen gewichen. Bewegung – und damit zeitliche Veränderung – kommt ins Bild. Sprunghaft auf der Bildfläche hin- und herwandernd und in den Bildraum vorstoßend erschließt das Auge des Betrachters das Dargestellte. Die einzelnen Glieder der Figuren sind miteinander zu beweglichen Körpern verschmolzen. Der Charakter organischen Wachstums ist an die Stelle der ‚mechanischen' Form getreten. Leicht sind die Gesichter aus der Frontalität herausgedreht.

Bewegung und Räumlichkeit werden miteinander verbunden. Raum wird nicht als statische Distanz dargestellt, sondern als dynamisches Raumergreifen, als plastischer Raum. Die Schlange windet sich um den Stab und der Balken links erstreckt sich in die Tiefe. Eine Wolke füllt den Raum vor, zwischen und hinter den einzelnen Gerüstelementen und die Pflanze in der Hand Evas artikuliert wachsend den sie umgebenden Raum. Trotz dieser Verräumlichung ist den Formen aller Bildmotive weiterhin eine starke Flächenbindung eigen. Die Geschlossenheit der Darstellung wird durch die Überschneidung der Bildmotive am unteren Bildrand aufgehoben.

Sowohl Bildraum als -fläche werden dynamisiert. Die Bewegung löst sich von den einzelnen Bildgegenständen und führt, sich verselbständigend, über deren Grenzen hinaus. In diesem Versuch der Aktivierung seiner Komposition gleicht Légers Bildstruktur den zeitlich parallelen Bemühungen von Sophie Taeuber-Arp, Georges Vantongerloo und Piet Mondrian.

Obgleich sich die Werke von Léger in den 30er Jahren mehr an der Realität orientieren – anstelle des neutralen roten Grundes erscheinen Himmel und Wolken, und ‚Adam' ist mit Tätowierung und Trikot als Akrobat dargestellt – werden der Aufbau des Raumes als auch die Lichtführung jedoch nicht im Sinne eines Naturalismus eindeutig und logisch aufgefaßt. Unterschiedliche Fluchtpunkte der Balken links und ein Wechsel von Auf- und Untersicht beim unteren Abschluß des Trikots tragen zu Vieldeutigkeit und Unruhe bei. Dies wird durch die uneinheitliche Lichtführung noch verstärkt.

Das Bild Légers ist formal und inhaltlich in zwei dialektisch gegenübergestellte Bildhälften geteilt. Dies ist ein häufiges Kompositionsprinzip seiner Gemälde in den 30er Jahren. In der Mitte der Komposition steht die frei wuchernde Pflanze als Bild wilder Natürlichkeit. Ganz anders als in den 20er Jahren, als die Blume eher einem artifiziell hergestellten Gegenstand glich, wird jetzt ihr natürlicher Wachstumstrieb und ihre Fruchtbarkeit betont. Der durch diese Thematik bedingte formale Charakter steht einer surrealistisch geprägten Formenwelt durchaus nah. In Légers Bildern mehren sich „frei bewegliche – oft abstrakte, oft florale – Formen, in denen sich das Vegetative gegenüber dem nun immer seltener werdenden Geometrischen durchsetzt".(30) Die Idee von der ursprünglichen und wiederzugewinnenden Einheit von Mensch und Natur ist in diesem Bild von *Adam und Eva* angesprochen.

In der Bewegung der menschlichen Figur ist das „Gefühl der Freiheit" dargestellt. Diese Bewegung vertritt für Léger den Sinn von Befreiung überhaupt.(31)

Das Unbehagen an der mechanischen Zivilisation.

Die Reihe der Künstler, deren Bildstruktur sich in den 30er Jahren sichtlich verändert, ließe sich noch um einige Namen, u.a. Kurt Schwitters, Laszlo Moholy-Nagy, Naum Gabo und Willi Baumeister, erweitern.

Über die Kunstwerke vom Ende der 20er Jahre, die hier genauer betrachtet wurden, läßt sich zusammenfassend sagen, daß sie von statischer Ausgewogenheit, Vereinfachung, Eindeutigkeit und elementaren geometrischen Formmotiven geprägt sind. Die sich in den folgenden Jahren entwickelnde Bildstruktur dagegen ist bestimmt von der Bewegtheit bzw. Dynamisierung der Komposition. Die Gliederung der Bildfläche folgt nicht mehr dem orthogonalen Prinzip, was zu einer Entbindung und freieren Anordnung der Bildelemente führt. Gerundete Flächenformen und geschwungene Linien treten als neue Bildmotive auf.

Die Gründe dieses Wandels sind komplex. Die folgenden Ausführungen sind erste Schritte, die zu einer möglichen Erklärung führen können.

Eine naheliegende, kunstimmanente Ursache kann für einige Künstler in einem Angleichungsprozeß der geometrischen Abstraktion an die Formenwelt der Surrealisten gesehen werden. Der Surrealismus erregt in Paris in jener Zeit viel Aufsehen und ist durch Künstler wie z.B. Hans Arp mit ihrem Gedankengut in der Gruppe ‚Abstraction-Création' prominent vertreten. Die Annäherung hingegen bleibt einseitig. Während einige abstrakt arbeitende Künstler wie Léger, Hélion, Otto Freundlich und Kandinsky Elemente der surrealistischen Formenwelt in ihre Arbeiten mit aufnehmen, bleiben die Surrealisten weitgehend unbeeindruckt von der geometrischen Abstraktion. Die Gedankenwelt des Surrealismus und ihre Hinwendung zum Irrationalen und Unbewußten scheint diesen Künstlern zeitgemäßer als eine statische, geometrische Bildstruktur.

In den 20er Jahren strebten die Künstler an, ihre Kunst an den Wesenszügen der mechanischen Zivilisation auszurichten. ‚Es ist heutzutage das Wunder der technischen Vollkommenheit (die Gnade der Maschine), die die ästhetische Erregung und vollkommene Schönheit hervorbringt.'(32)

In den 30er Jahren dagegen erkennen sie die Gefahr, daß insbesondere die unpersönlichen Aspekte der geometrischen Abstraktion mit negativen Folgen der Industrialisierung und kollektivistischen Vorstellungen in der aktuellen gesellschaftlichen Entwicklung verwechselt werden könnten. Die Unterdrückung jeglicher Individualität und Selbstbestimmung der Menschen, wie sie in den totalitären Staaten vorangetrieben wurde, und wie sie dem Einzelnen gerade das Gegenteil von Erlösung brachte, ließ Skepsis gegenüber einer Ästhetik der maschinenhaften Präzision, der technischen Vollkommenheit, der uneingeschränkten Rationalität und des Anti-Emotionalen aufkommen.

30 Werner Schmalenbach, *Fernand Léger,* Köln 1977, S. 33
31 Vgl.: Siegfried Gohr, Der Optimismus in der Malerei – Einführung in die Themen von Léger, in: *Fernand Léger. Das figürliche Werk,* Köln 1978 (Ausst. Kat.), S. 53
32 J. J. P. Oud, in: *De Stijl,* III, S. 14, zit. nach H. L. C. Jaffé 1965, a. a. O. S. 206
33 A. Zweite, a. a. O., S. 8

Fernand Léger, *Adam und Eva,* 1935-39, Öl auf Leinwand, 228 x 324,5, Kunstsammlung Nordrhein-Westfalen, Düsseldorf

Fernand Léger, *Drei Frauen auf rotem Grund,* 1927, Öl auf Leinwand, 138 x 96, Privatsammlung

Zweifel werden in dieser Zeit an der Humanität der technischen Entwicklung laut. Man sieht zunehmend auch die negativen Folgen der Industrialisierung, man spürt die Kräfte, die sich gegen das Lebendige im Menschen richten. Das Bild der Maschine, ihre reine Zweckhaftigkeit und ihre mechanische Funktionsweise, symbolisiert die Entindividualisierung des Menschen als ausschließlich funktionalem Bestandteil im totalen Staat. So schreibt die englische Zeitung ‚New Statesman' über das von konstruktivistischen Künstlern publizierte Buch ‚Circle': „Maschinen werden heute nicht nur als schön verehrt, sondern Menschen versuchen, sich selber ihren Idolen anzugleichen. Der totalitäre Staat ist idealerweise eine Gesellschaft, bei der jedes Mitglied genauso mechanisch handelt wie ein Ventil oder ein Kolben, sich jeglicher Individualität entledigend . . . Der Mensch, so scheint es, hat sich von der kopflosen Bestie wegentwickelt, nur um eine kopflose Maschine zu werden . . . Mir ist kein Schauspiel bekannt, das unmenschlicher und geschmackloser ist als die Demonstrationen eines Drills, wie er in Nürnberg und Moskau organisiert wird . . . Die Strenge und der Konformismus aber, die man in totalitären Staaten schätzt, fände ihren perfekten Ausdruck in den geometrischen Erfindungen, die in diesem Buch abgebildet sind." (34)

Die Vision, mit Hilfe von Wissenschaft und Technik eine neue, *naturunabhängige* Welt gestalten zu können, zerfällt. Die Vorstellung eines Geistes, der die Welt nach seiner Idee formt, wird von dem Bedürfnis abgelöst, den natürlichen Kräften wieder mehr Beachtung zu schenken: an die Stelle puristischer Ordnungskonzepte tritt die lebendige Bewegung.

34 Anti-Humanism, in: *New Statesman,* Vol XIX, no 336, 31 July 1937, S. 190, zit. nach: Jeremy Lewison (Hrsg.), *Circle. Constructive art in Britain 1934-40,* Cambridge 1982 (Ausst. Kat.), S. 48 (Übersetzung von mir, Th. B.)

Die abstrakt/konkrete Kunst: Sie sagten unabhängig?

Gladys C. Fabre

I

Anläßlich der *Exposition Internationale des Arts et Techniques dans la Vie Moderne* (Internationale Ausstellung für Kunst und Technik im modernen Leben) im Jahre 1937 wurden in Paris zwei Ausstellungen eröffnet: *Les Maîtres de l'Art Indépendant* (Die Meister der unabhängigen Kunst) im Petit Palais, eine Retrospektive der französischen Kunst von 1895 bis 1937 mit Künstlern wie Matisse, Bonnard, Maillol, Despiau, Dunoyer de Segonzac, Derain, Dufy, Utrillo, van Dongen, Vlaminck und den Kubisten Duchamp-Villon, R. Delaunay, Gleizes, Léger, Picasso, sowie *Origines et développement de l'art international indépendent* (Ursprünge und Entwicklung der internationalen unabhängigen Kunst) im Jeu de Paume. Diese vom *Musée des Ecoles Etrangères* (Museum der ausländischen Schulen) organisierte Veranstaltung war innerhalb weniger Wochen unter dem Druck ausländischer Künstler (solcher, die seit weniger als zwölf Jahren in Frankreich lebten und von der ersten Veranstaltung ausgeschlossen waren) improvisiert worden. Sie enthielt 177 Werke von: Kandinsky, González, Calder, Lipchitz, Brancusi, Juan Gris, Ernst, Tanguy, Mondrian, Magritte, Kupka, Magnelli, Dali, Chirico, Klee, Man Ray, Pevsner und Gabo.

1938 unterzeichneten André Breton, Leo Trotzky und Diego Rivera das Manifest *Pour un art révolutionnaire indépendant* (Für eine unabhängige revolutionäre Kunst), eine Schrift, aus der der Titel für diese Ausstellung stammt: „... und nicht die leiseste Spur einer Vorschrift" (Breton). Daß die Unabhängigkeit aufgeführt wird, verwundert ein wenig angesichts der Unterschrift eines marxistischen Politikers, eines Propaganda-Malers und des Surrealismus-Papstes, der gegenüber dem surrealistischen Verhaltenscode stets strikten Gehorsam forderte. Zählt man zu den Künstlern dieser drei Ereignisse diejenigen hinzu, die am *Salon des Indépendants,* der *vrais indépendants* und *surindépendants* teilnahmen (die beiden letztgenannten wurden Ende der zwanziger Jahre gegründet), so fragt man sich, was der Begriff *indépendant* (unabhängig) eigentlich beinhaltet, und der Verdacht drängt sich auf, daß hinter diesem gemeinsamen Anspruch die Angst steht, er könne fehlen.

Für die große Öffentlichkeit, die Veranstalter der offiziellen Salons und für Raymond Escholier, der die Ausstellung im Petit Palais ersann, bedeutete schließlich *indépendant:* „nicht engagiert, außerhalb politischer und sozialer Banalitäten". Der Begriff stand für die Verherrlichung persönlicher Äußerungen und war verbunden mit den sogenannten *ewigen, allumfassenden* Themen, die den Akt, das Stilleben, die Landschaft bevorzugen, und es ablehnen, in der Gegenwart *klebenzubleiben.* Bonnard, Matisse, Maillol veranschaulichen großartig diese Richtung in ihren verschiedenen Stilen. Häufig huldigen sie einer hedonistischen Atmosphäre, manchmal einem Klassizismus (Derain, Abb. S. 36) und bezauberten alle, die Krise und Politik vergessen wollten. Für eine internationale Öffentlichkeit von aufgeklärten Konservativen besaß die *Ecole de Paris* die Anziehungskraft eines Zufluchtsortes, wie der Kommentar von Thomas Cravens über Matisse bezeugt: „Er hielt seine Kunst vom modernen Leben fern", oder wie es die Worte John Rewalds über Maillol belegen: „Er gestattete der Not unseres täglichen Lebens nicht, seine Schöpfungen zu stören." Mit zeitlichem Abstand gelangt man zu der Feststellung, daß diese *unabhängige,* von den aktuellen sozialpolitischen Themen abgekoppelte Kunst, mit einer zwischen den beiden Weltkriegen in Frankreich herrschenden Geisteshaltung zusammenhing. Sie verabscheute die von der aufgekommenen Massenzivilisation ausgelösten Wertveränderungen und betäubte sich mit einem friedlichen Konservatismus des guten Geschmacks.

Im übrigen erklärten sich die Künstler der Avantgarde, vertreten von den beiden Hauptrichtungen Surrealismus und geometrische Abstraktion, für unabhängig und engagiert. Ihre theoretische Haltung verband den Universalismus der nicht-engagierten Künstler mit der politischen Propaganda des Realismus (sozial, heroisch, trivial, politisch, magisch) in der Malerei. Die Künstler der Avantgarde teilten mit dem Realismus die sozialpolitischen Ziele, doch lehnten sie es ab, die Gegenwart selbst unter kritischem Aspekt, darzustellen. Stattdessen schlugen sie ein – in der Gegenwart erarbeitetes, aber von der Zukunft eingegebenes – imaginäres Bild vor. Der Künstler habe die Aufgabe, „das Leben zu verändern", indem er den Wunsch Rimbauds mit dem Vorhaben Marx', „die Welt zu verändern" in Einklang bringt. Das Kunstwerk wurde als der eigentliche Anhaltspunkt für eine Revolution der Verhaltens- und Anschauungsweisen verstanden. Deshalb durften ohne Gefahr der Selbstverleugnung bei der Wahl der Mittel keine Kompromisse eingegangen, gegenüber den von der Gemeinschaft aufgestellten Normen keine Konzessionen gemacht werden.

Revolutionär stürzte die Avantgarde die alte Ordnung von Form und Inhalt, doch weigerte sie sich nicht weniger als die nicht-engagierte Kunst, nur Resonanzkörper für die Kritik der Gegenwart zu sein und sah im Imaginären von heute das Reale von Morgen. Das Problem, das die Avantgarde am Vorabend des Zweiten

André Derain, *Zwei weibliche Akte mit Früchten* 1935, Öl auf Leinwand, 112 x 104

Pablo Picasso, *Schwimmende Frau* 1929, Öl auf Leinwand, 130 x 162, Musée Picasso, Paris

Weltkrieges quälte, war in einem internationalen dynamischen Schaffensprozeß weniger das der Unabhängigkeit des Künstlers, als vielmehr das der Organisation der Wechselbeziehungen zwischen Realem und Imaginärem, zwischen Gesellschaft und Künstler.

In dieser Situation, beim Übergang von den zwanziger in die dreißiger Jahre, als die Welt den Zusammenbruch der kapitalistischen Wirtschaft und die Abwendung von den sozialpolitischen Idealen zugunsten eines Totalitarismus erlebte, definierte sich die geometrische Abstraktion erneut gegenüber ihrem surrealistischen Konkurrenten – mit dem sie die Befreiung der ‚Unabhängigen' sowie die Abhängigkeit der Engagierten ablehnte – und fand ihre Ursprünglichkeit zurück.

II

1930 wurde Paris die Hauptstadt der Künstler der internationalen Avantgarde. Angezogen von den Kunstschulen (der *Académie Moderne* von Léger und Ozenfant, den Ateliers von Lhote und Calorossi), dem Leben am Montparnasse oder auf der Flucht vor dem Stalinismus und später dem Nazismus, ließen sich zahlreiche ausländische Künstler in Paris nieder: Pevsner (1923), Baranoff-Rossiné (1925/1926), Béothy (1925), Calder (1926), Prampolini (1925/27), Torres-García (1926), van Doesburg (1933). Michel Seuphor und Torres-García unternahmen damals den Versuch, alle „ismen" zu vereinen – den Surrealismus, dem sie Konkurrenz machen wollten, ausgenommen –, indem sie die Bewegung ‚Cercle et Carré' gründeten. Diese organisierte Ausstellungen und veröffentlichte drei Nummern einer gleichnamigen Zeitschrift.

Die Mehrzahl aller modernen Richtungen war vertreten: der holländische Neo-Plastizismus (Mondrian, Vilmos Huszar, Vantongerloo, Gorin, der Architekt Huid Hoste), der italienische Futurismus (Fillia, Enrico Prampolini, Luigi Russolo), der Purismus und die mechanistische Abstraktion der *Académie Moderne* (Le Corbusier, Ozenfant, Fernand Léger, Serge Charchoune, Marcelle Cahn, Francisca Clausen, Florence Henri, Vera Idelson, Chodasiewicz-Grabowska, Alexandra Exter, Erik Olson, Wanda Wolska), das Bauhaus (Baumeister, Kandinsky), der Dadaismus (Hans Arp, Sophie Taeuber-Arp, Adya und Otto van Rees, Kurt Schwitters), der russische Konstruktivismus (Pevsner), die italienische rationalistische Architektur (Alberto Sartoris) und die deutsche ungegenständliche Malerei (‚Gruppe K': Carl Buchheister, Vordemberge-Gildewart) sowie der polnische Unismus (Henrik Stazwaski). Dieser Liste sind noch einige schwer einzuordnende Künstler hinzuzufügen wie der uruguayische Bildhauer Cueto, der Amerikaner Joseph Stella, der Tscheche Foltyn und einige mehr . . .

Gegenüber dieser Bewegung entstand ‚Art Concret', eine Splittergruppe, die die ungegenständliche Kunst vertrat, und die sich um den Holländer van Doesburg (Gründer der Zeitschrift „De Stijl"), den Schweden Carlsund, den Armenier Tutundjian, die Franzosen Hélion und Wantz und den Schweizer Shwab sammelte. ‚Cercle et Carré' und ‚Art Concret' blieben nur ein Jahr bestehen, um sich zum Teil (jede Gegenständlichkeit war ausgeschlossen) in einer dritten Bewegung, ‚Abstraction-Création' (1931–1936), zu vereinen. Letztere vertrat alle internationalen Richtungen von der Abstraktion bis hin zur ungegenständlichen oder auch konkret genannten Kunst. „Der Mensch nennt das abstrakt, was konkret ist", erläutert van Doesburg. „Ich kann verstehen, daß man ein kubistisches Gemälde abstrakt nennt, denn Teile des Gegenstandes, der als Modell für dieses Bild gedient hat, sind abstrahiert worden. Doch finde ich, daß ein Gemälde oder eine Skulptur ebenso konkret und sinnenfreudig wie ein Blatt oder ein Stein sind, auch wenn sie keinen Gegenstand als Modell hatten." (1) So lag im Vorwort der ersten Nummer von *Abstraction-Création* das Augenmerk auf zwei Haupttendenzen der nicht-gegenständlichen Kunst: auf der Abstraktion und auf der Konkreten Kunst. *„Abstraction* deshalb, weil einige Künstler zu dem Begriff des Nicht-Gegenständlichen über die fortschreitende Abstraktion von Naturformen gelangt waren. *Création* deshalb, weil andere Künstler wiederum, die Nichtgegenständlichkeit auf direktem Wege über eine rein geometrisch aufgefaßte Ordnung oder über den ausschließlichen Gebrauch von gemeinhin abstrakt genannten Elementen wie Kreisen, Flächen, Strichen, Linien usw. erreichten . . .".

Der Vorstand setzte sich zu Beginn aus Hélion, Tutundjian, Arp, Herbin, Kupka, Gleizes, Valmier und Vantongerloo zusammen.

Obwohl viele Künstler beiden Vereinigungen, ‚Cercle-Carré' wie ‚Abstraction-Création' angehörten, waren die Unterschiede erheblich. Die erste Bewegung beendete die avantgardistische Ästhetik der zwanziger Jahre, die zweite baute auf dem auf, was nach den von Krise und Totalitarismus bewirkten Enttäuschungen übriggeblieben war. Die Auswirkungen der Krise, die Arbeitslosigkeit ergaben plötzlich ein anderes Bild der modernen Zeiten, das der in Charlie Chaplins Film (1936) geäußerten Kritik sehr viel näher kam als der Euphorie in den *Ballets mécaniques* (1924). Verknüpft mit der fortschrittlichen Ideologie hatten das Gegenständliche und die mechanistische Abstraktion in totalitären Staaten (insbesondere mit den Fotomontagen in der UdSSR und der futuristischen Aeropittura in Italien) und in den USA, dank der moralischen Ermunterung durch die Politik des New Deal, Bestand. Anläßlich der *Exposition Internationale des Arts et Techniques* (1937) kamen diese Richtungen in Frankreich kurz wieder zum Vorschein, wie die Fresken von Hodé, Aublet, Robert Delaunay (Pavillon des Chemins de fer und Pavillon de l'Aéronautique) und Fernand Léger (Palais de la Découverte) zeigen.

Diese Neigung zu mechanistischen Bezügen innerhalb der geometrischen Kunst ist für einen Gesinnungswandel bezeichnend, der mit dem Auftreten einer neuen Generation noch verstärkt wurde; einer Generation, deren philosophische Voraussetzungen sich von denen unter-

1 Willy Rotzler stellt in seinem Werk *Konstruktive Konzepte,* Zürich 1970, S. 118, richtig, daß die Konzeption einer „konkreten" Kunst im Sinne einer Konkretisierung eines bildnerischen Gedankens ohne Bezug auf die sichtbare Wirklichkeit keine Erfindung van Doesburgs gewesen sei. Der deutsche Konstruktivist Max Burchartz habe sie vor ihm verwandt, und zwar kurz nach der Neuauflage von Hegels *Ästhetik,* 1922. Entsprechend seiner dialektischen Methode erklärt Hegel den künstlerischen Prozeß als die Konkretisierung eines abstrakten Gedankens, und bestimmt so den Terminus „konkret" als entgegengesetzt zu „abstrakt".

schieden, die der Kunst ihrer Vorläufer zugrunde lagen. Nichtsdestoweniger war man sich darin einig, daß die Aufgabe der Kunst weder in der Schilderung einer unmittelbaren Gegenwart noch in der Darstellung der Erscheinungswelt zu sehen sei. „Die als abstrakt bezeichnete, neue Kunst", wie Mondrian in der Nummer 2 von *Cercle et Carré* schrieb, „ist nur abstrakt, wenn man sie mit der natürlichen Realität vergleicht. Leitet sie jedoch, wie die neoplastische, die Überwirklichkeit der Zukunft ein, so drückt sie diese Realität *real* aus. Die neoplastische Realität läßt sich also noch besser mit *überwirklicher Malerei* definieren." Auch im Zusammenhang mit einer Diskussion über den *Realismus* – ein gleichermaßen modernes Etikett wie *unabhängig* – verteidigte Fernand Léger die moderne Malerei als einen „neuen Realismus". Breton hatte seinerseits das Imaginäre als Surrealismus eingeordnet. In der Tat existierte für diese avantgardistischen Bewegungen außer dem Geistigen nichts Reales; von da gingen die Meinungen auseinander. Die Wegbereiter der Abstraktion, Kandinsky, Mondrian, Kupka, Malevitch, aber auch Gleizes, Herbin, Béothy, vertraten die Ansicht, zwischen der Natur des Geistes und der, die die Welt beherrsche, gäbe es Gleichheit. Andere Künstler wiesen alle spiritualistischen Betrachtungen zurück, indem sie jeden außerbildlichen Bezug als polnischen ‚Unismus' (Stazewskiy, Kobro, Strzeminski) verwarfen, um sich hinter einem auf sich selbst bezogenen Formalismus zu verschanzen und die Mathematik als bloßes Instrument einzusetzen. Künstler wie Hélion, Max Bill, Richard Lohse, Vantongerloo gründeten ihre Kunst auf mathematischem Denken oder einer axiomatischen Logik.

Mit Hilfe der Mathematik(2) und der vierten Dimension(3) verlagerten die Künstler von nun an in vielschichtiger Weise ihre Fundamente vom idealen, mit Esoterik verbundenem Neo-Platonismus zum wissenschaftlichen Atheismus und vom Spiritualismus zum Formalismus. Doch die mathematische Strömung der konkreten Kunst, die sich zum Ende des Jahrzehnts in der seriellen Kunst systematisierte, sollte von ihren Anfängen an auf ihrer rationalistischen Ebene von der Wissenschaft selbst und den abstrakten Dadaisten angegriffen werden. Ende der zwanziger Jahre offenbarten wissenschaftliche Photographien von Pflanzen und mikroskopischen Tieren, die in den surrealistischen Zeitschriften oder im höchst einflußreichen Buch von Ozenfant *Art* (1928; in englisch: *Foundation of Modern Art,* 1931) veröffentlicht wurden, sowie Filme von Painlevé den formalen Reichtum lebendiger Dinge und die Komplexität ihres Organisationssystems, welches in der Lage war, sich auf Störungen von außen einzustellen. So lieferten die Naturwissenschaften und die Biologie den Künstlern andere Vorbilder als die vom Verstand angebotenen, mathematischen Konzepte und ihre technologische Anwendung. Die Dadaisten Arp, Schwitters und einige Künstler wie Giacometti, Miró, Calder, Tutundjian hatten einen Fuß in den „magnetischen Feldern" des Surrealismus und den anderen im geometrischen Raum der konkreten Kunst, wobei sie sich auf die natürliche Ordnung und den organischen Rhythmus bezogen, um eine nichtgegenständliche, sich der Orthogonalität der geometrischen Ordnung widersetzende, Kunst zu begründen. Diese Künstler waren die Wegbereiter einer Kunst der „Synthese" zwischen geometrischer Abstraktion und Surrealismus. Arp rechtfertigte seine Haltung im Namen eines gewissen Realismus, in Übereinstimmung mit dem Leben und dem Verstand. 1934 schrieb er: „Der Nebel, aus dem der Mensch besteht, läßt sich in keine Ecke stellen." Arp interessierte der Surrealismus nur dort, wo er ohne jeden beschreibenden Inhalt die Fortführung von Dada darstellte und aus dem Leben selber das Werk entstehen ließ, ohne es bloß widerzuspiegeln. Doch mußte er mit Bedauern die gegenläufige Entwicklung der surrealistischen Malerei feststellen, die dazu tendierte, den automatischen Malprozeß durch sorgfältig ausgeführte Illustrationen der kritischen Paranoia zu ersetzen, wie sie von Dali mit Vehemenz verteidigt wurde. Dies war der Grund, weshalb Arp sich ‚Abstraction-Création' anschloß.

In der darauffolgenden Zeit bezieht sich Arp in seinem künstlerischen Schaffensprozeß auf denjenigen der Natur. Seine ersten, 1930 ausgeführten Skulpturen betitelte er mit *Concrétions humaines* (menschliche Konkretionen), *objets désagréables* (unangenehme Dinge). Sie zeugen von der Anziehungskraft biomorpher Formen und von dem Willen, Kunst mit der NATUR und Natur mit der KUNST zu verschmelzen. Das Werk wird als eine bruchstückhafte Konkretion, ein momentanes Erfassen des unendlichen Fließens und Wandels des Kosmos gesehen.

Durch ‚Abstraction-Création' fand diese organisch-konkrete Kunst internationale Verbreitung. Sie bewirkte bei einer ganzen Reihe von Wegbereitern eine Abschwächung des Geometrischen. Davon geben die Pariser Periode von Kandinsky (nach 1933) Zeugnis, die letzten Arbeiten von Valmier, wo die abstrakten Formen von einer mikroskopischen Realität angeregt zu sein scheinen, und die Entwicklung von Baumeister. Bei der jungen Generation übte sicherlich Hélion auf seine schweizer, englischen und amerikanischen Malerkollegen einen nachhaltigen Einfluß aus. Er löste sich schrittweise von einer mathematischen und streng orthogonalen Formensprache – sie war für seine Malerei von 1930 bis 1931 bestimmend – um auf ein komplexeres und auf die Natur bezogenes Formen-Vokabular zuzugehen. Myfanwy Evans, der Herausgeber von *Axis* sprach sich lobend über diesen Wandel aus. „Seine abstrakte Malerei", so schrieb er, „ist im wesentlichen organisch, die Zusammensetzung und Koordination seiner Formen wirkt so lebendig, daß sie kein Symbol für Leben, sondern ein Stück Leben selbst ist."(4) Einer neuen Künstlergeneration, die an den Surrealismus grenzte oder ihm angehörte, wie Barbara Hepworth, Henry Moore, Erni, Brignoni, Fischli, Seligmann, Paalen, alles

2 Vgl. Marie-Aline Prat, *La crise de la maturité dans l'art abstrait des années 30 ou le problème de la communication en art* (Les Abstractions. Travaux XLVIII), Université St. Etienne 1986, S. 143–157

3 Vgl. Lynda Dalrymple Henderson, *The forth Dimension and Non-Euclidean Geometry in Modern Art,* Princeton University Press 1983

4 Myfanwy Evans, *Axis,* Nr. 4, London 1935

Mitglieder von ‚Abstraction-Création', ging es vor allem darum, der abstrakten Kunst die Naturformen und den Rhythmus des Lebens einzuschreiben.

Das zwischen 1927 und 1933 entstandene Werk von Picasso, das formal zwischen der geometrischen Abstraktion, dem Post-Kubismus und dem Surrealismus angesiedelt war, beeinflußte ebenfalls diese Kunst der Synthese (Abb. S. 36). Da alle Picasso in ihr Lager ziehen wollten, wurde seine Kunst in der Zeitschrift *Minotaure* wie auch in den englischen Zeitschriften *Axis* und *Circle* reproduziert. Die Skulpturen von Picasso beeinflußten die Arbeit von Julio González und von David Smith. Der eine war Mitglied bei ‚Abstraction-Création', der andere bei ‚AAA' (American Abstract Artists).

Künstler wie Herbin, Gleizes, Domela, Vantongerloo, Villon und die Bildhauer Béothy und Prinner gingen in der Übernahme organischer Formen nicht so weit wie andere Mitglieder von ‚Abstraction-Création', maßen aber dem Rhythmus und der Kurve zunehmend größere Bedeutung bei.

Gleizes beispielsweise fügte seinen seit 1922 verwendeten *Parallelverschiebungen und Rotationen* graue Spiralen hinzu, bevor er in einem synthetischen Rhythmus die verschiedenen plastischen Elemente des Bildes vereinte. Ab 1937 führte Vantongerloo in seinem bis dahin streng orthogonalen Werk mathematische Kurven ein. Dann, 1939, zeichnete er auf einem weißen, als unbegrenzter Raum wirkenden Grund, mit klaren Farben gewundene Linien, die sich anziehen und abstoßen und an physische und astrophysische Phänomene denken lassen. Auch Moholy-Nagy (1939) und Domela (1936) gaben ihre geometrische Strenge auf und zeigten Interesse für weniger statische Kompositionen, in denen kreisförmige Linien sich im Raum ausbreiten. Domela schuf Reliefs aus verschiedenen Materialien (Bakelit, Kupfer, Messing, Glas, Holz), die er in einer Spiral-Bewegung – als Verweis auf die Bewegungen im Weltall – anordnete.

Schließlich führte auch Mondrian in seine Bilder Veränderungen ein, wobei er von der dramatischen politischen Lage beeinflußt war, die er in seinen Werken in ein stark hervortretendes Kreuz (in den Kompositionen von 1935–1939) übersetzte. In der Zeit nach seiner Niederlassung in New York, wo er die Dynamik des Stadtlebens verspürte (New York 1941–42; Boogie-Woogie 1941–42), betonte er in seinen Bildern eine rhythmische Bewegung. Wijsenbeek erläutert treffend diese Veränderung in seinen Bildern: „Der geistige Hintergrund dieses Phänomens", so sagte er, „ist der Verzicht auf die ausschließlich intellektuelle Abstraktion und die Rückkehr zu einer auf realen Gegebenheiten gegründeten Abstraktion der uns umgebenden Welt. Doch darf man darin einen Rückschritt sehen? Meiner Ansicht nach: nein. Mondrian glaubte im amerikanischen Lebensstil und in den Formen, die ihm die Stadt New York bot, den Beginn der zukünftigen Welt gefunden zu haben . . . Er hatte immer für eine harmonische Zukunft gekämpft, in der alle Zweige der Kunst mit dem Leben selbst verschmelzen sollten." (5)

III

1930 war das Jahr der Bilanzen. Während Breton den Surrealismus in den Dienst der Revolution stellte, aus Angst vor bloßem Gerede, und auch weil er sich nicht ausschließlich mit künstlerischem Schaffen zufrieden geben wollte, kamen die Abstrakt-Konkreten zu dem Schluß, daß alles ein einziger Mißerfolg war. Die Kunst, die davon träumte, auf die Straße zu gehen, um das Leben aller zu verändern, hatte lediglich die Mode und die Einrichtung einer Elite verändert. Eine äußerst oberflächliche Revolution, die obendrein mit dem allmählichen Verschwinden der französischen Mäzene beendet war: die Krise schickte Aristokraten, große Modeschöpfer in Konkurs oder hielt sie zur Sparsamkeit an. Gleichzeitig mußten mehrere Avantgarde-Galerien, wie die von Léonce Rosenberg, schließen. Mangels privater Auftraggeber forderte die arbeitslose Avantgarde die Hilfe des Staates und suchte nach neuen Arbeitsmöglichkeiten. Ihre Forderungen wurden von der *Front Populaire* (1936) aufgegriffen. Sie führte die ein Jahr zuvor von Georges Huisman eingeführte Auftragspolitik weiter und stimmte einigen von Fernand Léger vorgeschlagenen Maßnahmen, wie z.B. der nächtlichen Öffnung von Museen, zu. Bei der *Diskussion über den Realismus* im Haus der Kultur (1936) führte die von Fernand Léger verfochtene Haltung die Abstrakt-Konkreten wieder zusammen: „Wenn unsere Werke dem Volk nicht vertraut werden konnten, liegt dies, ich kann das nur wiederholen, an der heutigen Gesellschaftsstruktur und nicht an dem angeblichen Mangel an menschlichen Werten, (. . .). Unter dem Vorwand, die breiten Massen, (. . .) sofort gewinnen zu wollen, versucht man das Rad der Geschichte zurückzudrehen und das Volk erst für Bummelzüge zu begeistern, dann in Postkutschen zu verfrachten und schließlich auf Schusters Rappen weiterziehen zu lassen. Heißt das nicht, diese Leute von heute, die sich bemühen, ihre Zeit zu verstehen und das gegenwärtige Tempo einzuhalten, gröblich beleidigen?" (6) Die Mitglieder von ‚Abstraction-Création' lehnten künstlerische Kompromisse ab, auch wenn man ihnen Unverständlichkeit und fehlende soziale Anpassung vorwarf. Auf die Vorhaltungen, sie würden die Flucht nach vorn in die Abstraktion antreten, erwiderten sie, ihre Kunst entspreche der kollektiven Gesellschaft von Morgen und nicht der individualistischen Anarchie von Heute. Außerdem erlaube ihre rationale, ja sogar mathematische Konzeption, ihre formale Anonymität, ein allgemeines Verständnis. Es handele sich um eine optimistische, eine zukunftsweisende Kunst, die sich nicht von der Gegenwart anstecken lasse. Es handele sich um eine idealistische Kunst mit dem Ziel, eine „strahlende Stadt" (Le Corbusier) zu schaffen. Zwischen 1932 und 1937 hatten die Abstrakt-Konkreten ihre rigorose Haltung und die strenge Logik mit einer dem Lebendigen analogen Ordnung verknüpft.

5 L. F. J. Wijsenbeek, *Piet Mondrian,* Recklinghausen 1968, S. 143–144
6 Fernand Léger, „Le nouveau-réalisme continue la querelle du réalisme", in: ders., *Fonction de la peinture,* Paris 1965, S. 176; deutsche Übersetzung aus: Fernand Léger, „Der neue Realismus nimmt seinen Lauf", in: *Mensch, Maschine, Malerei,* Bern 1971, S. 202f.

Doch war es nicht dieser Geist der Synthese, der auf der *Exposition Internationale des Arts et Techniques* triumphierte. Dort wurde der Moderne, so wie sie am Ende der zwanziger Jahre begriffen wurde, gehuldigt. Dieses riesige Spektakel löste künstlichen Optimismus und Fortschrittsglauben aus. Für die Organisatoren wie Albert Sarraut ging es darum, „Paris seine Vorrangstellung als Kunstmetropole zu erhalten. Von den vielen, die uns entgehen, bleibt uns zumindest diese Stellung erhalten."(7) Für die Künstler bedeutete dies, endlich öffentlichen Einfluß nehmen zu können. Es ergingen 718 Aufträge, wovon 345 Wanddekorationen ausschließlich für französische Kandidaten bestimmt waren, zwanzig Millionen Francs wurden ausgegeben. Und es ist erstaunlich, welche Bedeutung der post-kubistischen und abstrakt-konkreten Avantgarde beigemessen wurde. Denn der institutionelle Geschmack wie auch der Geschmack der Öffentlichkeit war der Moderne nicht gewogen. Folgende Künstler waren vertreten: Crotti, Gleizes, Survage, Aublet, Robert Delaunay, Bissière, Herbin, Hodé, Metzinger, Valmier (Pavillon de l'Aéronautique und Pavillon des Chemins de fer), Gleizes, Survage, Carlu (Pavillon de l'UAM), Léger, Burkhalter, Delaunay (Pavillon de la Solidarité), Léger (Palais de la Découverte). Die fünftausend Besucher (fast alles Ausländer) der Ausstellung im Jeu de Paume hatten in der Erfolgsbilanz gegenüber der „nicht-engagierten" Kunst im Petit Palais wenig Gewicht. Dennoch können für diesen ungewöhnlichen Aufstieg in einem konservativen Milieu drei Gründe angeführt werden: 1. Die nichtgegenständliche Kunst wurde in Frankreich dem Kunstgewerbe gleichgestellt, weil einerseits Léger und Le Corbusier wie auch zahlreiche Kubisten diesen Standpunkt immer vertreten haben, und weil de Stijl, der Konstruktivismus und das Bauhaus mit dem Ziel arbeiteten, einen neuen, die Umwelt verändernden Stil zu schaffen. 2. Die dynamische Ästhetik dieser avantgardistischen Orientierungen harmonierte ausgezeichnet mit der technologischen, wissenschaftlichen und sozialen Bestimmung einiger Pavillons. 3. Die nichtgegenständliche oder mechanistische Kunst war kein Störfaktor wie es der Realismus (soziale) oder sogar Picassos im Spanischen Pavillon vorgestelltes Gemälde *Guernica* hätten sein können. Ohne direkten Bezug zum Zeitgeschehen erschien die geometrische Kunst als eine neutrale Kunst. Das Engagement des „Neuen Realismus" für den Aufbau der Zukunft blieb in seinem Wesen unverstanden. Er wurde als moderne glänzende Fassade von einer Gesellschaft in der euphorischen Hoffnung benutzt, hinter diesem Mauer-Vorhang die vergangenen Werte und den Frieden bewahren zu können. Sie sollte sich wenig später aber zur Abwehr gegen den Tetalitarismus als unfähig erweisen.

IV

Der Ausschluß eines Landes, einer Kultur, einer Rasse, eines politischen Systems waren in der Malerei des Realismus und des Futurismus häufige, auf den zunehmenden Nationalismus reagierende Themen. Im Gegensatz dazu bekundeten die Abstrakt-Konkreten wie auch die Surrealisten einen politischen Internationalismus, der sich mit ideologischen Gründen und historischen Gegebenheiten in ihrem künstlerischen Umfeld erklärt. Theoretisch beruft sich die abstrakt-konkrete Kunst auf den Universalismus; ihr mehr oder weniger geometrischer Ausdruck ist nicht an die Welt der Erscheinungen und noch weniger an ein Land gebunden. Darüberhinaus beruht die nichtgegenständliche Kunst in ihrem Ganzen auf sozialistischen, Internationalismus fordernden Ideologien. Der Marxismus durchdrang die russische Avantgarde aber auch die zweite Bauhaus-Generation. In Frankreich waren zu dieser Zeit Léger, Herbin und Hélion Kommunisten. Gleizes war vom christlichen Sozialismus geprägt, während die Mitglieder des de Stijl eine soziale von Religion oder Anarchismus gefärbte Denkweise hatten. Domela zitierte in einer seinem Vater, Domela-Nieuwenhuis, dem bedeutenden niederländischen Sozialisten und Autor des Werkes *Vom Christentum zum Anarchismus* gewidmeten Schrift, die Worte von Jean Jaurès, denen die Mehrheit der avantgardistischen Künstler hätte beipflichten können: „Die wahren Gläubigen sind jene, die der Ausbeutung des Menschen durch den Menschen, dem Haß einer Rasse gegenüber einer anderen, dem Haß einer Nation gegenüber einer anderen, in einem Wort allen Haßgefühlen ein Ende setzen wollen und eine bisher noch nicht bestehende Menschheit wirklich begründen möchten."(8)

Paradoxerweise war es gerade dieser Rassen-, Nationen-, Schulenhaß, der der Motor eines Internationalismus in der Malerei werden sollte und der die Avantgarde in ein ständiges, immer westlicher gelegenes Exil drängte. Dieser Prozeß der Diskriminierung begann in der UdSSR, wo seit 1922 die nichtgegenständlichen Richtungen wie der Suprematismus und später der Konstruktivismus angeklagt wurden. 1933 verfügten die Nationalsozialisten die Schließung des Bauhauses, da sie in ihm einen Schlupfwinkel für den bolschewistischen Internationalismus der Juden sahen. Nach den russischen verließen die deutschen Künstler ihr Land und begaben sich nach Frankreich, Holland und England. Die Münchener Ausstellung von 1937 über „entartete" Kunst sanktionierte die Verfolgung der Avantgarde. Danach siedelten viele im Exil lebende Künstler von Europa in die Vereinigten Staaten um, wo sie zum Keim der amerikanischen Kunst und der Ausbildung von Künstlern werden sollten. Diese Wanderbewegung von sendungsbewußten Künstlern führte in Frankreich zu zahlreichen künstlerischen Äußerungen und zur Veröffentlichung von Zeitschriften, die die internationale Avantgarde umgruppierten. Es erschienen die Zeitschriften *Cercle et Carré*, *Art Concret* und *Abstraction-Création*

7 Albert Sarraut im Vorwort des Kataloges *Les Maîtres de l'Art indépendants.* Ausstellung im Petit Palais, Paris 1937

8 César Domela, „Ferdinand Domela-Nieuwenhuis", in: *Domela. 65 ans d'Abstraction,* Ausstellungskatalog, Paris/Grenoble 1987, S. 237

9 Blanc-Gatti, *Sons et Couleurs* (Erstausgabe 1934); zweite Ausgabe herausgegeben von Victor Attinger ohne Jahr, S. 171
10 Patrick Weiser, („L'Exposition Internationale, l'Etat des Beaux-Arts") in: *Paris–Paris* (Ausstellungskatalog) Paris 1981, S. 58

und folgende Ausstellungen fanden statt: ‚1940' (1931–1932), ‚Surindépendants' (Über-Unabhängige, jährlich), ‚Musicalistes' (1932, 1934 usw.), ‚Réalités Nouvelles' (Neue Wirklichkeit, 1939). In dem kosmopolitischen Paris wurden wechselseitige Einflüsse und die Formulierung einer Kunst der Synthese begünstigt. Mehr noch, von Paris aus wurde diese Tendenz und wurden die Abstrakt-Konkreten anderer Länder unterstützt. Das beste Zeugnis für den Pariser Internationalismus von 1930 bleibt die Sammlung des polnischen Museums in Lodz, die aus den Schenkungen in Paris lebender Künstler an die Gruppe ‚a-r' (Streminski, Kobro, Stazewski) besteht. Diese wollten in einer ausländischen Arbeiterstadt ihren friedlichen Sozialismus bezeugen.

Im Ausland standen die Mitglieder von ‚Abstraction-Création' am Ausgangspunkt neuer lokaler Bewegungen. So verteidigte in der Schweiz Max Bill die konkrete Kunst; Erni, Fischli, Seligmann die Kunst der Synthese mit der ‚Gruppe 33' (1933) und mit ‚allianz' (1937). Ben Nicholson, Barbara Hepworth, P. Vezelay waren sehr einflußreich in den Organisationen ‚Unit One' (1933) und ‚7 and 5' (1935) in England. Ghiringhelli, Bogliardi, Reggiani, Veronesi, Manlio Rho, Licini, Melotti bildeten die zwischen 1934 und 1935 entstandenen Gruppen in Como und Mailand. Schließlich gründete der Amerikaner Holty die ‚AAA' (American Abstract Artists, 1936), die alle in den Vereinigten Staaten lebenden Abstrakt-Konkreten vereinte, während die ehemaligen Professoren am Bauhaus, Gropius, Mies van der Rohe, Moholy-Nagy, Marcel Breuer, Herbert Bayer und Josef Albers das ‚New Bauhaus' ins Leben riefen und ihre Lehre in amerikanischen Schulen fortsetzten. Als Sophie Taeuber bewußt wurde, daß New York die neue Kunstmetropole werden sollte, gab sie die dreisprachige Zeitschrift *Plastique* (Paris–New York 1937–1939) heraus, die die Fortführung von *Abstraction-Création* war. Die ersten beiden Nummern setzten den Akzent auf die Wegbereiter der Avantgarde wie Malevitch, Lissitzky, van Doesburg, Marcel Duchamp. Die dritte Nummer war den jungen amerikanischen Abstrakt-Konkreten gewidmet; die beiden letzten Hefte galten der Kunst der Synthese. Die Zeitschrift veröffentlichte in ihrer zweiten Ausgabe einen Auszug aus dem 1936 in Paris unter dem Titel *Dimensionisme* (Dimensionismus) erschienenen Manifest des ungarischen Dichters Charles Sirato. Ohne daß es große Wirkung ausgeübt hätte, bekundete dieses Dokument doch das Interesse von Künstlern an der Wissenschaft als einem Mittel, der zukünftigen Realität gerecht zu werden. Metaphorisch von Einsteins Relativitätstheorie inspiriert, gibt sich der *Dimensionismus* als internationale Bewegung einer multidisziplinären Ästhetik, die in der Lage ist, eine totale kinetische und multisensorische Kunst zu erarbeiten. Der *Dimensionismus* ähnelte in seinen Zielen den kinetischen Untersuchungen von Moholy-Nagy, musikalischen Experimenten wie dem *Cyclorama* (eine Art abstrakte Tonbildschau, 1937) und dem Filmmusical *Chromophonique* von Blanc-Gatti, dessen realisierte Teile 1937 im Salle Pleyel und im Théâtre de l'Empire aufgeführt wurden. „Heute", so versicherte Blanc-Gatti, „gibt es keine Grenzen mehr, aber eine ununterbrochene, mit der Einheit des Alls so sehr zusammenhängende Kette, daß Energie und Materie eins sind. Gestern noch beklagten wir den der Energie gleichen Ton, die der Materie gleiche Pigmentfarbe. Nun aber geben die in der Malerei verwendeten Farbmischungen – ganz zu schweigen von ihren chemischen Zusammensetzungen aus Molekülen so vieler Systeme und kleiner Universen – Energie in Form von Licht wieder und erschüttern unseren Sehsinn so wie der Ton unseren Hörsinn erschüttert. Das farbige, projektierte Licht ist keine Materie mehr, sondern Energie." (9)

V

Zum Schluß ist es angebracht, die Unabhängigkeit der Avantgarde zu relativieren, da ihre ideologischen Voraussetzungen wie auch ihre künstlerische Entwicklung einen Beweis für ihre Wechselbeziehung mit einem sozialpolitischen Klima liefern. Deshalb darf der Begriff der Unabhängigkeit nicht als Eigenständigkeit eines abgetrennten Teiles von einem Ganzen verstanden werden, sondern als die Freiheit, Neues zu schaffen innerhalb eines interaktiven Netzes, das von Künstlern, Werken und der Gesellschaft gebildet wird. Vor dem Hintergrund der Wirtschaftskrise, des Nationalismus und Totalitarismus hat Frankreich Toleranz bewiesen, auch wenn Ende der dreißiger Jahre konservative, fremdenfeindliche und antisemitische Tendenzen wieder auftauchten, wie sie in den skandalösen Worten des Stadtverordneten René Guillon zum Ausdruck kommen, der die *Ecole de Paris* so definierte: „Das Treffen der in Paris aus ihrem Litauen, aus ihrem Podolien oder aus ihrer Tschechoslowakei zusammengelaufenen Kanaken, denen es – nachdem sie erst einmal hier waren – mit der Hilfe der Dreieinigkeit: Reklame, Tricks und Schmiergeldern, im Handumdrehen gelungen ist, sich Bekanntheit, einen Platz in der Ehrenlegion und offizielle Aufträge zu verschaffen." (10)

Andere Stimmen verteidigten dagegen mit aller Kraft die traditionelle Rolle als Gastland und die Freiheit des Ausdrucks wie beispielsweise André Dézarrois, dem es zu verdanken ist, daß die ausländische Avantgarde im *Musée du Jeu de Paume* anläßlich der *Exposition Internationale des Arts et Techniques* offiziell vertreten war, während sie gleichzeitig von den totalitären Staaten Europas verfolgt wurde und in den USA offiziell noch nicht anerkannt war. Jedenfalls war sie auf der Weltausstellung von 1939 in New York nur spärlich vertreten. Dieser kulturelle Liberalismus bewog Kandinsky während des Krieges in Frankreich zu bleiben, wogegen für andere Frankreich die unvermeidliche Station vor ihrer Eroberung der Neuen Welt war.

Übersetzung aus dem Französischen:
Joanna Zajac-Wernicke

„Die Kunst ist eine geistige Funktion des Menschen . . .“ *

Andrei Nakov

Istvan Schlegl gewidmet

Die ersten beiden Jahrzehnte unseres Jahrhunderts begrenzen eine Periode heftiger kultureller Erschütterungen. Das Auftreten neuer Kunstformen – abstrakte oder ungegenständliche Kunst, Neo-Plastizismus, Dadaismus, Konstruktivismus und andere – verursachte in Europa einen solchen Schock, wie er sich nur mit den Epochen der tiefgreifenden Veränderungen in der Geschichte der abendländischen Kultur vergleichen kann. Dieser Geisteswandel gestattet den Vergleich mit der italienischen Renaissance auf ihrem Höhepunkt zu Beginn des sechzehnten Jahrhunderts (einschließlich der „Plünderung Roms“), mit dem Bildersturm des siebten Jahrhunderts in Byzanz oder mit dem Beginn der gotischen Kunst auf der Ile de France.

Für die Interpretation der Gesamtheit kultureller Phänomene unseres Jahrhunderts steht eine qualitative Typologie noch aus. Die Geschichte der modernen Kunst wurde bis heute leidenschaftlich, „von innen heraus“ erlebt. Noch immer nicht anerkannt, sieht sich die moderne Denkweise herausgefordert, in einer erbitterten Auseinandersetzung Bestätigung zu finden. Hieraus ergibt sich der berühmte „Kampf“ der Avantgarde, dessen Vehemenz noch heute einer objektiven Betrachtung entgegensteht. Der mit zuviel Leidenschaft geführte Diskurs über die moderne Kunst hat zu einem polemischen Ton geführt, der implizit selbst den Begriff der modernen Kunst in Frage stellt. Bei der Klärung existentieller Fragen ist man sich der vorgegebenen Begriffe und ihre soziokulturellen Bedeutung nicht bewußt. Daher wurden und werden nach wie vor die Fundamente – selbst die der modernen Kunst – regelmäßig wieder angezweifelt. Die berühmte *Moderne,* unsere Moderne, ist immer noch ein Diskussionsthema. Der zu Beginn des Jahrhunderts von den einschneidenden theoretischen Veränderungen ausgelöste Kreislauf hat noch lange nicht seinen Abschluß gefunden und scheint noch in einer vom Zufall abhängigen „Versuchs“-Sphäre befangen. Seine harmonische Vollendung wird jederzeit erwartet, seine Definition scheint noch einer Erörterung zu bedürfen.

Einer der neuesten Versuche, geistige Verwirrung zu stiften, – geläufig unter der Bezeichnung „Post-Modernismus“ –, besteht darin, das *Überholt-Sein der Moderne* zu behaupten. (Um welche Moderne handelt es sich?) Diese Erfindung eines pseudophilosophischen Journalismus verdiente keine Aufmerksamkeit, stünde sie nicht in der Tradition anderer kultureller Sabotageversuche von recht traurigem Angedenken. Jenseits von nostalgischen Stimmungen meint der „Post-Modernismus“ das, was die Essenz der intellektuellen Errungenschaften des zwanzigsten Jahrhunderts ausmacht, in Klammern setzen zu können. Die revisionistische Diskussion der „Post-Modernen“ versucht glauben zu machen, daß die moderne Problematik unseres geistigen Horizonts einfach ausgeschlossen werden kann. Bildlich gesprochen hieße dies, Autofahrern versuchen einzureden, daß Autoräder nicht existieren.

Die Wegbereiter der „post-modernen“ Diskussion möchten die philosophische Dimension der modernen Kunst ausblenden, sie tun so, als ob die moderne Kunst sich auf eine bloß formale Ebene reduzieren ließe. Die Sänger des ‚post-modernistischen' Gemischs bestreiten den Kern der philosophischen Theorie der modernen Kunst, nämlich jene, von der als autonom begriffenen Form. Sie wollen die künstlerische Problematik unserer Epoche reduzieren auf eine Art ‚Betriebsunfall' einer tausendjährigen Kunstgeschichte, die keine wirklich grundlegende Veränderung durch die Revolution der Moderne erfahren haben soll. In der Hoffnung, die moderne Kunst leichter bekämpfen zu können, haben bereits andere Ideologen, die wir in trauriger Erinnerung haben, sie in diesem Sinne herabzusetzen versucht. Sie verdrehen die Begriffe und argumentieren mit einem von der Müllhalde der Geschichte stammenden Humanismus und beweisen damit doch nur die Verklemmtheit von bestimmten engstirnigen Geistern angesichts einer großzügigen, freien und selbstsicheren geistigen Haltung, einer Haltung, die durch jedes neue, wahrhaft moderne Werk bekräftigt wird. Die post-modernen Nostalgiker einer ‚Rückkehr zur Ordnung' wären nur ein fast folkloristisches Relikt aus endgültig vergangenen Zeiten, ließen sie nicht die alten Dämone aus dem totalitären Gemisch wieder aufleben: eine Gefahr, deren Bedrohung niemals überschätzt werden wird.

> *Die Gesellschaft ist zwar nach wie vor davon überzeugt, daß der Künstler unnötige, unzweckmäßige Sachen macht; sie denkt nicht daran, daß diese unnötigen Sachen viele Jahrtausende hindurch bestehen und ‚aktuell' bleiben, während die notwendigen zweckmäßigen Sachen nur wenige Tage alt werden.* (Malewicz, Die gegenstandslose Welt, 1927)

Die neue Kultur des Jahrhunderts, diese „Moderne“, deren Definition noch schwer fällt, da sie sich den schlußfolgernden Kategorien einer gewissen – alten – Logik (1) entzieht, baut sich um einen philosophischen Konsens auf, den man als die neue Haltung des Menschen im Verhältnis zum Kosmos (2) bezeichnen könnte.

* Kurt Schwitters, Manifest Proletkult, 1923

1 Diese neue Sprache sowie das Unverständnis, auf das sie bei der anti-modernistischen Kritik trifft, wird in den Schriften von Kasimir Malewicz treffend dargelegt. Vgl. *Malévitch-Ecrits,* vorgestellt von Andréi Nakov, Paris 1975. Überarbeitete und korrigierte Neuauflage: Paris 1986

2 Der Vergleich mit der intellektuellen Problematik in der Renaissance stellt deutlich die Ähnlichkeiten zwischen beiden Epochen heraus. Im sechzehnten Jahrhundert offenbart sich, wie beunruhigend das neue Verhältnis des Menschen zu seiner Umwelt, die Welt der geographischen und wissenschaftlichen Entdeckungen, auf ihn wirkt. Dies führt dazu, daß er sein eigenes Bild überprüft; indem er diese Untersuchungen anstellt, die viel mehr als bloße mathematische Übungen darstellen, befragt er nicht nur die menschlichen „Proportionen“, sondern auch das Konzept des Menschen und seine Stellung vor allem im Verhältnis zum Kosmos. Dasselbe Phänomen tritt in den zwanziger Jahren des zwanzigsten Jahrhunderts auf: als Beispiele seien Malewicz und Schlemmer aufgeführt.

3 Zdanov war der stalinistische Ideologe in der Kulturpolitik des „sozialistischen Realismus".

In diesen Zusammenhang gehört die neue Auffassung von der Materie sowie von den Beziehungen des Menschen zu ihr und – vor allem – zu seinem eigenen Bild. Seit 1905 stellte sich diese Frage bei den fauvistischen und kubistischen Künstlern und sie war ebenso das zentrale Problem der abstrakten Kunst seit ihren Anfängen zu Beginn des zweiten Jahrzehnts. Malewicz beschäftigte sich bis zum Tode mit dem „neuen Gesicht des Menschen". Nietzsches Glaube an einen „neuen Menschen" lieferte dieser Generation den gemeinsamen Nenner für eine Vielzahl anscheinend unterschiedlicher Orientierungen: abstrakte Kunst, Dadaismus, Konstruktivismus, Surrealismus. Tatsächlich aber kämpften sie alle unter derselben philosophischen Fahne.

Diese neue Lebens- und Weltanschauung stieß bei der „konformistischen" Kritik auf Ablehnung. Die meisten Kommentatoren waren so schockiert, daß sie die existentielle Botschaft der neuen Kunst schwer verunglimpften. Als Beleg sei auf die Kritik gewisser Pariser Pressestimmen anläßlich der ersten Ausstellungen kubistischer Werke hingewiesen. Auch sei an die Angriffe auf Kandinsky im Jahre 1913 und auf Malewicz zu Beginn desselben Jahres erinnert. Diese Reaktionen hielten die Erneuerer jedoch nicht davon ab, ihren gewählten Weg mutig fortzuführen. Davon zeugt die Entwicklung Malewicz' zwischen 1915 und 1920 ebenso wie die Mondrians und vieler anderer den Plastizismus propagierender Künstler. Im übrigen konnten diese Künstler nichts anderes tun, als auf dem Weg der „neuen Schöpfung" (Malewicz) fortzufahren, da es für sie nicht um eine durch eine andere Alternative zu ersetzende Wahl ging. Ihre Entscheidung war endgültiger Natur, denn sie gründete sich auf einer unerschütterlichen philosophischen Überzeugung (das neue Bild der Materie und das der daraus resultierenden Welt). Diese philosophische Überzeugung diktierte eine moralische Haltung und eine soziale Stellungnahme (Mondrian, Malewicz, Otto Freundlich, Hausmann und viele andere), die damals wie heute von einseitigen Interpreten für eine Art manisches Scherbengericht, wenn nicht für utopische Blindheit oder gar für eine Form von „anti-demokratischer Diktatur" gehalten wurde beziehungsweise wird.

Daher war es für die unredlichen Verleumder der Moderne nur ein Schritt bis zum Vorwurf der „faschistischen" Tendenz gegenüber den verschiedenen modernen Strömungen, eine Reaktion, die von der post-modernistischen Kritik in den letzten Jahren nach Herzenslust aufgegriffen wurde. Dennoch würde eine Aufzählung einiger weniger schwindelerregender Ergebnisse aus der Nuklearphysik dieser Zeit ausreichen, um zu begreifen, weshalb dieser philosophische Taumel unvermeidlich zu soziokulturellen Stellungnahmen führen mußte, von denen einige offensichtlich revolutionäre, bilderstürmerische Untertöne haben. Die Gesellschaft jener Epoche konnte diese Stellungnahmen nicht gutheißen, da sie die philosophischen Grundlagen, die zu ihrer Entstehung geführt haben, nicht teilte. Die Kluft zwischen den Anhängern der alten Vorstellungen und den Erneuerern konnte in den Jahren, die den ersten Erklärungen der neuen (modernen) Kunst folgten, nur noch tiefer werden. Da das Wesen ihrer Werke bekämpft wurde, blieb den Künstlern der Moderne nichts anderes übrig, als sich mehr und mehr auf eine ausschließlich philosophische und sogar moralisierende Argumentation zu beschränken, denn auf dieser Ebene sollte sich der Kampf um die neuen Ideen am meisten zuspitzen.

Zu Beginn der zwanziger Jahre trat die moderne Kunst in eine neue Phase. Die ersten Postulate der neuen Schöpfungen waren bereits aufgestellt, die moderne Kunst suchte eine größere soziale Basis. Von dem Bedürfnis ergriffen, ihre Entdeckungen mit einer großen Zahl von Menschen zu teilen, veröffentlichten die modernen Künstler theoretische Abhandlungen, gaben Zeitschriften heraus und organisierten Schulen: das *Bauhaus* in Weimar und die *Wchutemas* in Moskau. Da sich die Verleumder der modernen Kunst ernsthaft bedroht fühlten, organisierten sie sich ihrerseits: von nun an mußte die moderne Kunst gut inszenierten Angriffen ins Auge sehen. So wurde im Frühjahr 1922 die Schule von Malewicz – *Unovis* in Witebsk – geschlossen, während die Moskauer *Wchutemas* seit 1921 mehrere „Umgestaltungen" erfuhr, die langsam, aber unerbittlich 1930 zu ihrer Schließung führten. Die Entwicklung des Weimarer *Bauhauses* in Dessau und später in Berlin vollzog sich in einem anderen Rhythmus, doch war das Ergebnis letzten Endes vergleichbar. Im Laufe der dreißiger Jahre übte die Opposition immer häufiger Druck aus. Die Folge öffentlicher Gewalttaten und sozialer Exkommunikationen kündigte das Blutbad des Zweiten Weltkrieges an. Die konzertierten Aktionen gegen den neuen philosophischen Geist des Jahrhunderts zeigen deutlich den Ursprung der letzten weltweiten Auseinandersetzung: ihren eigentlich kulturellen Kern. Die brutalen polizeilichen und später militärischen Reaktionen (letztere wurden bis zum letzten Kriegstag von Polizeiaktionen begleitet) können als Barometer für die große kulturelle Verunsicherung gelten, zu der das moderne Gedankengut führte. Man muß daran erinnern, daß diese „polizeilichen" Aktionen (im vollständigen Sinn des Wortes) das A und O der „kulturellen" Rechtfertigung seitens der Unterdrücker der neuen Kunst waren. So waren die Vernichtungslager mit ihren ganzen „hygienischen" Ritualen dazu bestimmt, der kulturellen „Verunreinigung", jener Verunreinigung durch Rassen, das heißt durch unterschiedliche Denkweisen, ein Ende zu setzen.

Es wäre von Vorteil, einige der aus totalitärer Sicht feindlichen Charaktereigenschaften zu definieren, wie sie von der nationalsozialistischen Propaganda oder von den Anhängern Zdanovs (3) und ihrer „Wahrheit" von der Doktrin des „sozialistischen Realismus" beschrieben wurden.

Einer der ersten Vorwürfe der „Korruption" (immer „moralisch") galt der Eigenschaft *international* (man geißelte sie mit dem Begriff des „Kosmopolitismus" in der UdSSR), hat sich doch die moderne Kunst seit ihren Anfängen als übernationale, universale Sprache verstanden. Es würde ausreichen, auf die Schriften von Apollinaire, Kandinsky, Marc, die der Dadaisten in Zürich oder Berlin und die der russischen Futuristen zu verweisen, um feststellen zu können, welchen Standpunkt die Vorkämpfer der neuen Kunst jenseits der engstirnigen nationalen Interessen der Verfechter einer „reinen" Kunst einnahmen. Für jene lag die Reinheit der Kunst im Innern und war nicht geographisch angesiedelt.

Die totalitäre Propaganda griff ebenso den *‚spekulativen Geist'* an, das heißt, jene Fähigkeit, Gedanken in Begriffe zu fassen und Theorien aufzustellen, eine Fähigkeit, die eines der wichtigsten Postulate der modernen Kunst war und blieb. Die Verleumder der Moderne beschränkten in niederträchtiger Weise die theoretische Fähigkeit auf das bloße Feld der „Spekulation". Philosophische Postulate wurden in haßerfüllten Diskussionen in einfache „Verkaufswerte" umgewandelt und auf das Niveau von materiellen Gütern (Kapital) herabgesetzt, während sich das moderne Gedankengut gerade darum bemühte, logischen Argumenten ihren materiellen Charakter zu nehmen und die neuen physikalischen Daten der modernen Welt ausschließlich begrifflich umzuwandeln. Entgegen dieser Denkweise verkündete die totalitäre Diskussion die – perverse – Verherrlichung der manuellen Arbeit und der Feldarbeit (Loblied auf den Bauern). Diese Loblieder waren nicht harmlos, denn sie dienten, indem sie eine soziale Aufwertung vorgaukelten, gleichzeitig dazu, die Arbeitskraft zu unterwerfen.

Würde man noch einmal die Postulate der modernen Kunst, so wie sie seit Beginn des Jahrhunderts definiert wurden, ins Gedächtnis rufen, sähe man, daß es gerade die begriffliche Verwandlung des Realen war, die zum neuen Weltbild(4) führen sollte.

Die Erarbeitung einer Universalsprache bildete im übrigen den gemeinsamen Nenner einer schöpferischen Entwicklung auf allen Gebieten der Kunst: Kandinsky, Malewicz und Mondrian in der Malerei, Joyce in der Literatur, Schönberg und Webern in der Musik. Das ganze Bestreben der neuen Kultur ging dahin, als „höhere" Sprache aufgefaßt zu werden. Sie war nicht sozial, sondern einzig und allein philosophisch. Dies bedeutete das globale Veralten einer Denkweise, die angesichts der Tatsachen in der modernen Welt nicht mehr funktionierte und nicht, weil irgendeine egoistische Übermacht von Personen oder gar Rassen herrschte. Hier bemerkt man noch einmal die inhaltliche Perversion in der totalitären Argumentation, die – sich auf das begriffliche System modernen Gedankenguts stützend –, darum bemüht war, ihm seine Substanz zu rauben und es mittels einer pseudo-logischen Untergrabung der auf dem Spiel stehenden Begriffe zu zerstören.

Die neue Kultur predigte die Befreiung des Menschen als Individuum, vor allem aber seine intellektuelle Emanzipation. Seit Nietzsche findet man dieses Postulat bei allen modernen Denkern. Doch während es sich bei den modernen Künstlern um eine innere Größe handelte, sollte der totalitäre Diskurs den Begriff des „Über-Menschen" in niederträchtiger Weise in einen biologischen (um nicht zoo-logisch zu sagen) Begriff umwandeln. Die totalitäre Ideologie verkehrte den Begriff der inneren Freiheit, der die Grundlage des modernen Gedankenguts bildete, ins Negative. Nach totalitärer Anschauung hatte der Mensch nicht die Möglichkeit, als eigenständiges Individuum zu existieren. Seine Existenzberechtigung ergab sich ausschließlich aus seinem – passiven – Anteil an der Masse. Der Vergleich mit der Theorie von der dynamischen Existenz der Materie zeigt den modernen Physikern, aber auch einem Künstler wie Malewicz erneut die offensichtlich reaktionäre Haltung in dem von der totalitären Propaganda geführten anti-modernistischen Diskurs. Die Tatsache, daß die Ideologen des Dritten Reiches Nietzsches Ideengut eiligst für sich reklamierten, zeigt deutlich, woher für sie eine Gefahr nahen konnte. Sie neutralisierten die wahren Ideen des großen deutschen Philosophen und lenkten sie so schnell wie möglich in die Bahnen der nationalsozialistischen Propaganda.

Die niederträchtige Beanspruchung des Revolutionsmythos für ihre Zwecke – sie wurde gleichzeitig auch von den sowjetischen Ideologen betrieben – zeigt, wieviel Angst der totalitären Opposition jede Erneuerung bereitete. Ebenso wie es nur eine einzige Revolution geben durfte, hatte sich auch die Kunst an ein einziges System zu halten (an eines der metaphorischen Aufwertung, an jene berühmten offensichtlich „von oben" ein für allemal definierten stilistischen Kriterien). Die großen Ideologen begaben sich ans Werk . . ., und töteten die Kunst.

Die Kunst spielte in diesen traurigen Jahren lange Zeit eine zweitrangige Rolle, denn was bedeutete angesichts des Massensterbens der Verlust von Kunstwerken! Dennoch die Rolle der lebenden Kunst – jener, die damals geschaffen wurde oder deren Postulate man verteidigte, für deren Überleben man kämpfte – blieb entscheidend. Im großen Strudel der Ereignisse fiel es den Menschen leichter, sich an das ihnen gefühlsmäßig Näherstehende zu klammern, als an irgendeine logische Diskussion anzuknüpfen. Da dies den Ideologen der Epoche vollkommen bewußt war, attackierten sie die moderne Kunst mit einer erstaunlichen Fülle von Propagandamitteln, mit großem Nachdruck, ganz offen und auf breiter sozialer Basis. In diesem Zusammenhang ist auf das ausgezeichnete Buch George Orwells *1984* hinzuweisen, in dem er den Zugang zur anderen, der verbotenen Kultur der persönlichen Freiheit, auf dem Umweg über die Kunst darstellt, die der Held seiner Geschichte, wie durch Zufall, im Hinterraum eines Antiquariats entdeckt. So kann über

4 Hier darf auf die Gesamtheit der russischen futuristischen Manifeste vom Frühjahr 1913 besonders auf das von Olga Rozanova verwiesen werden. Die Schriften von Klee, Kandinsky, Franz Marc und Mondrian behandeln dieselben Themen.

sinnliche Eindrücke der menschliche Intellekt geweckt werden.

Lange Zeit bevor sich die Angriffe auf die moderne Kunst in den ideologischen Inszenierungen, wie wir sie aus den dreißiger Jahren kennen, organisierten, fühlte sich die moderne Kunst im Kern ihrer Aussage bedroht. Auf unbekannte Kontinente verschlagen, deren schwindelerregende Höhen sie allein erkannten, fühlten sich die Künstler in ihrem Schaffen schmerzlich alleingelassen. Deshalb versuchten sie, mit der Gesellschaft – im weitesten Sinne des Wortes – den Dialog wieder aufzunehmen. Einige der Künstler der Avantgarde und insbesondere der zweiten Generation (Lissitzky, Rodtschenko, mehrere Bauhaus-Studenten und zu einem bestimmten Zeitpunkt seiner künstlerischen Laufbahn sogar Moholy-Nagy) versuchten mit Hilfe „produktivistischer" Argumente den – wie sie dachten „tatsächlichen" – Nutzen der modernen Kunst zu beweisen.(5)

Mit einfachen materiellen Beweisen wollte man die Daseinsberechtigung der neuen Kunst rechtfertigen. So begann man Möbelmodelle und Kleider herzustellen, und war man bemüht, die Kunst in die Produktion von (materiellen) Gütern einzuführen. Man könnte diesen Schritt mit den Versuchen im Mittelalter vergleichen, mit Hilfe von Wundern (die Stygmata waren in diesem Fall der materielle Beweis) die Existenz Gottes zu belegen. Der „produktivistische" Weg ließ außer acht, daß die Wirklichkeit der Kunst nicht auf irgendeinem unmittelbaren Nutzen beruhte, also materiell beweisbar war, sondern in ihrer symbolischen Funktion, in ihrer metaphysischen Ausrichtung lag. Indem man die philosophische Größe der modernen Kunst im Verborgenen hielt, setzte man sie auf eine instrumentelle Ebene herab. So wurde sie ihrer wahren existentiellen Attribute und ihrer philosophischen Tragweite beraubt, und wurde die wahre menschliche Dimension ihrer Botschaft verschleiert.

Und dies war die Lücke, durch die die totalitäre Opposition in die Festung der modernen Kunst gelangte. Man verband in bedenklicher Weise die eigentliche Wirklichkeit der Kunst, ihre außerordentliche metaphorische Rolle, ihre zwangsläufig symbolische Dimension, mit den Werkstoffen der Wirklichkeit, die in der einfachsten Herstellung von Gütern bestand. Dieser Versuch war von vornherein zum Scheitern verurteilt, denn er gründete in Bezug auf das wahre Material der künstlerischen Schöpfung auf einem Irrtum.

Einige der wachsamsten und im Kampf um die Behauptung der neuen künstlerischen Philosophie am stärksten engagierten Künstler fühlten die unmittelbare Gefahr, die von dieser logischen Abirrung ausging. Malewicz, der sich auf seinen suprematistischen Standpunkt stützte, begann 1921 eine Auseinandersetzung mit seinen konstruktivistischen/produktivistischen Kollegen in Moskau. Ausgehend von der philosophischen Haltung der gegenstandslosen Kunst, so wie er sie seit 1915 definierte, warnte er seine Kameraden am *Institut für künstlerische Kultur* (Inchuk) in Moskau davor, die grundlegenden Postulate der gegenstandslosen Kunst zugunsten der berühmten, von dem Ideologen Ossip Brik in Moskau gehuldigten, „materiellen Kultur" aufzugeben. Letzterer stiftete übrigens große Verwirrung, als er die konstruktivistischen Postulate von der „Kultur der Materialien" in den einfachen Begriff „materielle Kultur" umwandelte. Auf diese Weise ging die Kunst von ihrer eigenen zu der einer anderen Kultur über. Dies ist der Grund, weshalb die Mitglieder von Malewicz' *Unovis* die folgende Erklärung nach Moskau schickten: „Die Suprematisten besitzen ihr ganz spezifisches Material, das nichts anderes als die reine Form ist."(6)

Die – theoretische und symbolische – Eigenart des künstlerischen Werkstoffes wurde so meisterhaft neu bestätigt. In der Folgezeit führte diese Erklärung zum allmählichen Ausschluß Malewicz' aus den Moskauer Künstlerkreisen und bewirkte schließlich, daß er gegen Ende der zwanziger Jahre in Vergessenheit geriet.

Die Ablehnung der materialistischen Dialektik und die Bekräftigung spritualistischer Ziele in der neuen Kunst beschränkten sich nicht allein auf Malewicz. In den zwanziger Jahren fand man in Westeuropa Anzeichen für eine ähnliche Diskussion, insbesondere in Deutschland und Polen. Eine bestimmte Gruppierung deutscher „Aktivisten" hatte die militanten Auffassungen einer politisch engagierten Kunst übernommen, und Kurt Schwitters fühlte sich verpflichtet, ihnen unmißverständlich zu antworten. Zusammen mit Theo van Doesburg, Hans Arp und Tristan Tzara verfaßte er im März 1923 das *Manifest Proletkult.* Die philosophische und metapolitische Funktion der künstlerischen Schöpfung wurde mit folgenden Worten bekräftigt: „Die Kunst ist eine geistige Funktion des Menschen mit dem Zwecke, ihn aus dem Chaos des Lebens (Tragik) zu erlösen." Die Dadaisten bekundeten so ihre Solidarität mit den Postulaten Mondrians, dem die ursprüngliche Formulierung dieses Satzes zugeschrieben wird. In diesem in vielerlei Hinsicht in unserer Geistesgeschichte bemerkenswerten Manifest von 1923 gingen die Autoren in ihrer Haltung gegen die Beschränkung der Kunst auf eine – technisch – produktive Demonstration noch weiter: „Die Kunst ist frei in der Verwendung ihrer Mittel, aber gebunden an ihre eigenen Gesetze, und nur an ihre eigenen Gesetze . . . ihr Ziel ist der reife Mensch, nicht der Proletarier oder der Bürger." Die soziale Macht der Kunst kann nicht nachdrücklicher als in dem folgenden Satz betont werden: „Die Kunst . . . entwickelt Kräfte, die stark genug sind, die ganze Kultur zu beeinflussen, statt durch soziale Verhältnisse sich beeinflussen zu lassen." Im selben Jahr proklamierte Malewicz in seinen theoretischen Erörterungen die befreiende Rolle der Kunst und verkündete, daß „sie den Menschen von den Sünden der Welt reingewaschen hat".(7)

Angesichts dieser Vergleiche kann man verstehen, daß einer der ersten Künstler, mit dem Malewicz nach seiner Ankunft in Deutschland

5 Siehe die Schriften zur konstruktivistischen Kritik von Taraboukine und meine Kommentare bei N. Taraboukine, *Le dernier tableau: écrits sur l'art et l'histoire de l'art à l'époque du constructivisme russe,* vorgestellt von B. Andréi Nakov, Paris 1972. Überarbeitete und korrigierte Neuauflage: Paris 1980; sowie: Andréi B. Nakov, *2 Stenberg 2,* Paris–London 1975

6 Vgl. Andréi B. Nakov, *Abstrait/Concret,* Paris 1981

7 Text von 1923; die Manuskripthefte werden in den ehemaligen Archiven von Riesen aufbewahrt (heute Dokumentation Malewicz' im Amsterdamer Stedelijk Museum).

8 Diese Briefe befinden sich im Bauhausarchiv, Berlin.

im Juni 1927 in Briefkontakt trat, Kurt Schwitters war.(8)

Die zwanziger und dreißiger Jahre hindurch entwickelte Mondrian ähnliche Ideen zur befreienden Rolle der Kunst. Nachdem er Ende der dreißiger Jahre in die USA geflohen war, verfaßte er die Schrift „Liberation from Opression in Art and Life" (Die Befreiung von der Unterdrückung in der Kunst und im Leben) (1939–1940), in der er mit viel Optimismus die schöpferische Erwiderung gegen die totalitäre Unterdrückung voraussah. Mondrian schrieb, daß die Unterdrückung eine doppelte Wirkung habe, da jede Zerstörung zu einem erneuten Aufbau führe, und so „schafft Unterdrückung durch ihre negative Handlung Neues; sie verstärkt die Opposition zu sich selbst. Das Ergebnis ist Freiheit."

Gegenüber dem Aufstieg der anti-modernistischen Opposition, verteidigten sich die Künstler nach dem Vorbild von Mondrian; sie verstärkten die philosophischen Inhalte ihrer Schöpfungen. Man kann dieses Beharren auf der idealistischen und moralisierenden Komponente der neuen Kunst in den Texten von Malewicz, Mondrian, Arp und Tzara finden, aber auch in ihren plastischen Werken. Auch hier ist das Beispiel Kurt Schwitters sehr bezeichnend. Die Krönung seines Schaffens sollte sein „Merzbau" sein, dieses „Gesamtkunstwerk" einer in sich – unabhängigen – Welt. Da er gezwungen war, seinen ersten in seinem eigenen Haus in Hannover entstandenen Merzbau zu verlassen, errichtete er sofort, nachdem er in Norwegen angekommen war, einen zweiten Merzbau. Von den einfallenden Nazis aus Norwegen verjagt, griff Schwitters die Idee eines dritten Merzbaus in England wieder auf und er starb, bevor er ihn vollenden konnte.

Das Werk von Otto Freundlich bezeugt den gleichen philosophischen Eigensinn: bis zu dem Tag seiner Verhaftung in den Ostpyrenäen entwarf er Schriften, die mit hohen spiritualistischen Ansprüchen behaftet waren.

László Moholy-Nagy kommt in diesem Zusammenhang ebenfalls Bedeutung zu. Seine künstlerische Arbeit, die in den expressionistischen Wirren ihren Anfang nahm, wurde zu Beginn der zwanziger Jahre vom konstruktivistischen Pathos getragen. Die Verherrlichung der modernen Welt der Industrie und die Loblieder auf die Technik färbten seine Schöpfungen dieser Epoche tiefgreifend, und verliehen ihnen technizistische Akzente und eine formalistische Ausrichtung. Nichtsdestoweniger führten die Kontakte des Künstlers zu den Meistern des Bauhauses und zu Malewicz dazu, daß er die humanistischen Aspekte seiner Kunst gründlicher erforschte. So ist sein Werk im Verlauf der dreißiger Jahre von der Entdeckung eines kosmischen Bewußtseins geprägt. Seine Kunst gewann an Feinheit und Freiheit. Er sagte sich gänzlich von der formalistischen Färbung los und erreichte einen lyrischen, sehr originellen Ausdruck. Diese philosophische Reife führte den Künstler zur Gestaltung eigenständiger Werke, die zu den besten und gleichzeitig den lyrischsten dieser Zeit (1930–1946) gehören.

Die Neigung zu kosmischer Expansion und zum Verzicht auf jede formalistische Starrheit kennzeichnen die Entwicklung der treuesten Schüler Malewicz': Tchachnik und Suetin. Dieselbe Tendenz findet man zu Beginn der „unistischen" Entwicklung bei ihrem besten Vertreter, dem Polen Wladyslaw Strzeminski. Strzeminski bringt die moralischen Forderungen der westlichen Tradition (zum Beispiel Mondrians) mit denen des neuen kosmischen Bewußtseins, wie es von den gegenstandslosen Arbeiten Malewicz' definiert wird, noch viel umfassender in Einklang. Es gelingt ihm, die Bildfläche ins Geistige aufzulösen und eine Unabhängigkeit von allem Vorhandenen zu gewinnen, die in diesem Maße nie zuvor erreicht wurde. Diese neue Stufe in der Unabhängigkeit des Seins – sie wird hier von ihrem rein bildlichen Symbol, der Fläche ausgedrückt – verwirklicht der Unismus durch die endgültige Aufgabe des Hintergrundes einer Komposition.

Seit Beginn der zwanziger Jahre war Strzeminski damit beschäftigt, jede begriffliche Schwäche seiner konstruktivistischen Kollegen in der „BLOK" Gruppe heftig zu kritisieren.(9)

Seit 1927 verspürte Strzeminski die Gefahr der Verlagerung des philosophischen Schwerpunkts. Mit großem Mut prangerte er sie öffentlich an und schrieb 1927 in einem Brief an seinen litauischen Kollegen Kajruksztis: „ Das Museum (für moderne Kunst) ist das einzige Mittel, um die neue Kunst in ihrer ganzen Größe zu bestätigen, ohne Kompromiß und jede andere Art von Schwarzhandel (Plakate, Ausstellungspavillons, Malerei in Innenräumen, usw.), wie ihn die Maler von ‚Praesens' betreiben. Sie meinen, auf diese Weise langsam den Respekt und die Anerkennung für die neue Kunst zu erschleichen. Doch in Wirklichkeit wird mit ihr das gleiche geschehen wie in Rußland – zunächst eine vorübergehende Anerkennung und danach die totale Vergessenheit –, denn die neue Kunst muß sich offen, ohne Verstellung und ohne Maske manifestieren. Sie muß die Anerkennung nicht aufgrund ihrer Nützlichkeit, sondern aufgrund ihrer Überlegenheit fordern."

Die kosmische, von einer optimistischen und sogar spielerischen (freie Formen, irrationale Kurven) Komponente begleitete Tendenz war schon sehr bald kennzeichnend für die Loslösung der konstruktivistischen Künstler – und der ihnen nahestehenden wie Moholy-Nagy – von der schematischen Starrheit und dem pedantischen Formalismus der beschreibenden Geometrie. Diese war die Richtschnur, die sie anfänglich mit Begeisterung einen Konstruktivismus der Oberfläche, einen politisierten, militanten Konstruktivismus verfolgen ließ. Tatlin, dessen Kunst zu einem bestimmten Zeitpunkt als – vielleicht zu Unrecht – typisches Beispiel eines produktivistischen Konstruktivismus galt, gab schon bald die Herstellung von Gebrauchsgegenständen (Kleider, Heizkörper) auf. In der zweiten Hälfte der zwanziger Jahre opferte er seine ganze Zeit der Entwicklung einer recht

9 Siehe vor allem seine Auseinandersetzung mit Mieczyslaw Szczuka. Vgl. Andréi B. Nakov, *Abstrait/Concret*, Paris 1981

seine ganze Zeit der Entwicklung einer recht utopischen Flugmaschine, der er nicht ohne eine gewisse Spur von Metaphysik den Namen „Letatline" gab. Der Traum des Ikarus, dem er erlag, veranschaulicht, wie man es kaum besser könnte, die poetische Irrationalität seiner kosmischen Visionen. Tatlins formale Untersuchungen dieser Zeit konzentrierten sich auf das Ziehen irrationaler Kurven. Diese Kurven bildeten das Gerüst seiner Flugmaschine. Das Bild ist einleuchtend: Der Künstler arbeitet über das Irrationale und führt es selbst in die Struktur des plastischen Werkes ein. Die kosmische Metapher und der idealistische Nachklang des Werkes bedürfen hier keiner weiteren Erläuterungen.

Führen wir ein letztes Beispiel an, das des begeisterten Anhängers der Mathematik und der normativen Geometrie, den Belgier Georges Vantongerloo. Kein Werk aus der ersten Hälfte des zwanzigsten Jahrhunderts kann das moderne Relikt vom Traum einer pytagoreischen Schönheit besser dokumentieren. Die meisten Kompositionen von Vantongerloo aus den zwanziger Jahren und der ersten Hälfte der dreißiger Jahre sind von absoluter mathematischer Strenge und basieren auf mathematischen Formeln. Dennoch verzeichnet die formale Entwicklung des Künstlers in der Mitte der dreißiger Jahre eine erstaunliche Wende: auf seiner Leinwand erscheinen Kurven. Im Gegensatz zu seinen mathematischen Kompositionen handelt es sich bei den neuen Werken um freie Formen. Dadurch, daß diese Komponente der lyrischen Irrationalität auftaucht, entwickeln sie sich völlig unabhängig voneinander. Von da schien die Kunst von Vantongerloo andere Horizonte zu eröffnen. In den ab 1946 geschaffenen Skulpturen wuchs der Künstler meisterhaft über die Einflüsse mathematischer Logik hinaus. Die räumliche Auffassung seiner Werke zeugt vom starken kosmischen Bewußtsein des Künstlers und rückt diese in die Nähe der Plexiglasskulpturen von Moholy-Nagy sowie einiger suprematistischer Konstellationen von Malewicz. Man bemerkt in ihnen eine existentielle Freiheit, für die man eine Parallele in den ebenso ausdrucksstarken Werken von Fontana suchen sollte.

Es ist nicht verwunderlich, daß die Nachkriegskunst in der Sublimierung dieser kosmischen Tonart eine Verbindung mit den Werten der ersten Abstraktionen einging. Aufgrund ihrer einzigartigen existentiellen Sensibilität knüpften Künstler wie Fontana und Yves Klein an eine philosophische Diskussion an, die von der neuen, Ende der fünfziger Jahre in Europa erschienenen Künstlergeneration weit entfernt schien. In den Vereinigten Staaten diente das Beispiel Kurt Schwitters den Malern der zukünftigen post-dadaistischen Generation (Rauschenberg und Johns) als Auslöser. Rauschenberg kündigte seinen Eintritt in die moderne Kunst mit einer Reihe einfarbiger Bilder auf weißem Grund an.

Während die Philosophie der ersten Abstraktion von der totalitären Geräuschkulisse überdeckt wurde, gelangte die neue Künstlergeneration aus Verärgerung über die ausschließliche sinnliche Wahrnehmung (Yves Klein, aber auch Cage) zu den kühnsten, reinsten Postulaten der modernen Kunst. Diesem Schritt folgte die langsame Wiederentdeckung der philosophischen und theoretischen Dimension der ersten Abstraktion. Diese Veränderung vollzog sich nicht linear und nicht ohne Zusammenstöße. Manche atavistischen Widerstände und postmodernistischen „Abzweigungen" müssen noch ausfindig gemacht werden. Doch ist diese Veränderung nicht wieder rückgängig zu machen, denn sie wird von philosophischen Überzeugungen geleitet, die nicht willkürlich sind, und es auch nicht sein können, da sie mit dem innersten Kern unserer modernen Sensibilität verbunden sind, mit jener Wahrnehmung einer Welt und einer – inneren – Realität, der uns niemand entfremden kann.

> *Denken besitzt einen Moment der Universalität: das, was gut gedacht war, wird zwangsläufig auch an anderer Stelle und von jemandem anderen gedacht; diese Gewißheit begleitet das zurückgezogenste und ohnmächtigste Denken.* (Th. W. Adorno, *Anmerkungen zur kritischen Theorie,* 1969).

In dieser festen Überzeugung und im Vertrauen auf ihren Bestand hat die moderne Kunst die totalitäre Reaktion überstehen können. Die Prüfungen konnten sie in ihrer Haltung nur bestärken und führten sie zu neuen Gipfeln, wovon die Werke von Moholy-Nagy, Vantongerloo und vielen anderen zeugen.

Übersetzung aus dem Französischen:
Joanna Zajac-Wernicke

Je ne vois pas la cachée dans la fôret (Ich sehe sie nicht, die Versteckte im Wald).
Paßfotos der Surrealisten mit geschlossenen Augen um ein Bild von René Magritte gruppiert: es ist ein Kollektivbekenntnis zu den ‚inwendigen' Bildern, zu den Bildern des Unbewußten und des Traumes, eine Beschwörung der Imagination.
Die Montage wurde in der Nr. 12 (Dezember) 1929 von *La Révolution Surréaliste* erstmals veröffentlicht. Sie zeigt v.l.n.r. im Uhrzeigersinn: Maxime Alexandre, Louis Aragon, André Breton, Luis Buñuel, Jean Caupence, Paul Eluard, Marcel Fourrier, René Magritte, Albert Valentine, André Thirion, Yves Tanguy, Georges Sadoul, Paul Nougé, Camille Goemans, Max Ernst, Salvador Dali.

Dandys und Dogmatiker – ein Männerbund mit Clansriten
Als die Surrealisten noch recht hatten (1)

Günter Metken

Bei diesem Text handelt es sich um den Abdruck eines schon veröffentlichten Beitrages. Wir haben ihn für diesen Katalog um Anmerkungen und Abbildungen erweitert. Er wurde entnommen aus: Günter Metken, *Als die Surrealisten noch recht hatten. Texte und Dokumente,* Hofheim 1983.
Wir danken Günter Metken und dem WOLKE Verlag Hofheim, die uns den Nachdruck gestattet haben.

1 Unter diesem Titel gab die Gruppe um André Breton im August 1935 eine Broschüre heraus, in der sie zu den Ereignissen um den *Internationalen Kongreß zur Verteidigung der Kultur* Stellung nahm. Dieser – von der Kommunistischen Partei organisierte – antifaschistisch-pazifistische Kongreß fand im Juni 1935 in Paris unter internationaler Beteiligung statt. Teilnehmer waren u. a.: Bert Brecht, Heinrich Mann, Robert Musil, André Malraux, Louis Aragon, Paul Nizan, Jean-Richard Bloch, Sergei Tretjakov. Trotz schwerwiegender Einwände gegen eine derartige Veranstaltung hatten die Surrealisten ihre Teilnahme und eine gemeinsame Stellungnahme angekündigt. Als André Breton eine Woche vor Eröffnung des Kongresses Ilja Ehrenburg auf der Straße ein paar Ohrfeigen verabreichte, weil dieser in seinem Buch *Vus par un écrivain de l'URSS* die Surrealisten u. a. als ‚Päderastenverein' verunglimpft hatte, wurde dieser Vorfall zum Anlaß genommen, die Surrealisten vom Kongreß auszuschließen. Als Paul Eluard dort schließlich doch den vorbereiteten Text verlesen kann, reagieren die Kongreßteilnehmer mit heftiger Ablehnung.
In *Als die Surrealisten noch recht hatten,* verabschieden sich Breton und seine Getreuen mit einer hellsichtigen Kritik an der jüngsten Entwicklung in der Sowjetunion von der Kommunistischen Partei. Unterzeichnet wurde das Manifest u. a. von: A. Breton, S. Dali, O. Dominguez, P. Eluard, M. Ernst, M. Jean, Dora Maar, R. Magritte, E. L. T. Mesens, Meret Oppenheim, B. Péret, Man Ray, Y. Tanguy.
Auf deutsch ist der Text nachzulesen in: André Breton, *Die Manifeste des Surrealismus,* Reinbek 1968, sowie in der von Günter Metken herausgegebenen Textsammlung.

Der Begriff Surrealismus taucht 1917 erstmals auf. Guillaume Apollinaire verwendet ihn zunächst im Programmheft zu Erik Saties Ballett *Parade,* dann für sein Theaterstück *Les mamelles de Tirésias,* das er „ein surrealistisches Drama" nennt. Anfang der zwanziger Jahre wird der Ausdruck von den Dadaisten aufgegriffen, und zwar im Umkreis der Zeitschrift *Littérature*(2), die im Mai 1920 23 Dada-Manifeste abdruckte. Ihre Herausgeber André Breton, Louis Aragon und Philippe Soupault stimmten jedoch nicht absolut mit dem radikalen Nihilismus und Individualismus Dadas überein. Breton vor allem hielt wenig von solcher Tabula rasa, er strebte gemeinsame, zielgerichtete Vorhaben an; so wurde im Mai 1921 ein Scheinprozeß gegen den konservativen Nationalisten Maurice Barrès ausgerichtet, dem später wütende Angriffe auf etablierte Größen wie Anatole France, Paul Claudel und die Schauspielerin Rachilde folgten. Breton unterstellte die chaotischen Erfindungen Dadas systematisch seinen Zwecken, was ihm Umstürzler wie Picabia und Tristan Tzara entfremdete. Georges Hugnet hat von einer „dialektischen Verwandlung Dadas in den Surrealismus" gesprochen; sie zog sich, bei ständig wachsenden Frontstellungen, bis zur Herausgabe des *Ersten surrealistischen Manifests* im Oktober 1924 hin.

Bekenntnis, Essay, Pamphlet: das Dokument zeigt sich nach allen Seiten offen, auf der Suche nach einem neuen Ausdruck in der theoretischen Prosa. Es steht Nietzsches aphoristischem Stil näher als den Manifesten des Futurismus, denen es die arrogante Allüre entleiht. Sperrig und apodiktisch abgefaßt, wendet es sich gegen einlullende Konsumliteratur; zugleich zeigt diese literarische Collagetechnik auch auf, wie sprunghaft und unreflektiert die Denkansätze noch im Raum stehen. Wer so schreibt, muß das psychologisierende Erzählen ablehnen; Breton tut es rundum, mit Bezug auf Paul Valéry und seinen *Monsieur Teste.* Dagegen wird das Wunderbare (le merveilleux) und Bizarre, das sich in der Romantik, im Symbolismus und im „gotischen" Roman (roman noir) finde, gepriesen.
Entscheidend ist der Hinweis auf Freud. Für Breton bedeutet die Kindheit die einzige Lebensspanne, in welcher sich der Mensch ganz verwirklichen kann, ehe Spezialisierung und Leistungsdruck einsetzen. Daher wird der Traum als korrigierende Ergänzung des Wachzustandes aufgewertet. Er bringt die verdrängten Inhalte des Unbewußten ans Licht, das aufschlußreiche Netz der Assoziationen und Fehlleistungen, das Sigmund Freud in *Der Witz und seine Beziehung zum Unbewußten* aufdeckte. Es sind die gleichen alogischen Verbindungen, die Breton in den Dichtungen von Lautréamont und Pierre Reverdy, in den Bildern Giorgio de Chiricos und den Collagen von Max Ernst auffallen.

Freilich wird die Freudsche Traumdeutung nur halb akzeptiert. Breton nimmt wie immer, was ihm für seine Ziele brauchbar erscheint. Er isoliert den manifesten Inhalt des Traums vor der Analyse. Die hier vorgefundenen Dissonanzen der Wirklichkeit und die psychischen Spaltungen lassen sich als Entfremdung ästhetisieren. Das Es, nicht das Ich, ist die treibende Kraft. Die wissenschaftliche Analyse des Traums, durch die erst eine Behandlung des Erkrankten möglich wird, interessiert ebensowenig wie die Steigerung des Ich. Breton verabsolutiert das Unbewußte und lehnt jede Rationalisierung von Trauminhalten ab; er zog sich damit das unwandelbare Mißtrauen Freuds zu, nachdem eine Begegnung in Wien (1921) enttäuschend verlaufen war.

Den konfusen Reichtum des Unbewußten soll die écriture automatique als spontane, der Vernunftkontrolle entzogene Niederschrift aufzeichnen. Der *Littérature*-Kreis hält gemeinsame Séancen ab, nachdem Breton und Soupault 1921 mit den zu zweit verfaßten Texten von *Les Champs magnétiques* das Beispiel gegeben hatten. Man notiert Äußerungen, die unter Hypnose gesprochen, geschrieben oder gezeichnet werden. Aragons Buch *Une vague de rêves* faßt 1924 die „Zeit der Schlafzustände" zusammen; auch im Gruppenorgan *La Révolution Surréaliste*(3) werden zunächst reichlich Traumprotokolle abgedruckt. Ihr literarischer Anspruch läßt jedoch darauf schließen, daß sie bearbeitet und grammatisch in Form gebracht wurden. Desgleichen baut man die Cadavre-Exquis-Spiele (so genannt nach dem Anfang der ersten Übung), bei denen die Teilnehmer den ihnen unbekannten Satz des Vorgängers fortsetzten, automatisch nach Subjekt, Prädikat und Objekt auf; bildnerische Versionen kamen meist auf ein anthropomorphes Schema aus Kopf, Rumpf und Beinen heraus. Die écriture automatique entpuppte sich also als kreative Methode, um die Tradition zu überlisten und unbelastet ins Werk zu gelangen.

Au rendez-vous des amis

Dem literarisch-philosophisch orientierten Surrealismus galt die Kunst anfangs nur als Hilfsmittel. In Max Ernsts Gruppenbild *Au rendez-vous de amis* (Dezember 1922) treten neben Raffael denn auch nur vier lebende Maler auf: Arp, Baargeld, Ernst und der zur Säule erstarrte de Chirico. Alle übrigen sind Schriftsteller, die stets den Kern der Bewegung ausmachten, aber in engen Austausch mit Künstlern traten. Diese unterwarfen sich den Zielen Bretons nur ungern und nahmen nicht regelmäßig am Gruppenleben teil. Krisen und zeitweilige Ausschlüsse waren die Folge. Breton besaß trotz seiner vielen Aufsätze zur Kunst kein unabhängiges Urteil in ästhetischen Fragen. Er ging von den Bildinhalten und den Situationen ihrer Autoren aus, in die er Resonanzen der Zeit hineinsah.

Das *Erste Manifest* kam nur summarisch auf Malerei zu sprechen und legte den Akzent noch auf Matisse, Derain und Braque, die Breton kennengelernt hatte. Picasso, der ewig Umworbene, erhält eine zentrale Position angewiesen. De Chirico, Klee, Max Ernst und der Breton wegen seiner instinktiven Arbeitsweise nahestehende André Masson werden allenfalls erwähnt. Die Künstler konnten dem Aufruf jedoch Anregungen zu spontan enthemmter Arbeit entnehmen und unter sehr losem Bezug auf Freudsche Assoziationen eine Kombinatorik der Bildgegenstände entwickeln.

Die Gruppierung war locker. Max Ernst hatte seit seiner Kölner Dadazeit mit Eluard und Tzara Verbindung. Masson und Miró traten der Surrealistengruppe über ihre Dichterfreunde Antonin Artaud, Georges Limbour und Robert Desnos näher. Yves Tanguy kam 1925 hinzu. Arbeitete man zunächst poetisch und inspirativ, so suchten Dali und in gewissem Sinne auch Magritte seit dem Ende der zwanziger Jahre Traumgesichte und Neurosen peinlich genau zu fixieren.

Im Gegensatz zum literarischen, an die französische Sprache als Medium gebundenen literarischen Surrealismus war der künstlerische Surrealismus von vornherein international. Jeder brachte Traditionen und Sehweisen mit, die zur Verbildlichung der Tiefenperson dienten. Daher konnte es weder einen einheitlichen Stil noch eine übereinstimmende Ikonographie geben, der thematische Spielraum war ebenso unbegrenzt wie der stilistische, wobei zunächst das Experiment im Vordergrund stand. Man erprobte Techniken wie Collage, Frottage und Assemblage, die teilweise durch die Kubisten und die Manifeste des Futurismus ausgelöst wurden. Zwischen technischer Innovation und vielfach psychoanalytischer Motivwahl pendelte sich ein schwankendes Gleichgewicht ein. Da man Ideen berücksichtigte und den Versuch vor das Resultat zu stellen schien, wurde die surrealistische Kunst in der Öffentlichkeit als außerästhetisches Versuchsfeld ignoriert. Sie konnte dank weniger begeisterungsfähiger Mäzene überleben – Museumsankäufe bildeten vor 1930 die Ausnahme und waren auch später selten –, entging dadurch aber auch der ornamentalen Aufweichung der zwanziger Jahre, der sich nicht einmal Gris, Picasso und Matisse entziehen wollten.

Surrealistische Bilder und Plastiken erschließen sich schichtweise. Spontan entworfen, vermitteln sie zunächst ein Schockerlebnis, das über Codesysteme entzifferbar ist. Das Entschlüsseln des Werks entspricht einer Selbstanalyse, der Betrachter sieht seine Person in das raffiniert geöffnete Angebot des Künstlers hinein. In den zwanziger Jahren ist die Osmose unter den Malern derart, daß Themen und Verfahren einfach ausgetauscht und in je persönliche Bildsysteme eingeschmolzen werden. Da man den Kunst „genuß" betont ablehnt, muß der Betrachter mit bewußter Verrätselung rechnen und Irritation in Kauf nehmen. Ihm wird Sich-Eindenken beim Auflösen der Anspielungen abverlangt. Zitate aus Kunst, Literatur und Magie werden emblematisch zur Erschwerung verwendet, die Klitterung des Widersprüchlichen regt zu Denksprüngen an, eine Auflösung ist immer nur teilweise, niemals erschöpfend möglich. So wird die Wahrnehmung surrealistischer Arbeiten zur Einweihung; die verblüffenden oder irritierenden Koppelungen reizen die Hirnnerven ebenso wie die Retina.

Schön „wie die zufällige Begegnung eines Regenschirms mit einer Nähmaschine auf einem Seziertisch", lautete die ästhetische Devise des Surrealismus. Sie stammte von Lautréamont, einem in Montevideo geborenen, mit 24 Jahren in Paris im Hotel gestorbenen Dichter, der Breton als Inbegriff des Rätselhaften, rational nicht Auflösbaren galt. Seine *Chants de Maldoror* erheben die Großstadt zur Szenerie des Unbewußten und bedienen sich der Trivialmythen. Auch die Surrealisten strebten im Laufe der Zeit von der „hohen" Ikonographie zur banalen der Holzstichreproduktionen und zogen für ihre Pariser Wünschelrutengänge die Boulevards des 19. Jahrhunderts den historischen Vierteln vor. So wie man Fundstücke integrierte, suchte man den Stadtuntergrund nach verdrängten Strukturen ab und sah, Realismus ablehnend, die Natur anthropomorph, als Spiegelung innerer Vorgänge. Max Ernsts Golfströme, Meere und Wälder, Mirós kosmische Ideogramme, Tanguys bleiche Strände und die Sternzeichen Massons sind seelische Binnenlandschaften, Auslotungen von Tiefenstrukturen. Tiere erscheinen bei Ernst, Masson, Miró und schließlich Dali als Verbildlichungen erotischer oder psychotischer Mächte.

Wenn Breton, immer auf bekräftigende Vorausnahmen bedacht, später eine Ahnengalerie des Surrealismus aufstellte, welche von den Manieristen über Blake und Füssli bis zur Kunst der Geisteskranken reichte, so stand den Malern vor allem das Vorbild de Chiricos vor Augen. Seine Zusammenstellungen von Objekten, die aus dem Kontext gerissen und in rätselhaft bleichem Licht, auf leeren Plätzen, in fliehender Perspektive verfremdet waren, kamen sowohl der Abneigung gegen Erzählzusammenhänge in der ersten wie dem Streben nach Illusionismus in der zweiten, mit Dali kulminierenden Phase entgegen. Odilon Redon, Seurat und Henri Rousseau stehen ganz allgemein im Vorfeld des Surrealismus.

Pariser Landleben

Dem *Ersten Mainfest* war zu entnehmen gewesen, welche Art Literatur man für entbehrlich hielt. In den folgenden Jahren entstanden dann Texte, die dem forschenden Charakter des Sur-

2 Die Zeitschrift *Littérature* erschien vom März 1919 bis Juni 1924. Bis 1922 wurde sie gemeinsam von Louis Aragon, André Breton, Philippe Soupault geleitet, danach zeichnete Breton allein verantwortlich.
Littérature ist zunächst eine moderne Literatur-Zeitschrift, die ihr Publikum vor allem mit jungen Schriftstellern und Dichtern bekannt macht. Erst allmählich nimmt sie – mit dem Auftreten Tristan Tzara's in Paris – ein dadaistisches Profil an. Mit der Bekanntgabe des Todes von Dada durch Breton wurde die Zeitschrift (neue Serie: März 1922 bis Juni 1924) Sprachrohr einer neuen – der surrealistischen – Bewegung.

3 Von Dezember 1924 bis Dezember 1929 erschienen 12 Nummern der Zeitschrift *La Révolution Surréaliste*. Zunächst unter der Leitung von Pierre Naville und Benjamin Péret wurde die Zeitschrift ab Nummer 5 von André Breton herausgegeben.
Seit 1975 liegt ein Reprint der Zeitschrift vor.

realismus entsprachen: *Le paysan de Paris* von Aragon(4) und *Nadja* von Breton(5). Für diese am Menschen interessierten Autoren war die Natur kein Thema; ihre Landschaft war die Stadt, in erster Linie Paris. So wie das Unbewußte des einzelnen, wollte man auch das kollektive Unbewußte der Kapitale artikulationsfähig machen. Die Passagen, Stundenhotels und schäbigen Theater der Geschäftsviertel und Boulevards um die Oper wurden als psychischer Untergrund der Stadt erlebt, in dem scheinbar zufällige Begegnungen oder banale Hinweise von Bedeutung sein konnten. Am Ariadnefaden des „objektiv" die Geschicke lenkenden Zufalls bewegte man sich wie blind durch dieses anonyme Labyrinth. Ein Fund, ein Zusammentreffen geben Aufschluß über sich und andere. Es sind die Such- und Ratespiele der Kinder, nur verfeinert und bis an den Rand einer Mythologie des Banalen vorangetrieben.

Diese Schnitzeljagden setzen eine bisher unbekannte Empfänglichkeit für Erleben voraus, das sich tagebuchartig in autobiographischer Prosa niederschlägt. Die sachlich notierte Selbsterfahrung wird über das Berichten gestellt. Dieser subjektive Dokumentarstil, der statt der verpönten psychologischen „Entwicklung" Reaktionen festhält, blockiert den Erzählfluß. Anstelle von Beschreibung wird dann Fremdmaterial eingeschlossen. Im *Paysan de Paris* sind es Anschläge, Statistiken, Vermessungen, welche die Buttes-Chaumont oder die Passage de l'Opéra eher mystifizieren als darüber informieren. Breton illustriert *Nadja* hauptsächlich mit Photos, die so kontextlos und unbestimmt sind, daß sie eher Indizien für Erlebtes als konkrete Hinweise abgeben und jede Art von Projektion herausfordern.

Breton unterstützt in diesem Zusammenhang die Neurose des Mädchens Nadja, mit dem er sich trifft. Er attackiert die französische Schulpsychiatrie und hält es für legitim, daß Patienten gegen ihre Aufsicht opponieren, denn in den Anstalten mache man sie erst zu Narren. Dieser polemische Ansatz wird in *L'immaculée conception* (Die unbefleckte Empfängnis)(6) zu einer Anthropologie vertieft. In *Nadja* hatte Breton das Bestehen eines grundsätzlichen Unterschieds zwischen Wahnsinn und Nichtwahnsinn geleugnet. In dem neuen Band soll die Grenzverwischung literarisch exemplifiziert werden. In den fünf Texten des Hauptteils, *„Die Zustände der Besessenheit"*, bilden André Breton und Paul Eluard verschiedene Formen des Wahns sprachlich nach, um zu zeigen, daß „der poetisch ausgerichtete Geist durchaus in der Lage ist ..., sich nach Belieben die hauptsächlichsten Wahnvorstellungen zu eigen zu machen, ohne daß es sich für ihn um eine dauerhafte Störung handele, und ohne daß seine Fähigkeit zu geistigem Gleichgewicht den geringsten Schaden nähme". Die Analogie zur „paranoisch-kritischen" Malmethode Dalis ist evident.

Diese neue Literatur, so soll der Simulationsversuch erweisen, leitet auch eine neue Poetik ein und kann auf überholte Dichtungsformen verzichten, so wie sich *Le paysan de Paris* und *Nadja* von der Erzählliteratur losgesagt hatten. Auch die individuelle Urheberschaft wird aufgegeben – man vergleiche Max Ernsts Absage an den Künstlermythos vom Schöpferischen. Breton und Eluard zeichnen gemeinsam für den Band, dessen Titel *Die unbefleckte Empfängnis* so zu verstehen wäre, daß Literatur spontan und ohne Normenzwang oder Traditionsballast entsteht. Darüber hinaus besagt er, daß niemand mit den Makeln des Kranken, Abnormen und Bösen vorbelastet ist: eine nicht-antinomische Auffassung vom Menschen, die man zwischen Rousseau und Fourier ansiedeln kann.

Junggesellenerotik; wider das Leistungsprinzip

Die Surrealisten lehnen sich auch an Max Stirners egozentrische Schrift *Der Einzige und sein Eigentum* und an Nietzsche an. Sie aktualisieren Rimbaud, Lautréamont und Alfred Jarry als Leitfiguren. Alle drei haben ihre Existenz im Sinne der Anti-Literatur stilisiert, haben poetisch gelebt, wobei von der Zivilisation unterdrückte Bedürfnisse frei wurden. Ihr Prinzip war die Verweigerung der bürgerlichen Norm, der Auswertbarkeit durch Arbeit und Produktion. Dies drückt sich symbolisch in ihrem Junggesellentum, in der latenten oder offenen Homosexualität und in der Affinität zum Selbstmord aus.

Die Selbststilisierung von Surrealisten als Narziß oder Dandy – beide sind Figuren der erotischen Autarkie – geht in diese Richtung. Sie findet sich bei Aragon, Breton und Max Ernst, später ansatzweise bei Magritte. Dalis unio mystica mit seiner Frau Gala hat Spiegelfunktion bis in die Namen hinein: Dali-Gala. Entsprechend sind surrealistische Ideen neuerdings wieder auf zwei Gebieten virulent geworden: der Sexualität und der Psychiatrie. Die Gruppe vertrat eine Liebe um der Liebe – oder Libido – willen, wie die gemeinsam angestellte Befragung über die Sexualität ergibt. Man verweigerte die Ausschließlichkeit der Zeugungsfunktion. Die Stellungnahme der Gruppe anläßlich des Scheidungsprozesses gegen Charlie Chaplin heißt bezeichnenderweise *Hands off Love*(7). Breton gab mit *L'amour fou*(8) das Signal zu einer völlig ichbezogenen, „junggeselligen" Erotik, was dem Surrealismus neuerdings durch Xavière Gauthier(9) den Vorwurf einbrachte, er habe in der Frau nur das Werkzeug zur Lust gesehen. Die surrealistische „Kritik an einer zur Ehe domestizierten Liebe, an den Gebär- und Zeugungsfunktionen der Liebespartner als letztem Zweck, bezeugt eine antibürgerliche Haltung ... In Abwehr der Institution der Ehe wird die Verselbständigung der ‚pornographischen Phantasie' (Susan Sontag), ämlich das Recht der Phantasie gegenüber dem repressiven Realitätsprinzip für den Surrealismus bedeutsam" (P. Gorsen). Diese erotische Emanzipation der Phantasie ist bei Max Ernst und Miró befreiend, bei Dali und Hans Bellmer zwanghaft.

Auch der von Herbert Marcuse erkannte Zusammenhang zwischen Leistungsgesellschaft

4 Louis Aragon, *Le paysan de Paris, 1928*
5 *André Breton, Nadja,* 1928 Deutsche Ausgabe: Frankfurt a. Main 1974
6 André Breton, Paul Eluard, *L'immaculée conception.* (Mit Illustrationen von Salvador Dali), 1930 Deutsche Ausgabe: München 1974
7 ‚Hands off Love' wurde zunächst in der Nr. 6 (1927) der englischsprachigen Zeitschrift *Transition*, im Oktober 1927 in der Nummer 9/10 von *La Révolution Surréaliste* veröffentlicht. Die öffentlich gewordene Scheidungsklage von Lita Grey gegen Charlie Chaplin nehmen die Surrealisten zum Anlaß, um gegen die bürgerliche (Doppel)Moral zu Felde zu ziehen und ihre eigene Auffassung von Liebe und Ehe darzulegen. Sie verteidigen Charlie Chaplin gegen die Klage seiner Frau, er habe sie betrogen und habe sie zur Abtreibung und zu abartigen Sexualpraktiken überreden wollen: Der von seiner Frau als rücksichtsloser, egoistischer Wüstling dargestellte Chaplin ist in den Augen der Surrealisten das Opfer einer ‚kleinen, boshaften Bürgerin', die den Mann durch Schwangerschaft zur Heirat zwingt: „Besser als ein Buch, als alle Bücher und Abhandlungen, macht die Lebensführung dieses Mannes der Ehe den Prozeß, der blödsinnigen Kodifizierung der Liebe." (‚Hands off Love, in: Günter Metken, a. a. O., S. 112)
8 André Breton, *L'amour fou,* 1937 Deutsche Ausgabe: Frankfurt a. Main 1985
9 Vgl. dazu: Xavière Gauthier, *Surrealismus und Sexualität.* Inszenierung der Weiblichkeit, Berlin 1980

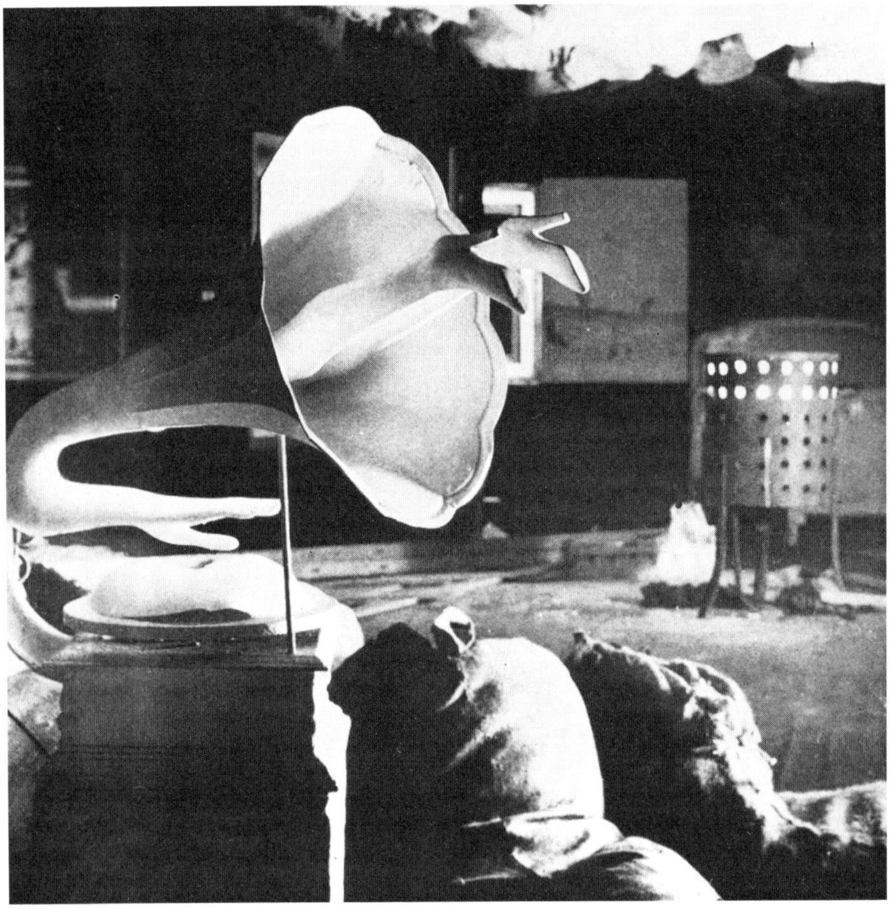

Internationale Surrealismus-Ausstellung in der Galerie des Beaux Arts, Paris 1938. Der große Saal: an der Decke die Kohlesäcke, im Vordergrund das Objekt *Jamais* (Niemals) von Oscar Dominguez. Der große Saal war von Marcel Duchamp ausgestattet worden. Marcel Jean, der an der Ausstellung selber beteiligt war, hat eine Beschreibung dieses Raumes hinterlassen: „Eine riesige gewölbte Grotte aus zwölfhundert nebeneinander aufgehängten Kohlensäcken; der sanft gewellte Boden war mit einem dicken Teppich welker Blätter bedeckt, und in einer Bodenfalte schimmerte ein Teich mit Seerosen und Schilf. Inmitten dieser unterirdischen Lichtung, einer Synthese der inneren und äußeren Welt, thronte auf einem kleinen Podest ein ‚Brasero', eines dieser eisernen Kohlebecken von den Terassen der Pariser Cafés, um die sich die Surrealisten im Winter so häufig zusammengefunden hatten, als Zeichen der Freundschaft, und in den Ecken des Saales schimmerten unter golddurchwirkten Seidendecken vier prächtige, enorm breite Betten als Zeichen der Liebe. (...) An den dunklen Wänden hingen, wo noch Platz war, Bilder. Um sie sichtbar zu machen, hatte Duchamp magische Augen installieren wollen, die aufgeleuchtet hätten, wenn der Besucher einen unsichtbaren Strahl durchschreitet. Da die Verwirklichung dieser Idee zu schwierig war, rüstete man die Besucher mit Stablampen aus ...". Darüberhinaus wurde das ‚Environment' von dem Duft gerösteten Kaffees durchzogen, hysterisches Gelächter, aufgenommen in einer Nervenheilanstalt, bildete die Geräuschkulisse. Wie André Breton schrieb, gingen „die Bemühungen der Organisatoren dahin, eine Atmosphäre zu schaffen, die die einer Kunstgalerie so sehr wie möglich verbannte."
(Vgl. dazu: Daniel Abadie, Die internationale Surrealismus-Ausstellung, Paris 1938, in: *Paris – Paris 1937-1957*, München 1981 (Ausst.-Kat. Paris 1981), S. 70 f.

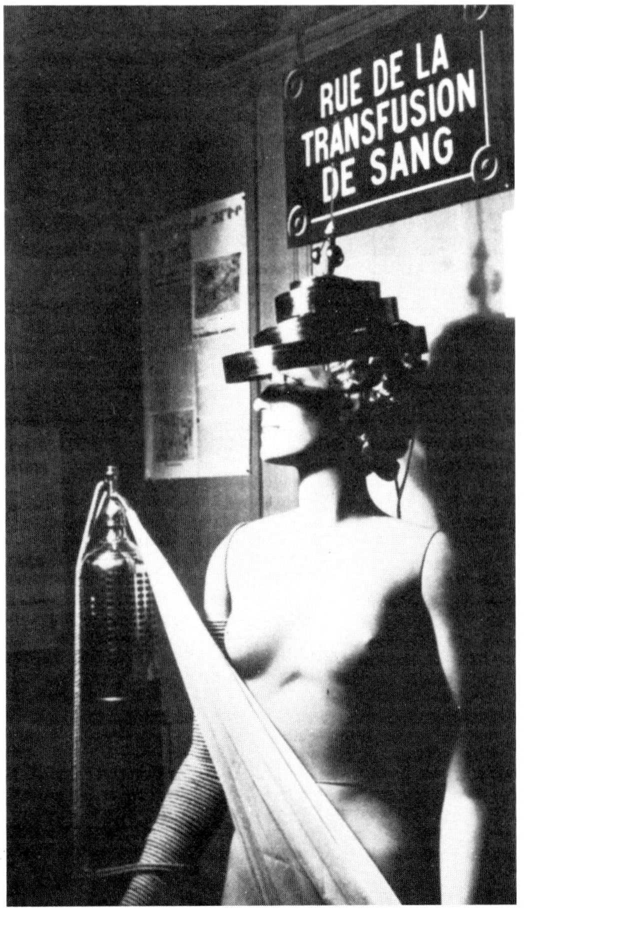

Internationale Surrealismus-Ausstellung Paris 1938: *Die Puppe* von Oscar Dominguez.
Les plus belles rues de Paris wurde der Teil der Ausstellung genannt, wo unter Straßenschildern wie *Rue aux lèvres* (Lippenstraße) oder *Rue de la transfusion de sang* (Straße der Blutübertragung) eine Gruppe von reglosen Damen Reize zur Schau trugen, die ihnen die surrealistischen Künstler verliehen hatten.

10 André Breton, *Les vases communicants, 1932*
Deutsche Ausgabe: München 1973

und Fortpflanzung als Zweck der Liebe ist schon vom Surrealismus gesehen worden; Georges Sadoul hat ihn (in Le nouvel assommoir) auf den Wettkampfsport als Spiegelung des Kompetitionsprinzips in der Wirtschaft ausgedehnt. Das Geld als Gegenspieler der (subversiven) Imagination wird von M. Thirion untersucht. Sadoul und Marcel Fourrier erkennen in der Polizei den Garanten einer auf fügsame Produktivität aller zugunsten weniger eingeschworenen Gesellschaft, die dies Prinzip mittels Kolonialkriegen auch auf fremde Völker ausdehnt. In diesem Zusammenhang wird nicht nur das Recht auf Liebe und auf Streik, sondern auch auf den selbstgewählten Tod als freies Verfügen über sich anerkannt und von Artaud der Opiumgenuß als Erweiterung der Persönlichkeit gegen rationale Verplanung verteidigt. Wie die moderne Antipsychiatrie, hat der Surrealismus von Anfang an die Repression der Geisteskranken denunziert und diese provokativ als die ganzen, das heißt von Realitätszwängen unbedrängt aus ihrer Imagination lebenden Menschen angesehen.

Die kommunizierenden Röhren

Eine weitere Antinomie, die zwischen Materialismus und Idealismus, sucht Bretons Essay *Les vases communicants* (Die kommunizierenden Röhren) (10) aufzuheben. Es gibt für ihn keine Kluft zwischen Wachsein und Schlaf, Tag und Traum: nur kommunizierende Röhren. An allem, was der Tag hervorbringt, ist die Tiefenperson beteiligt; nichts, was der Traum verdichtet und verschiebt, wäre nicht vorher auch erlebt worden. Es sind das alte, schon im *Ersten Manifest* vertretene Thesen des Surrealismus, die an diesem kritischen Punkt der Bewegung und ihres Chefs neu formuliert werden. Im Augenblick, da die ästhetische der politischen Aktion weicht, sieht sich der Surrealismus ideologisch fast unerträglich eingeengt. Er hatte immer die ganze Person ansprechen wollen, Breton nannte es die „Menschwerdung". Nun kämpft man für Nahziele, die zudem prosaisch, wo nicht taktisch orientiert sind. Daher dieser Essay, zugleich Rechtfertigung des eigenen Tuns und Abgrenzung gegen einen aufs Nützliche eingezwängten Begriff von Revolution, wie ihn die Sowjetunion nach stürmischen Anfängen jetzt zur Doktrin erhebt. Breton zeigt sich befremdet über die Glätte russischer Kunst und Propagandafilme. Die Freitode Majakowskis und Jessenins, die Selbstkritiken einst progressiver Künstler bleiben ihm unverständlich – noch ist das Funktionieren des Stalinschen Unterdrükkungsapparats nicht voll einsichtig. Am meisten muß ihn bestürzen, daß wesentliche Partien der menschlichen Ganzheit, nämlich das Gefühl, die Einsicht ins Sexuelle, kompromißloses Denken überhaupt, von der revolutionären Erneuerung ausgeklammert bleiben.

Zudem lehnt der orthodoxe Marxismus Freud strikt ab. Marx und die Psychoanalyse – eine dritte Antinomie – zu versöhnen setzt sich aber gerade Breton zum Ziel. Auffallend daher nun das kritische Ernstnehmen Freuds. Im *Ersten Manifest* galt das Interesse ausschließlich dem manifesten Trauminhalt als prä-künstlerischer Chiffre des Unbewußten; der latente Inhalt und damit die rationale Auflösung wurden außer acht gelassen. Nun schlägt das Pendel zur anderen Seite hin aus. Die Traumbilder werden als Einlagerungen des Alltags entzaubert, ihre Analyse dagegen mythisiert. Denn natürlich ist Breton nicht an Heilung interessiert, wie der „bürgerliche" Professor Freud, mit dem er nichtssagende Briefe über eine angeblich weggefallene Literaturangabe wechselt, sondern an Aufschluß über seine künftige Marschroute. Äußere *und* innere Realitäten, so seine Überzeugung, liefern den Kompaß, niemand ist einseitig determiniert.

Schlußfolgerung: Der Surrealismus wird die Revolution, deren Teil er ist, ständig an den *ganzen* Menschen mahnen, wird Vergangenheit und Zukunft in die ökonomisch oder sozial beengte Gegenwart einbringen. Er wird die Liebe und das Begehren als ausweitende und erst voll befriedigende Faktoren zur Sprache bringen, in seiner Sprache, die kühn wie Lautréamont und Rimbaud die Extreme zusammenbiegt, da alles miteinander kommuniziert wie ein „Haargefäßnetz".

Die Naville-Krise und das *Zweite Manifest*

Für Breton bedeutete Surrealismus eine geistige Haltung. In der Tradition war sie bei Einzelgängern aufgefunden worden; nun wurde sie von ihm und seinem Kreis bewußt propagiert. Dabei kam es zu Konflikten zwischen der spontanen Arbeit der einzelnen und dem Auftreten der Gruppe, die zur Aktualität Stellung nahm, Veröffentlichungen herausgab, Kundgebungen und Ausstellungen veranstaltete. Ein Büro für surrealistische Forschungen wurde eingerichtet, die Zeitschrift *La Révolution Surréaliste* publiziert, zunächst von Pierre Naville und Philippe Soupault, dann, nach einem Zerwürfnis mit Naville, von Breton selbst herausgegeben.

Naville hatte die Möglichkeit einer surrealistischen Kunst bestritten, da diese ins Ästhetische ausweiche. Der französische Kolonialkrieg in Marokko warf 1925 die Frage auf, wie der Surrealismus zur Politik stehe. Bisher hatte man den Akzent auf das geistige Mündigwerden des Menschen gelegt; sozio-ökonomische Theorien waren, namentlich von Aragon, verspottet worden. Nun wurde auch die Notwendigkeit einer sozialen Revolution zusehends anerkannt, da die eigene Revolution von Gefühl und Imagination keinen direkten Einfluß auf das politische Geschehen ausübe. Eine Annäherung an kommunistische Intellektuelle kam in Gang; Breton betonte jedoch in deren Organ *Clarté*, daß der Surrealismus zwar an der Seite der „anderen Revolution" marschiere, aber die materielle Ebene nicht als sein wichtigstes Operationsgebiet betrachte. Hierauf antwortete Naville, der rein moralische Skandal bedeute keine wirkliche Gefahr für die Bourgeoisie. In seiner Schrift *La révolution et les intellectuels. Que peuvent faire les Surréalistes?* stellte er die

Gruppe vor die Alternative, entweder in ihrer „anarchistischen", d.h. negativen Haltung zu verharren, oder aber den echten revolutionären Weg des Sozialismus einzuschlagen. Breton lehnte in *Légitime défense* (September 1926) jede äußere Kontrolle des surrealistischen Experiments ab.
Der Bruch mit Naville war die Folge. Breton versuchte, ein prekäres Gleichgewicht der Aufgaben herzustellen. Auch er verwahrte sich gegen das Aufgehen im Ästhetischen. Antonin Artaud und Philippe Soupault, die auf dem Eigenwert von Literatur und Kunst bestanden hatten, wurden im November 1926 ausgeschlossen. Die Manövrierbasis war schmal, die Krise vorauszusehen. Sie brach 1929 aus, als Breton die Surrealisten und ihre Freunde imperativ zur Stellungnahme über eine gemeinsame Aktion zugunsten des entmachteten Trotzki aufforderte. Die Reaktionen erfolgten höchst unterschiedlich und ein Zusammentreffen verlief ergebnislos. Breton, dessen Autorität angefochten wurde, trennte sich von vielen bisherigen Mitarbeitern, unter anderen Ribemont-Dessaignes, Duchamp, Picabia, Michel Leiris, Desnos, Raymond Queneau, André Masson, Georges Bataille und Jacques Prévert. Er erhielt neuen Zuzug durch Georges Hugnet, René Char, Georges Sadoul, den Cineasten Luis Buñuel und vor allem Salvador Dali. Auch Man Ray und Yves Tanguy wurden in Gnaden wieder aufgenommen.

Im Dezemberheft 1929, dem letzten der Zeitschrift *La Révolution Surréaliste,* wurde das *Zweite Manifest des Surrealismus* als aktuelle Positionsbestimmung veröffentlicht. In diesem sehr allgemein gehaltenen Dokument wird in aggressiver Form der Standort des Surrealismus umrissen: „Alles muß getan werden, alle Mittel sind recht, um die Ideale *Familie, Vaterland, Religion* zu zerschlagen. Die surrealistische Position mag in dieser Hinsicht so bekannt sein, wie sie will: es muß aber auch bekannt sein, daß sie keine Kompromisse zuläßt. Die es sich zur Aufgabe setzen, sie zu halten, verharren in dieser Verneinung und pfeifen auf alle anderen Wertmaßstäbe. Sie sind entschlossen, sich höchlichst zu ergötzen an dem so gut gespielten Jammer des bürgerlichen Publikums – das immer in gemeinster Weise bereit ist, ihnen ein paar ‚Jugend'-Sünden nachzusehen –, über ihr unverändertes Bedürfnis, hemmungslos über die französische Fahne zu witzeln, ihren Ekel *jedem* Priester ins Gesicht zu speien und auf die Brut der ‚vornehmsten Pflichten' mit der weittragenden Waffe des sexuellen Zynismus zu antworten. Unter allen ihren Erscheinungsformen bekämpfen wir die poetische Nichtssagenheit, die Unterhaltungskunst, die gelehrte Forschung, die reine Spekulation – wir wollen nichts gemein haben weder mit den kleinen noch den großen Sparern des Geistes."

Politisch geht die Bewegung mit der Kommunistischen Partei Frankreichs (KPF) zusammen, bewahrt aber ihre Freiheit nach innen. In diesem Zusammenhang findet das große Scherbengericht über die „Abweichler" statt, während Tristan Tzara rehabilitiert wird. Diese Verurteilungen bzw. Begnadigungen ex cathedra zeigen Breton als strengen Offizianten einer von ihm selbst gegründeten Religion mit schwankendem Dogma, aber präzisen Geboten: man darf kein bürgerliches Geld annehmen, nicht am Kulturbetrieb teilnehmen, keinen geistigen Lohnberuf, z.B. den Journalismus – der Vorwurf gegen Desnos – ausüben. Écriture automatique und Traumberichte werden als unzureichend zurückgestellt: „Es ist bedauerlich, ich habe es bereits weiter oben angedeutet, daß keine systematischeren und anhaltenderen Bemühungen, wie sie der Surrealismus nach wie vor fordert, geleistet wurden, zum Beispiel hinsichtlich des automatischen Schreibens und der Traumberichte. Obwohl wir mit Beharrlichkeit Texte dieser Art in surrealistischen Publikationen untergebracht haben, und obwohl sie in manchen Werken zu wirklicher Bedeutung gelangt sind, muß man zugeben, daß sie sich manchmal nur mit Mühe behaupten können, oder daß sie ein bißchen zu sehr den Eindruck von ‚Bravourstükken' machen. Auch ist etwas unbestreitbar Schablonenmäßiges innerhalb dieser Texte durchaus von Nachteil für die Art der Bekehrung, die wir durch sie erreichen wollten. Der Fehler liegt bei der großen Nachlässigkeit der meisten ihrer Autoren, die sich im allgemeinen damit begnügten, die Feder übers Papier eilen zu lassen, ohne im geringsten zu beobachten, was sich dabei in ihnen selbst abspielte – obwohl doch diese Art der Ich-Verdoppelung leichter und interessanter als die des reflektierten Schreibens ist –, oder die Traumelemente mehr oder weniger zufällig zu reizvoller Wirkung zusammenzufassen, statt nutzbringende Einsicht zu geben in ihr Zusammenspiel."

Solche Einsicht ist zu holen bei Petrus Borel, dem Nerval der *Aurélia,* bei Baudelaire, Lautréamont, dem Rimbaud der Jahre 1874/75, dem frühen Joris-Karl Huysmans und bei Apollinaire. Sade bleibt unerwähnt. Als Inbegriff des lustbetonten anarchischen Individualismus bisher herausgestellt, muß er zur Zeit der Annäherung an die Kommunisten aus moralischen Gründen verschwinden. Bretons Literaturverständnis ist vielfach taktisch-operativ bestimmt und führt zu dialektischen Akrobatien.

Am Schluß des Manifestes kommt Breton auf Alchimie und Erscheinungen zu sprechen, um „das passive Leben der Intelligenz aufzuwekken" und seine vieldeutige Hauptforderung zu untermauern: „Je demande l'occultation profonde, véritable du Surréalisme", also die Verdunkelung, Vergeheimnissung und quasi mystische Rätselhaftigkeit. Breton hebt in der Folgezeit die prä-ästhetische Magie in der Kunst der Naturvölker und der Geisteskranken hervor.

Diese Umorientierung schlägt sich auch im Titel der neuen Gruppenzeitschrift nieder: *Le Surréalisme au service de la révolution*(11). Während ihrer Laufzeit (1930 bis 1933) reagieren die Surrealisten ihre antiklerikalen und antibürgerlichen Affekte ab. Das Verhältnis zum Kommunismus, damals schon stalinistischer Prägung, durchläuft alle Stadien von der völli-

11 Vom Juli 1930 bis Mai 1933 erschienen unter der Leitung von André Breton 6 Nummern der Zeitschrift *Le Surréalisme au service de la révolution.*

12 Die dreizehn Nummern (12 Hefte) der Zeitschrift *Minotaure* (Arts plastiques – Poésie – Musique – Architecture – Ethnologie – Mythologie – Spectacles – Psychologie – Psychatrie – Psychanalyse) erscheinen zwischen Februar 1933 und Mai 1939. Die Zeitschrift wurde von dem Verleger Albert Skira begründet, der als Herausgeber fungierte, die redaktionelle Leitung bis einschließlich Heft 9 lag bei dem Kunstkritiker E. Tériade. Die Nummern 10 und 11 wurden von einem Redaktionskomitee betreut, dem André Breton, Marcel Duchamp, Paul Eluard, Maurice Heine und Pierre Mabille angehörten. Für die Redaktion des letzten Heftes (12/13) zeichneten André Breton, Maurice Heine und Pierre Mabille verantwortlich. Obwohl die Zeitschrift von ihrem Herausgeber nicht als Publikation der Surrealisten konzipiert war, gelang es ihnen, den *Minotaure* nach kurzer Zeit zu ihrem Organ zu machen (vgl. dazu: Paul Eluard, Liebesbriefe an Gala, Hamburg 1978; bes. S. 212 f.).
Ein Reprint der Zeitschrift ist 1968 in New York erschienen. Der Verlag Albert Skira, Genf, hat in den 70er Jahren ebenfalls ein Reprint herausgebracht.

gen Solidarisierung über die Abkühlung und Distanzierung bis zum Bruch. Schließlich tritt Breton aus der KPF aus, weil er das taktische Paktieren der UdSSR mit westlichen, auch faschistischen Ländern verurteilt. 1938 besucht er Trotzki im mexikanischen Exil. In einem gemeinsamen Manifest wird zwar die historische Notwendigkeit der Weltrevolution betont, aber die Freiheit des Künstlers gegenüber politischer Bevormundung sichergestellt.

13 *Cahiers d'Art* 10. Jg. (1935), Nr. 5/6 und *Cahiers d'Art* 11. Jg. (1936), Nr. 1/2 und 6/7 sind dem Surrealismus gewidmet.
14 Vgl. dazu in diesem Katalog: Dirk Luckow, Ausstellungen 1929-1939, New York 1936
15 Die Armory Show hat ihren Namen von dem Ort, an dem sie stattfand: im Arsenal (engl.: armory) einer Kaserne in New York wurde 1913 zum ersten Mal in den USA eine umfassende Ausstellung der europäischen Moderne gezeigt.
16 Vgl. dazu in diesem Katalog: Dirk Luckow, Ausstellungen 1929-1939, Paris 1938
17 Vgl. dazu in diesem Katalog: Dirk Luckow, Ausstellungen 1929-1939, Zürich 1934 (Deutsche Übersetzung des Katalogtextes in: Günter Metken, a. a. O., S. 323-325)
18 Max Ernst, Au-delà de la peinture (Jenseits der Malerei) wurde publiziert in: *Cahiers d'Art*, 10, Jg. (1936), Nr. 6/7, S. 149-184 (Deutsche Übersetzung in: Günter Metken, a. a. O., S. 326-333)

Symbolisch funktionierende Objekte

Breton ist damals der Chef der auch international führenden geistigen Bewegung der Zeit. Sie besitzt in *Minotaure*(12) eine Zeitschrift von höchstem Niveau und eklektischer Offenheit, in der Querverbindungen zur hohen, primitiven und Volkskunst, zu Alchimie und Manierismus, zu den Hermetikern und Esoterikern der Tradition hergestellt werden. Auch in die auf Picasso, den Kubismus und das Neue Bauen eingeschworenen *Cahiers d'Art*(13) findet der Surrealismus nun Eingang.

Die Surrealisten suchen in den dreißiger Jahren die Magie der Dinge freizusetzen. Ein *hasard objectif* lenkt ihre Wege, führt zu Begegnungen, die als folgen- oder aufschlußreich gedeutet werden, und zur Aufwertung von Fundstücken (objet trouvé). Es bleibt aber nicht beim Zufall; systematisch werden surrealistische Gegenstände hergestellt, die durch verblüffende Zusammenstellungen okkult und fremd wirken sollen. Duchamps „nachgeholfene" Readymades gingen voraus, auch die Assemblagen, die Picasso seit 1930 nachlässig produziert. Im gleichen Jahr beginnt Dali damit, ausgefallene Gegenstände zusammenzufügen und gibt 1931 die Definition der „symbolisch funktionierenden Objekte". Bald wird das Objektemachen von allen Surrealisten, Breton voran, als poetischer Dilettantismus betrieben. Als Charles Ratton 1936 in seiner Galerie für die Kunst der Naturvölker ein breites Spektrum surrealistischer Objekte zeigt, ist die gewollte Nähe zu Fetisch und Zauber offen ausgesprochen. Während New York und Chicago im Winter 1936/37 durch die Ausstellung *Fantastic Art, Dada, Surrealism*(14) en bloc mit dem Surrealismus als virulentem Gegenpol zur formalistischen Avantgarde konfrontiert werden – ähnlich wie nach der *Armory Show*(15) von 1913 halten die Folgen, unterstützt durch das kriegsbedingte Exil vieler europäischer Künstler in New York, über zwei Jahrzehnte an und orientieren die amerikanische Kunst bis hin zum abstrakten Expressionismus und zur Pop Art –, expandiert das Objekt in Paris zur Rauminszenierung. Das Wachsfigurenkabinett, die Horrorschau, jede Art von Geisterbeschwörung stehen bei der *Exposition internationale du Surréalisme*(16) Pate, die Marcel Duchamp Anfang 1938 in Paris inszeniert.

Damals steht der Surrealismus im Zenit seiner internationalen Ausstrahlung. In Belgien, der Tschechoslowakei und in Skandinavien, Amerika und Mexiko bilden sich aktive Gruppen, erscheinen Zeitschriften, nähern sich die Werke der Avantgarde surrealistischem Geist an. In Paris stoßen neue Künstler, Brauner, Matta, vorübergehend auch Alberto Giacometti, dessen Plastiken eine Kleinbühne des Unbewußten sind, zum Surrealismus. Techniken wie Abklatsch (décalcomanie), Dripping, Verwenden von Brand- und Rauchspuren (fumage) und informeller Glasguß (coulages) erlauben Spontaneität und Ausdeutung; in diesem Ideenlabor bereitet sich die Nachkriegskunst vor.

Der „Fall" Dali

Wie selbstbewußt nun die Künstler operieren, zeigen ihre manifestartigen Schriften. Max Ernsts Züricher Katalogtext *Was ist Surrealismus* (1934) (17) räumt mit dem Begriff des „Schöpferischen" auf, während in *Jenseits der Malerei* (1936) (18) die Entstehung von Collage und Frottage zum neuen Kunstmythos stilisiert wird. Giacometti gibt sich mit *Der Palast um vier Uhr früh* über die Ursprünge seiner fast psychoanalytischen Plastiken (die der Amerikaner David Smith fortführen wird) Rechenschaft. Im Vordergrund aber stehen Schriften von Salvador Dali, die um seine „paranoisch-kritische Methode" kreisen. Um 1930 wurde Dali eine Zeitlang zum Inbegriff des Surrealismus. Er hielt die rezeptiven Methoden, welche den surrealistischen Künstler bisher ins Bild gezogen hatten, für unzureichend. In *Der Eselskadaver* (1930) schrieb er: „Ich glaube, der Augenblick ist nahe, wo ein Denkvorgang paranoischen, aktiven Charakters (gleichzeitig mit dem Automatismus und anderen passiven Zuständen) die Verwirrung zum System erheben und zum vollständigen Verruf der realen Welt beitragen kann." Die Studien des Psychoanalytikers Jacques Lacan über die Paranoia liegen seinem eigenen Vorgehen zugrunde, das es ihm angeblich ermöglicht, auf Zeit zu erkranken, Halluzinationen mitzuerleben (oder zu erzeugen) und jede Art Doppelbilder hervorzubringen. Träger solcher simulierten Obsessionen sind Lenin, Wilhelm Tell und das Bauernpaar auf Jean-François Millets millionenfach reproduziertem Bilde *L'Angélus* (Das Abendläuten).

Anfangs gibt Dalis „Traumphotographie" seine von Kindheitsängsten und -suchten bedrängte Psyche zwar detailscharf, aber mit fließendem, an dem knet- und eßbaren Jugendstil Gaudis orientiertem Assoziationsreichtum wieder. *Der große Masturbator* zeigt, wie das Zusammenmontieren verdrängter Tatsachen der Psyche zu einem irrationalen Ensemble führt, das sich aber bei einiger Kenntnis der Dalischen Ikonographie und Kombinationsweise wieder auf die Person und ihre Phantasmen zurückführen läßt. Diese poetische Methode weicht nach 1931 einer systematischen *Eroberung des Irrationalen*. Akademisch penibel illustriert Dali jetzt Freudsche Komplexe. Hatten seine persönlichen Angsterlebnisse noch in dem zusammen mit Luis Buñuel verfaßten Film *Der andalusische Hund* zu Bildsequenzen geführt, deren trancehafte, alptraumartige Bedrückung unausweichlich ist, so objektiviert nun der Maler sein Tun. Aus der Traumphotographie wird eine getreue Reproduktion von Anomalien, an die Stelle des fluktuierenden, inneren Überdruck andeutenden Bildstroms tritt das trockene Aufbereiten von Fällen, dargeboten mit dem Photorealismus der Präraffaeliten.

Nur mit dem eigenen Ich beschäftigt, bezog Dali auch die Außenwelt ausschließlich auf sich und konnte sich sowohl in Lenin wie später in Hitler einfühlen. Über dieser letztgenannten Sympathie zerbrach der Bund mit den Surrealisten, die Mitte der dreißiger Jahre auf dem schmalen Streifen zwischen strikter Ablehnung des Faschismus und, bei aller Sympathie für die Weltrevolution, scharfer Abgrenzung gegen die stalinistische Unterdrückung geistig-schöpferischer Freiheit operierten. Ein Ausweichen ins Ästhetische war die Folge. Lyrik, Pamphlet und Prosa klangen ab. Der forschende Impetus verlagerte sich auf die Kunst, welche die Menetekel des heraufziehenden Krieges chiffriert oder offen an Leonardos berühmte, allem interpretierenden Hineinsehen offene Wand warf, die Max Ernst in *Jenseits der Malerei* als Projektionsfläche surrealistischer Kunst beschworen hatte.

Exil und Ausstrahlung

Salvador Dali war der erste Surrealist, der nach New York ging, allerdings freiwillig und als eine Art ständiger Ein-Mann-Ausstellung, was ihm durch Breton das Anagramm *Avida Dollars* einbrachte. Breton selbst, Max Ernst, Masson, Tanguy folgen gezwungen im Krieg. Das amerikanische Exil führt zum Aufgehen in einem kosmopolitischen Zusammenhang, welcher der Kunst des Neuen Kontinents zur Selbständigkeit mitverhilft. Katalysatoren der Vermittlung sind Zeitschriften wie *View*(19) und *VVV*(20), in denen Breton einmal mehr über *Genesis und künstlerische Perspektiven des Surrealismus* reflektiert und für den Nachkriegs-Neuanfang in Paris ein drittes Manifest ins Auge faßt. In Wirklichkeit hatte der Surrealismus den kompletten Kreis seiner Möglichkeiten durchlaufen, vom Geheimbund bis zur lockeren Künstlervereinigung. Er hatte nacheinander individuellen Anarchismus, politische Revolution und Unabhängigkeit des Geistes auf seine Fahnen geschrieben und trotz aller Versuche die Brücke zwischen Kunst und Leben nicht zu schlagen vermocht. Trotzdem bleibt das surrealistische Experiment beispielhaft. Es wird immer dann zitiert oder reaktiviert, wenn Ideen in Breitenwirkung umschlagen wollen, wenn intellektueller Terror aus der Studierstube in die Öffentlichkeit drängt.

19 Die Zeitschrift *View* wurde 1940 von dem amerikanischen Dichter Charles-Henri Ford als Bulletin für moderne Kunst und Dichtung in New York gegründet. In den 7 Jahren ihres Erscheines widmete die Zeitschrift mehrere ihrer Hefte dem Surrealismus. Er war das Thema von der Nummer 7/8, 1941; ausführlich vorgestellt wurden in der Nr. 1 (April) 1942 Max Ernst, in der Nr. 2 (Mai) 1942 Yves Tanguy und in der Nr. 1 (März) 1945 Marcel Duchamp.

20 *VVV,* Zeitschrift für Dichtung, bildenden Künste, Anthropologie, Soziologie und Psychologie (ein amerikanischer *Minotaure)* wurde unter der Leitung von David Hare, unterstützt von einem Redaktionskomitee, dem André Breton, Max Ernst und Marcel Duchamp angehörten, in New York herausgegeben. Zwischen Juni 1942 und Februar 1944 erschienen 3 Hefte (4 Nummern).
Wie in der ersten Nummer der Zeitschrift erklärt wurde, sollte das V des Victory, dreifach wiederholt, das Ende der faschistischen Diktaturen, der Versklavung des Menschen durch den Menschen und der Knechtung des Geistes bedeuten.

Gleichung mit einer Unbekannten
André Breton, Alberto Giacometti und Arnold Schönberg im Vergleich

Rita Bischof

I

Die Kunstgeschichtsschreibung des zwanzigsten Jahrhunderts hat einen, wie es scheint, unüberbrückbaren Gegensatz zwischen André Breton und Alberto Giacometti(1) konstruiert, dessen Konturen hier kurz nachzuzeichnen sind. Dabei zielt die Intention dieses Essays weniger auf die Rekonstruktion dieses Gegensatzes als vielmehr auf seine Auflösung. Der *Affäre Aragon* scheint in der Errichtung dieser Opposition eine entscheidende Bedeutung zuzufließen, und doch kann ein kritischer Rückblick nicht umhin, ihre Beweiskraft gleich Null anzusetzen. In einen Zusammenhang, der sich einerseits mit der versuchten, und wohl kaum als gelungen anzusehenden, Gleichschaltung der Künste im Nationalsozialismus, andererseits aber mit den spezifisch künstlerischen Formen des Widerstands dagegen befaßt, spielt diese Affäre nur insofern hinein, als Louis Aragon sozusagen freiwillig jene, aus der sowjetischen Kulturpolitik allzu bekannte Rolle des Intellektuellen übernimmt, der sich zum Wortführer einer solchen Gleichschaltung, wenn auch unter kommunistischen Vorzeichen, aufschwingt. Die Surrealisten sind ihm bekanntlich darin nicht gefolgt. Zwar haben sie Aragon spontan und engagiert verteidigt, als ihm nach der Veröffentlichung seines Gedichtes *Front Rouge*(2) wegen angeblicher „Aufhetzung zum Massenmord" eine Gefängnisstrafe drohte, gleichzeitig aber haben sie die Freiheit der künstlerischen Imagination von jeder, wie immer gearteten, politischen Zwecksetzung betont, was dazu führte, daß sie, entgegen ihren eigenen Absichten, in die französische Sektion des „Internationalen Verbandes revolutionärer Schriftsteller" nicht aufgenommen wurden. Wie später Vitěszlav Nezval in der Tschechoslowakei spielte Aragon eine Zeitlang ein Doppelspiel, indem er vorgab, surrealistische Prinzipien zu vertreten, während er gleichzeitig auf dem Charkower Kongreß (1930) eine Erklärung unterzeichnete, in der er sich vom Idealismus in den beiden Gestalten des Freudianismus und des Trotzkismus distanzierte. 1932 verläßt er dann endgültig die surrealistische Gruppe, zu deren Gründungsmitgliedern er dereinst zählte.

Wie aber verhielt sich Alberto Giacometti in diesem Konflikt? Es ist bekannt, daß er mehr mit Aragon als mit Breton sympathisierte, was sich in den verschiedenen Gruppenabstimmungen zu Beginn der dreißiger Jahre deutlich manifestierte. Auch Aragons vergleichsweise stärkeres politisches Engagement scheint ihn anzuziehen; er läßt sich dazu hinreißen, in der Manier des „Sozialistischen Realismus" einen Bannerträger mit einer riesigen flatternden roten Fahne zu modellieren. Andererseits zögert er aber auch nicht, diese Skulptur wieder zu zerstören, und es scheint, als habe ihn gerade die *Affäre Aragon* dazu motiviert. Giacometti tritt nicht nur nicht mit aus der surrealistischen Gruppe aus, sondern entscheidet sich, wenn auch nach anfänglichem Zögern, eindeutig für den Surrealismus und seine ästhetischen Prinzipien. Das belegen zwei Briefe an André Breton, die sich unmittelbar auf dessen Broschüre *Misère de la poésie* (L'affaire Aragon devant l'opinion publique) beziehen. Da diese beiden Briefe in der ansonsten außergewöhnlich gut dokumentierten Literatur über Giacometti fehlen, gleichzeitig aber geeignet sind, den Mythos seiner Freundschaft mit Louis Aragon zu zerstören, werden sie als Anhang zu diesem Essay erstmals abgedruckt. Anhand ihrer ist es auch möglich, das Bild zu korrigieren, daß über die Beziehung von Giacometti und Breton in Umlauf gesetzt wurde.

II

Richtig an der weitverbreiteten Darstellung der problematischen Beziehung zwischen den beiden unterschiedlichen Persönlichkeiten Bretons und Giacomettis ist, daß um das Jahr 1935 herum eine Kontroverse zwischen beiden ausbricht. Deren Gegenstand ist jedoch weniger ihre allgemeine Kunstauffassung, als vielmehr die Frage, wie sich diese Auffassung *in concreto* realisieren läßt. Die Ursache dieser Kontroverse ist bekannt; sie brach aus, als Giacometti, für Breton überraschend, erklärte, er wolle erneut zur Arbeit nach der Natur zurückkehren. Sie endet zunächst einmal damit, daß Giacometti von Benjamin Peret vor das Tribunal der Gruppe zitiert wird, um seine Entscheidung zu rechtfertigen, mit der er angeblich hinter die Moderne in Kunst und Literatur zurückgefallen ist. Giacometti dagegen zieht es vor, aus der Gruppe auszutreten, während Breton sich von nun an öffentlich darüber empört/mokiert, daß Giacometti seinen ganzen Ehrgeiz darein setze, einen Kopf herzustellen: „Ein Kopf, jedermann weiß doch, was ein Kopf ist." (3)

Man weiß aber auch, daß Breton diese seine abschätzige Haltung gegenüber Giacometti nicht beibehielt und sie in den kommenden Jahren immer wieder revidierte(4). Absurd mutet daher die Behauptung an, Giacometti habe sich gerade mit jenem Werk, an dessen Entstehung Breton den größten Anteil nimmt, und das er auch nach seiner Fertigstellung über alles schätzte, mit *L'Objet invisible* (Abb. S. 58) nämlich, bereits im Titel vom Surrealismus distanziert. Sowohl dieser Titel wie auch sein weniger bekannter, doppelsinniger zweiter *Maintenant le vide/Mains tenant le vide*(5) beweisen ganz im Gegenteil, wie sehr Giaco-

1 Gewiß, Giacometti hat sein ambivalentes Verhältnis zum Surrealismus klar zum Ausdruck gebracht. Nicht weniger ambivalent aber ist sein Verhältnis zu Picasso. Auf die Frage, wie ihm die Porträts Picassos gefielen, antwortet er beispielsweise: „Überhaupt nicht, sie sind vulgär." Und auf die Frage, welche Periode Picassos er bevorzuge, sagt er schlicht: „Keine." Vgl. James Lord: *Alberto Giacometti – Ein Porträt,* Ffm. 1986

2 *Front Rouge* ist ein Gedicht von zweifelhaftem poetischem Geschmack, das Aragon in Charkow verfaßt und in *La Littérature de la Révolution mondiale,* dem Organ des „Internationalen Verbandes revolutionärer Schriftsteller" veröffentlicht hatte. Darin heißt es: „Legen wir die Bullen um, Genossen!", „Knallt die ungehobelten Streber der Sozialdemokratie ab!" – und dies sind auch die inkriminierten Zeilen.

3 zitiert nach Simone de Beauvoir, vgl. Reinhard Hohl: *Alberto Giacometti,* Stuttgart 1971, S. 252

4 Das geht u.a. aus den späteren Schriften Bretons über den Surrealismus und die Malerei hervor, in denen er mit immer gleichbleibendem Respekt von Giacometti spricht, während er beispielsweise nicht aufhört, sich über Dalis Entwicklung seit 1936 zu empören.

5 Es handelt sich hierbei um ein Wortspiel, das auf der Homophonie beider Titel basiert und sich im Deutschen nicht wiedergeben läßt. Der Doppelsinn verlangt eine doppelte Übersetzung: *Jetzt die Leere* und *Hände, die die Leere halten.*

Alberto Giacometti, *L'Objet invisible* (Der unsichtbare Gegenstand) 1934 (Kat. Nr. 38)

metti hier einer genuin surrealistischen Problemstellung verpflichtet bleibt, was sich übrigens bis in seine literarischen Arbeiten hinein zeigt. Giacomettis Traumaufzeichnungen, seine immer wieder unternommenen Versuche, jene „objektiven Zufälle", die bestimmend in sein Leben eingriffen, beschreibend zu analysieren, gleichen in ihrer Methode Bretons „Anti-Romanen" bis ins Detail. Und es ist nicht so sehr Nachahmung, die diese Parallelität bedingt, als vielmehr eine Art Affinität in der Wahrnehmung. Als Beleg sei jener wunderbare Text *Le rêve, le sphinx et la mort de T* von 1946 erwähnt(6).

Die Tatsache, daß Giacometti mit jener Skulptur, die Breton in *L'Amour fou* (1937) so eindringlich beschrieb, das Unsichtbare zitiert, bedeutet nicht nur keine Distanzierung vom Surrealismus, sondern im Gegenteil seine Affirmierung. Bereits ein flüchtiger Blick auf die surrealistische Theorie der Malerei beweist/zeigt, daß sich diese, seit es sie gibt, seit 1925 nämlich, aufs Unsichtbare konzentriert. Bereits in seinem ersten, der bildenden Kunst gewidmeten Essay *Der Surrealismus und die Malerei* betont Breton, daß es ihm in erster Linie um die Darstellung dessen geht, „was zwar nicht ist, aber dennoch ebenso eindringlich da ist wie das Seiende". Das bildnerische Werk, so heißt es programmatisch in jenem Aufsatz, der in der Zeitschrift *La Révolution surréaliste* erschien, weiter, „muß sich einem rein inneren Modell zuwenden oder es wird aufhören zu sein". Was Breton aber unter „innerem Modell" versteht, ist nichts anderes als eine Vorstellung, als ein im Geist gegenwärtiges Bild, dessen Beziehung zu den verschiedenen Wahrnehmungsformen in der surrealistischen Malerei zum obersten Gegenstand wird. Die Natur soll in ihrer Beziehung zur inneren Welt des Bewußtseins gezeigt werden, so daß das Bild, sobald es dieser Intention folgt, ein Spiel mit visuellen und nicht-visuellen Elementen organisiert. Die visuellen Elemente erfüllen in der surrealistischen Malerei im Wesentlichen die Funktion, das Unsichtbare zu evozieren. „(. . .) nichts liebe ich so sehr", hatte Breton bereits 1925 geschrieben, „wie etwas, das sich vor meinen Augen bis dahin ausbreitet, wo sich der Blick verliert."(7) Und eben dies ist auch das Prinzip von Giacomettis *L'Objet invisible*: die sichtbare Gestalt ist so sehr von der Gegenwart des Unsichtbaren absorbiert, daß dieses Unsichtbare zu ihrem eigentlichen Formprinzip wird. Die weibliche Gestalt sucht zu fassen, was sich ihr notwendig entzieht, denn ließe es sich fassen, so wäre es nicht länger mit dem identisch, was ihr inneres Auge sieht. Was Giacometti mit dieser Skulptur ausdrückt, ist das existentielle Gespanntsein des Wahrnehmbaren, alles Wahrnehmbaren hin auf ein Sein, das sich, zumindest der äußeren, Wahrnehmung für immer entzieht. *L'Objet invisible* ist, so gesehen, ein Paradigma des Surrealismus, nicht weniger als jene *Schwebende Kugel,* der diese Bedeutung nicht abgesprochen wird.

6 Dieser Text erschien erstmals in der von Skira herausgegebenen Zeitschrift *Labyrinthe,* wurde dann wiederabgedruckt in: *Alberto Giacometti, Schriften, Zeichnungen,* hrsg. v. E. Scheidegger, Zürich 1958, und wird im Herbst dieses Jahres erstmals in deutscher Übersetzung im Verlag Matthes und Seitz erscheinen.
7 Alle Zitate aus: André Breton: *Der Surrealismus und die Malerei,* dt. v. M. Manon-Grisebach, Berlin 1967

III

Wenn es jedoch nicht die Bedeutung des Unsichtbaren in der bildenden Kunst ist, über die Uneinigkeit zwischen Breton und Giacometti besteht, muß die Frage, was denn dann eigentlich den Bruch motiviert hat, von neuem gestellt werden. Ohne den problematischen Charakter Bretons hier zur Diskussion zu stellen, will es scheinen, als habe Giacometti mit seiner Entscheidung, von neuem mit einem Modell zu arbeiten, Breton, ohne es zu wollen, in seiner Eitelkeit verletzt. Daß dem so ist, daß hier eine persönliche Kränkung interveniert, wird verständlich erst, wenn man an die herausragende Bedeutung denkt, die gerade den Arbeiten Giacomettis innerhalb der Entwicklung der surrealistischen Ästhetik zu Beginn der dreißiger Jahre zugefallen ist. Von Giacomettis *Schwebender Kugel* (1930) (Abb. S. 60), die in der Folgezeit aus keiner surrealistischen Ausstellung mehr wegzudenken ist, gingen entscheidende Impulse für den surrealistischen Objektkult aus, der sich als eine Art moderner Fetischismus darstellt. Nicht zuletzt an diesem Werk hat sich Dalís Theorie der „kritischen Paranoia" inspiriert, die das zweite Stadium innerhalb der Entwicklung der surrealistischen Theorie des Gegenstandes präludierte(8). *Die surrealistische Situation des Gegenstandes/Die Situation des surrealistischen Gegenstandes,* so der Titel eines Vortrags, den Breton im Frühjahr 1935 in Prag hielt, ist so eng mit der surrealistischen Ästhetik – und nicht nur der bildenden Kunst – verknüpft, daß man geneigt ist, in dem spezifisch surrealistischen Verhältnis zum Gegenstand eines ihrer konstitutiven Elemente und ihre Originalität zu sehen. Niemand kann sich der Evidenz verschließen, daß das, was den Surrealismus auf dem Gebiet der bildenden Kunst vor allem charakterisiert, die unerwartete Wiederkehr des im Zuge der Entwicklung der modernen Malerei zunächst einmal aus dem Bild verdrängten Objekts ist. In der Auferstehung des Gegenstandes liegt seine *differentia specifica* zu allen anderen Ismen vor, wenn man vom Dadaismus einmal absieht, dessen Repräsentanten sich, mit wenigen Ausnahmen, im Surrealismus wiederfinden. In dem Maße, in dem sie sich von ihrer tradierten Funktion der Abbildung oder der Nachahmung der Natur emanzipierte, hat die moderne Malerei die Beziehung des Auges auf die äußere, sichtbar gegebene Welt problematisiert, was schließlich in der abstrakten oder nicht-figurativen Malerei zur konsequenten Eliminierung des Gegenstandes führte. Im Surrealismus dagegen kehrt der Gegenstand zurück, wenn auch auf eine verwirrende, destabilisierende Weise, die die Ablösung der Malerei vom äußeren Modell einmal mehr bestätigt.

Was aber hat diese Auferstehung motiviert, wenn nicht die Intention einer bedingungslosen Erforschung unbewußter Räume, die den Einfluß der Psychoanalyse verrät? Denn sobald das Unbewußte zum privilegierten Gegenstand der Darstellung wird, können die *Dinge* nicht fehlen. An ihnen manifestiert sich etwas, das sich dem Bewußtsein entzieht. Der Surrealismus hat, und zwar unabhängig von Freud, erkannt, daß die Sprache des Unbewußten eine Dingsprache ist, und hat diese Erkenntnis in seinen künstlerischen Werken konsequent praktiziert. Seine Methoden sind radikal von denen der Psychoanalyse verschieden, und doch hatte Freud dem Surrealismus die Vorlage gegeben, als er ein architektonisches Modell vom menschlichen Innenleben skizzierte, eine Art Seelenarchitektur, wie sie auf ihre Weise auch die Bilder Giorgio de Chiricos vor Augen führen. Und Walter Benjamin, den man durchaus als einen der authentischen Philosophen des Surrealismus bezeichnen könnte, wenn man an seine Arbeiten zur Moderne und zur Geschichte denkt, hat dem die Metapher vom „möblierten Menschen" hinzugefügt.

Wichtig in diesem Zusammenhang ist, daß Freud in seiner Schrift *Das Ich und das Es* (1923), dessen Kenntnis man auf Seiten der Surrealisten nicht voraussetzen darf, den Unterschied zwischen unbewußten und (vor-)bewußten Vorstellungen darin setzte, daß letztere Sachvorstellungen und die dazugehörigen Wortvorstellungen umfassen, während im Unbewußten nur „reine Sachvorstellungen, Objektbesetzungen im ersten und ursprünglichen Sinn" anzutreffen sind. Und von eben solchen Sachvorstellungen ohne korrespondierende Wortvorstellungen wird die bizarre Kunst des Surrealismus beherrscht. Dargestellt werden also unbewußte Vorstellungen im strengen Sinn, die allerdings nicht mehr, wie Freud es präzisiert, beziehungslos und ohne Austausch nebeneinanderstehen, sondern in vielfältige, unvorhergesehene Zusammenhänge treten, während die Wortvorstellungen im Surrealismus ihre eigenen Wege gehen. Die unbewußten Vorstellungen erfahren im Surrealismus eine erste rein visuelle Organisation, auch wenn diese im Zeichen des Zufalls steht, sich also gesetzlos vollzieht. Die Kunst wird zu einem „anderen Schauplatz". Der Surrealismus in der bildenden Kunst schafft eine Art Bühne, auf der unbewußte Vorstellungen wie Subjekte agieren, was erlaubt, daß der optische Sinn, das Auge, sie zur Kenntnis nimmt. Dadurch aber ist zugleich die Möglichkeit gegeben, daß auch das Bewußtsein sie registriert, da einerseits Wahrnehmung und Bewußtsein, Freud zufolge, in engsten Zusammenhang untereinander stehen, andererseits aber die unbewußten Vorstellungen im Prozeß ihrer Visualisierung die Qualität eines Gegenstandes der äußeren Wahrnehmung annehmen.

Die Tatsache, daß im Surrealismus zunächst einmal bloße Sachvorstellungen eine Art Pantomime aufführen, läßt es reizvoll erscheinen, die entsprechenden und nicht weniger unvorhergesehenen Wortvorstellungen zu ihnen zu finden. Auch der Surrealismus klärt über das Unbewußte auf; er fördert dessen Bewußtwerdung, wenn man die Möglichkeit dieser Konvertibilität mit Freud darin sieht, daß Sachvorstellungen mit Wortvorstellungen verknüpft werden. Alberto Giacometti hat mit der verbalen Skizze zu seiner Plastik *Le Palais à quatre heures* (1932)

8 Ausführlicher zur surrealistischen Theorie des Gegenstandes, vgl. Rita Bischof: *Toyen – Das malerische Werk,* Frankfurt a. Main 1987

Alberto Giacometti, *Boule suspendue* (Schwebende Kugel) 1930-31, Gips und Metall, 61 x 36 x 35,5, Alberto Giacometti-Stiftung, Kunstmusem Basel

Alberto Giacometti, *Le palais à quatre heures* (Der Palast um 4 Uhr früh) 1932-33, Holz, Draht, Glas, Faden, 63,5 x 71,8 x 40, The Museum of Modern Art, New York

9 Breton selbst hat sich übrigens in bezug auf dieses Problem immer wieder in Widersprüche verstrickt, sobald es um die Bestimmung der Grundprinzipien der surrealistischen Literatur geht. Einerseits wendet er sich gegen jede Fiktion, gegen alle Erfindung in der Literatur und versucht eine sozusagen photographische Methode der Abbildung des Gelebten zu entwickeln. Er träumte von einer akribisch genauen Dokumentation innerer, unbewußter Beziehungen und Verhältnisse: kein Faktum des äußeren Geschehens, nicht das geringste Detail darf fehlen. Andererseits verabscheut er die Mittel realistischen Erzählens oder, wie in der Malerei, das Arbeiten nach der Natur.

(Abb. S. 60) ein schönes Beispiel dafür gegeben. Aber die Bewußtwerdung, die die Kunst provoziert, die Wahrheit, die sich in ihr inkarniert, läßt sich nicht durch die psychoanalytischen Implikationen eines Werkes erklären, sondern nur durch die Schärfe seines ästhetischen Sinns. Mit der Pathologie des Einzelnen, der die Psychoanalyse nachspürt, hat die Kunst nichts zu tun. Schon eher ließe sich die These vertreten, daß sie einen fundamentalen Mangel kompensiert, der der Psychologie von jeher eignet und den bereits Karl Philipp Moritz in seiner *Erfahrungsseelenlehre* moniert, nämlich das Fehlen einer Psychologie des „gesunden Ichs". Und der Surrealismus geht noch einen Schritt weiter, wenn er dem eine Psycho-Analyse schöpferischer Prozesse hinzufügt.

Daß aber gerade die Malerei eine Affinität zum Unbewußten besitzt, ist eben in der Tatsache begründet, daß sie sich, zumindest in der Moderne, ohne Sprache vollzieht, daß sie, im Gegensatz zur „eloquenten" Malerei der Vergangenheit, der Malerei der ideellen Vergegenwärtigung, die von religiösen, mythischen oder sonstigen literarischen Quellen zehrte, ihr Wesentliches in die Organisation sprachloser Zusammenhänge setzt, die komplexe Verbindungen untereinander eingehen. Auch der surrealistische Gegenstand führt in den weiten Bereich des Unsichtbaren ein, der sich in ihm zu verobjektivieren scheint. Und genau darauf, auf die Vergegenständlichung einer wesentlich ungegenständlichen Wirklichkeit, hat sich der Surrealismus kapriziert. An sie hat er das geknüpft, was ihm als eine Art poetischer Dialektik erschien. Denn eine solche Dialektik hatte Breton im Sinn, als er den surrealistischen Gegenstand als „die wahre Physik der Poesie" definierte. Wie Giacometti hat er darin die Unmöglichkeit affirmiert, mit Worten auszudrücken, was das Auge sieht und die Hand fühlt.

Bereits in *L'Introduction au discours sur le peu de réalité* von 1924 hat Breton die Hoffnung ausgedrückt, daß es eines Tages gelingen möge, Gegenstände herzustellen und in Umlauf zu setzen, vergleichbar denen, die bisweilen unsere Träume aushecken. Und von dieser Idee bleibt er Zeit seines Lebens besessen. Alles dreht sich für ihn in der Folgezeit darum, traumartige Gegenstände, Wunschmaschinen, jede Art von Objekten zu entwerfen, deren einzige Bedeutung darin besteht, daß sie nur auf symbolische Weise funktionieren. Auch das Sammeln von Fundgegenständen gehört hierher, handelt es sich doch darum, jene kaum merklichen Spuren zu sichern, die das Subjektive im Objekt und die das Objektive im Subjekt hinterläßt. Die surrealistische Vergegenständlichung von etwas, das auf der Ebene der Dinge nicht in Erscheinung tritt, verfolgt den Zweck, rein inneren Wahrnehmungen einen visuellen Ausdruck zu geben. Die virtuellen Bilder des Geistes werden in die festen, präzisen und wohlunterschiedenen Formen körperlicher Tageserscheinungen übersetzt, so daß sie ihrerseits eine objektiv gegebene Wirklichkeit konstituieren, in der Breton zufolge das subjektiv Willkürliche ihres Ursprungs wie von selbst negiert wird. Denn jene Gegenstände, in denen sich, zweifellos durch Intervention des Zufalls, das dunkle, sich seiner selbst oft unbewußte menschliche Verlangen sedimentiert, konfrontieren das Subjekt mit etwas, das sich seinem Bewußtsein immer schon entzieht. Sie erscheinen als der sichtbare, fühlbare Ausdruck dessen, was ohne den Umweg über diese Art von Verdinglichung dem Unbewußten nicht entrissen werden könnte. Und in dem Maße, in dem ihnen dies gelingt, kompensieren sie jenen „Mangel an Realität" (le peu de réalité), der den menschlichen Wünschen eigentümlich ist. So jedenfalls hat es sich Breton dargestellt.

Giacometti aber hat eines Tages erklärt, daß ihm solche „objets à fonctionnement symbolique" zu leicht fielen, daß sie ihn nicht mehr interessierten. Statt dessen wolle er wieder dort ansetzen, woran er 1925 bei Ausbruch seiner ersten großen künstlerischen Krise gescheitert ist, und dafür sei ihm das Modell – das äußere, versteht sich – unentbehrlich. Wofür entscheidet sich Giacometti aber tatsächlich? Ist er wirklich, wie Breton es ihm in seiner Enttäuschung unterstellt, zu einem rohen, unreflektierten Naturalismus(9) zurückgekehrt? Oder folgt er von nun an, wie andere es unterstellen, einer neuen Philosophie, nämlich derjenigen des Existentialismus? Oder sucht er schließlich nach einer neuen künstlerischen Lösung jenes Problems, das in einer Neubestimmung der Beziehungen zwischen dem Sichtbaren und dem Unsichtbaren, dem Wirklichen und dem Visionären besteht? Letzteres scheint am plausibelsten, wenn man bedenkt, daß dieses Problem über den Surrealismus hinaus die Moderne überhaupt charakterisiert, was am Beispiel Arnold Schönbergs, der dritten Unbekannten in unserer Gleichung, gezeigt werden wird.

IV

Daß Arnold Schönberg in diesem Zusammenhang Erwähnung findet, geschieht keineswegs willkürlich, wie es einem oberflächlichen Blick vielleicht scheinen könnte, sondern ist darin begründet, daß das hier diskutierte Problem im Mittelpunkt seines Musikdramas *Die glückliche Hand* steht. Schönberg hat darin ein Szenario skizziert, das demjenigen Bretons zu Beginn von *L'Amour fou* auf verblüffende Weise ähnelt: Hier werden sechs (bei Breton sind es „sieben oder neun") Männer und Frauen einander gegenübergestellt, die keinerlei Beziehungen untereinander zu haben scheinen und doch nur die Personen symbolisieren, die der Autor in den verschiedenen Stadien seines Lebens gewesen sein wird, sowie die Frauen, die er nacheinander (oder gleichzeitig) liebte. In ihrer Anonymität, ihrer Gesichtslosigkeit, die sowohl Schönberg als auch Breton unterstreichen, bilden sie eine Art Chor, der bei Schönberg das Geschehen wie in einer griechischen Tragödie kommentiert, besserwisserisch und klagend in einem. Während Breton jedoch sein Szenario, kaum hat er es skizziert, auch schon wieder vergißt, kehrt der Chor bei Schönberg am Ende seines pessimistischen Stücks zurück. Und während Breton mit diesem Bild lediglich auf die Unfähigkeit zu lieben reflektiert, dient Schönberg die unglückliche Liebe als eine Metapher, hinter der sich das Drama des Künstlers in der Moderne verbirgt.

Schönberg hat in seinem Musikdrama *Die glückliche Hand* das Leiden des Künstlers an der ihm fehlenden Realität dargestellt, und zugleich die Unausweichlichkeit und die Unlösbarkeit des Problems, daß die Kunst ans Innerste der Existenz zwar rührt, daß sie ihre Wahrheit erfaßt und darstellt, aber nur unter der Bedingung der Fiktion. Jeder wirkliche Künstler in diesem Jahrhundert hat sich früher oder später vor diesem Problem wiedergefunden. Einige weichen aus und suchen, wie Aragon, Zuflucht bei der politischen Aktion. Giacometti macht, wie vor ihm Cézanne, den er immer wieder zitiert, die Erfahrung, daß es unmöglich ist, Natur abzubilden. Je mehr er sich aufs Modell konzentriert, desto mehr scheint sich ihm dessen Realität zu entziehen. Entweder das Detail verselbständigt sich (*Die Nase,* 1947, *Die Hand,* 1947 (Abb. S. 63), *Das Bein,* 1958), oder aber die Figuren geraten ihm so klein, werden so winzig, daß eine letzte Geste genügt, um sie in Staub aufzulösen. Breton wiederum flüchtet sich in den Kult des Objektes, das ihm die fehlende Realität ersetzt.

Und auch Schönbergs Held ist besessen von der Idee, dem, was er in sich fühlt, was er imaginiert, auf der Ebene der äußeren Wirklichkeit wieder zu begegnen, es zu sehen und zu fühlen. Immer wieder aber muß er die Erfahrung machen, daß die Schönheit des Traumes nicht die der Wirklichkeit ist, daß die Wirklichkeit niemals zur Schwester des Traumes wird. Er, der das *Überirdische* in sich hat, der Erfüllung nur im Geistigen findet, sehnt sich nach dem *Irdischen* und überläßt sich den Verlockungen seiner Sinne. Die allzu irdische, allzu menschliche Schöne entzieht sich ihm. Je näher er ihr scheint, desto kälter wird sie, um schließlich mit einem „Herrn", der immer bereit ist, auf und davonzugehen. Schon zu Beginn des Dramas bleibt der „Mann", der Künstler, elend und deklassiert zurück; er ist vollkommen von der Gesellschaft isoliert. Schönberg hat hier nicht nur das Leiden des Künstlers dargestellt, der nach einer anderen Realität als der des Werkes strebt. Er hat auch den Kunsthaß thematisiert, der die Züge des zwanzigsten Jahrhunderts einmal mehr verzerrt. Herren und Arbeiter unterscheiden sich darin bei Schönberg übrigens nicht. Während sich der Herr in einer Haltung des überlegenen Zynismus gefällt, wie sie allen unproduktiven Erwerbsmenschen in dieser Gesellschaft eigentümlich ist, herrscht Progromstimmung in der Arbeitswelt. Fast kommt es zum Mord, als der Mann etwas achtlos Weggeworfenes vom Boden aufhebt (es ist Gold), und den Arbeitern zeigt, wie man Schmuck herstellt, mit der linken Hand nämlich. Sie entspricht Kandinskys „hellem Strahl", der im Gegensatz steht zur „schwarzen Hand", derjenigen, die etwas besitzt und festhält: *dead hand,* wie man im Englischen das Eigentum nennt. Die linke Hand ist der eigentliche Held des Stückes; es ist die „glückliche Hand", auf die in allen entscheidenden Momenten der gebannte Blick des Mannes fällt. Und aus dieser Verbindung von Blick und Hand entspringt das künstlerische Werk.

Fast vier Jahre lang hat Schönberg an seinem Musikdrama gearbeitet, dessen Text 1910 entsteht, dessen Komposition jedoch erst 1913 beendet worden ist. Es handelt sich um ein Hauptwerk des musikalischen Expressionismus, in dem, wie Schönberg später schreibt, „sozusagen mit *Begriffen musiziert*" wird. Auffallend ist auch die starke bildkünstlerische Seite dieses Werks, in dem das Crescendo der Musik immer von einem Crescendo des Lichts und seiner Farben begleitet wird. Schönberg selbst hat Aquarellskizzen möglicher Bühnenbilder hergestellt. Angesichts dieses Dramas verblüfft es nicht, daß er in seiner Breslauer Rede anläßlich der Uraufführung von 1928 jene Kunst, die man die expressionistische nennt, als eine „Kunst der Darstellung der *inneren* Vorgänge" (Hervorhebungen von Schönberg) neu definiert. Aber nicht erst diese Neubestimmung zeigt, daß er hier die surrealistische Problematik auf eine Weise antizipiert, die bereits eine Korrektur an Bretons Position einschließt. Diese Korrektur ist so radikal wie seine Musik. Höhnisches Gelächter (das der kunstfeindlichen Massen) steht am Beginn, Hohnlachen ertönt auch in dem Augenblick, als ein Stein, den das Phantombild durch einen leichten Stoß mit dem Fuß in Bewegung setzt, den Mann am Ende des Stückes unter sich begräbt. In jener Wirklichkeit, die Breton immer wieder heraufbeschwört, erkennt Schönberg schließlich nur eine Macht, die für den Künstler, der an sie glaubt, tödlich ist. Konsequent wendet er sich vom Objektkult ab. „Fühlst du dich nicht?" fragt der Chor. „Hörst du dich nicht? Fassest nur, was du greifst! Fühlst nur, was du berührst, deine Wunden erst an deinem Fleisch, deine Schmerzen erst an deinem Körper? Und suchst dennoch! Und quälst dich! Und bist ruhelos! Du Armer!" (10)

Schönbergs Lösung des hier dargestellten Problems besteht in der radikalen Absage an jeden Versuch, einer rein inneren, unsichtbaren Welt den Anschein des Objektiven zu geben. Als sich die Möglichkeit einer Verfilmung abzuzeichnen schien – sie hat sich nie realisiert – hat er den Akzent mit aller Entschiedenheit auf die „höchste Unwirklichkeit" gesetzt, und mithin auf das Gegenteil dessen, was, wie er wußte, das Kino gewöhnlich anstrebt. Die Bühne soll ihm zufolge Bühne bleiben, und das Bild nicht Wirklichkeit simulieren. Denn dadurch, daß das Innere zu einem Ding unter Dingen wird, verliert es nicht auch schon seine Subjektivität. Es wird dadurch nicht wirklicher, sondern fällt unter ein ihm fremdes Gesetz. Die Dialektik, die sich Breton erträumte, existiert nicht in der geschichtlichen Welt, in der Verdinglichung nicht Ausdruck, sondern Entfremdung bedeutet. Schönbergs Lösung ist dagegen die einer Wirklichkeit, die vor dem Unwirklichen zurückweicht. Er hat dieser Lösung übri-

10 Die Zitate Schönbergs sind aus dem Buch *Arnold Schönberg – Wassily Kandinsky/Briefe, Bilder und Dokumente einer außergewöhnlichen Begegnung,* Salzburg/Wien 1980, entnommen.

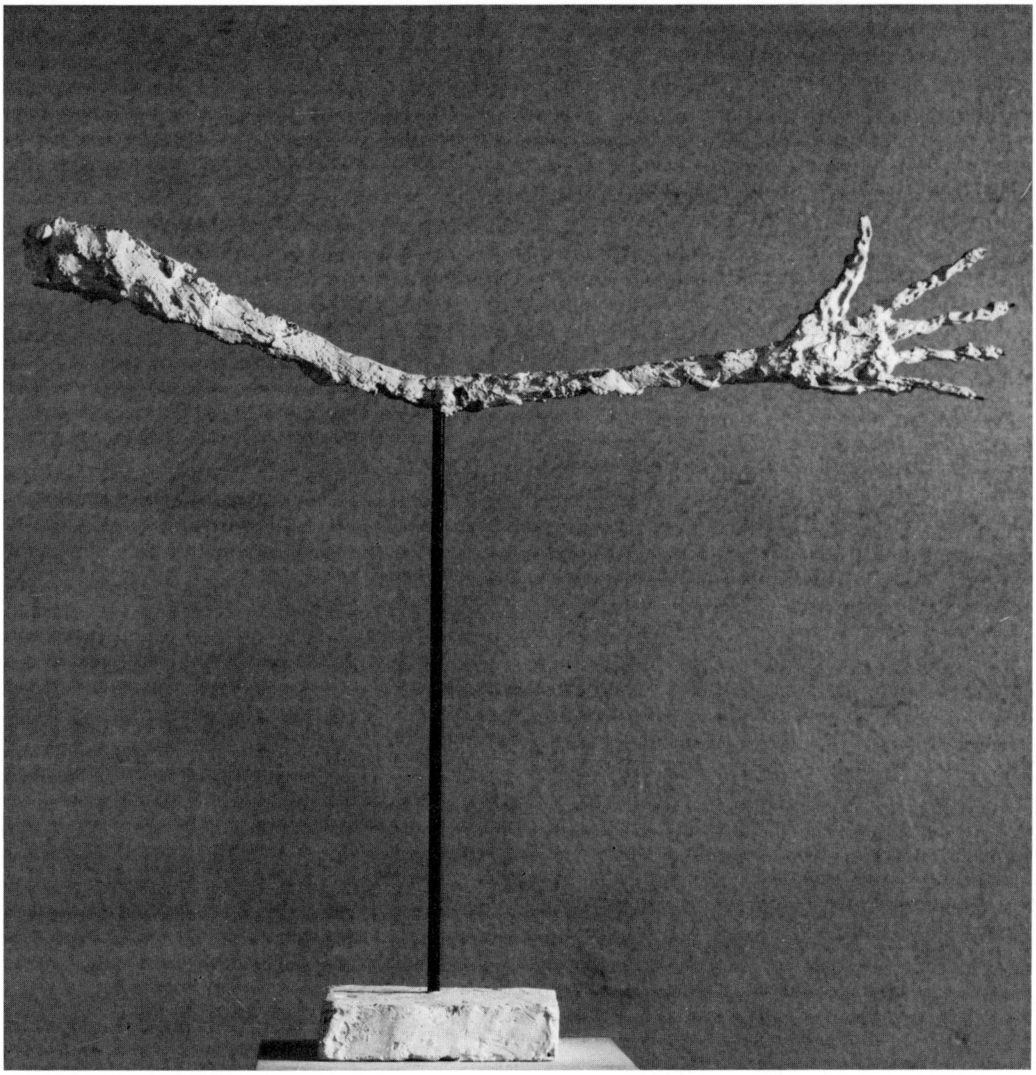

Alberto Giacometti, *La main* (Die Hand) 1947, Gips, 65,5 x 79 x 3, Alberto Giacometti-Stiftung, Kunsthaus Zürich

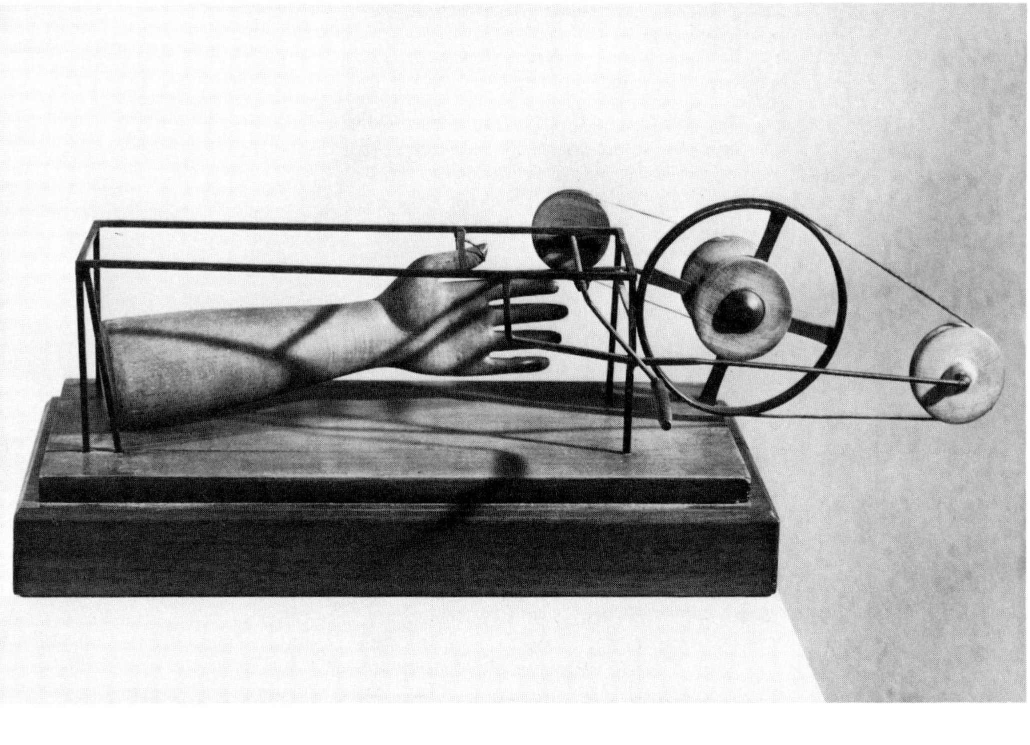

Alberto Giacometti, *Main prise aux doigts* (Gefährdete Hand) 1932, Holz und Metall, 19 x 59 x 28,5, Alberto Giacometti-Stiftung, Kunsthaus Zürich

gens auch einen malerischen Ausdruck gegeben, und zwar in jenem Selbstporträt, das ihn von hinten zeigt, dem Symbol seiner Abwendung.

V

Was Schönberg mit den Mitteln der Kunst und vor allem mit denen der Musik darstellt, hat Georges Bataille philosophisch analysiert. In einem seiner schönsten Essays *Sade et la morale* hat er die Transzendenz rigoros in den Gegenstand verlegt und damit sowohl über ein wesentliches Element der ästhetischen Moderne aufgeklärt, als auch eine Herausforderung an die Tradition des theologisch-philosophischen Denkens formuliert. Die philosophische Dimension seiner Neubestimmung jener altehrwürdigen Begriffe der Transzendenz und der Immanenz kann im Rahmen dieses Essays nur angedeutet werden(11). Bataille geht von der These aus, daß das Sakrale ursprünglich mit dem zusammenfiel, was ein gefährliches, ansteckendes, unruhestiftendes Potential besitzt und daher sehr früh schon mit einem Tabu belegt worden ist. Erst durch die Tabuierung dieses Heterogenen, das heißt alles dessen, was den reibungslosen Ablauf homogener Funktionen störte, wurde es möglich, jene andere Sphäre zu begründen, in der Triebverzicht, Maß und Gesetz regieren: die Sphäre der Arbeit und der Vernunft. Das Göttliche, das zunächst als eine Welt des Erzitterns und der Ekstase in Erscheinung trat, war in dem Maße, in dem es sich an die Intimität, an die Innerlichkeit der Menschen wendete, als reine Immanenz bestimmt, während umgekehrt die Welt des Handelns und des Denkens transzendente Beziehungen stiftete. In dem Moment jedoch, als man dazu überging, das Göttliche mit der Vernunft zu identifizieren, als man den einen, immer wachen, niemals schlafenden, alles wissenden und alles vermögenden Gott der griechischen Philosophie und der christlichen Theologie imaginierte, wurden auch diese Bestimmungen verkehrt. Seitdem haben wir vergessen, „daß unsere intime Existenz das Sakrale ist und daß es die Dinge sind, die unsere Existenz transzendieren", weil das Profane uns unmittelbar umgibt, das Sakrale aber außerhalb unserer, auf einer sozusagen objektiven Ebene, nicht zu fassen ist.

Jahrhundertelang hat man dergestalt die Transzendenz als eine Sphäre jenseits der menschlichen Existenz definiert, während Bataille sie mit beispielloser Kühnheit in den Gegenstand zurückverlegt. Sie erhält dadurch eine neue Qualität, die der Sichtbarkeit nämlich, und die Immanenz bleibt davon nicht unberührt. In dem Maße, in dem das Immanente mit der menschlichen Innerlichkeit zusammenfällt, ist es auch mit dem Unsichtbaren assoziiert. Bataille schreibt: „Dieser Tisch, auf dem meine Hand liegt (die „schreibende Hand", Anm. v. mir), ist, seiner räumlichen Nähe ungeachtet, so weit wie nur möglich von mir entfernt. Er ist mir so fremd, als stünde er auf einem anderen Stern." Der Tisch transzendiert so vollkommen die Existenz des Schreibenden, der in seine Innerlichkeit verloren ist, daß er ebensogut ein Jenseits seiner bezeichnet wie irgendein Planet, der sich dem menschlichen Wahrnehmungsvermögen entzieht. Ganz ähnlich hat übrigens auch Meret Oppenheim in zahlreichen ihrer Werke eine Beziehung zwischen der Transzendenz des Planeten und der des Tisches hergestellt, in der beide austauschbar werden. Zwar entziehen sich die Sterne in gewisser Weise dem menschlichen Blick, dadurch aber, daß sie in Analogie zum Tisch gesetzt werden, fallen sie in die Sphäre der Sichtbarkeit zurück. Und es darf in diesem Zusammenhang nicht vergessen werden, daß der auf die Erde gestürzte Himmel spätestens seit Hegel aus der Definition der Moderne nicht mehr wegzudenken ist.

Batailles These entbehrt nicht der Evidenz, aber vergessen wir nicht, daß er vom Gebrauchsgegenstand spricht. Zwar hat die Herstellung des Tisches auch etwas mit der menschlichen Subjektivität, ihrer Vorstellungskraft, ihrer Fähigkeit zur Erfindung und ihrer Vernunft zu tun, aber dieses Subjektive ist im Tisch nicht eigentlich aufbewahrt. Es verwandelt sich und wird zum Ding, das gegenüber der Subjektivität indifferent ist. Der Sinn des Tisches liegt nicht in seinem Ursprung, sondern in dem Zweck, dem er dient, während die Subjektivität ihren Sinn in sich selber trägt. Nicht nur überdauert der Tisch seinen Produzenten, was allein schon beweist, daß er dessen Existenz transzendiert; er läßt sich auch mechanisch reproduzieren und führt ein Eigenleben, das mehr von seiner Materie als von seiner Idee abhängt. Gewiß, der Schreibende braucht den Tisch, aber er kann mit ihm nicht kommunizieren, auch wenn dieser verzweifelte Versuch in der Literatur der Moderne immer wieder unternommen wurde. Und wenn schon die Vernunft, die an seiner Herstellung einmal beteiligt war, in dem Tisch nicht enthalten ist, um wieviel weniger dann die Intimität, der Schmerz und die Freude desjenigen, der ihn produzierte?

Der Tisch und die Hand, die auf ihm liegt, sind ein in der modernen Malerei überaus beliebtes Motiv. Aber die Fremdheit wird darin nicht überbrückt. Zwar besteht zweifellos – und der surrealistische Gegenstand hat es bewiesen – die Möglichkeit, das unsichtbare Innere nach außen zu projizieren, eine neue Art von Gegenstandswelt zu schaffen, die keinen anderen Zweck besitzt als den einer Selbstdarstellung der Innenwelt. Und wiederum tritt die Hand ins Spiel, die eine paradigmatische, aber auch gefährliche Rolle spielt. Sie dient dazu, unseren Willen auszuführen. Aber muß, was sie schafft, unbedingt ein Gegenstand sein? Genügen, sobald es um die Darstellung der Innenwelt geht, nicht die Musik, die Poesie, das Bild, die im Grunde genommen so immateriell wie der Gedanke selber sind? Was für ein seltsamer Materialismus! Jener surrealistische Gegenstand, der gleichsam eine ausgeschüttete Innerlichkeit symbolisiert, ist immer auch noch etwas anderes als das, was er intendiert. Auch er untersteht einem fremden Gesetz, das aus der notwendigen Transzendenz des Gegenstandes fließt. Ein

11 Diese philosophischen Implikationen werden in meinem Buch: *Souveränität und Subversion – Georges Batailles Theorie in der Moderne,* München 1984, ausführlich diskutiert.

irritierender und gewollter Austausch von Innerem und Äußerem findet statt, in dessen Verlauf jedoch das Immanente transzendiert, das Transzendente aber immanent wird. Während das Bild gerade durch seinen Rahmen, die Bühne gerade aufgrund der Rampe, Musik und Poesie, weil sie im Wesentlichen Töne und Laute sind, sich der Faßbarkeit entziehen – wir können sie zwar sehen, hören, lesen und auch interpretieren, aber nicht erschöpfen, nicht fixieren – tappt der surrealistische Gegenstand in die Falle der Transzendenz. Das Problem der Verdinglichung stellt sich auch hier in ganzer Vehemenz; es ist in gewisser Weise bereits das Problem Plotins. Die von Breton nie reflektierte Kehrseite seines Objektkultes ist, daß die Schaffung der Transzendenz im Grunde genommen viel leichter ist als das Verharren in der Immanenz. Dies gilt vor allem in einer „Gesellschaft der Dinge". Schönberg dagegen scheint sich dieses Paradoxons bewußt gewesen zu sein, als er in kaum zu überbietender Zweideutigkeit schrieb: *Glücklich die Hand, die nicht hält, was sie verspricht!*

VI

Daß auch Giacometti dieses Problem bereits in seiner surrealistischen Epoche erkannt hat, macht jene seltsame Maschine „à fonctionnement symbolique" der *Main prise aux doigts* (1932) (Abb. S. 63) offenbar. Es ist, wie bei Schönberg, die linke Hand, die hier allerdings in einem seltsamen, zwanghaft anmutenden Mechanismus gefangen ist. Und ebenfalls wie bei Schönberg ist diese Hand unmittelbar mit den Augen assoziiert, ja, der menschliche Körper scheint sich auf diese beiden Organe zu reduzieren. Darin, und nicht nur darin ist die Nähe der *Gefährdeten Hand* zu *L'Objet invisible* zu sehen, in der diese enge Beziehung zwischen Händen und Augen, wenn auch unter einer anderen Form, wiederkehrt. Und in beiden Plastiken gleichen die Augen schlichtweg Rädern. Anders aber als im Surrealismus ist es bei Giacometti nicht die Hand, die Zwang auf das Unsichtbare ausübt, indem sie es als sichtbares Ding realisiert; vielmehr sind es umgekehrt die Augen, die die Hand lähmen, die sie in Ketten legen und ihr die Aktivität nehmen. Das Gesehene scheint sich seiner Visualisierung zu widersetzen. Daß Giacometti sich vom Gegenstand im surrealistischen Sinn abwenden wird, ist in dieser surrealistischen Plastik bereits angelegt. Die „gefährdete Hand" wird zur „glücklichen Hand" werden, und Giacomettis späteres Werk hat es bewiesen.

Giacometti greift, als er beschließt, die unsichtbare Welt des Inneren nicht mehr an Hand eines eigens zu diesem Zweck hergestellten symbolischen Gegenstands zu exponieren, die Lösung Schönbergs wieder auf, zweifellos ohne sie zu kennen. Es ist immer noch das Problem des Unsichtbaren, aber es stellt sich ihm unter einer anderen Perspektive. Von nun an gilt es, das Immanente aus der äußeren Erscheinung des Menschen selbst hervorzutreiben, den Figuren eine Transparenz auf ihr Inneres hin zu verleihen. Zwar war Giacometti auch schon in seinen früheren surrealistischen und vor-surrealistischen Skulpturen von der Idee der Transparenz besessen, was seine „Raumkästen" und „Käfige" belegen. Aber er vermochte ihr nur einen formalen Ausdruck zu geben, während er nunmehr eine sozusagen existentielle Transparenz hinzufügt. Dies rechtfertigt jedoch noch keineswegs, ihn als einen Künstler des Existentialismus zu qualifizieren.

Giacomettis verdünnte, fast flächige Gestalten erscheinen als momentane Kristallisationen einer wesenhaften Leere. Sie füllen den Raum nicht, die Leere bleibt allgegenwärtig. Sie setzt sich bis in den Innenraum hinein fort, und die Haltungen, die Blicke dieser Gestalten verraten dies: alle stehen sie an dem Abgrund, der in ihnen ist, alle sind sie verloren. Begegnungen, wie Breton sie erträumte, gibt es bei Giacometti nicht mehr. Die Figuren, die seine Plätze bevölkern, bewegen sich so, als ob sie von Ewigkeit her aneinander vorbeigingen, ohne auch nur Notiz von der Anwesenheit der anderen zu nehmen. Auch seine Köpfe, seine Porträts sind davon affiziert; es sind lebende Gestalten, die wie von einem Punkt jenseits des Lebens aus gesehen werden, gerade so, als ob sie bereits gestorben wären und ihr Leben seinen definitiven Sinn erreicht hätte. Das bedingt die Endgültigkeit ihrer Erscheinung. Sie wirken abgezehrt, ihre „Haut" ist wie zerfressen, gleichsam als ob der Anprall der Dinge, der Ansturm der Sinneseindrücke, der Erfahrungen ihre Oberfläche zerfetzt hätte. Giacometti zeigt eine Immanenz, in deren Innerstem der Tod west.

Zwei Briefe von Alberto Giacometti an André Breton (aus dem: Dossier de L'Affaire Aragon, Bibliothèque Nationale FR Nouv Acy No 25094, pp 68 und 105)

Paris, le 9 mars 1932

Cher Breton,

j'ai lu ta brochure et je regrette de devoir te dire que je ne l'approuve sur aucun point. Je ne vois pas son but, je ne trouve pas qu'elle soit dialectique, ni dirigée par une idée révolutionaire. Je désapprouve les motifs qui te font attaquer Peyralbe, Moussinac et Fréville (entre autre tu attaques Moussinac en citant un passage de Hegel sur l'architecture dont tu fait un usage me semble-t-il abusif, l'architecture étant (je crois pour Hegel même) l'art qui exprime le mieux une époque.) La position que tu donnes à la poésie est pour moi conservatrice donc réactionnaire. Je m'étonne que tu trouves „La mort de Barlois" ridicule. Elle me semble très défendable, il y a assez de motifs pour cela. Je ne conçois pas la poésie et l'art sans sujet.

J'ai fait pour ma part des dessins pour la lutte, dessins à sujet immédiat et je pense continuer, je fais dans ce sens tout ce que je peux qui puisse servir dans la lutte des classes. (je ne vois pas aucune incompatibilité avex mes sculptures et mes recherches) je pense que cela suffit pour situer ma position.

Bien amicalement
Alberto Giacometti

Paris, den 9. März 1932

Lieber Breton,

ich habe Deine Schrift gelesen und bedauere, Dir sagen zu müssen, daß ich sie in keinem einzigen Punkt gutheiße. Ich sehe nicht ihre Ziele, ich finde sie weder dialektisch noch von einer revolutionären Idee geleitet. Ich mißbillige die Gründe, die Dich Peyralbe, Moussinac und Fréville attackieren lassen (unter anderem greifst Du Moussinac an und zitierst einen Abschnitt Hegels über die Architektur, den Du, wie mir scheint, falsch interpretierst, da Architektur (ich glaube gerade für Hegel) die Kunst ist, die eine Epoche am besten zum Ausdruck bringt.) Der Rang, den Du der Dichtkunst zuweist ist für mich konservativ, also reaktionär. Es erstaunt mich, daß Du den „Tod Barlois'" lächerlich findest. Er erscheint mir sehr verteidigungswert und dafür gibt es genügend Gründe. Ich ersinne keine Dichtung und Kunst ohne Thema.

Ich für mein Teil fertige Zeichnungen für den Kampf an, Zeichnungen mit unmittelbaren Themen und ich beabsichtige so fortzufahren; in diesem Sinne mache ich alles, was ich kann und was dem Kampf der Klassen diesen könnte. (Ich sehe keine Unvereinbarkeit mit meinen Skulpturen und meinen Untersuchungen). Ich denke, dies genügt, um mich einordnen zu können.

Herzlichst
Alberto Giacometti

Paris, le 16 mai 1932

Cher Breton,

Depuis plusieurs jours j'ai le désir de vous écrire (c'est à ça que je pensais juste avant de vous revoir dernièrement). Je dois vous dire que je considère la lettre que vous aie écrit comme très primaire et que c'est d'une manière aussi primaire que j'ai jugé votre brochure à ce moment là, sur beaucoup de points. Je voyais alors les choses uniquement d'un certain côté, mais peu à peu (ou assez vite) je me suis de nouveau aperçu (je le pensais avant) que tout est bien plus complexe que je ne voulais croire à ce moment là.

Je me suis trompé quand j'ai prétendu que la position que vous faisiez à la poésie était conservatrice. Vous avez eu raison de défendre cette position et je suis heureux que vous l'ayez fait. Alors j'avais le besoin de connaitre les possibilités (s'il y en avait) dans une autre direction, mais au lieu d'une solution c'était un compromis, je m'en suis aperçu par les faits; un compromis qui pour moi devient (impossible – le mot ne dit pas bien ce que je veux, je n'ai pas trouvé de solution, au contraire) et qui m'occupe beaucoup.

J'ai continué en même temps mon travail, que ne peut aller, je crois, que dans le même sens que nos recherches et celles d'autres surréalistes, ce sont les recherches qui continuent à m'interesser le plus et que je poursuivrai.

Je pense que les évènement des ces derniers mois étaient bienné cessaires pour moi d'ailleurs.

Je m'excuse de m'exprimer aussi mal et d'une manière aussi réduite mais j'ai beaucoup de difficultés pour écrire.

Très amicalement
Alberto Giacometti

Paris, den 16. Mai 1932

Lieber Breton,

seit mehreren Tagen habe ich den Wunsch, Ihnen zu schreiben (das waren auch meine Gedanken kurz bevor ich Sie neulich wiedersah). Ich muß Ihnen sagen, daß ich ihren Brief für engstirnig halte und daß ich über Ihre Schrift in vielen Punkten damals genauso engstirnig geurteilt habe. Zu jenem Zeitpunkt sah ich die Dinge einzig und allein von einer bestimmten Seite aus, doch nach und nach (oder schon recht schnell) wurde mir von neuem bewußt (zuvor dachte ich es nur), daß alles viel komplexer ist, als ich es damals glauben wollte.

Ich habe mich getäuscht, wenn ich behauptet habe, der Rang, den sie der Dichtung zuordneten, sei konservativ. Sie haben recht daran getan, diesen Rang zu verteidigen und ich bin glücklich, daß Sie es getan haben. Damals hatte ich das Bedürfnis, die Möglichkeiten (wenn es welche gab) in einer anderen Richtung kennenzuleren, doch statt einer Lösung war es ein Kompromiß, den mir die Tatsachen bewußt machten; ein Kompromiß, der für mich unmöglich wird und der mich sehr beschäftigt. Das Wort unmöglich drückt das, was ich möchte, nicht gut aus, im Gegenteil, ich habe keine Lösung gefunden. Gleichzeitig habe ich meine Arbeit fortgesetzt, die, wie ich glaube, nur in der gleichen Richtung wie unsere Untersuchungen und die der anderen Surrealisten funktionieren kann; es sind die Untersuchungen, die mich nach wie vor am meisten interessieren und die ich weiterverfolgen werde.

Im übrigen glaube ich, daß die Ereignisse dieser letzten Monate für mich sehr notwendig waren.

Ich bitte für meine so schlechte Ausdrucksweise und die kurze Form um Entschuldigung, aber das Schreiben bereitet mir große Schwierigkeiten.

Herzlichst
Alberto Giacometti

Übersetzung aus dem Französischen:
Joanna Zajac-Wernicke

Farbabbildungen

Piet Mondrian
Hans Arp
Friedrich Vordemberge-Gildewart
Ben Nicholson
Katarzyna Kobro
Otto Freundlich
Jean Hélion
Robert Delaunay
Kurt Schwitters
Hans Hartung
Wassily Kandinsky
Fernand Léger
Paul Klee
Joan Miró
Pablo Picasso
Alexander Calder
Joan Miró
Yves Tanguy
Max Ernst
Salvador Dali
André Masson

Piet Mondrian, *Komposition mit Gelb,* 1936-44 (Kat.-Nr. 71)

Piet Mondrian, *Komposition mit Blau und Gelb, 1932 (Kat.-Nr. 70)*

Hans Arp, Konstellation III, 1932 (Kat.-Nr. 2)

Friedrich Vordemberge-Gildewart, *Composition Nr. 79,* 1934 (Kat.-Nr. 94)

Ben Nicholson, *Bemaltes Relief,* 1939 (Kat.-Nr. 79)

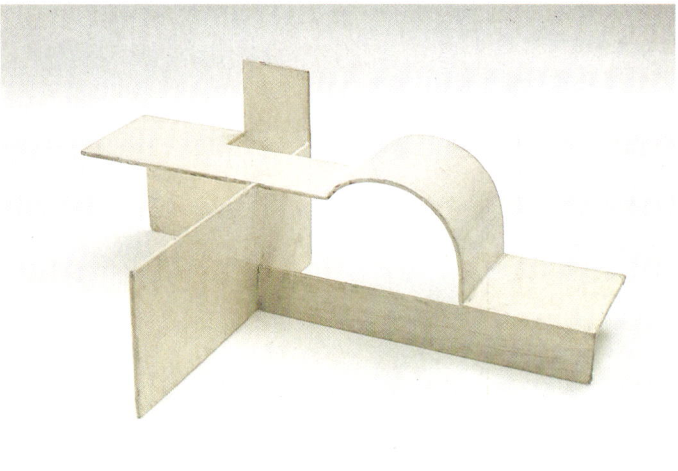

Katarzyna Kobro,
Raumkomposition 8, 1932 (Kat.-Nr. 57)
Raumkomposition 9, 1933 (Kat.-Nr. 58)

Otto Freundlich, *Komposition in Grau,* 1935 (Kat.-Nr. 33)

Jean Hélion, *Zwillingsfiguren,* 1938 (Kat.-Nr. 49)

Robert Delaunay, *Endloser Rhythmus,* 1934 (Kat.-Nr. 21)

Kurt Schwitters, *Die Frühlingstür,* 1938 (Kat.-Nr. 86)

Hans Hartung, *T 1935-1*, 1935 (Kat.-Nr. 42)

Wassily Kandinsky, *Vielfältige Formen,* 1936 (Kat.-Nr. 52)

Fernand Léger, *Stilleben mit Früchten auf blauem Grund,* 1939 (Kat.-Nr. 60)

Paul Klee, *Nochmals hoffend,* 1939 (Kat.-Nr. 56)

Joan Miró, *Notturno,* 1938 (Kat.-Nr. 68)

Pablo Picasso, *Frauenkopf mit zwei Profilen,* 1939 (Kat.-Nr. 83)

Pablo Picasso, *Schlafender Frauenakt in einer Landschaft,* 1934 (Kat.-Nr. 81)

Alexander Calder, *Kleines Bimmeln,* 1938 (Kat.-Nr. 16)

Joan Miró, *Der Zirkus,* 1937 (Kat.-Nr. 67)

Yves Tanguy, *Das Erlöschen der Arten II,* 1938 (Kat.-Nr. 93)

Max Ernst, *Die ganze Stadt,* 1935/36 (Kat.-Nr. 28)

Salvador Dali, *Dreieckige Stunde,* 1933 (Kat.-Nr. 17)

Salvador Dali, *Metamorphose des Narziß,* 1937 (Kat.-Nr. 19)

André Masson, *Das Labyrinth,* 1938 (Kat.-Nr. 64)

Katalog

Hans Arp
Willi Baumeister
Hans Bellmer
Max Bill
Alexander Calder
Salvador Dali
Robert Delaunay
Marcel Duchamp
Max Ernst
Otto Freundlich
Naum Gabo
Alberto Giacometti
Julio González
Hans Hartung
Jean Hélion
Barbara Hepworth
Wassily Kandinsky
Paul Klee
Katarzyna Kobro
Fernand Léger
René Magritte
André Masson
Joan Miró
Piet Mondrian
Henry Moore
Ben Nicholson
Antoine Pevsner
Pablo Picasso
Kurt Schwitters
Sophie Taeuber-Arp
Yves Tanguy
Friedrich Vordemberge-Gildewart
Wols

Die folgenden Biographien erfassen neben allgemeinen Lebensdaten und Hinweisen auf die künstlerische Entwicklung die Zugehörigkeit der einzelnen Künstler zu bestimmten Gruppen und ihre Beteiligung an Ausstellungen vor allem in den 30er Jahren. Anhand dieser Daten ist die Internationalität der Beziehungen der Künstler untereinander und die Veränderung der Kunsttopographie Europas in diesem Jahrzehnt nachzuvollziehen.

Die Biographien wurden zusammengestellt von Thomas Brandt und Freya Mülhaupt.

Die Literaturhinweise wurden auf einige wichtige Titel reduziert, die weiterführende Angaben enthalten. Soweit es möglich war, wurde deutschsprachige Literatur bevorzugt und wurden Werkverzeichnisse und eigene Schriften der Künstler berücksichtigt.

Bei den Maßangaben zu den einzelnen Werken wird Höhe vor Breite vor Tiefe genannt.

1
Constellation (Konstellation)
um 1932
Holz bemalt, 69,7 x 85
Bez. durch Etikett auf der Rückseite
Rau 266
Privatbesitz

2
Constellation III (Konstellation III)
1932
Holz bemalt, 83 x 38
Bez. durch Etikett auf der Rückseite
Rau 251
Privatbesitz
Farbabb. S. 71

3
Concretion humaine sur coupe ovale (Menschliche Verdichtung auf ovaler Schale) 1935 (1948)
Bronze, 47 x 74 x 45,5
Schale 19 x 72 x 53,5
Bez. im Inneren der Sockelschale: II/III HA
Giedion-Welcker 22 (Kalksteinfassung)
Wilhelm-Lehmbruck-Museum der Stadt Duisburg (Stiftung der August-Thyssen-Hütte, Duisburg-Hamborn)

Sculpture conjugale (Eheplastik)
1937
Holz gedrechselt und eingesägt, gemeinsam mit Sophie Taeuber-Arp ausgeführt, 39 x 29,5 x 27,5
Giedion-Welcker 35
Stiftung Hans Arp und Sophie Taeuber-Arp e. V., Bahnhof Rolandseck, Bonn
Abb. S. 169

4
Torse préadamite (Präadamitischer Torso) 1938
Kalkstein, 48,5 x 31
Giedion-Welcker 54
Öffentliche Kunstsammlung Basel, Kunstmuseum (Schenkung M. Arp-Hagenbach)

1886 wird Arp im damals deutschen Straßburg geboren. Sein Vater ist Zigarrenfabrikant. Schon früh beginnt er mit künstlerischen Arbeiten, musiziert, liest und dichtet sehr gerne. **1900** schreibt Arp sich nach vorzeitigem Verlassen des Gymnasiums an der Ecole des Arts et Métiers in Straßburg ein. Enttäuscht wendet er sich bald wieder von der Schule ab und nimmt privaten Zeichenunterricht. **1904** reist er zum ersten Mal nach Paris. Sein Vater schickt ihn gegen seinen Wunsch zum Studium nach Weimar. **1907** stellt Arp mit Henri Matisse, Paul Signac und Kees van Dongen in der Galerie Bernheim Jeune in Paris aus. Im nächsten Jahr studiert er an der Académie Julian in Paris, wo ihn der Unterricht ebenfalls nicht zufriedenstellt. Er geht zurück zu seinen Eltern nach Weggis. **1910** gründet er mit anderen die Gruppe ‚Der Moderne Bund' und organisiert **1911** in Luzern eine gleichnamige Ausstellung mit Werken von u.a. Paul Klee, Paul Gauguin, Matisse und Pablo Picasso. Er tritt in Kontakt mit den Künstlern der Gruppe ‚Der Blaue Reiter'. **1912** arbeitet er am gleichnamigen Almanach mit und stellt u.a. mit Wassily Kandinsky, Robert und Sonia Delaunay und Klee aus. **1913** schreibt er für Herwarth Waldens Zeitschrift ‚Der Sturm' und nimmt an der Ausstellung ‚Erster Deutscher Herbstsalon' teil. **1914** stellt er mit der Vereinigung ‚Der Deutsche Werkbund' in Köln aus und lernt Max Ernst kennen. Nach der Kriegserklärung Deutschlands an Frankreich geht Arp nach Paris – er trifft dort Max Jakob, Picasso, Guillaume Apollinaire, Viking Eggeling und Amedeo Modigliani. Er erfährt von der Theosophie, liest Literatur der Mystik und studiert die Vorsokratiker. **1915** entwirft er Dekorationen für theosophische Institutionen in Paris. Er wird als deutscher Spion verdächtigt und geht deshalb in die Schweiz nach Ascona. Er lernt Sophie Taeuber kennen und begegnet Hugo Ball und Hilla von Rebay. **1916** entwirft Arp die Innendekoration für Hugo Balls Künstlerkneipe ‚Cabaret Voltaire'. Arp und Sophie Taeuber führen gemeinsam Arbeiten aus, die in ihrer strengen, rechtwinkligen Form dem holländischen Neoplastizismus nahestehen. Arp liest Laotse und ist mit Zen-Buddhismus vertraut – er läßt seine Arbeit vom Zufall leiten, übergibt ihre Ausführung sogar anderen. **1917** ist er intensiv am Dada-Geschehen in Zürich beteiligt. Er ist mit Sophie Taeuber in der Ausstellung ‚Das Neue Leben' in der Kunsthalle in Basel und im Kunsthaus Zürich vertreten – die abstrakte Kunst soll mit dieser Bewegung in das tägliche Leben eingegliedert werden. Am Ende des Krieges unterzeichnet er das Dadaistische Manifest in Berlin. Er befreundet sich u.a. mit Kurt Schwitters, El Lissitzky und Hannah Höch. **1920** arbeitet er mit den Kölner Dadaisten Max Ernst und Johannes Theodor Baargeld zusammen. Im gleichen Jahr nimmt Arp an der Ausstellung ‚Erste Internationale Dada-Messe' in Berlin teil und tritt dem stark poetisch und literarisch bestimmten Dada-Paris bei. Da er **1921** die gewünschte Aufenthaltsgenehmigung für Frankreich nicht erhält, reist er in Europa umher. Er besucht den Futuristen E.F.T. Marinetti in Rom und ist in Paris beim ‚Salon Dada' vertreten. **1922** organisiert er gemeinsam mit Tristan Tzara, Schwitters, Theo van Doesburg, Hans Richter, El Lissitzky und Laszlo Moholy-Nagy einen Kongreß der Konstruktivisten in Weimar. **1923** wird Arp die Schweizer Staatsbürgerschaft ebenso wie eine Aufenthaltsgenehmigung für Frankreich verweigert. Er stellt zusammen mit Schwitters Bilder her, sie arbeiten am Merzbau und an gemeinsamen Texten. Arp ist Mitarbeiter von ‚Der Sturm' (Walden), ‚Mecano' (van Doesburg) und ‚Merz' (Schwitters). Nach der Veröffentlichung des Gedichtes ‚Der Pyramidenrock' wird er von den Schweizer Behörden als ‚geistig gestört' und ‚unerwünschtes Subjekt' betrachtet. Erneut wird ihm die Einbürgerung verweigert. **1924** ist er Mitarbeiter der Zeitschriften ‚G' (Richter) und ‚De Stijl' (van Doesburg). **1925** läßt er sich in unmittelbarer Nachbarschaft von Ernst und Joan Miró in Paris nieder und nimmt an der ersten surrealistischen Ausstellung in der Galerie Pierre teil. Von den politischen Aktivitäten der Surrealisten und ihren inneren Auseinandersetzungen hält er sich fern. Er ist zusammen mit El Lissitzky Herausgeber des Buches ‚Die Kunstismen'. Von **1926** bis 1928 arbeitet er mit Taeuber-Arp und van Doesburg an der Umgestaltung des ‚Palais de L'Aubette' in Straßburg zu einem Kabarett-Restaurant und Tanzkino. Durch diesen längeren Aufenthalt in seiner Geburtsstadt kann er aufgrund neuer Gesetze die französische Staatsbürgerschaft erlangen. **1927** hat er seine erste Einzelausstellung in Paris und baut im gleichen Jahr ein Haus in Meudon bei Paris. Er ist Mitarbeiter der Zeitschrift ‚La Révolution surréaliste'. **1929** gehört Arp zu den Organisatoren der Ausstellung ‚Abstrakte und surrealistische Malerei und Plastik' im Kunsthaus Zürich. Arp entwickelt die ‚Konstellationen nach den Gesetzen des Zufalls'. **1930** fertigt er erste ‚Papiers déchires' an, wobei Teile zerrissener alter Zeichnungen nach dem Zufallsprinzip neu angeordnet werden. Er beginnt seine ersten vollplastischen Werke, möglicherweise angeregt durch einen Besuch bei Constantin Brancusi. Er wird Mitglied der Gruppe ‚Cercle et Carré' von Michel Seuphor und Joaquin Torres-Garcia. Mit Salvador Dali und Miró stellt er zusammen in einem Avantgarde-Kino aus, in dem der Film ‚L'age d'or' von Luis Buñuel und Dali gezeigt wird. Reaktionäre Banden verwüsten das Kino und zerstören die ausgestellten Werke. Gemeinsam mit Dali, Marcel Duchamp, Ernst, Picasso und Yves Tanguy zeigt er Collagen bei Goemans in Paris. **1931** ist er sehr erfolgreich: er nimmt an vielen Ausstellungen teil, Willi Baumeister macht seine Arbeiten in Deutschland bekannt und mehrere Schweizer Sammler kaufen seine Werke. Maja Sacher unterstützt über mehrere Jahre das Ehepaar Arp finanziell. **1932** wird Arp Mitglied der Gruppe ‚abstraction, création, art non-figuratif'. Er arbeitet an der Zeitschrift ‚Transition' mit, stellt im Kunstmuseum in Basel aus und beteiligt sich an wichtigen Ausstellungen in Stockholm und in Lodz, Polen. Der Amerikaner A. E. Gallatin kauft einige seiner Bilder und Reliefs. **1934** verläßt er die Gruppe ‚abstraction, création, art non-figuratif', da der Vorstand zwar streng auf die Einhaltung der Ungegenständlichkeit achtet, dabei aber Qualitätsmerkmale ignoriert – zudem erscheint die Zeitschrift aus finanziellen Gründen viel seltener als geplant. Arps Haus in Meudon wird zum Treffpunkt für Künstler, Intellektuelle und Liebhaber avantgardistischer Kunst, die aus Deutschland fliehen müssen. **1935** verpflichtet sich Marguerite Hagenbach, jedes Jahr ein Werk von Taeuber-Arp oder Arp zu kaufen. Im gleichen Jahr ist Arp in der Ausstellung ‚these, antithese, synthese' in Luzern vertreten und ist **1936** an den Ausstellungen ‚Cubism and Abstract Art' und ‚Fantastic Art, Dada, Surrealism' im Museum of Modern Art in New York beteiligt. Von der Ausstellung ‚Abstract and Concrete' in London und Oxford zieht er seine Arbeiten zurück, da Werke seiner Frau nicht ausgestellt werden. Er wird Mitglied der Schweizer Künstlergruppe ‚allianz'. Er beginnt, seine Gedichte in französischer Sprache zu schreiben. Mit den Surrealisten stellt er in der Galerie Pierre und in der Ausstellung surrealistischer Objekte bei Charles Ratton aus. **1937** ist er in der Ausstellung ‚Origines et Développement de l'Art International Indépendant' im Jeu de Paume in Paris vertreten. Von 1937 bis 1939 veröffentlicht er mehrere kleine Gedichtbände; u.a. mit Duchamp, Paul Eluard und Ernst schreibt er den Kurzroman ‚L'homme qui a perdu son squelette' (Der Mensch, der sein Skelett verloren hat). Arp und Taeuber-Arp unterzeichnen **1938** einen Aufruf zugunsten von Otto Freundlich. Sie treffen sich mit anderen Künstlern bei Robert und Sonia Delaunay. Arp beteiligt sich an der Ausstellung ‚Abstracte Kunst' im Stedelijk Museum in Amsterdam. Er beginnt, sich ‚Jean' statt ‚Hans' zu nennen. **1939** ist er an der Ausstellung ‚Réalités Nouvelles' in der Galerie Charpentier in Paris beteiligt. **1940** fliehen Arp und Taeuber-Arp wegen der Besetzung von Paris durch deutsche Truppen nach Südfrankreich. Mit Sonia Delaunay und Alberto Magnelli halten sie sich in Grasse auf. **1942** fliehen Arp und Taeuber-Arp weiter in die Schweiz, wo Taeuber-Arp **1943** durch einen tragischen Unfall ums Leben kommt. **1944** gibt Friedrich Vordemberge-Gildewart in Amsterdam illegal einen kleinen Gedichtband von Arp heraus. **1946** kehrt Arp nach Meudon zurück. **1949** reist er ein erstes, **1950** ein zweites Mal in die USA. Er entwirft mehrere monumentale Wandreliefs, fertigt viele neue Skulpturen an und publiziert zahlreiche Gedichte. Sein Werk wird durch große Ausstellungen und wichtige Preise, wie z.B. **1954** den Internationalen Preis für Plastik der Biennale in Venedig, vielfach geehrt. Arp stirbt **1966** in Basel.

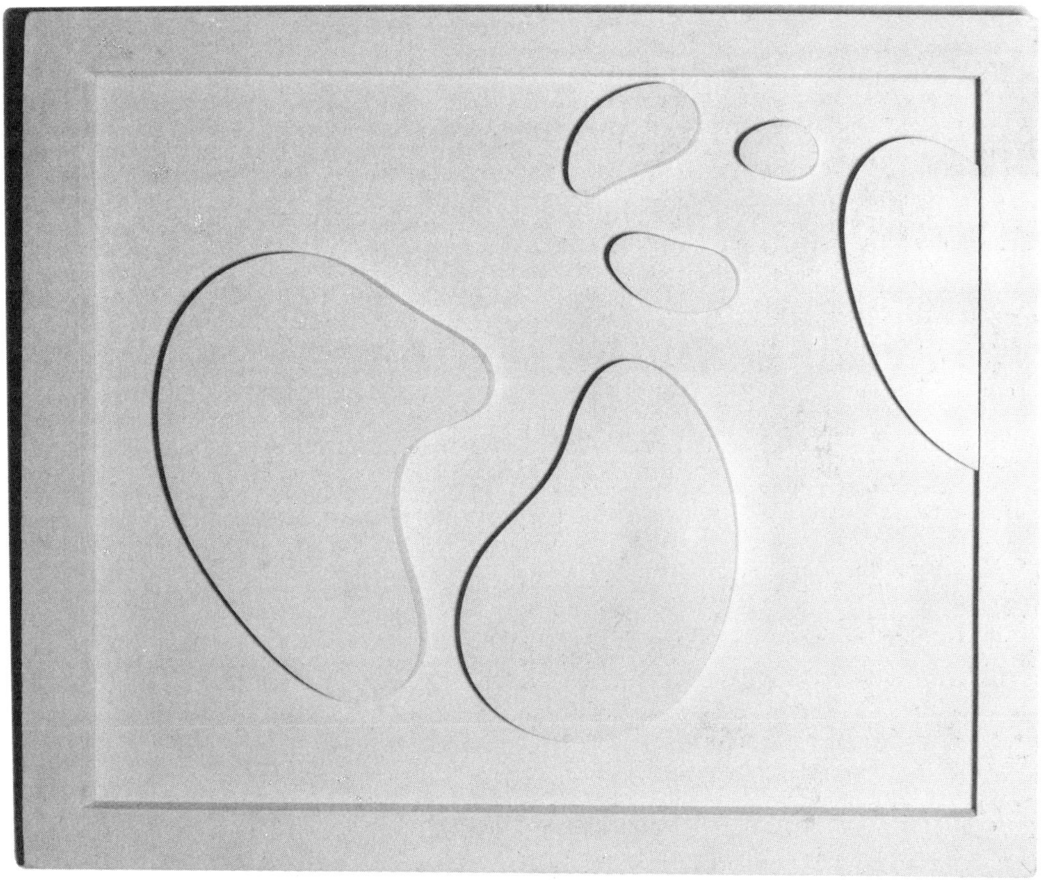

1

- Carola Giedion-Welcker, *Hans Arp,* Stuttgart 1957 (Mit Werkverzeichnis)
- Stefanie Poley, *Hans Arp. Die Formensprache im Plastischen Werk,* Stuttgart 1978 (Mit einer Zusammenstellung der Werkverzeichnisse von Giedion-Welcker, Eduard Trier und der Autorin)
- Bernd Rau (Hrsg.), *Hans Arp. Die Reliefs.* Oeuvre-Katalog, Stuttgart 1981
- *Arp 1886–1966,* Stuttgart 1986 (Ausst.-Kat. mit ausführlicher Biographie, Bibliographie und Ausstellungsverzeichnis)

3

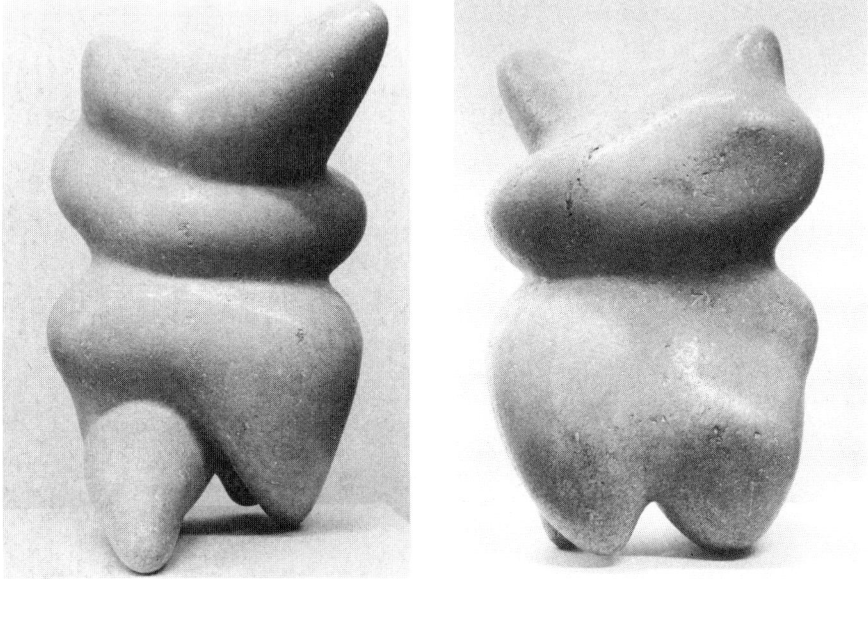

4

5
Stehende Figur mit blauer Fläche
1933
Öl, Sand auf Leinwand, 81,5 x 65
Bez. auf der Rückseite: W. Baumeister/33
Grohmann 309
Museum Ludwig (Sammlung Haubrich), Köln

6
Tennisspieler (im blauen Oval)
1935
Mischtechnik mit Sand auf Leinwand, auf Hartfaserplatte aufgezogen, 116 x 81
Bez. auf der Rückseite der Hartfaserplatte: Baumeister, Mai 1935
Grohmann 338
Museum Folkwang, Essen

7
Steingarten I 1939
Öl auf Leinwand, 100,5 x 81,5
Bez. u. r.: Baumeister
Grohmann 579
Staatsgalerie Stuttgart

Bei diesem Bild handelt es sich um eine von mehreren gleichnamigen Varianten aus der ‚Eidos-Serie', in der – typisch für seine Arbeiten der 30er Jahre – Baumeister anthropomorphe Gebilde vor oder in angedeuteten Landschaften erscheinen läßt. „Die Amöben, 1939, sind Mutationen eines ursprünglichen Kopfes. . . . Es handelt sich gewissermaßen um surrealistische Figuren . . . sie sind unmittelbar ‚aus der Maltechnik geboren', aus der Malpappe, aus dem Pinsel, den mehr oder weniger flüssigen Farben." Zit. n.: W. B., Zimmer- und Wandgeister (hrsg. von Heinz Spielmann), in: Jahrbuch der Hamburger Kunstsammlungen, Bd. 12, 1967, S. 138.

1889 wird Baumeister als Sohn eines Kaminfegermeisters in Stuttgart geboren. **1905** beginnt er eine Lehre als Dekorationsmaler, gleichzeitig nimmt er Zeichen- und Maluntérricht. **1906** lernt er Oskar Schlemmer kennen, mit dem ihn von da an eine enge Freundschaft verbindet. **1907** legt er die Gesellenprüfung ab und reist nach München. Dort sieht Baumeister zum ersten Mal Werke französischer Impressionisten. **1908** nimmt er das Studium an der Akademie der bildenden Künste in Stuttgart auf. Seit **1910** ist er Schüler von Adolf Hölzel. **1911** verbringt er zwei Monate in Paris. **1912/13** lebt er in einem kleinen Ort in der Schweiz, wo neo-impressionistische und expressionistische Arbeiten entstehen. **1913** nimmt er an der Ausstellung ‚Erster Deutscher Herbstsalon' der Galerie ‚Der Sturm' in Berlin teil. **1914** ist er an der Ausmalung der Haupthalle der Kölner Werkbundausstellung beteiligt, anschließend begibt er sich auf eine Studienreise nach Amsterdam, London, Paris. Während des I. Weltkrieges dient er von 1914 bis **1918** in einer Feldfliegerabteilung. Während eines Urlaubs in Wien begegnet er Oskar Kokoschka, Karl Krauss und Adolf Loos. **1919** setzt er, zurück in Stuttgart, sein Studium fort. Es entstehen seine ersten eigenständigen Arbeiten, die sogenannten ‚Mauerbilder', farbig-plastische Wandgestaltungen. **1920** stellt die Galerie Arnold in Dresden Arbeiten von Baumeister und Oskar Schlemmer vor. Die Fachpresse wird auf ihn aufmerksam. **1921** werden seine Arbeiten in ‚Das Kunstblatt' und **1922** in ‚L' Esprit Nouveau', herausgegeben von Amédée Ozenfant und Le Corbusier, besprochen. 1922 führt er ein großes ‚Mauer'-Bild für die Stuttgarter Werkbundausstellung aus. Die Galerie Garvens in Hannover zeigt seine Arbeiten. **1924** reist er nach Paris und lernt dort Ozenfant, Le Corbusier und Fernand Léger kennen. Zusammen mit Kurt Schwitters hat er in der Galerie ‚Der Sturm', Berlin, eine Ausstellung. **1926** heiratet Baumeister. In diesem Jahr entwirft er das Bühnenbild zu einer Oper von G. F. Händel. **1927** macht er aus Anlaß seiner ersten Ausstellung in Paris in der ‚Galerie d'Art Contemporain' die Bekanntschaft von Hans Arp und Piet Mondrian. Er tritt dem ‚ring neuer werbegestalter' bei, dem u. a. auch Kurt Schwitters, Friedrich Vordemberge-Gildewart und Laszlo Moholy-Nagy angehören. **1928** wird Baumeister an die Städelsche Kunstschule in Frankfurt/Main berufen. Er verlegt seinen Wohnsitz dorthin. **1929** hat er eine Einzelausstellung in der Galerie Flechtheim, Berlin, und in der Galerie Kahnweiler, Frankfurt. Die Presse reagiert polemisch auf den Ankauf eines seiner Bilder für das Frankfurter Museum. **1930** zeigt die Galerie Bonaparte in Paris seine Bilder. Er wird gemeinsam mit Carl Buchheister, Wassily Kandinsky, Schwitters und Vordemberge-Gildewart Mitglied der Künstlervereinigung ‚Cercle et Carré'. **1931** schließt er sich ‚abstraction, création, art non-figuratif' an. Beide Gruppen haben ihr Zentrum in Paris und vereinen Vertreter der abstrakten Kunst. **1932** hat er gemeinsam mit Schlemmer und Otto Meyer-Amden eine Ausstellung im Kunstverein Frankfurt. Die Teilnahme an der ‚Deutschen Kunstausstellung' in der Galerie Cassirer, Berlin, bietet Baumeister die vorerst letzte Gelegenheit, seine Arbeiten in Deutschland öffentlich zu zeigen. Nach dem Machtantritt der Nationalsozialisten wird er im März **1933** aus seinem Lehramt entlassen. Er geht nach Stuttgart zurück. Zur Emigration kann er sich nicht entscheiden. **1935** stellt er in der Mailänder Galerie ‚Il Milione' ‚Maschinen-' und ‚Sport'-Bilder aus. **1937** kann Baumeister ein als Theaterdekoration deklariertes Bild nach Paris zur Ausstellung ‚Origines et Développement de l'Art International Indépendant' im Jeu de Paume schicken. 51 seiner Werke werden aus deutschen Museen und öffentlichen Sammlungen entfernt und z. T. zerstört. Vier seiner Arbeiten werden in der Ausstellung ‚Entartete Kunst' diffamiert. Ab **1938** entstehen die ‚Ideogramme' und ‚Eidos-Bilder': malerische Formen verdichten sich in diesen Arbeiten zu einfachsten urbildhaften Zeichen. Baumeister kann einen Teil seiner Werke in die Baseler Kunsthalle verlagern und so vor dem Zugriff der Nazis retten. Er reist nach Paris und trifft sich dort mit Léger, Ozenfant, Le Corbusier und Christian Zervos. Mit vier Bildern ist er in der Londoner Ausstellung deutscher Kunst des 20. Jahrhunderts in den New Burlington Galleries vertreten. Gemeinsam mit Schlemmer ist er für die Wuppertaler Lackfabrik K. Herberts tätig. Ihr Besitzer garantiert auch noch anderen Künstlern, die vom Ausstellungs- und Malverbot der Nationalsozialisten betroffen sind, ein Einkommen. Seinen 50. Geburtstag feiert er im Januar **1939** in Paris, wo ihm die Galerie Jeanne Bucher eine Ausstellung einrichtet. Der Kriegsausbruch veranlaßt ihn zur Beschäftigung mit dem Zen-Buddhismus. **1942** entstehen die ‚Gilgamesch-Reihe' und die ‚afrikanischen Bilder'. Baumeister gewinnt ein starkes Interesse an frühen Kulturen. Regelmäßig nimmt er an Exkursionen zu Ausgrabungen in der Umgebung Stuttgarts teil. **1943** übersiedelt er wegen Bombenschäden an seiner Stuttgarter Wohnung nach Urach am Bodensee. Er beginnt mit der Arbeit an dem Buch ‚Das Unbekannte in der Kunst', in dem er seine Gedanken und Vorstellungen zu künstlerischen und kunsthistorischen Fragen zusammenfaßt. Es wird 1947 veröffentlicht. Nach Kriegsende **1945** geht Baumeister nach Stuttgart zurück und wird **1946** an die dortige Kunstakademie berufen. Als Lehrer ist er sehr gefragt bei einer jungen Generation, die bis dahin kaum Möglichkeiten hatte, etwas über moderne Kunst zu erfahren. Seine Arbeiten werden in den folgenden Jahren auf zahlreichen Ausstellungen im In- und Ausland gezeigt. **1955** stirbt er in Stuttgart.

- Willi Baumeister, *Das Unbekannte in der Kunst,* Stuttgart 1947 (2. Auflage: Köln 1960)
- Willi Grohmann, *Willi Baumeister. Leben und Werk,* Köln 1963 (Werkverzeichnis)
- *Baumeister. Dokumente Texte Gemälde,* Köln 1971 (Ausst.-Kat. Tübingen 1971, hrsg. von Götz Adriani)

5

6

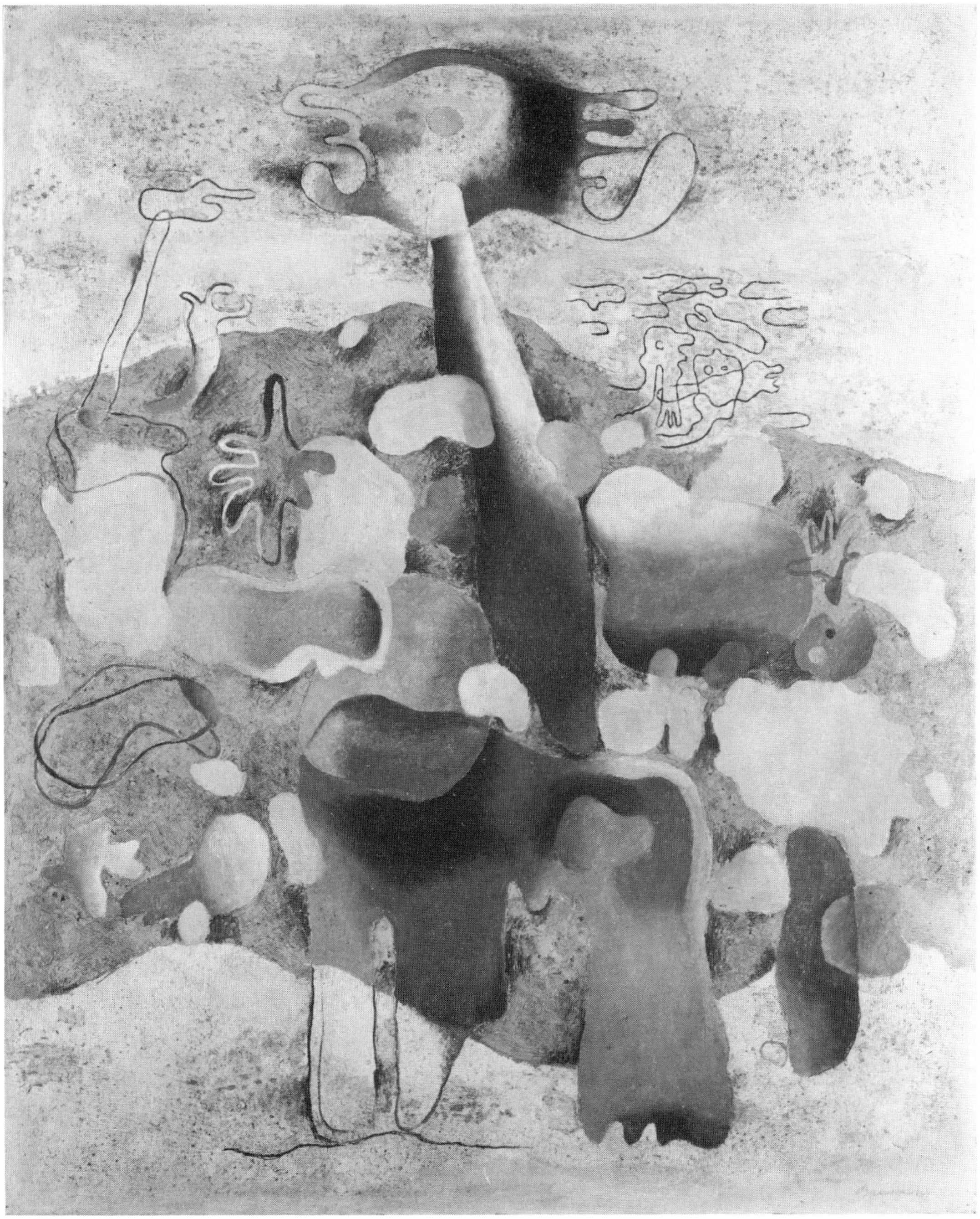

7

8
Die Puppe 1934/1937
Fotografie, 76 X 50
Bez.: à Henri Parisot de son ami: Hans Bellmer
Privatbesitz

Es handelt sich hier um ein großformatiges Foto nach der ersten Puppe, die Bellmer 1933 konstruierte. 10 Fotografien dieser Puppe und einen kurzen Begleittext hat er als Buch herausgegeben. Es erschien 1934 unter dem Titel „Die Puppe".

9
Die Puppe um 1937
Kolorierte Fotografie, 74,8 x 51
Bez. u. r.: Hans Bellmer
Privatsammlung

Dies ist eines der seltenen großformatigen Fotos der zweiten Puppe, die, angeregt von Gliederpuppen der Renaissance, um 1935 entstand.
Anders als die erste konstruierte Bellmer diese zweite Puppe so, daß sie „sich um den Nabel als Zentrum ihres Kugelgelenks spiegelbildlich verdoppelt – ein Monstrum mit zwei Schößen, zwei Paar Beinen, zwei Paar Füßen . . . und einem überzähligen Kopf, zugleich phantastisch und erschreckend real, eine Gliederkonstruktion von ungeheurer Intensität." (Wieland Schmied)
Bellmer plante Ende der dreißiger Jahre in Paris die Herausgabe eines Foto-Buches seiner zweiten Puppe. Unter dem Titel „Les jeux de la poupée" („Die Spiele der Puppe") konnte es allerdings erst 1949 erscheinen.

10
La poupée (Die Puppe) 1935 (1965)
Aluminium, 47 x 27 x 23 (Höhe mit dem Sockel: 65)
Bez. auf dem Sockel und numeriert: 5/8
Sammlung André-François Petit, Paris

Von dieser Plastik existieren acht Exemplare, die 1965 auf Anregung von André-François Petit entstanden. Er war in den 60er Jahren der Kunsthändler von Hans Bellmer. Diese Plastik ist er zweiten Puppe nachgebildet, aber anders als ihr Vorbild ist sie von vornherein als Kunstwerk entstanden.

1902 wird Bellmer in Kattowitz/Schlesien geboren. Sein Vater, von Beruf Ingenieur, ist sehr autoritär und zwingt ihn, entgegen seinen künstlerischen Neigungen, zum Ingenieur-Studium, das er **1923** in Berlin beginnt. Er lernt dort Rudolf Schlichter, John Heartfield und George Grosz kennen und bricht **1924** sein Studium ab. Er erweist sich als talentiert genug, um ohne weitere Ausbildung als Graphiker beim Malik-Verlag arbeiten zu können, er illustriert für verschiedene Verlage Bücher. Während eines dreimonatigen Aufenthaltes in Paris beeindrucken ihn Arbeiten von Georges Seurat und Jules Pascin. Zurück in Berlin arbeitet er als Gebrauchsgraphiker auch für Industriewerbung. Seine Freizeit verbringt er in der Graphiksammlung des Kaiser-Friedrich-Museums. Er lernt die Puppenmacherin Lotte Pritzel kennen, deren Freundschaft für ihn später, als er seine Puppen konstruiert, wichtig ist. **1927** heiratet Bellmer und eröffnet ein eigenes Büro für Werbegrafik. Anfang der 30er Jahre reist er mit seiner Frau, die an Tuberkulose erkrankt ist, nach Italien und Tunesien. Nach der Rückkehr wirken mehrere zufällige Ereignisse zusammen und wecken in ihm Erinnerungen an die erotischen Phantasien seiner Kindheit. Als **1933** die Nationalsozialisten an die Macht kommen, beschließt er aus Protest, jede dem Staat auch nur indirekt nützliche Arbeit einzustellen. Er beginnt, eine kindergroße, bewegliche Puppe zu konstruieren. **1934** veröffentlicht er im Selbstverlag das Buch ‚Die Puppe' mit 10 Photographien seiner ersten Puppe. Eine Verwandte geht im selben Jahr zum Studium nach Paris und zeigt – von Bellmer dazu aufgefordert – André Breton und Paul Eluard die Photographien, die noch im Dezember 1934 in ‚Minotaure' veröffentlicht werden. **1935** reist er selbst nach Paris. Er wird sofort von den Surrealisten in ihren Kreis aufgenommen. Zurück in Berlin schickt ihm der Schriftsteller Henri Parisot Bücher von Lautréamont, Alfred Jarry, Sigmund Freud, Lewis Carroll und de Sade. Die Texte von de Sade faszinieren ihn sein ganzes Leben. Die Anerkennung der Surrealisten ermutigt ihn, eine zweite, durch zahlreiche Gelenke bewegliche Puppe anzufertigen. **1936** erscheint sein Photo-Buch auf französisch. Bellmer ist mit einer Arbeit in der Ausstellung surrealistischer Objekte in der Galerie Ratton in Paris vertreten, er ist beteiligt an der Surrealisten-Ausstellung in den New Burlington Galleries, London, und an der Ausstellung ‚Fantastic Art, Dada and Surrealism' im Museum of Modern Art, New York (1936/37). **1938** ist er mit Fotos und Zeichnungen in der ‚Exposition Internationale du Surréalisme' in Paris und Amsterdam vertreten. Nach dem Tod seiner Frau **1938** entscheidet er sich zur Übersiedlung nach Paris, um der bedrückenden Isolation in Deutschland zu entkommen. Er schließt Freundschaft mit Eluard und Yves Tanguy und hat Kontakte mit Hans Arp, Breton, Marcel Duchamp, Max Ernst, Man Ray. Dort plant er die Herausgabe eines zweiten Buches mit 14 Puppen-Fotos, zu denen Eluard Prosagedichte verfaßt hat. Unter dem Titel ‚Les jeux de la poupée' kann dieses Buch allerdings erst 1949 erscheinen. **1939** wird Bellmer nach Ausbruch des 2. Weltkrieges als ‚feindlicher Ausländer' in Südfrankreich interniert. Im Lager Les Milles, wo er Ernst trifft, zeichnet er unter widrigsten Umständen. Nach der Auflösung des Lagers schlägt er sich nach Marseille durch, wo er Breton, André Masson, Ernst und einige andere Surrealisten wiedertrifft. Als diese in die USA ausreisen, geht er nach Castres, wo er, um an gültige Ausweispapiere zu kommen, **1942** eine Französin heiratet. Als **1943** Zwillingsmädchen geboren werden, ist die Ehe schon zerrüttet. Mit Hilfe von Freunden und durch den Verkauf von Porträtzeichnungen schlägt sich Bellmer in den folgenden Jahren mühsam durch. **1947** hat er eine Einzelausstellung in der ‚Galerie du Luxembourg' in Paris, wo er sich jetzt wieder niederläßt. **1953** besucht er seine Mutter in Berlin, die Galerie Springer widmet ihm dort eine Einzelausstellung. Bei ihrer Eröffnung lernt er die Schriftstellerin Unica Zürn kennen, die mit ihm nach Paris geht und bis zu ihrem Freitod **1970** mit ihm zusammenlebt. In den letzten 20 Jahren seines Lebens entstehen vor allem graphische Arbeiten. In Europa und den USA finden zahlreiche Ausstellungen seines Werkes statt. Höhepunkte sind die Retrospektiven im Stedelijk Museum, Amsterdam, und im Centre National d'Art Contemporain, Paris. Bellmer stirbt **1975** in Paris.

- Hans Bellmer, *Die Puppe*, Berlin 1962 (Das Buch enthält Texte von H. Bellmer, „Die Puppe", „Die Spiele der Puppe" und „Die Anatomie des Bildes", Prosagedichte von Paul Eluard, Puppen-Fotos und Textillustrationen)
- *Hans Bellmer.* Hannover 1967 (Ausst.-Kat.)
- *Hans Bellmer. Photographien,* Hannover 1984 (Ausst.-Kat. hrsg. von Carl Haenlein, mit Ausstellungsverzeichnis und Bibliographie)
- Peter Webb und Robert Short, *Hans Bellmer,* London/Melbourne/New York 1985 (Mit einer umfassenden Bibliographie)

8

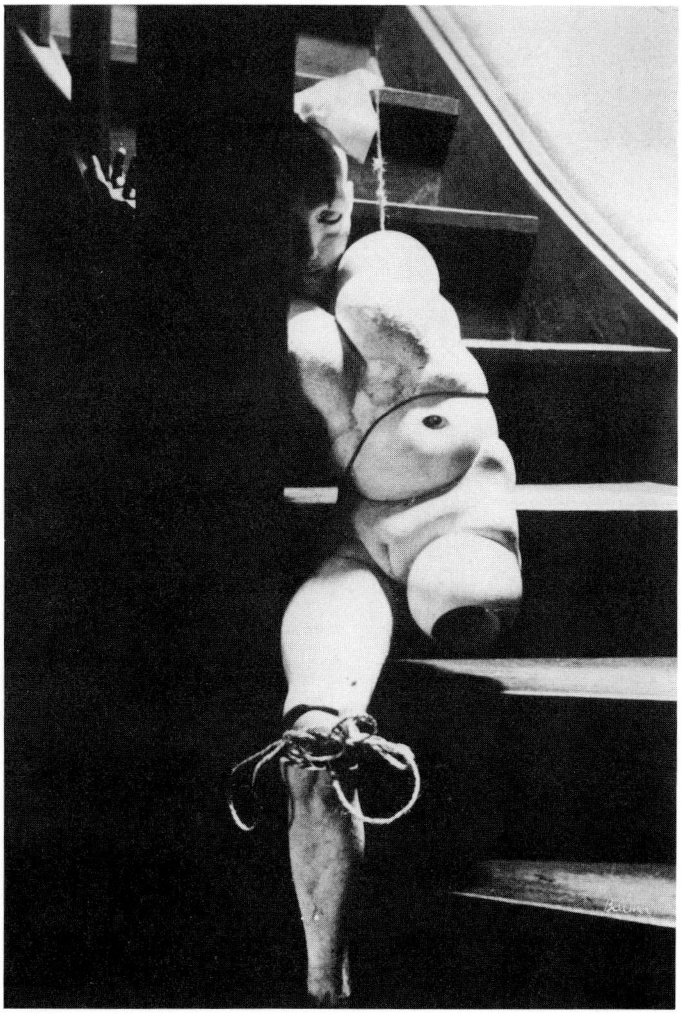

9

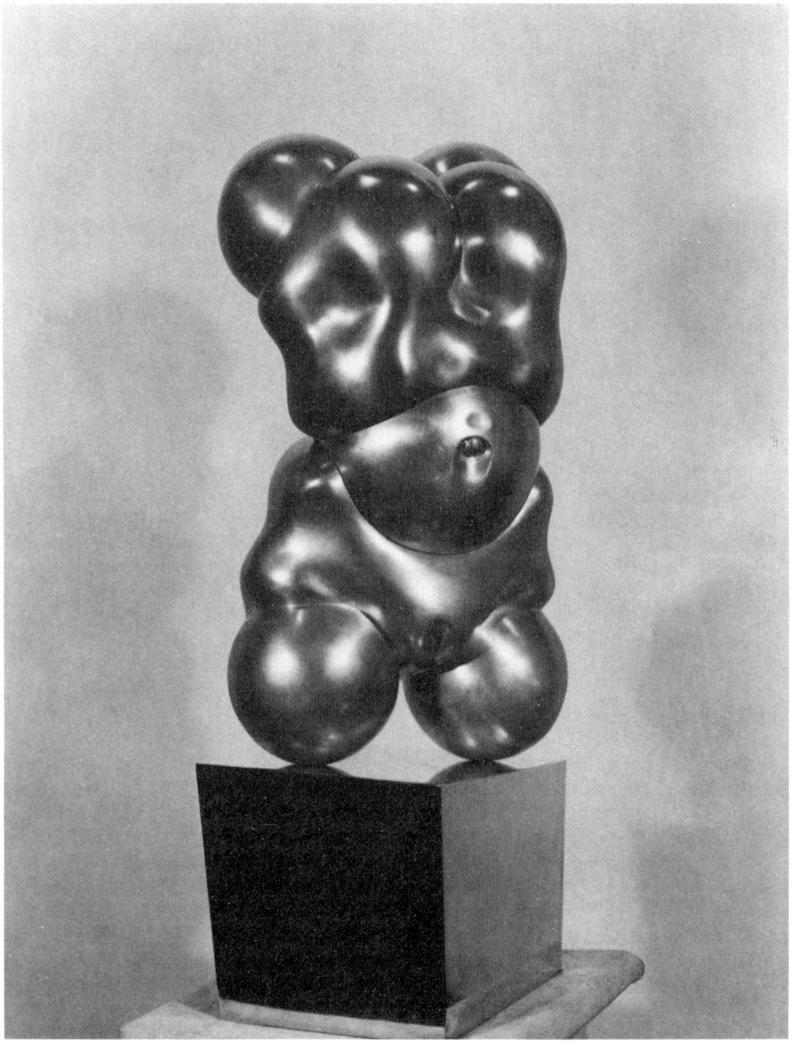

10

11
Konstruktion mit schwebendem Kubus 1935-36
Messing und Eisen, 120 x 60 x 50
Max Bill, Zürich

12
Unendliche Schleife um 1936 (1953)
Gotthard-Granit, 150 x 100 x 120
Privatbesitz Düsseldorf

13
Konstruktion 1937
Messing lackiert und Neusilber, 50 x 25 x 25
Öffentliche Kunstsammlung Basel, Kunstmuseum (Schenkung M. Arp-Hagenbach)

1908 wird Bill in Winterthur geboren. **1924** bis 1927 studiert er an der Kunstgewerbeschule in Zürich und läßt sich als Silberschmied ausbilden. Siebzehnjährig unternimmt er **1925** eine Reise nach Paris zur ‚Exposition Internationale des Arts Décoratifs'. Besonders stark beeindrucken ihn die der Moderne verpflichteten Pavillons von Le Corbusier, Konstantin Melnikoff, Josef Hoffmann und Frederick Kiesler. Im selben Jahr gewinnt er den 1. Preis in einem Plakatwettbewerb. **1926** reist Bill nach Italien. Dort studiert er das Verhältnis von Stadtanlagen und antiken Tempeln zur Landschaft. Ein Vortrag von Le Corbusier regt ihn zum Studium der Architektur an. **1927** beginnt Bill ein zweijähriges Studium am Bauhaus in Dessau, zuerst bei Walter Gropius, dann bei Hannes Meyer. Er lernt Josef Albers, Paul Klee, Wassily Kandinsky, Laszlo Moholy-Nagy und Oskar Schlemmer als Lehrer kennen. **1928** begibt er sich auf eine zweite Reise nach Italien. Nach der Bauhauszeit siedelt er nach Zürich über und ist dort als Architekt, Maler und Grafiker, später auch als Publizist tätig. **1930** wirkt Bill am Kabarett ‚Der Krater' mit und wird im gleichen Jahr Mitglied des schweizerischen Werkbundes. Er unternimmt eine Reise nach Paris. **1931** heiratet er und reist nach Sizilien. Er entwirft für das Kunstgewerbemuseum in Zürich ein Plakat zur Ausstellung ‚Negerkunst'. Mit 24 Jahren tritt Bill **1932** der Gruppe ‚abstraction, création, art non-figuratif' in Paris bei und stellt mit dieser aus. Er lernt Hans Arp kennen und besucht mit ihm Piet Mondrian. Zusammen mit Ignazio Silone arbeitet er an der Zeitschrift ‚information'. Als Mitarbeiter des Architekten E. F. Burckhardt ist er an der Bauausstellung in Berlin beteiligt. Bills erste Plastiken entstehen **1933**. Im gleichen Jahr lernt er Georges Vantongerloo kennen und tritt in engeren Kontakt zu Klee, der, von den Nationalsozialisten seiner deutschen Professur enthoben, nach Bern zieht. **1934** reist er nach Südfrankreich und Italien, **1935** nach Belgien, Frankreich und Italien. Max Ernst wohnt bei ihm und macht ihn mit Alberto Giacometti bekannt. **1936** entwirft er für die Triennale in Mailand den Schweizer Pavillon, der mit dem Grand Prix ausgezeichnet wird. Er nimmt an der Ausstellung ‚Zeitprobleme in der Schweizer Malerei und Plastik' im Kunsthaus Zürich teil und schreibt im dazugehörigen Katalog den Beitrag ‚Konkrete Gestaltung'. **1937** wird er Mitglied der Schweizer Künstlergruppe ‚allianz'. Im gleichen Jahr und 1939 stellt er mit der AIA (Artists' International Association) in der Whitechapel Art Gallery in London aus. **1938** hält sich Bill in Paris auf, um den dritten Band von ‚le corbusier et pierre jeanneret' zu bearbeiten. Hier trifft er auch mit Marcel Duchamp zusammen, zu dessen Werk er in den 60er Jahren eine Ausstellung in Zürich organisieren wird. Er wird Mitglied des CIAM (Congrès internationaux d'architecture moderne). Er ist beteiligt an der Ausstellung ‚Abstracte Kunst' im Stedelijk Museum, Amsterdam, und Alfred H. Barr lädt ihn ein, an der Ausstellung über das Bauhaus im Museum of Modern Art, New York, teilzunehmen. **1939** erarbeitet er als Mitarbeiter von Hans Schmidt die Ausstellung ‚Städtebau und Landesplanung' im Rahmen der schweizerischen Landesausstellung in Zürich. Das Kunstmuseum in Basel zeigt seinen graphischen Zyklus ‚quinze variations sur un même thème'. Bill ist im gleichen Jahr in der Ausstellung ‚Réalités Nouvelles' in der Galerie Charpentier in Paris vertreten. Zwischen 1939 und 1945 wird er wiederholt zum Militärdienst herangezogen. **1940** veröffentlicht er einen Text über Klee und gründet im folgenden Jahr den ‚allianz'-Verlag. **1942** baut er sich ein Wohnhaus aus vorfabrizierten Bauelementen. **1944** organisiert er die erste internationale Ausstellung ‚konkrete kunst' in der Kunsthalle in Basel und gründet die Zeitschrift ‚abstrakt/konkret' der Galerie des Eaux-vives in Zürich. Von diesem Jahr an ist er auch als Produktgestalter tätig und erhält einen Lehrauftrag für Formlehre an der Kunstgewerbeschule in Zürich. **1949** veröffentlicht er den Text ‚über die mathematische denkweise in der kunst unserer zeit'. Von **1951** bis **1956** ist er mit dem Bau der Hochschule für Gestaltung in Ulm beschäftigt, zu deren Rektor er berufen wird. Er leitet die Abteilungen Architektur und Produktform. Seit **1961** ist er Stadtrat in Zürich, von **1967** bis **1971** Nationalrat in Bern. Bill unternimmt viele Reisen, hält Vorträge und ist Gründer und Mitglied mehrerer Künstler-, Gestalter- und Architektenvereinigungen. Er arbeitet als Architekt, organisiert Ausstellungen und machte Bühnenausstattungen. Er machte mehrere bedeutende Skulpturen und Skulpturenensembles für den öffentlichen Raum und publiziert eigene Texte und die anderer Künstler wie z. B. von Kandinsky. Er übernimmt eine Professur für Umweltgestaltung an der Hochschule für bildende Künste in Hamburg. Bill lebt und arbeitet heute in Zürich.

- Margit Staber, *Max Bill,* St. Gallen 1971
- *Max Bill,* in: Du. Jg. 36. Juni 1976, S. 10–69 (Sonderheft, ausschließlich über die Arbeit des Künstlers)
- Werner Spies, *Kontinuität. Granit-Monolith von Max Bill,* Dortmund 1986
- *Max Bill. Retrospektive. Skulpturen, Gemälde, Graphik 1928–1987,* Frankfurt 1987 (Ausst.-Kat. mit Texten von Max Bill und ausführlicher Bibliographie, aktualisierte Fassung von: Eduard Hüttinger, Max Bill, Zürich 1977)

11

12

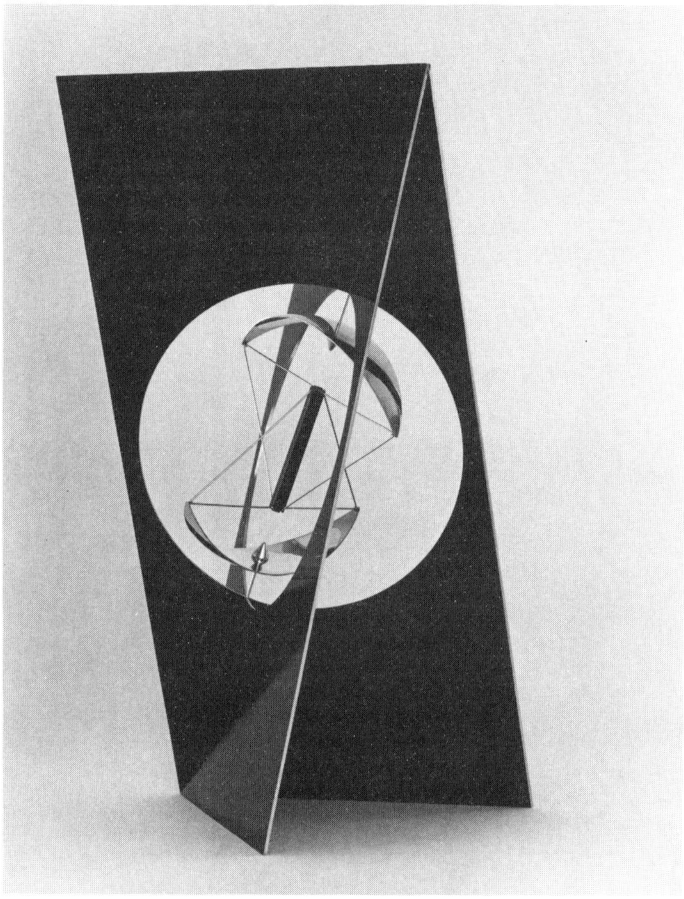

14
The White Frame (Der weiße Rahmen) 1934
Bemaltes Holz, Metallplatte, Stahldraht, Motor, 228 x 274 x 26
Moderna Museet, Stockholm

15
Whale II (Wal II) 1937 (1964)
Stehendes Stabile, bemalte Stahlplatte auf Rundholz, 172,8 x 176,5 x 115
The Museum of Modern Art, New York

16
Little Tinkle (Kleines Bimmeln) 1938
Mobile Stabile, bemaltes Metall, 96,5 x 127
Mr. und Mrs. Acquavella, New York
Farbabb. S. 86

1898 wird Calder in Lawnton bei Philadelphia geboren. Sein Vater und Großvater sind bekannte Bildhauer, die Mutter ausgebildete Malerin. Während häufiger Wohnungswechsel baut sich Calder immer wieder kleine Werkstätten auf, in denen er aus Draht Schmuck für die Puppen seiner Schwestern und Spielzeug für sich selbst herstellt. **1915** beginnt er ein Ingenieurstudium. Von **1919** bis 1923 arbeitet er in den unterschiedlichsten Berufen – als Zeichner, Schadensermittler einer Versicherungsgesellschaft, Maschinenverkäufer, im Kesselraum eines Passagierdampfers und in einem Holzfällerlager. **1923** beginnt er ein dreijähriges Studium an der Art Students League in New York. **1924** erhält er seinen ersten Job als Zeichner bei der ‚National Police Gazette'. Dort schätzt man seine Fähigkeit, mit einer einzigen Linie Gegenstände darzustellen – er dokumentiert zuerst Box-, später auch andere Sportveranstaltungen. Ebenso zeichnet er in Zirkusarenen und fertigt seine erste Drahtskulptur eines Tieres an. **1926** fährt Calder nach Paris. In den folgenden Jahren, bis 1933, pendelt er zwischen den USA und Europa hin und her. Er besucht die Académie de la Grande Chaumière in Paris und stellt dort seine ersten Skulpturen her. 1926 zeigt er im ‚Salon des Indépendants' einen aus Brot und Draht modellierten Vogel und ein hölzernes Nilpferd-Spielzeug. Er arbeitet an einem vielteiligen Zirkusmodell mit mechanisch beweglichen Drahtfiguren, das er im Laufe der Jahre ständig erweitert. Seine Vorführungen mit diesem Drahtzirkus werden in den nächsten zehn Jahren zu einer Attraktion in Europa und den USA. **1927** ist er mit beweglichem Spielzeug auf dem ‚Salon des Humoristes' in Paris vertreten. Er stellt seine Drahttiere und karikierenden Porträts in den USA aus, und verkauft Drahtskulpturen an eine Werbeagentur. Zurück in Paris begegnet er **1929** Jules Pascin und Joan Miró, mit denen er lange Zeit befreundet sein wird. Er reist nach Berlin, stellt in der Galerie Neumann und Nierendorf aus und gibt dort auch Zirkusvorstellungen. Auf einer Überfahrt in die USA lernt er seine spätere Frau Louisa kennen. **1930** zeigt er in Paris mehrmals seinen Drahtzirkus und lernt dabei Fernand Léger, Frederick Kiesler und Theo van Doesburg kennen. Im Herbst besucht er Piet Mondrian in dessen Studio. Er ist fasziniert von den farbigen Rechtecken, die dieser an den Wänden seines Ateliers befestigt hat. Calder beginnt, mit geometrischer abstrakter Malerei und Zeichnung, später mit Skulptur zu experimentieren. Er wird **1931** eingeladen, Mitglied der Gruppe ‚abstraction, création, art non-figuratif' zu werden. Ende des Jahres kehrt er in die USA zurück und heiratet Louisa. 1931 stellt er zum ersten Mal abstrakte Konstruktionen zusammen mit Drahtporträts und Zeichnungen in der Galerie Percier in Paris aus. Calder nimmt an einer Ausstellung von ‚abstraction, création, art non-figuratif' teil. Er stellt erste, durch Motor- oder Handbetrieb bewegte abstrakte Skulpturen her, die **1932** in der Galerie Vignon gezeigt werden. Marcel Duchamp schlägt für sie die Bezeichnung ‚Mobiles' vor. Hans Arp nennt daraufhin die im Jahr zuvor gezeigten Konstruktionen ‚Stabiles'. Einige seiner Skulpturen sind Teil einer Sammlung zeitgenössischer Kunst, die dem neugegründeten Museum für Gegenwartskunst in Lodz, Polen, von europäischen Künstler geschenkt wird. **1933** besucht er Miró in Spanien, stellt dort aus, zeigt seinen Zirkus in der Universität von Madrid und auch vor einem bäuerlichen Publikum. Er ist mit Arp, Antoine Pevsner, Jean Hélion und Kurt Seligman an einer Gruppenausstellung in Paris beteiligt. Calder trifft James Johnson Sweeney, der seine Arbeit als Kunstkritiker begleiten wird. Seinem Werk wird eine Einzelausstellung in der Galerie Pierre Colle in Paris gewidmet. Er kehrt in die USA zurück und kauft dort in Roxbury, Conn., ein altes Farmhaus. **1934** erwirbt Alfred H. Barr, die Konstruktion ‚A Universe' für das Museum of Modern Art in New York. Calder hat eine Einzelausstellung in der Galerie Pierre Matisse in New York wo er von nun an bis 1943 regelmäßig ausstellen wird. **1935** sind seine Arbeiten in der Ausstellung ‚these, antithese, synthese' im Kunstmuseum Luzern zu sehen. Er fertigt seine erste Radierung für ein Buch an, das von Anatole Jakovski herausgegeben wird – beteiligt sind u.a. Arp, Max Ernst, Alberto Giacometti, Hélion, Wassily Kandinsky, Julio González, Miró, Ben Nicholson, Léger und Sophie Taeuber-Arp. Er entwirft die Bühnenausstattung für ein Ballett und mehrere Mobiles für eine Aufführung von Eric Saties symphonischem Drama ‚Socrates'. **1936** ist er im Museum of Modern Art in den Ausstellungen ‚Cubism and Abstract Art' und ‚Fantastic Art, Dada, Surrealism' vertreten. In London und Oxford ist er an der Ausstellung ‚Abstract and Concrete' beteiligt. **1937** fertigt Calder ‚Whale' (‚Der Wal') als sein erstes großdimensioniertes Stabile. Im gleichen Jahr besucht er Paris und wird von dem Architekten Jean Louis Sert gebeten, für den spanischen Pavillon der Weltausstellung einen Brunnen mit Quecksilber, einem wichtigen Exportprodukt des Landes, zu konstruieren – der Brunnen wird zur großen Besucherattraktion. In der Ausstellung ‚Origines et Développement de l'Art International Indépendant' wird eines seiner Werke gezeigt. Den Sommer verbringen die Calders in Varengeville mit u.a. Miró, Georges Braque, Herbert Read und dem Künsthändler Pierre Loeb. Im Winter halten sie sich in London auf, wo Calder zweimal in der Freddy Mayor Gallery ausstellt. **1938** ist er in der Ausstellung ‚Abstracte Kunst' im Stedelijk Museum, Amsterdam, vertreten. Im gleichen Jahr kehrt er in die USA zurück. Er entwirft für die Weltausstellung von 1939 in New York monumentale, motorbetriebene Mobiles, für die er allerdings keine Sponsoren findet. **1939** plant er ein Wasserballett für den Brunnen des Pavillons der New Yorker Edison Company auf der Weltausstellung. Er erhält vom Museum of Modern Art den Auftrag für ein großes Mobile und gewinnt den ersten Preis in einem Plexiglas-Wettbewerb. **1940** zeigt eine New Yorker Galerie Schmuck, der von Calder entworfen wurde. **1946** schreibt Jean Paul Sartre ein Vorwort zum Katalog seiner Skulpturen-Ausstellung bei Louis Carré in Paris. Zum ersten Mal seit 1938 besucht Calder wieder Frankreich. Seine Werke werden in den folgenden Jahren in vielen großen Einzelausstellungen in Europa und den USA gezeigt. Er fertigt Monumentalmobiles und -stabiles an, die im öffentlichen Raum aufgestellt werden und erhält bedeutende Preise, wie **1952** den Großen Preis für Plastik der Biennale Venedig. **1953** nimmt er in Saché in Westfrankreich seinen zweiten Wohnsitz. **1976** stirbt Alexander Calder in New York.

- *Calder,* München/Wien/Zürich 1971 (Mit einer Einleitung von Harvard Arnason, Fotografien von Ugo Mulas und Kommentaren des Künstlers)
- *Calder's Universe,* New York 1976 (Ausst.-Kat. mit ausführlicher Biographie und Bibliographie)

14

15

17
L'heure triangulaire (Dreieckige Stunde) 1933
Öl auf Leinwand, 61 x 46
Privatsammlung
Farbabb. S. 90

18
Téléphone-Homard (Hummer-Telefon) 1936
Assemblage, 30 x 15 x 17
The Tate Gallery, London

19
Métamorphose de Narcisse (Metamorphose des Narziß) 1937
Öl auf Leinwand, 50,8 x 78,2
Bez. u. r.: Gala Salvador Dali 1937
The Trustees of The Tate Gallery, London
Farbabb. S. 91

20
Espagne (Spanien) 1938
Öl auf Leinwand, 91,8 x 60,2
Bez. u. r.: Gala Salvador Dali
Museum Boymans-van Beuningen, Rotterdam

Dali wird **1904** als Sohn eines Notars in Figueras/Katalonien geboren. Noch als Schüler beginnt er zu malen und zu zeichnen und stellt schon **1918** einige Gemälde bei einer Ausstellung örtlicher Künstler in Figueras aus. **1919** veröffentlicht er seine ersten Artikel über Kunst. **1921** beginnt er sein Studium an der Akademie von San Fernando in Madrid, wo er sich mit Federico Garcia Lorca und Luis Bunuel befreundet. **1922** stellt er zusammen mit anderen Akademieschülern in der für ihr avantgardistisches Programm bekannten Galerie Dalmau, Barcelona, aus. Zu dieser Zeit beeindrucken ihn der italienische Futurismus und die ‚Pittura Metafisica' von Giorgio de Chirico und Carlo Carrà. **1924** wird Dali wegen Auflehnung gegen die Schulbehörden für ein Jahr von der Akademie verwiesen. **1925** kehrt er an die Kunstakademie zurück. Er hat seine erste Einzelausstellung in der Galerie Dalmau, Barcelona, und vertieft sich in die Schriften von Sigmund Freud. In diesem Jahr reist er zum ersten Mal nach Paris und nach Belgien, um die niederländische Malerei kennenzulernen. **1926** spricht er bei einer Prüfung seinen Professoren die Fähigkeit ab, ihn zu beurteilen und wird endgültig von der Akademie verwiesen. Im selben Jahr hat er seine zweite Einzelausstellung in der Galerie Dalmau. **1927** entwirft er Bühnenbild und Kostüme für die Uraufführung eines Stückes von Lorca und muß seinen Militärdienst leisten. In seinen Bildern kündigt sich die surrealistische Entwicklung an. **1928** veröffentlicht er einen Aufsatz über Joan Miró, dessen Werk seine letzten Arbeiten beeinflußt hat. Drei seiner Bilder werden in den USA, in einer Ausstellung in Pittsburgh, gezeigt. **1929** hält sich Dali zum zweiten Mal in Paris auf. Er schreibt das Drehbuch für Bunuels Film ‚Un Chien andalou'. Sein Landsmann Miró führt ihn in den Kreis der Surrealisten ein. Er lernt Hans Arp, René Magritte, den Kunsthändler Camille Goemans, Paul Eluard, Pablo Picasso und André Breton kennen. Im Sommer besuchen ihn Magritte, Goemans, Bunuel und Paul und Gala Eluard in Cadaqués. Gala bleibt bei Dali. In diesem Jahr findet seine erste Einzelausstellung in Paris, in der Galerie Goemans, statt, André Breton schreibt das Katalogvorwort. **1930** publiziert er ‚La femme visible', Essays in denen er seine ‚kritisch-paranoische' Methode erläutert. Er kauft ein Fischerhaus in Port Lligat/Cadaqués, wo er von nun an einen großen Teil des Jahres lebt. Bei der Uraufführung von Bunuels Film ‚L'Age d'or', an dem auch Dali mitgearbeitet hat, kommt es zu heftigen Protesten, wobei eine Anzahl gleichzeitig ausgestellter Werke von Dali, Max Ernst, Yves Tanguy und Miró zerstört werden. Der Film wird nach Pressekampagnen als ‚bolschewistisch' offiziell verboten. **1931** findet eine Einzelausstellung in der Galerie Pierre Colle statt, wie auch 1932 und 1933. Mit acht Bildern ist er in der ersten surrealistischen Ausstellung in den USA, im Wadsworth Atheneum, Hartford (Conn.), vertreten. **1932** beteiligt er sich an der Surrealismus-Ausstellung der New Yorker Galerie von Julien Levy. Er lernt den Schriftsteller Julien Green kennen, der einer seiner ersten Sammler wird. **1933** bildet sich ein Kreis von Sammler-Freunden, der ihm ein regelmäßiges Einkommen garantiert und sich dafür bei Dali monatlich ein Bild aussuchen kann. Er illustriert ‚Les Chants de Maldoror' von Lautréamont. Er nimmt an der Surrealisten-Ausstellung der Galerie Pierre Colle teil und hat bei Julien Levy in New York eine erste Einzelausstellung. Parallel zu einer Ausstellung seiner Werke in Barcelona hält er Vorträge, die alle in Schlägereien ausarten. **1934** hat er eine Ausstellung in der Pariser Galerie Jacques Bonjean und seine erste Einzelausstellung in London, in der Galerie Zwemmer. Breton beschuldigt Dali „konterrevolutionärer Vergehen" und „einer Verherrlichung des Hitlerfaschismus". Dali reist mit Gala in die USA, wo bei Julien Levy, New York, und im Wadsworth Atheneum, Hartford, Ausstellungen seiner Werke stattfinden. **1935** hält er einen Vortrag im New Yorker Museum of Modern Art über ‚Surrealistische Malerei und paranoische Bilder'. **1936** ist er an der surrealistischen Objektausstellung in der Galerie von Charles Ratton beteiligt, sowie an der Internationalen Surrealistenausstellung in den Londoner New Burlington Galleries und an der Ausstellung ‚Fantastic Art, Dada and Surrealism' des Museum of Modern Art, New York. Während der Londoner Ausstellung ist ein Vortrag Dalis angekündigt. Er tritt im Anzug und mit dem Helm eines Tauchers auf, um zu verdeutlichen, daß er sein Werk aus der Tiefe des Unbewußten schöpft. Im Londoner Haus des Lyrikers Edward James, einem Sammler seiner Werke, fertigt Dali Wandbilder an. **1937** hält er sich zum zweiten Mal in den USA auf. Er reist nach Hollywood, um ein Porträt von Harpo Marx zu zeichnen. In der amerikanischen Zeitschrift ‚Art Front' veröffentlicht er einen Artikel ‚Ich fordere Aragon heraus', in dem er Louis Aragon Servilität gegenüber der stalinistischen Bürokratie vorwirft und den Slogan ausgibt: „Die Eroberung des Irrationalen gegen den sozialistischen Realismus." Mit acht Gemälden ist er auf der Ausstellung ‚Origines et Développement de l'Art International Indépendant' im Pariser Jeu de Paume vertreten. Er hält sich in Italien auf, wo er seine Kenntnis der Renaissance- und Barockmalerei vertieft. **1938** ist eines der aufsehenerregendsten Objekte auf der Pariser Surrealisten-Ausstellung in der Galerie des Beaux Arts das ‚taxi pluvieux' von Dali. Er besucht in Begleitung von Edward James und Stefan Zweig Sigmund Freud in seinem Londoner Exil und zeichnet von ihm mehrere Porträts. **1939** reist er zu einer weiteren Ausstellung der Galerie Levy nach New York. Bei dieser Gelegenheit fertigt er für ein Kaufhaus eine surrealistische Schaufensterdekoration an. Da sie ohne seine Zustimmung verändert wird, zerschlägt er das Schaufenster und demoliert sein Werk. Dali wird für kurze Zeit verhaftet. Er realisiert im Rahmen der New Yorker Weltausstellung ein Environment und protestiert gegen Einschränkungen der Veranstalter mit dem Manifest ‚Unabhängigkeitserklärung der Phantasie und Erklärung der Rechte des Menschen auf seine Verrücktheit'. Zurück in Frankreich läßt sich Dali **1940**, als deutsche Truppen Paris besetzen, in Arcachon nieder. Deren Vormarsch veranlassen ihn und Gala, Europa zu verlassen. Er geht in die USA. **1941** veranstaltet das Museum of Modern Art, New York, eine Retrospektive. Er beginnt, Schmuckstücke zu entwerfen und veröffentlicht **1942** seine autobiographische Schrift ‚The Secret Life of Salvador Dali'. Während der Zeit in den USA finden mehrere Ausstellungen seiner Werke statt. Er entwirft Krawattenmuster und Ballettausstattungen, arbeitet an Filmen mit, illustriert Bücher. In diesen Jahren gelingt es ihm, durch immer neue exzentrische Einfälle Aufsehen zu erregen. Er betreibt seine eigene Vermarktung und wird zum ersten Reklamechef seiner selbst, weshalb Breton seinen Namen umformt in ‚Avida Dollars'. **1948** kehrt er nach Europa, in sein Haus in Port Lligat/Cadaqués, zurück. Er konvertiert zum Katholizismus. Durch vielfältige Aktivitäten und zahlreiche große Ausstellungen wird Dali in den 50er Jahren zu einem der international bekanntesten Künstler. Er lebt in seiner Geburtsstadt Figueras.

● Salvador Dali, *Unabhängigkeitserklärung der Phantasie und Erklärung der Rechte des Menschen auf seine Verrücktheit.* Gesammelte Schriften, München 1975
● *Salvador Dali. Retrospektive 1920–1980. Gemälde, Zeichnungen, Grafiken, Objekte, Filme, Schriften,* München 1980 (Ausst.-Kat. Paris 1979. Mit Ausstellungsverzeichnis und Bibliographie)
● Robert Descharnes, *Salvador Dali. Sein Werk – sein Leben: Die Eroberung des Irrationalen,* Köln 1984
● Salvador Dali, *Das geheime Leben des Salvador Dali,* München 1984
(Deutsche Ausgabe der 1942 erstmals in den USA erschienenen Autobiographie)

20

18

21
Rhythmus sans fin (Endloser Rhythmus) 1934
Öl auf Leinwand, 200 x 99,5
Bez. u. l.: r. delaunay 1934
Habasque 305
Kunsthalle Bielefeld
Farbabb. S. 77

22
Rhythme No. 1, Esquisse
(Rhythmus Nr. 1, Skizze) 1938
Gouache auf Papier, 42,8 x 35,4
Habasque 475
Musée d'Art Moderne de la Ville de Paris

23
Rhythme No. 2, Esquisse
(Rhythmus Nr. 2, Skizze) 1938
Gouache auf Papier, 35,7 x 26
Habasque 476
Musée d'Art Moderne de la Ville de Paris

24
Rhythme No. 3, Esquisse
(Rhythmus Nr. 3, Skizze) 1938
Gouache auf Papier, 35,7 x 26,7
Habasque 477
Musée d'Art Moderne de la Ville de Paris

1885 wird Delaunay in Paris geboren. Nach der Scheidung seiner Eltern wird er von seiner Mutter und seinem Onkel erzogen. **1902** tritt er nach abgebrochener Schulausbildung in ein Atelier für Bühnenmalerei ein. **1903** bis **1905** entschließt er sich für die freie Malerei und interessiert sich für die Impressionisten, Paul Gauguin, Georges-Pierre Seurat und die Neoimpressionisten. Er reicht erste Werke zu den Pariser Salons ein. **1907** verkehrt er mit Henri Rousseau und befreundet sich mit Jean Metzinger, dem zukünftigen Theoretiker des Kubismus. Im gleichen Jahr stellt Delaunay zum ersten Mal im ‚Salon des Indépendants' aus, wo er von nun an regelmäßig vertreten sein wird. Er leistet seinen Militärdienst in Laon als Regimentsbibliothekar ab. **1909** gehört er zu den Begründern der kubistischen Malerei. Er selbst bezeichnet diese Periode als ‚destruktiv'. **1910** heiratet er die russische Malerin Sonia Terk, mit der er viel zusammenarbeiten wird. Delaunay entfernt sich vom Kubismus und nähert sich ersten abstrakten Bildern. Sein Freund Guillaume Apollinaire erfindet als Ausdruck für Delaunays Kunst die Bezeichnung ‚Orphismus'. **1912** stellt Delaunay auf Einladung von Wassily Kandinsky mit der Gruppe ‚Der Blaue Reiter' in München aus. Herwarth Walden übernimmt für seine Galerie ‚Der Sturm' Bilder aus dieser Ausstellung. Drei Bilder Delaunays werden in der Moskauer Ausstellung ‚Karo-Bube' gezeigt. Seit dieser Zeit, bis etwa 1921, besteht ein intensiver brieflicher Kontakt zwischen ihm und Walden. Delaunay ist in der Ausstellung der Gruppe ‚Der Moderne Bund' in Zürich und auf der Ausstellung ‚Die Futuristen' bei Walden vertreten. Delaunays erste kunsttheoretische Aufsätze entstehen. **1913** wird ihm in der Galerie ‚Der Sturm' eine Einzelausstellung gewidmet. Die ‚Formes circulaires' bedeuten für Delaunay den Durchbruch zur vollständigen Abstraktion. Auf Waldens Ausstellung ‚Erster Deutscher Herbstsalon' ist er zusammen mit Sonia mit den meisten Werken vertreten. Schon 1908 für dienstuntauglich befunden, zieht er bei Kriegsausbruch zuerst nach Portugal, dann nach Spanien. In Madrid lernt er Sergei Diaghilev und Leonide Massine kennen, mit denen er Ballettinszenierungen entwirft. Die Russische Revolution bedeutet für ihn und Sonia das Ende der monatlichen Zahlungen von Sonias russischen Verwandten. Sonia eröffnet eine Boutique für Kunsthandwerk, Accessoires und Mode. **1921** kehrt Delaunay nach Paris zurück. Seine Wohnung wird bald zum Treffpunkt von avantgardistischen Literaten und Künstlern, von denen viele dem Surrealismus nahestehen. **1922** hat er eine große Einzelausstellung in der Galerie Paul Guillaume in Paris. Er beginnt, eine große Anzahl von Porträts von Freunden und Bekannten zu malen. **1923** nähert er sich in den großen Bildern zu ‚L'Hélice' (Luftschraube) erneut ungegenständlichen Formen. Er greift im gleichen Jahr das Thema der ‚Fußballspieler' wieder auf und beginnt **1924** Bilder zum Thema ‚Läufer'. Er entwirft erste Plakate, u. a. zur Olympiade in Paris. Für die Ausstellung ‚Exposition Internationale des Arts Décoratifs' im nächsten Jahr malt Delaunay ein monumentales Wandbild, welches ebenso wie das von Fernand Léger vom Generalsekretariat der Ausstellung als zu progressiv zurückgewiesen wird. **1926** zeigt er in der Düsseldorfer ‚GeSoLei'-Ausstellung ein ‚Läufer'-Bild. Er hat Briefkontakt mit Carl Einstein, Laszlo Moholy-Nagy und dem Galeristen Alfred Flechtheim. Er entwirft Ausstattungen für Filme und stellt **1927** in G. F. Hartlaubs Ausstellung ‚Wege und Richtungen der abstrakten Malerei in Europa' aus. **1929** zeigt Delaunay in der Züricher Ausstellung ‚Abstrakte und surrealistische Malerei und Plastik' mehrere Werke. **1930** kehrt er mit ‚Joie de vivre', ‚Formes circulaires' und ersten Reliefs zurück zur abstrakten Kunst. **1931** wird er Mitglied der Gruppe ‚abstraction, création, art non-figuratif' und verfaßt ab **1932** Beiträge für die gleichnamige Zeitschrift. Er korrespondiert mit dem deutschen Künstler Rudolf Bauer, der 1929 ein Privatmuseum für gegenstandslose Kunst, ‚Das Geistreich', gegründet hat. Als Folge der Weltwirtschaftskrise muß Sonia Delaunay ihr Modeatelier schließen. **1933** malt er erste ‚Rhythme'-Bilder. Die Gruppe ‚abstraction, création, art non-figuratif' plant eine Monographie über Delaunay, die im gleichen Jahr erscheinen soll. Das Projekt scheitert an Geldmangel. **1934** tritt Delaunay aus der Gruppe ‚abstraction, création, art non-figuratif' aus, da man sich nicht mehr gemeinsam auf einen Begriff der ungegenständlichen Kunst einigen kann, und es Streit über Qualitätsfragen gibt. Das Musée National d'Art Moderne erwirbt drei seiner Hauptwerke, das Petit Palais in Paris kauft eines und Solomon R. Guggenheim mehr als zehn Arbeiten. **1936** stellt Delaunay auf der Ausstellung ‚Cubism and Abstract Art' in New York aus. Er entwirft die Ausgestaltung der Pavillons der Luftfahrt und der Eisenbahn für die Weltausstellung 1937 in Paris. Auflage der Stadt Paris ist es, die Entwürfe mit einer Gruppe von 50 arbeitslosen Künstlern auszuführen. **1937** ist er in den die Weltausstellung begleitenden Ausstellungen ‚Maîtres de l'Art Indépendant' im Petit Palais und ‚Origines et Développement de l'Art International Indépendant' im Jeu de Paume vertreten. Vier seiner Arbeiten werden im gleichen Jahr von den Nationalsozialisten aus deutschen Museen entfernt. **1938** zeigt Delaunay zwei Werke auf der Ausstellung ‚Abstracte Kunst' im Stedelijk Museum in Amsterdam und beschickt den Pariser ‚Salon de l'Art Mural'. Zusammen mit Sonia, Albert Gleizes, André Lhote und Jacques Villon erhält er den Auftrag zur Ausgestaltung der Skulpturenhalle für den ‚Salon des Tuileries' – es entstehen drei große ‚Rhythme'-Kompositionen. In der Zeitschrift ‚Plastique' wird das internationale Manifest ‚Dimensionisme' zur gegenstandslosen Kunst veröffentlicht. Proklamiert wird das Ende der Trennung von Kunst, Technik und Gesellschaft. Unterzeichner sind u. a. Marcel Duchamp, Delaunay, Hans Arp, Kandinsky, Moholy-Nagy und César N. Domela. Delaunay richtet, obwohl er bereits sehr krank ist, einen wöchentlichen Diskussionskreis in seinem Haus ein, wo er über seine Werke und seine Theorie spricht. Teilnehmer sind Künstler, u. a. das Ehepaar Freundlich, Literaten und Sammler. **1939** ist Delaunay Mitbegründer des ‚1. Salon des Réalités Nouvelles'. **1940** macht er Aufzeichnungen zu einem Museum der ungegenständlichen Kunst, dessen Gründung eine Ausstellung, unter dem Patronat von Solomon R. Guggenheim, in Grenoble und Marseille vorangehen soll. Unter den Werken, die in der ‚Zone libre ou zone occupée' erworben werden können, nennt Delaunay solche von Kandinsky, Arp, Constantin Brancusi, Gleizes, Otto Freundlich, Fernand Léger, Piet Mondrian und Georges Vantongerloo. **1941** hält sich Delaunay nach der Besetzung Frankreichs durch die deutsche Armee in der Auvergne auf, dann in Mougins, schließlich in Montpellier, wo er im Sommer stirbt. **1946** werden in der Ausstellung ‚Salon des Réalités nouvelles. Art abstrait, concret, constructivisme, non-figuratif' die drei großen ‚Rhythme'-Kompositionen Delaunays von 1938 gezeigt. Sie erregen großes Aufsehen und üben einen nachhaltigen Einfluß auf die Nachkriegsgeneration ungegenständlicher Künstler aus.

- Pierre Francastel und Guy Habasque, *Robert Delaunay. Du Cubisme à l'Art abstrait. Documents inédits publiés par Pierre Francastel et suivis d'un catalogue de l'oeuvre de R. Delaunay par Guy Habasque,* Paris 1957 (Werkverzeichnis)
- Hajo Düchting (Hrsg.), *Robert Delaunay, Zur Malerei der reinen Farbe. Schriften von 1912 bis 1940,* München 1983
- *Delaunay und Deutschland,* München 1985 (Ausst.-Kat. mit ausführlicher Biographie, Bibliographie und synoptischer Darstellung politischer und kultureller Ereignisse von 1885–1946)

22 23

24

25
La boîte en valise (Die Schachtel im Koffer oder: Das tragbare Museum) 1936–1941 (1968)
Holz, Papier, Glas, Kunststoff, Fotos, 40,7 x 38,1 x 10,2
Arturo Schwarz 311, Jean Clair 145
Musée National d'Art Moderne, Centre Georges Pompidou, Paris

Seit 1936 arbeitet Duchamp in Paris an der Ausführung seiner Idee eines tragbaren Museums, das sein Gesamtwerk in kleinformatigen Nachbildungen enthalten sollte. 1941 in New York konnte die erste Serie dieses Koffermuseums veröffentlicht werden. Zusammen mit den in der Folgezeit edierten Serien, die sich nach Anzahl der enthaltenen Objekte ebenso wie in Format und Ausführung der Schachtel unterscheiden, beträgt die Gesamtauflage 300 Exemplare. Es existieren im ganzen 6 Auflagen: 1941 Paris – New York (Auflage: ca. 20, numeriert); 1941, New York (Auflage: 90, numeriert); 1958, Paris (Auflage: 30); 1959, Paris (Auflage: 60); 1955–68 (Paris-Mailand, Auflage: 100). Die tragbare, leicht transportable ‚Schachtel-im-Koffer' als Duchamp-Sammlung en miniature entspringt einer Konzeption des Kunstwerkes als Erfindung, die auch durch eine Reproduktion oder Replik vermittelt und dokumentiert werden kann.

1887 wird Duchamp in Blainville-Crevon nahe Rouen geboren. Er ist der jüngste von drei Söhnen eines Rechtsanwalts, die alle später ihrer künstlerischen Neigung, einem Erbe ihres Großvaters mütterlicherseits, nachgehen werden. Duchamp beginnt früh zu malen und zieht **1904**, wie zuvor schon seine Brüder, nach Paris und schreibt sich an der Académie Julian ein. **1906/07** fertigt er Zeichnungen für satirische Zeitschriften an. Ab **1909** stellt er regelmäßig im ‚Salon d'Automne' und im ‚Salon des Indépendants' aus. **1911/12** malt Duchamp eines seiner berühmtesten Bilder ‚Nu descendant un escalier'. **1912** besucht er mit Guillaume Apollinaire und Francis Picabia Raymond Roussels Stück ‚Impressions d'Afrique'. Er ist von der Ironie des Autors begeistert. Gleichzeitig ist er auch fasziniert von den Flugzeugen im ‚Salon de la Locomotion Aérienne', den er mit Fernand Léger und Constantin Brancusi besucht. Er reist nach Wien, Prag, Berlin und hält sich längere Zeit in München auf, wo er mehrere Bilder malt. Mit der Absicht, die Malerei aufzugeben, tritt er eine Stelle als Gehilfe in der Bibliotheque Sainte-Geneviève an, er liest dort mathematische Bücher und Traktate über die Perspektive. **1913** in der ‚Armory Show' in New York werden vier seiner Bilder gezeigt und verkauft; der Skandal um ‚Nu descendant un escalier' macht Duchamp in den USA berühmt. Es entstehen Skizzen und Pläne für spätere Arbeiten und mit einem auf einen Hocker montierten Rad schafft er den Prototyp der späteren ‚ready-mades' und Rotiermaschinen. **1914** kauft er einen Flaschentrockner und signiert ihn als Kunstwerk. Für den Militärdienst untauglich erklärt wird er bei Kriegsausbruch nicht eingezogen. Er reist **1915** nach New York, wo er sich schon einen Namen gemacht hat. Er trifft Picabia und befreundet sich mit Man Ray; als Bibliothekar und durch Französischunterricht verdient er seinen Lebensunterhalt. Er gehört zu der Künstlergruppe um die ‚Galerie 291' von Alfred Stieglitz und um Walter und Lou Arensberg, Mäzenen und Kunstsammlern, die viele Arbeiten von Duchamp erworben haben. **1917** ist er Mitbegründer der ‚Society of Independant Artists Inc.', aus der er wieder austritt, als das als ‚Fontaine' betitelte und mit ‚R. Mutt' signierte, berühmte Urinoir für eine Ausstellung zurückgewiesen wird. Er ist beteiligt an der Gründung der dadaistischen Zeitschriften ‚The Blindman' (zwei Nummern) und ‚Rongwrong' (eine Nummer). **1918** malt Duchamp sein letztes Bild, eine von Katherine S. Dreier in Auftrag gegebene Arbeit. Er beginnt mit der Arbeit am ‚Grand Verre', seinem Hauptwerk. Nach Kriegseintritt der USA geht er für mehrere Monate nach Argentinien, wo eine lebenslange Schachleidenschaft geweckt wird. Er kehrt nach Paris zurück, trifft sich mit Mitgliedern der Dada-Gruppe und fügt einer Reproduktion der Gioconda einen Schnurr- und Spitzbart und die Buchstaben L.H.O.O.Q. hinzu, welche, französisch ausgesprochen, eine Obszönität bedeuten. **1920** geht er wieder nach New York. Er, K. S. Dreier und Man Ray gründen die ‚Société Anonyme, Inc.', das erste Museum für moderne Kunst in den USA; sie organisieren zahlreiche Ausstellungen, Vorträge und geben Publikationen heraus. Er nimmt das Pseudonym ‚Rrose Sélavy' an. **1921** veröffentlicht er mit Man Ray die einzige Ausgabe von ‚New York Dada'. Er reist nach Paris, wo er sich häufig mit André Breton, Philipp Soupault, Louis Aragon und Paul Eluard trifft, jenen Dadaisten, die bald darauf die surrealistische Gruppe bilden. **1922** veröffentlicht Breton in ‚Littérature', Nr. 5, einen Artikel über Duchamp, es ist der erste wichtige, kritische Aufsatz über seine Arbeit. **1923** entschließt er sich, ‚Grand Verre' als „endgültig unvollendet" zu belassen. Seine Schachleidenschasft wird immer größer. **1924** erscheint das surrealistische Manifest, in dem auch Duchamp genannt wird. Er spielt in dem Film ‚Entr'acte' von Picabia und René Clair mit. **1926** kauft er von seinem elterlichen Erbe mehrere Skulpturen von Constantin Brancusi. Er nimmt an der internationalen Ausstellung für moderne Kunst, die die ‚Société Anonyme' in New York veranstaltet, mit dem ‚Grand Verre' teil. Beim Transport wird ‚Grand Verre' zerbrochen, die Risse im Glas akzeptiert Duchamp als Teil der Arbeit. **1927** organisiert er eine Brancusi-Ausstellung. **1929** besucht Duchamp Kandinsky im Bauhaus in Dessau. Schach bleibt in den folgenden Jahren seine Hauptaktivität. **1931** schlägt er Alexander Calder für dessen bewegliche Arbeiten den Titel ‚Mobile' vor, die seitdem allgemein akzeptierte Bezeichnung. **1933** nimmt er an der surrealistischen Ausstellung in der Galerie Pierre Colle teil. Er verbringt den Urlaub in Cadaqués, wo er Dalis Arbeiten kennenlernt. **1935** entsteht die Idee der ‚Boîte-en-Valise', einer Schachtel, die die meisten seiner Werke in Miniaturformat enthält. Auf der Erfindermesse in Paris stellt er seine Rotoreliefs aus. **1936** ist er beteiligt an den Ausstellungen ‚Cubism and Abstract Art', Museum of Modern Art, New York, ‚Exposition Surréaliste d'Objets' in der Galerie Ratton, Paris, ‚International Surrealist Exhibition', London und ‚Fantastic Art, Dada, Surrealism' im Museum of Modern Art, New York. Trotz seiner begrenzten künstlerischen Tätigkeit ist er ein bekannter Künstler. **1937** findet im ‚Arts Club', Chicago, seine erste Einzelausstellung statt; er entwirft für die von Breton eröffnete Pariser Galerie Gradiva eine Glastür mit der Silhouette eines Liebespaares. **1938** hängt Duchamp in der ‚Exposition Internationale du Surréalisme' 1200 Kohlesäcke voll Papier an die Decke. Er hilft in London Peggy Guggenheim bei der Eröffnung ihrer Galerie. **1941** hat er einen Ausweis als Käsehändler, mit dem er aus dem von den Deutschen besetzten Teil Frankreichs in die freie Zone reisen kann. Er reist mehrfach hin und her, um die Materialien für seine ‚Boîte-en-Valise' zu transportieren, die er bei seiner Schwester in Sicherheit bringt. Er wartet auf ein Visum für die USA. Der Yale University stiften er und K. S. Dreier die Sammlung der ‚Société Anonyme'. **1942** kann er in die USA reisen. Er nimmt an der Eröffnungsausstellung von Peggy Guggenheims neuer Galerie ‚Art of this Century' teil und organisiert gemeinsam mit Breton und Ernst die Ausstellung ‚First Papers of Surrealism', eine Ausstellung für die Duchamp die Idee hat, durch ein Spinnengewebe aus weißen Schnüren das 19. Jahrhundert-Dekor der Räume zu verdecken. Gemeinsam mit Breton und Max Ernst ist er im Redaktionsausschuß der Zeitschrift ‚VVV'. In der Ausstellung ‚Art in Progress' des Museums

of Modern Art zeigt er ‚Grand Verre'. **1944** beginnt er mit Studien für seine letzte wichtige Arbeit ‚Etant donnés: 1. le gaz d'éclairage, 2. la chunte d'eau'. Er gehört zu den Interpreten in Hans Richters Film ‚Dreams that Money Can Buy'. In den folgenden Jahren ist Duchamp mit seinen Arbeiten an zahlreichen Ausstellungen beteiligt. Er spielt weiterhin leidenschaftlich Schach, arbeitet an ‚Etant donnés', schreibt über Kunst und organisiert verschiedene Ausstellungen. **1954** heiratet er Alexina (Teeny) Sattler in New York. Er findet nun auch in Europa neue Beobachtung. **1959** erscheint eine Monographie, junge Künstler ‚entdecken' Duchamp. Er hat seinen Wohnsitz in New York, reist aber häufig nach Europa, wo er sich vor allem in Cadaqués und in Paris aufhält. Im Herbst **1968** stirbt Duchamp überraschend in Neuilly bei Paris.

● Arturo Schwarz, *The Complete Works of Marcel Duchamp,* New York 1969
● Michel Sanouillet (Hrsg.), *Duchamp du signe. Ecrits,* Paris 1975
● Jean Clair, *Marcel Duchamp. Catalogue raisonné,* Paris 1977 (Erschienen anläßlich der Ausstellung „L'oeuvre de Marcel Duchamp", Paris 1977)
● *Marcel Duchamp,* Köln 1984 (Ausst.-Kat. mit umfassender Bibliographie)

25

26
La belle Allemande (Die schöne Deutsche) 1934/35 (1955/56)
Bronze, vergoldet, H.: 61
Spies/Metken 2158.1
Privatsammlung Köln

Nach seiner Rückkehr aus Maloja, wo Max Ernst den Sommer 1934 mit Alberto Giacometti verbracht hatte, entstanden mehrere Plastiken, darunter auch ‚La belle Allemande'. Ernst hatte sie ursprünglich aus Gips, Eisen und Fundstücken gefertigt; 1955/56 wurde diese Plastik in einer Auflage von sechs vom Künstler autorisierten Exemplaren in Bronze gegossen.

27
Barbares regardant vers l'ouest (Barbaren, nach Westen schauend) 1935
Öl auf Leinwand, 24 x 33
Bez. u. r.: Max Ernst
Spies/Metken 2233
Galerie Jan Krugier, Genf

28
La ville entière (Die ganze Stadt) 1935/36
Öl auf Leinwand, 60 x 81
Spies/Metken 2220
Kunsthaus Zürich
Farbabb. S. 89

29
Objet mobile recommandé aux familles (Mobiles Objekt für Familien empfohlen) 1936 (1970)
Holz und Hanf, H.: 98
Bez. auf dem Sockel: Max Ernst 1936
Spies/Metken 2251,1
Wilhelm-Lehmbruck-Museum der Stadt Duisburg

Diese Arbeit fertigte Ernst für die Ausstellung surrealistischer Objekte in der Pariser Galerie Charles Ratton 1936. In einer Auflage von 12 Exemplaren wurde das Objekt 1970 vervielfältigt.

30
La joie de vivre (Lebensfreude) 1936
Öl auf Leinwand, 72,7 x 91,5
Bez. u. r.: Max Ernst 36
Spies/Metken 2263
Privatsammlung, Großbritannien

1891 wird Ernst in Brühl bei Köln geboren, sein Elternhaus ist streng katholisch. Sein Vater arbeitet als Taubstummenlehrer und malt in der Freizeit. Als Schüler reist Ernst per Fahrrad durchs Rheinland, Elsaß und durch Holland. Er besucht Museen, zeichnet nach der Natur. Von **1909** bis 1914 studiert er Philosophie in Bonn, interessiert sich für Psychiatrie, liest viel und malt. **1911** schließt er mit August Macke, der in Bonn lebt, Freundschaft und nimmt an den Ausstellungen der Gruppe ‚Rheinische Expressionisten' teil. **1912** besucht er die Sonderbund-Ausstellung in Köln und ist danach entschlossen, Maler zu werden. **1913** nimmt er an der Ausstellung ‚Erster Deutscher Herbstsalon' in der Galerie ‚Der Sturm', Berlin, teil. Durch Macke lernt er Guillaume Apollinaire und Robert Delaunay kennen. Er reist zum ersten Mal nach Paris. **1914** begegnet er Hans Arp, mit dem ihn eine lebenslange Freundschaft verbindet. Von 1914 bis 1918 nimmt er als Artillerist am I. Weltkrieg teil. **1916** hat er eine Einzelausstellung in der Galerie ‚Der Sturm' in Berlin. Er trifft bei dieser Gelegenheit George Grosz und Wieland Herzfelde. Anfänge von Dada zeichnen sich in seinem Werk ab. **1918** heiratet er die Kunsthistorikerin Louise Strauss. Er schließt sich der Gruppe ‚Das junge Rheinland' an. Er besucht Paul Klee in München und lernt durch Abbildungen Arbeiten von Giorgio de Chirico kennen, die ihn stark beeindrucken. Es entstehen seine ersten Collagen. Mit Johannes Theodor Baargeld, Hans Arp u.a. begründet er die Kölner Dada-Bewegung ‚Zentrale W/3 Stupidia'. Im Kölnischen Kunstverein werden Dada-Arbeiten ausgestellt. **1920** entsteht in Zusammenarbeit mit Arp und Baargeld die Collagen-Reihe ‚Fatagaga'. In Köln findet eine zweite Dada-Ausstellung statt. Sein Sohn Ulrich (gen. Jimmy) wird geboren. Das einzige Heft der von Baargeld und Ernst herausgegebenen Zeitschrift ‚die schamade' erscheint. **1921** wird er von André Breton eingeladen, seine Collagen in der Pariser Galerie ‚Au sans Pareil' zu zeigen. Den Sommer verbringt er mit Arp, Sophie Taeuber, Tristan Tzara und Breton in Tirol. Ein gemeinsames Manifest, ‚Dada au Grand Air: Der Sängerkrieg in Tirol' wird ausgearbeitet. Gala und Paul Eluard besuchen ihn in Köln, es entsteht eine enge Freundschaft. **1922** trennt sich Ernst von seiner Familie und geht nach Paris. Er wohnt bei den Eluards, lernt Man Ray und Francis Picabia kennen und arbeitet an der dadaistisch-surrealistischen Zeitschrift ‚Littérature' mit. **1923** nimmt er am ‚Salon des Indépendants' teil und malt Eluards Haus in Eaubonne aus. Seinen Lebensunterhalt verdient er durch Fabrikarbeit. **1924** verkauft er seine Arbeiten an Johanna Ey in Düsseldorf, um zusammen mit Gala seinem Freund Paul Eluard nach Saigon zu folgen. Zurück in Paris schließt sich Ernst der surrealistischen Bewegung an. **1925** bietet ihm der Kunsthändler Jacques Viot einen Kontrakt an. Er kann sich nun ein eigenes Atelier leisten. Während eines Urlaubs in der Bretagne entdeckt er die Frottage-Technik: die ‚Histoire naturelle' entsteht. **1926** findet in der Galerie van Leer eine erste Einzelausstellung seiner Werke in Paris statt. Gemeinsam mit Joan Miró entwirft er Kostüme und Szenenbilder für Diaghilevs Ballett ‚Romeo und Julia'. Breton und Louis Aragon werfen ihnen deshalb antisurrealistische Tätigkeit vor. **1927** verwendet er zum ersten Mal die Frottage-Technik in der Malerei. Es entsteht die Serie: ‚Die Horde' und ‚Wald'. Er heiratet Marie-Berthe Aurenche und läßt sich in Meudon nieder. **1928** findet eine Einzelausstellung in der Galerie Bernheim, Paris, statt, die ein großer Erfolg wird. **1929** veröffentlicht er den Collagen-Roman ‚La femme 100 têtes'. Er lernt Alberto Giacometti kennen und beginnt die ‚Loplop-Serie'. Die Galerie Alfred Flechtheim in Berlin und Düsseldorf stellt seine Arbeiten aus. **1930** spielt er eine Rolle in dem Film ‚L'âge d'or' von Luis Bunuel und Salvador Dali und ist beteiligt an der Collagen-Ausstellung in der Pariser Galerie Goemans. **1932** werden seine Arbeiten erstmals in den USA gezeigt: Julien Levy stellt sie in seiner New Yorker Galerie aus. **1933** veranstaltet die Galerie ‚Cahiers d'Art', Paris, eine Einzelausstellung. Der Collagen-Roman ‚Une semaine de bonté' entsteht. **1934** verbringt er den Sommer mit Giacometti in Maloja/Schweiz. Er macht erste bildhauerische Versuche. Gemeinsam mit Arp, Giacometti, Julio González und Miró stellt er im Kunsthaus Zürich aus. Er schreibt die Katalog-Einleitung ‚Was ist Surrealismus'. **1936** ist er beteiligt an der ‚Exposition surréaliste d'objets' in der Galerie Ratton, Paris, an der ‚International Surrealist Exhibition' in London und an der Ausstellung ‚Fantastic Art, Dada, Surrealism' des Museum of Modern Art, New York. Er trennt sich von Marie-Berthe Aurenche. **1937** ist ihm eine Sondernummer der ‚Cahiers d'Art' gewidmet. Er veröffentlicht dort ‚Au delà de la peinture', einen Artikel über seine Entwicklung der Collagen- und Frottagen-Technik. Er entwirft die Bühnenausstattung für ‚Ubu enchaîné' von Alfred Jarry und ist beteiligt an der Ausstellung ‚Origines et Développement de l'Art International Indépendant'. Mehrere seiner Werke werden auf der Münchner Ausstellung ‚Entartete Kunst' diffamiert. Seine Arbeiten in Museumsbesitz werden von den Nationalsozialisten beschlagnahmt. **1938** verläßt er aus Solidarität mit Eluard, der aus der Surrealisten-Gruppe ausgeschlossen wird, ebenfalls die Gruppe. Er zieht mit Leonora Carrington nach Saint-Martin-d'Ardèche, wo er ein Haus erwirbt und es mit Fresken und Reliefskulpturen schmückt. In London hat er in der London Gallery eine Einzelausstellung, und ist im selben Jahr an der Ausstellung ‚20th Century German Art' in den New Burlington Galleries beteiligt. In Paris nimmt er an der ‚Exposition Internationale du Surréalisme' teil. **1939** wird er bei Kriegsbeginn als „feindlicher Ausländer" interniert und auf Intervention von Eluard nach kurzer Zeit wieder freigelassen. **1940** wird er erneut interniert und kommt in das Lager ‚Les Milles' bei Aix-en-Provence, wo er Hans Bellmer trifft. Es gelingt ihm, zu fliehen. Er geht nach Marseille, wo er sich der dort befindlichen Surrealisten-Gruppe anschließt. Die Kunstsammlerin und -händlerin Peggy Guggenheim setzt sich bei dem amerikanischen Rettungskomitee in Marseille für ihn ein. Mitte **1941** erhält er die Ausreiseerlaubnis in die USA. In New York heiratet er Peggy Guggenheim. **1942** bringt die Zeitschrift ‚View' eine Sondernummer über ihn heraus. Er ist beteiligt an der Ausstellung ‚Artists in Exile' in der New Yorker Galerie Pierre Matisse und an der Ausstellung

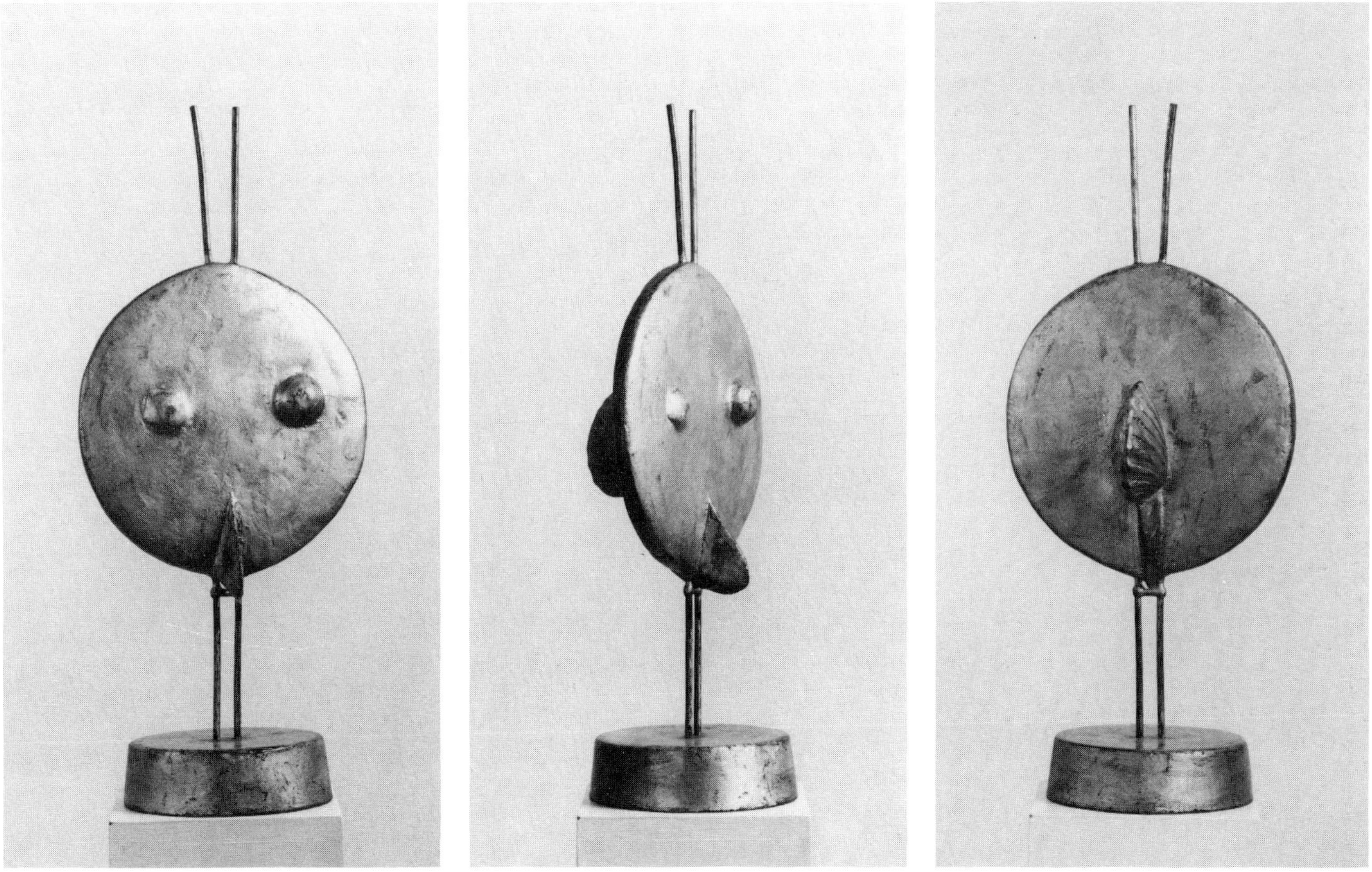

26

‚First Papers of Surrealism'. Mit Breton und Marcel Duchamp gehört er dem Redaktionsausschuß der surrealistisch orientierten Zeitschrift ‚VVV' an, von der bis **1944** vier Nummern (drei Hefte) erscheinen. **1943** hat er eine Einzelausstellung in der Galerie von Julien Levy, New York. Er trennt sich von Peggy Guggenheim. **1944** wohnt er auf Long Island. Er ist einer der Interpreten in Hans Richters Film ‚Dreams that Money Can Buy'. **1945** wird sein Bild ‚Die Versuchung des Heiligen Antonius' im Rahmen eines Wettbewerbs für den Film ‚Bel ami' ausgewählt. In der Pariser Galerie Denise René findet eine Ausstellung statt. **1946** zieht Ernst mit Dorothea Tanning, die er heiratet, nach Sedona. In den folgenden Jahren findet er internationale Anerkennung. **1953** kehrt er nach Paris zurück. Die 60er Jahre stehen im Zeichen großer Retrospektiven u. a. in Paris, New York, London, Köln. **1964** läßt sich Ernst in Seillans in Südfrankreich nieder. **1976** stirbt er in Paris.

● *Max Ernst,* Köln und Zürich 1963 (Ausst.-Kat.)
● John Russel, *Max Ernst. Leben und Werk,* Köln 1966
● *Max Ernst. Ecritures,* Paris 1970
● *Max Ernst. A retrospective,* New York 1975
(Ausst.-Kat. mit Literatur- und Ausstellungsverzeichnis)
● Werner Spies (Hrsg.), *Max Ernst, Oeuvre-Katalog.*
Werke 1929–1938, bearbeitet von Werner Spies und Günter und Sigrid Metken, Köln 1979
● *Max Ernst. Retrospektive,* München 1979
(Ausst.-Kat. München und Berlin)
● Werner Spies, *Max Ernst. Loplop. Die Selbstdarstellung des Künstlers,*
München 1982

27

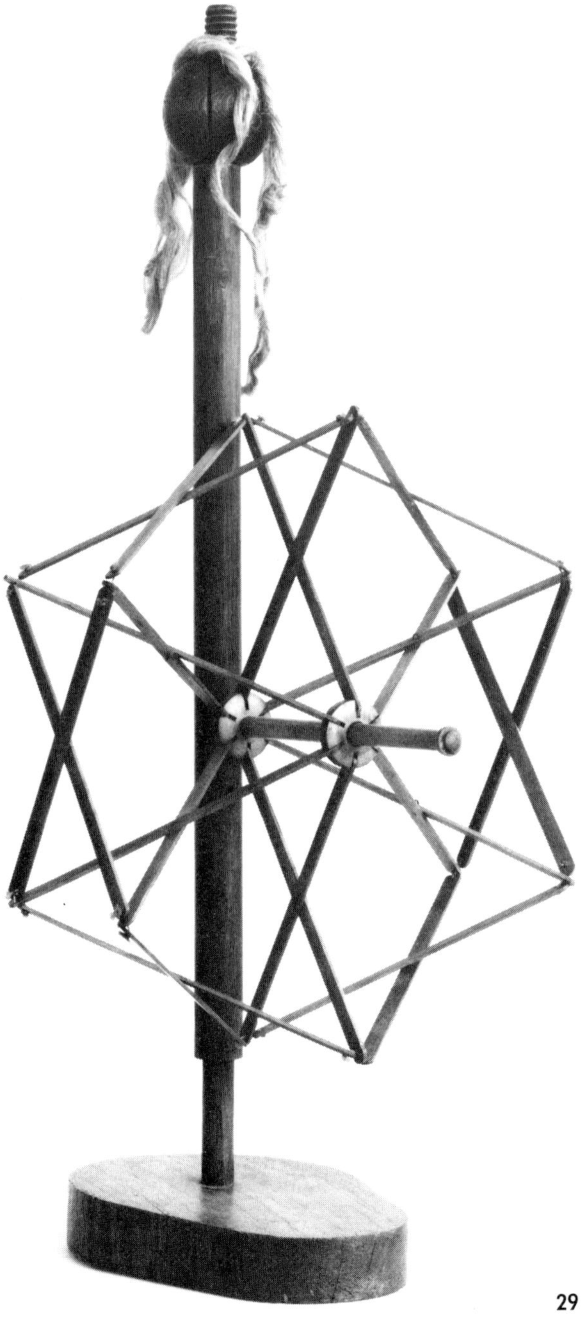

29

30

31
Komposition 1933
Bronze, 230 x 100 x 100
von Waldegg 78
Galerie Brusberg, Berlin und Galerie Zwirner, Köln

32
Herbstvision 1935
Öl auf Leinwand, 92,9 x 74,2
Bez. u. r.: Otto Freundlich Paris 1935 (Widmung an Hedwig Muschg)
von Waldegg 174
Hamburger Kunsthalle, Hamburg

33
Komposition in Grau um 1935
Gouache auf Papier über Leinwand, 57 x 33
Bez. u. r.: OF
Sparkassenstiftung für Kunst und Wissenschaft Mönchengladbach – Leihgabe an das Städtische Museum Abteiberg Mönchengladbach
Farbabb. S. 75

34
Komposition Rot-Grün 1939
Öl auf Leinwand, 65 x 54,5
Bez. u. l.: F und auf der Rückseite: Otto Freundlich/Paris 1939/für Hedwig Muschg in alter Freundschaft
von Waldegg 199
Museum Ludwig, Köln

1878 wird Freundlich in Stolp, Pommern, geboren. Sein Vater ist Besitzer einer Spedition. Nach dem Tod seiner Mutter **1879** wird Freundlich, obwohl er Jude ist, von einer strengen protestantischen Pflegemutter erzogen. Er bricht seine Gymnasialausbildung ab und beginnt eine kaufmännische Lehre. Er beendet auch diese vor einem Abschluß, geht wieder ins Gymnasium und schließt dieses **1901** ab. Im selben Jahr beginnt Freundlich einen Briefwechsel mit Herwarth Walden und beschäftigt sich intensiv mit Musiktheorie. Er veröffentlicht musik- und kunstkritische Artikel. Er unternimmt mehrere Reisen nach Florenz und fängt an, selbst künstlerisch zu arbeiten, wobei sein Hauptinteresse der Bildhauerei gilt. In Berlin besucht Freundlich eine private Kunstschule und reist **1908** nach Paris. Als Nachbar von Pablo Picasso läßt er sich im ‚Bateau-Lavoir' nieder und gehört von nun an zur Montmartre-Bohème. In diesem und im nächsten Jahr reist er nach München, Hamburg, Berlin und hält sich dann mit kurzen Unterbrechungen bis zum Ausbruch des I. Weltkrieges in Paris auf. Er beteiligt sich **1910** und 1911 an den Ausstellungen der Berliner Secession und der Neuen Berliner Secession, wobei er Karl Schmitt-Rottluff kennenlernt. **1911** entstehen seine ersten abstrakten Kompositionen. **1912** ist Freundlich in der Ausstellung ‚Moderne Kunst Kring' in Amsterdam und in der Kölner Sonderbund-Ausstellung vertreten. Im folgenden Jahr wird er von Walden zur Ausstellung ‚Erster Deutscher Herbstsalon' in die Galerie ‚Der Sturm' nach Berlin eingeladen. **1914** arbeitet er mit an der Wiederherstellung der Glasfenster der Kathedrale von Chartres, wo er ein Atelier im Nordturm bezieht. Zwischen 1914 und 1924 hält Freundlich sich in Köln und Berlin auf und lernt dort Franz W. Seiwert, Hannah Höch, Heinrich Hoerle, Wieland Herzfelde, George Grosz, Max Ernst, Johannes Th. Baargeld, Anton Räderscheidt kennen. Seinen Kriegsdienst absolviert er als Sanitätssoldat. **1915** hat er u. a. mit Hans Arp eine Ausstellung in Zürich. **1916** entwirft er ein Glasfenster für ein Privathaus – später folgen mehrere Glasfensterentwürfe und -ausführungen. Freundlich veröffentlicht mehrere Texte in expressionistischen Zeitschriften, wie in ‚Der Bau', ‚Das Tribunal', ‚Der Strom', ‚Die Aktion'. 1916 und **1917** schließt er sich der Antikriegs-Bewegung an. Er lernt die Anthroposophie kennen. **1918** ist Freundlich Gründungsmitglied der ‚Novembergruppe' sowie der Berliner Organisation ‚Arbeitsrat für Kunst'. Er tritt der Gruppierung ‚Der Deutsche Werkbund' bei. **1919** hat er Kontakt zur Kölner Dada-Bewegung. Er ist Mitarbeiter der dadaistischen Kölner Zeitschrift ‚Der Ventilator'. Ende 1919 tritt er aus der ‚Novembergruppe', dem ‚Arbeitsrat für Kunst' und der Organisation ‚Der Deutsche Werkbund' aus. **1920** will Walter Gropius Freundlich für das Bauhaus als Lehrer gewinnen. Der Versuch scheitert am Widerstand der Fakultät. **1922** ist Freundlich Mitglied der ‚Kommune' in Berlin, die am Treffen ‚Internationaler Kongreß fortschrittlicher Künstler' in Düsseldorf teilnimmt. Im selben Jahr beteiligt er sich an der ‚Internationalen Ausstellung revolutionärer Künstler' in Berlin und an der Organisation der ‚Graphik- und Handzeichenlotterie für die Hungernden in Rußland'. **1924** ist er im ‚Salon des Indépendants' in Paris vertreten, wo er in den folgenden Jahren regelmäßig ausstellt. Freundlich lernt Vertreter der abstrakten Kunst wie Robert Delaunay und Piet Mondrian kennen. Er wird **1925** zur Teilnahme an der ‚Revolutionären Kunstausstellung des Westens' (Moskau 1926) eingeladen. **1926** und 1928 besucht ihn Seiwert in Paris. **1928** und 1931 hat Freundlich eine Einzelausstellung in der Galerie Dr. Becker & Newman in Köln. **1929** ist er an der Zürcher Ausstellung ‚Abstrakte und surrealistische Malerei und Plastik' und der ‚Exposition Sélectes d'Art Contemporain (ESAC) en Hollande' beteiligt, die von Nelly van Doesburg für Amsterdam, Den Haag, etc. organisiert wird. Als auswärtiger Korrespondent schreibt er bis 1933 für die von den Kölner ‚Progressiven' herausgegebenen Zeitschrift ‚a bis z'. **1930** ist er in der Ausstellung der Gruppe ‚Cercle et Carré' vertreten. In diesem Jahr und 1935 zeigt er Arbeiten im ‚Salon de l'Art Mural'. **1931** wird er Mitglied der Gruppe ‚abstraction, création, art nonfiguratif' und beteiligt sich an Ausstellungen der ‚Novembergruppe' in Berlin und der ‚Progressiven' in Köln. **1932** lernt er Raoul Hausmann kennen. **1933** treten Freundlich und seine Lebensgefährtin Jeanne Kosnick-Kloss der ‚Association des Ecrivains et Artistes Revolutionnaires' (A.E.A.R.) bei. **1934** tritt er aus politischen Gründen aus der Gruppe ‚abstraction, création, art non-figuratif' aus; er will „an der Seite des revolutionären Proletariats kämpfen". **1936** eröffnet er in seinem Atelier eine private Akademie mit dem Namen ‚Le Mur'. Viele seiner Texte zeugen vom Bewußtsein einer pädagogischen Mission. Freundlich entwickelt Ideen für architektonische Skulpturen (‚Sculptures-Montagnes'/‚Skulpturen-Berge') und plant die ‚Voie de la Fraternité' (‚Straße der Brüderlichkeit') und die ‚Voie de la Solidarité Humain en souvenir de la liberation' (‚Straße der menschlichen Solidarität in Erinnerung an die Befreiung'), die Europa von Norden nach Süden und von Westen nach Osten durchziehen sollen. Kurt Schwitters tauscht Arbeiten mit ihm. Die Kölner Künstler Gerd Arntz und Jankel Adler besuchen Freundlich in Paris. **1937** wird seine Skulptur ‚Der neue Mensch' von 1912 auf dem Titelblatt des Ausstellungsführers ‚Entartete Kunst' in München von den Nationalsozialisten angeprangert. 14 seiner Werke werden in deutschen Museen beschlagnahmt. Freundlich stellt in der Ausstellung ‚Konstruktivisten' in Basel sowie beim ‚Congrès International de l'Art Indépendant' auf der Weltausstellung in Paris aus. Auch ist er in der Ausstellung ‚Unity of Artists for Peace, Democracy and Cultural Develeopement' in London vertreten. **1938** wird Freundlich eine Einzelausstellung zu seinem 60. Geburtstag in der Galerie Jeanne Bucher-Myrbor in Paris gewidmet. Befreundete Künstler, darunter Max Ernst, Picasso, Arp, Georges Braque, Robert und Sonia Delaunay, Kandinsky, Léger, Sophie Taeuber-Arp, unterstützen eine Initiative zum Ankauf eines seiner Gemälde von einem Pariser Museum. Freundlich ist in den Ausstellungen ‚Abstracte Kunst' in Amsterdam und ‚20th Century German Art' in London vertreten. **1939** beteiligt er sich am ‚Salon des Réalités Nouvelles' in der Galerie Charpentier in Paris, an ‚Art Abstrait' in der Galerie de Beaune in Paris sowie der Galerie Guggenheim Jeune in London. Bei Kriegsbeginn wird er in ein Internierungslager gebracht. Er wird u. a. auf Betreiben von Picasso freigelassen und flieht in die Pyrenäen. **1943** wird er wegen seiner jüdischen Abstammung verhaftet und nach Polen deportiert. Freundlich ist vermutlich **1943** im Konzentrationslager Lublin-Maidanek umgekommen.

- *Otto Freundlich,* Bonn 1978 (Ausst.-Kat. mit ausführlicher Biographie, Schriften des Künstlers und einem Werkverzeichnis von Joachim Heusinger von Waldegg)
- Uli Bohnen (Hrsg.), *Otto Freundlich. Schriften. Ein Wegbereiter der gegenstandslosen Kunst,* Köln 1982
- Joachim Heusinger von Waldegg, Über Otto Freundlichs plastisches Werk, in: *Pantheon,* Nr. 4, München 1984, S. 347–350
- Joachim Heusinger von Waldegg, *Otto Freundlich, Ascension. Anweisung zur Utopie,* Frankfurt (Main) 1987

31

32

34

35
Monument for an Airport
(Monument für einen Flughafen)
1936/1948
Plexiglas und schwarzgestrichenes Messing, 41,6 x 108 x 57,05
Sanderson-Lodder 35.4
Familienbesitz

36
Spheric Theme: Black Variation
(Sphärisches Thema: Schwarze Variation)· 1937
Rhodoid und schwarzes Zelluloid, ∅ 42,5
Sanderson-Lodder 37.6
Familienbesitz

1890 wird Naum Borisovich Pevsner in Bryansk, Rußland, geboren. Sein Vater ist Besitzer einer Metallfabrik. Mit siebzehn Jahren wird er kurz inhaftiert, da er angeklagt ist, als Teil einer illegalen Gruppierung Arbeitern und Bauern das Schreiben und Lesen beigebracht zu haben. Seit dieser Zeit zeichnet und malt er. Von **1907** bis **1910** besucht er das Gymnasium in Kursk. 1910 hält er sich kurz in Berlin auf und reist dann weiter nach München, wo er sich in der medizinischen Fakultät einschreibt. **1911** wechselt er zum Studium der Naturwissenschaften und der Mathematik über. Ab **1912** studiert er an der Technischen Hochschule Hoch- und Tiefbau. Er reist nach Paris, um dort seinen als Künstler tätigen Bruder Antoine zu besuchen. Auf dieser oder einer nächsten Reise nach Paris besucht er den ‚Salon des Indépendants' und sieht dort Kunst der Avantgarde. In München fertigt er seine erste plastische Arbeit an, einen Tonbozetto, der den Kopf eines Negers darstellt. Von 1912 bis 1913 besucht er Vorlesungen des Kunsthistorikers Heinrich Wölfflin und die Veranstaltungen der Gruppe ‚Der Blaue Reiter'. Er lernt Wassily Kandinsky kennen. **1913** fährt er zum zweiten Mal nach Paris und macht dann, einen Vorschlag Wölfflins aufgreifend, eine Fußwanderung durch Italien. **1914** verläßt er, bei Ausbruch des Krieges, zusammen mit seinem Bruder Alexei Deutschland und geht nach Norwegen, da er als Russe fürchtet, von den Deutschen inhaftiert zu werden. Von **1915** bis **1916** stellt er erste konstruktive Plastiken her. Um nicht mit seinem Künstler-Bruder Antoine verwechselt zu werden, nimmt er den Namen ‚Gabo' an. Beim Ausbruch der Russischen Revolution reist er mit seinen Brüdern nach Rußland. **1918** lehnt er eine Anstellung als Lehrer für Keramik und Skulptur an den freien staatlichen Künstlerwerkstätten ab, die ihm vom Direktor der IZO (Abteilung der Schönen Künste des Kommissariats für Aufklärung) angeboten wird. Von 1918 bis 1920 ist Gabo an unterschiedlichen Projekten beteiligt, u.a. an einer Zeitschrift, die von der IZO herausgegeben wird. **1919** entwirft er eine konstruktivistische Skulptur für die Radio-Station in Serpukho. **1920** verfaßt er die Schrift ‚Realistisches Manifest', die auch von Antoine Pevsner unterzeichnet wird. Diese wird nach oberflächlicher Begutachtung der Behörden genehmigt, von öffentlichen Stellen herausgegeben und in fünftausend Kopien verbreitet, obwohl der Inhalt nicht der offiziellen Meinung über die gesellschaftliche Aufgabe der Kunst entspricht. Mit Pevsner, Gustav Kluzis und einigen Studenten veranstaltet er eine Freiluftausstellung, die internationale Aufmerksamkeit findet. **1922** erhält er vom Kommissariat für Aufklärung die Erlaubnis, beim Aufbau der abstrakten Abteilung der ‚Ersten Russischen Kunstausstellung' in der Berliner Galerie van Diemen mitzuarbeiten. Er nutzt diese Gelegenheit, um Rußland für immer zu verlassen, da er die Freiheit seiner künstlerischen Arbeit durch den Wandel der russischen Kulturpolitik bedroht sieht. Er trifft Katherine S. Dreier, die eine seiner Arbeiten kauft. Durch sie wird er später Marcel Duchamp kennenlernen. Von **1922** bis 1923 lebt er in Berlin. **1923** schreibt er einen Artikel für die von Hans Richter herausgegebene Zeitschrift ‚G'. **1924** wird zum ersten Mal eine Arbeit von Gabo in den USA ausgestellt. **1926** entwirft er die Gestaltung des Balletts ‚La Chatte' (‚Die Katze') von Sergei Diaghilev. **1928** hält Gabo Vorlesungen am Bauhaus. Er entwirft ein nicht ausgeführtes Schweinwerferprojekt für ein stadtübergreifendes Lichtfest des Berliner Städtebau-Architekten Hugo Häring. Die erste Einzelausstellung seiner konstruktivistischen Skulpturen findet **1930** in der Kestner-Gesellschaft in Hannover statt. Gabo hält den Vortrag ‚Das Rationale und das Irrationale in der Kunst'. Er lehnt das Angebot von Michel Seuphor und Joacquin Torres-Garcia ab, Mitglied der Gruppe ‚Cercle et Carré' zu werden. **1931** beteiligt er sich an der ersten Phase des Entwurfwettbewerbs für den Palast der Sowjets in Moskau. **1932** siedelt er nach Paris über, nachdem ein SS-Sturmtrupp sein Atelier durchsucht hat. Er wird Mitglied der Gruppe ‚abstraction, création, art non-figuratif' und verfaßt Beiträge für die ersten beiden Ausgaben der gleichnamigen Zeitschrift. Er lernt durch die Gruppenaktivitäten Ben Nicholson und Barbara Hepworth kennen. **1933** trifft er Hilla Rebay. **1935** stellt er zum ersten Mal mit Pevsner, César Domela und Piet Mondrian in England aus. **1936** nimmt er an der internationalen Ausstellung ‚Abstract and Concrete' in Oxford teil und läßt sich in London nieder. Mit sieben Arbeiten ist er auf der Ausstellung ‚Cubism and Abstract Art' im Museum of Modern Art, New York, vertreten. **1937** ist er an den Ausstellungen ‚Konstruktivisten' in Basel und ‚Origines et Dévelopment de l'Art International Indépendant' im Jeu de Paume in Paris beteiligt. Zusammen mit Leslie Martin und Nicholson gibt er die Zeitschrift ‚Circle: International Survey of Constructive Art' heraus, in der er selbst zwei Essays publiziert. **1938** begleitet er eine zuvor in England gezeigte Ausstellung seiner Werke in die USA. Er lernt Lewis Mumford kennen, der sein lebenslanger Freund wird. Für einen geplanten Springbrunnen im Pavillon der Firma ‚General Electric' auf der Weltausstellung in New York 1939 kauft der Konzern Gabos Skulptur ‚Spheric Theme'. Das Projekt wird allerdings nicht realisiert. **1939** beschäftigt sich Gabo mit nie ausgeführten Entwürfen für die Ausgestaltung des Ozeanliners ‚Queen Mary'. In Paris ist er in der Galerie Charpentier in der Ausstellung ‚Réalités Nouvelles' vertreten. Bei Kriegsbeginn zieht er an die Küste von Cornwall. Von **1943** bis **1944** arbeitet er am Entwurf für ein neuartiges Automobil, das jedoch nicht in die Produktion geht. **1946** verläßt er England und siedelt in die USA über. Er hält Vorträge und Vorlesungen und publiziert eigene Texte. Ihm werden große Einzelausstellungen in den USA und Europa gewidmet. Er erhält viele Preise und öffentliche Auszeichnungen. Sein langgehegter Wunsch, großformatige Skulpturen im öffentlichen Raum zu realisieren, kann mehrfach verwirklicht werden wie z.B. vor dem Bijenkorf-Warenhaus in Rotterdam. Gabo stirbt nach langer Krankheit im Jahre **1977**.

- *Naum Gabo. Bauten, Skulptur, Malerei, Zeichnungen, Grafik,* Neuchâtel 1961 (Mit einführenden Essays von Herbert Read und Leslie Martin und mehreren wichtigen Texten des Künstlers)
- Steven Nash und Jörn Merkert (Hrsg.), *Naum Gabo. Sechzig Jahre Konstruktivismus,* München 1986 (Ausst.-Kat. Berlin/Düsseldorf mit vollständigem Ausst.-Verzeichnis, ausführlicher Bibliographie, Werkverzeichnis von Colin Sanderson und Christina Lodder und Texten des Künstlers)

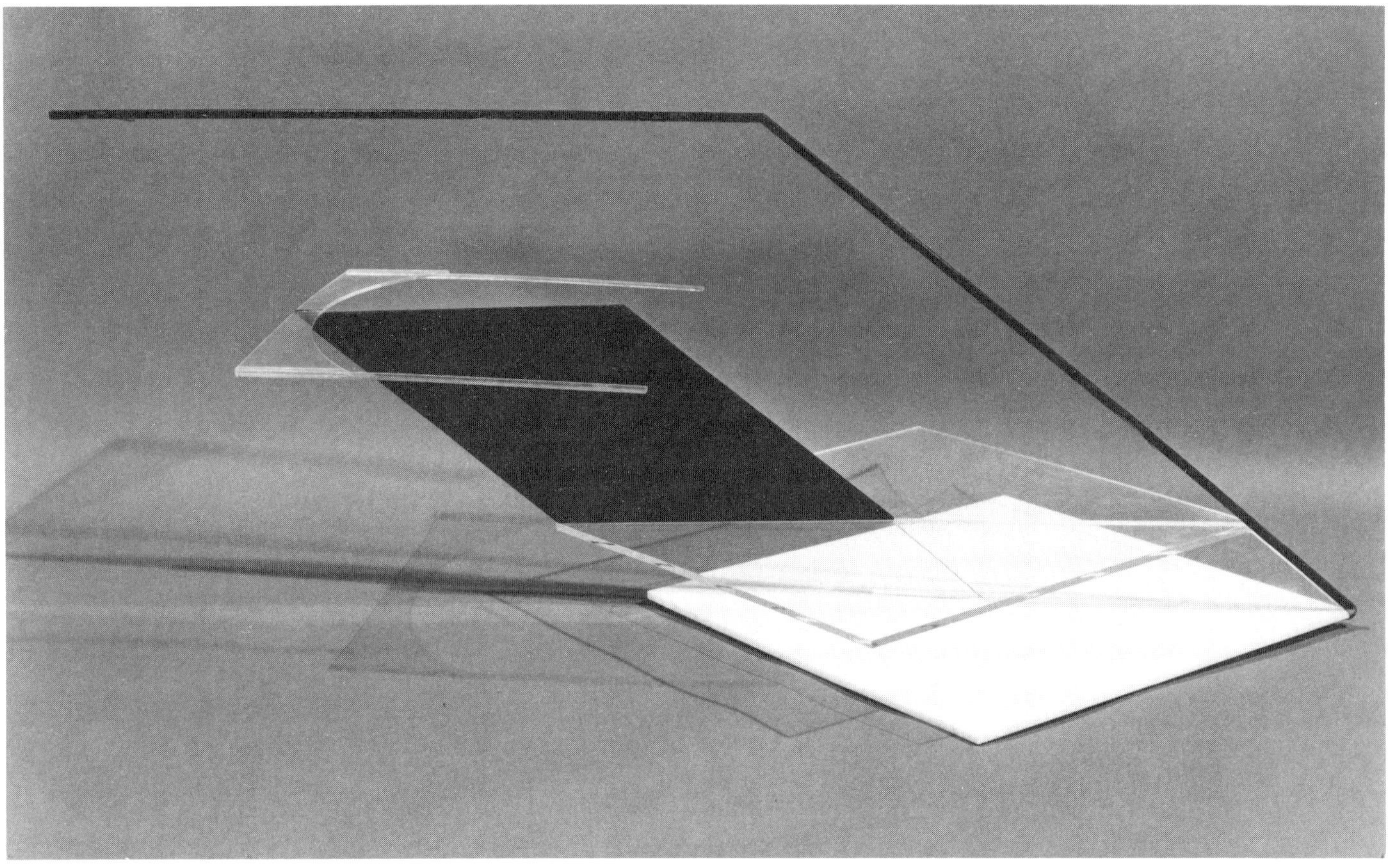

35

36

37
Femme égorgée (Frau mit durchschnittener Kehle) 1932
Bronze, L.: 87,5
Bez. unter der geöffneten Hand: A Giacometti 5/5/1932
Scottish National Gallery of Modern Art, Edinburgh

38
L'objet invisible (Der unsichtbare Gegenstand) 1934
Bronze, 153 x 32 x 26
Bez. auf dem Sockel rechts
Collection Fondation Marguerite et Aimé Maeght, Saint Paul

Von dieser Plastik existieren sechs Bronzegüsse (außer in St. Paul noch in Basel, Zürich, St. Louis, Buffalo und Washington). Giacometti hat sich zu ‚L'objet invisible' folgendermaßen geäußert: „Jene Plastik (...) hat in meinem Leben alles wieder umgestoßen. Mit ihren Händen und ihrem Kopf war ich zufrieden, denn sie erfüllen genau meine Absichten. Aber mit den Beinen, dem Körper und der Brust war ich ganz und gar nicht zufrieden. Sie erschienen mir zu akademisch, zu konventionell. Das hat mir Mut gegeben, wieder nach der Natur zu arbeiten." (Zit. n.: R. Hohl, 1971, S. 251).

1901 wird Giacometti in dem Bergbauerndorf Borgonovo (Graubünden/Schweiz) geboren. Sein Vater ist der postimpressionistische Maler Giovanni Giacometti. **1902** wird sein Bruder Diego geboren, der Kunsthandwerker wird und Albertos Leben und Werk begleitet. Die Familie Giacometti verbringt die Sommer in dem Paßort Maloja am Silsersee. Das Chalet der Familie wird für Giacometti später zu einer wichtigen Arbeitsstätte. **1913** malt er sein erstes Bild und **1914/15** entstehen die ersten Porträt-Büsten. Nach dem Besuch des Gymnasiums studiert er ab Herbst **1919** zunächst an der Kunstakademie in Genf und geht dann in die Bildhauerklasse an der Ecole des Arts et Métiers. **1920/21** verbringt er einige Studienmonate in Italien. **1922** reist er nach Paris. Dort besucht er die Klasse von Antoine Bourdelle an der Académie de la Grande Chaumière. Er hat Kontakt mit den Bildhauern Henri Laurens und Jacques Lipchitz und lernt Arbeiten von Constantin Brancusi, afrikanische Kunst und kyladische Idole kennen. **1925** beziehen er und sein Bruder in Paris das erste eigene Atelier. **1927** wechselt er in die rue Hippolyte-Maindron, wo er bis zuletzt seine Arbeitsstätte hat. Er lernt André Masson und Michel Leiris, der einer seiner engsten Freunde wird, kennen sowie die Schriftsteller Raymond Queneau, Robert Desnos, Jacques Prévert, Georges Bataille und die Künstler Joan Miró und Alexander Calder. **1928** werden zwei seiner Plastiken in der Galerie Jeanne Bucher gezeigt, sie finden sogleich Beachtung. **1929** schließt Pierre Loeb mit Giacometti einen Vertrag für ein Jahr. In der von Bataille herausgegebenen Zeitschrift ‚Documents' und in den ‚Cahiers d'Art' erscheinen Besprechungen der Werke Giacomettis. Carl Einstein widmet ihm fünf Abbildungstafeln in der 3. Ausgabe (1931) der Propyläen-Kunstgeschichte des 20. Jahrhunderts. **1930** erregt Giacometti mit seinen in Loebs Galerie gezeigten Arbeiten, wo er zusammen mit Hans Arp und Miró ausstellt, bei den Surrealisten Aufmerksamkeit. Er nimmt eine Zeitlang an ihren Aktivitäten teil. Es entstehen Skulpturen, in denen Spiel, Traum und Erotik eine Verbindung eingehen. **1932** veranstaltet die Galerie Pierre Colle seine erste Einzelausstellung in Paris. In derselben Galerie findet **1933** eine Surrealisten-Ausstellung statt, an der er beteiligt ist. **1934** zeigt Julien Levy, New York, seine Arbeiten. Noch im selben Jahr ist er vertreten in der ‚Exposition Minotaure' in Brüssel und in einer Gruppenausstellung gemeinsam mit Max Ernst, Julio González, Arp, Miró im Kunsthaus Zürich. **1935** nimmt er an der Luzerner Ausstellung ‚these, antithese, synthese' teil. **1936** sind Arbeiten von ihm zu sehen in der Ausstellung surrealistischer Objekte der Galerie Charles Ratton in Paris, in der Internationalen Surrealisten-Ausstellung und in der Ausstellung ‚Abstract and Concrete' in London und Oxford, darüber hinaus auch in den Ausstellungen ‚Cubism and Abstract Art' und ‚Fantastic Art, Dada, Surrealism' im Museum of Modern Art, New York. **1938** wird ‚L'objet invisible' in der ‚Exposition Internationale du Surréalisme' in Paris gezeigt. In dem als Katalog dienenden ‚Dictionnaire abrégé du Surréalisme' steht unter dem Stichwort „Giacometti" allerdings nur: „Ehemaliger surrealistischer Bildhauer". Zwischen ihm und Breton ist es 1934/35 zum Bruch gekommen, als Giacometti beschließt, wieder nach der Natur zu arbeiten. Seit Mitte der 30er Jahre modelliert er Köpfe und menschliche Figuren nach dem Modell. Gegen **1940** beginnt er mit den gewonnenen Erfahrungen nach dem Gedächtnis zu arbeiten. Er freundet sich mit Pablo Picasso, Jean Paul Sartre und Simone de Beauvoir an. Ende **1941** verläßt er das von deutschen Truppen besetzte Paris und geht nach Genf, wo er bis 1945 lebt. Dort entstehen winzige Skulpturen. Er arbeitet an der von Albert Skira herausgegebenen Zeitschrift ‚Labyrinthe' mit. Er lernt seine spätere Frau Annette Arm kennen. **1945** kehrt er nach Paris zurück. Es entstehen erste Großfiguren. **1948** und **1950** stellt Pierre Matisse seine Werke in New York aus. Weitere wichtige Ausstellungen in Basel, Paris, New York, London und Auftragsarbeiten folgen. **1956** richtet die Kunsthalle Bern eine große Retrospektive aus. **1962** werden seine Arbeiten auf der Biennale Venedig gezeigt. Er erhält dort den Großen Preis für Skulptur. Giacometti stirbt **1966** in Chur/Schweiz.

- Reinhold Hohl, *Alberto Giacometti,* Stuttgart 1971 (Mit einer umfangreichen Bibliographie)
- *Alberto Giacometti. Retour à la figuration 1933–1947,* Genf/Paris 1986 (Ausst.-Kat.)
- James Lord, *Alberto Giacometti. Der Mensch und sein Lebenswerk,* Bern/München/Wien 1987
- Axel Matthes, *Louis Aragon mit anderen. Wege zu Giacometti,* München 1987
- *Alberto Giacometti,* München 1987 (Ausst.-Kat. Berlin 1987; Stuttgart 1988)

37

38

39
Homme gothique (Stehender, gotisch) 1937
Eisen, 50 x 26,5 x 13
Bez. auf dem Sockel: J. González 1937
Merkert 228
Sammlung Hans Hartung, Antibes

40
Danseuse à la marguérite
(Tänzerin mit der Margarite)
um 1937
Bronze, 48,3 x 29,2 x 10
Merkert 224.6/6
Museum Ludwig, Köln

41
La grande faucille (Die große Sichel) um 1937
Bronze, geschmiedet, 45,5 x 12 x 4
Merkert 223
Musée de Peinture et de Sculpture de Grenoble

1876 wird González in Barcelona geboren, wo sein Großvater und sein Vater als Goldschmiede tätig sind. Als 15jähriger beginnt er im Kunstschmiedeatelier des Vaters zu arbeiten. Gemeinsam mit seinem älteren Bruder Joan nimmt er abends an der Kunstakademie in Barcelona Zeichenunterricht. Von **1897** bis **1899** gehören er und sein Bruder zu den Künstlern des Café Els Quatre Gats in Barcelona, eine Gruppe, zu der u. a. Ramón Casas, Jaime Sabartés, Isidor Nonell, Pablo Picasso, Joaquin Torres-Garcia gehören. Der Vater von González stirbt **1896**. Daraufhin verkauft die Familie **1900** die Werkstatt und siedelt nach Paris über, wo sie auf dem Montparnasse eine Wohnung bezieht. Enge Freunde der Familie sind Picasso und der Bildhauer Manolo; **1902** lernt González den Bildhauer Pablo Gargallo kennen, wenig später auch Constantin Brancusi. Er zeichnet, malt und wendet seine Kenntnis der Metallschmiederei auf die Bildhauerei an: erste gehämmerte Masken entstehen. **1908** stirbt sein Bruder Joan. Der Verlust trifft ihn schwer. Die Familie kehrt nach Barcelona zurück. Julio bleibt in Paris, wo er jahrelang sehr zurückgezogen lebt und arbeitet. **1918** ist er als Metallarbeiter tätig und lernt neue Schweißtechniken. **1920** mietet er in Paris eine Schmiede und beginnt regelmäßig im ,Salon d'Automne' und im ,Salon des Indépendants' Gemälde und Metallarbeiten auszustellen. **1922** findet seine erste Einzelausstellung in der ,Galerie du Caméléon' statt. In der 2. Hälfte der 20er Jahre gibt er die Malerei mehr und mehr auf und widmet sich ganz der Metallplastik. Von **1928** bis 1931 arbeitet er gemeinsam mit Picasso an einer Serie von Metallplastiken. Zu Beginn der 30er Jahre hat er Verbindung zu den Künstlergruppen ,Cercle et Carré' und ,abstraction, création, art non-figuratif'. **1930** findet eine Einzelausstellung in der ,Galerie de France' statt. **1931** stellt die Brüsseler Galerie ,Le Centaure' seine Arbeiten aus. **1933** beginnt er den Bau eines Hauses mit Atelier in Arceuil, einem südlichen Vorort von Paris. **1934** hat er in Paris zwei Einzelausstellungen. Gemeinsam mit Joan Miró, Hans Arp, Max Ernst, Alberto Giacometti ist er an einer Gruppenausstellung im Kunsthaus Zürich beteiligt. In Madrid erscheint eine Monographie über seine Metallplastiken. **1935** veranstaltet die Galerie des Cahiers d'Art eine Einzelausstellung, **1936** ist er in der Ausstellung ,Cubism and Abstract Art' im Museum of Modern Art, New York, vertreten; das Museum kauft eine seiner Skulpturen. Er bezieht das neue Haus und heiratet **1937** seine langjährige Lebensgefährtin Marie-Thérèse Roux. Er hat eine Einzelausstellung in der Galerie Pierre Loeb, Paris, und stellt die Skulptur ,La Montserrat' im Pavillon der spanischen Republik auf der Pariser Weltausstellung aus, für den Picasso ,Guernica' gemalt hat. **1938** überläßt er Hans Hartung einen Arbeitsplatz in seinem Atelier. Dieser heiratet **1939** die Tochter von González. **1940** verläßt er mit der Familie beim Vormarsch der deutschen Truppen Paris und hält sich in Südwestfrankreich auf. **1941** kehrt er nach Arceuil zurück, wo er **1942** stirbt.

39

- *Julio González 1876–1942. Plastik und Zeichnungen,* Mannheim 1977 (Ausst.-Kat.)
- *Julio González 1876–1942. Plastiken, Zeichnungen, Kunstgewerbe,* Frankfurt a. M./Berlin 1983 (Ausst.-Kat.)
- Jörn Merkert, *Julio González. Catalogue raisonné des sculptures* (mit einer Einführung von Margit Rowell), Mailand 1987

40

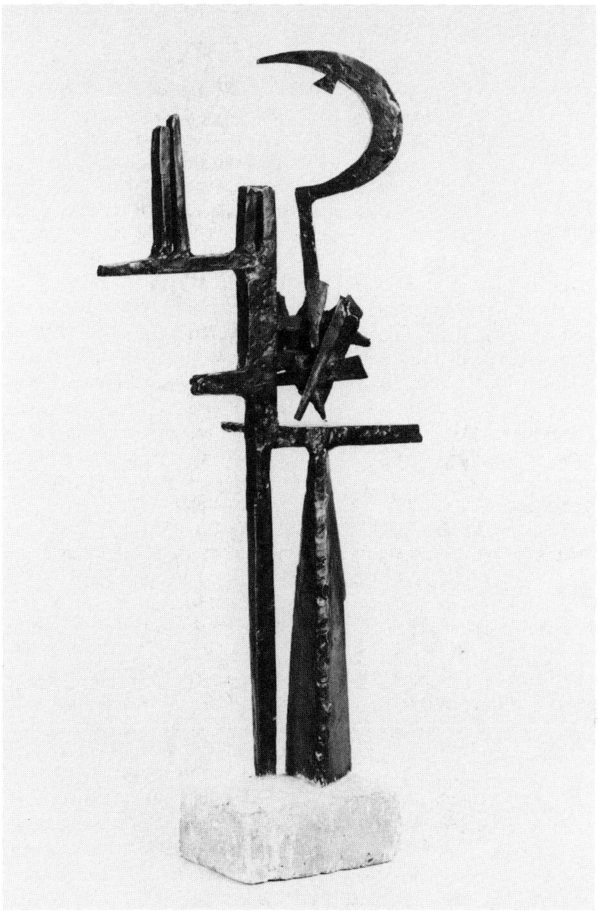

41

42
T 1935-1 1935
Öl auf Leinwand, 142 x 186
Bez. n. l.: Hartung 35
Musée National d'Art Moderne, Centre Georges Pompidou, Paris
Farbabb. S. 79

43
T 1936-2 1936
Öl auf Leinwand, 169,5 x 113,5
Bez. u. l.: Hartung 35–36
Musée National d'Art Moderne, Centre Georges Pompidou, Paris
(Leihgabe des Künstlers)

44
G 1936-10 1936
Eitempera auf Papier auf Leinwand gezogen, 91 x 72
Bez. u. l.: Hartung 36
Museum Folkwang, Essen

45
T 1938-3 1938
Öl auf Leinwand, 51,7 x 30,5
Hans Hartung, Antibes

1904 wird Hartung in Leipzig geboren. Sein Vater ist Arzt, seine Mutter eine leidenschaftliche Musikliebhaberin. Während der Schulzeit zeigt er ein großes Interesse für Astronomie und Photographie, er zeichnet und aquarelliert. Neben Porträts und Naturstudien entstehen schon damals erste ungegenständliche Arbeiten. **1924/25** studiert er Philosophie und Kunstgeschichte an der Universität und gleichzeitig bildende Kunst an der Akademie in Leipzig. **1925/26** besucht er die Kunstakademie in Dresden, wo ihn auf der Großen Internationalen Kunstausstellung die moderne französische Malerei (Fauvismus, Kubismus) beeindruckt. Im Herbst **1926** reist er nach Paris und schreibt sich an der Sorbonne ein. Tatsächlich aber besucht er die privaten Malschulen von André Lhote und Fernand Léger. Durch Ausstellungsbesuche lernt er die moderne Kunst kennen. Das Sommersemester **1928** verbringt er an der Münchner Akademie, wo er bei Max Doerner seine Maltechnik vervollkommnet. Zurückgekehrt nach Frankreich lernt Hartung die norwegische Malerin Anna-Eva Bergmann kennen; sie heiraten **1929**. **1931** hat er, gemeinsam mit seiner Frau, in der Galerie Heinrich Kühl, Dresden, seine erste Ausstellung. **1932** ist er zur Teilnahme an der Ausstellung ‚Junge Malerei' in der Galerie Flechtheim, Berlin, eingeladen. Eine weitere Ausstellung findet in Norwegen statt. 1932 läßt er sich in Menorca nieder, wo er nach eigenen Entwürfen ein Haus baut. **1934** muß er Menorca verlassen, da die Zuwendungen aus dem Erbe des Vaters ausbleiben. **1935** versucht er, in Deutschland seine finanziellen Angelegenheiten zu regeln. Als Auslandsdeutscher wird er von der Polizei überwacht, woraufhin er seine Heimat endgültig verläßt. Zurück in Paris freundet er sich mit Jean Hélion an. Er lernt Wassily Kandinsky, Piet Mondrian, Joan Miró und Alexander Calder kennen. Von 1935 bis zum Kriegsbeginn nimmt er jährlich am ‚Salon des Surindépendants' teil. **1936** stellt er gemeinsam mit Kandinsky, Hélion und Hans Arp bei Pierre Loeb aus. **1937** ist er an der Ausstellung ‚Origines et Développement de l'Art International Indépendant' im Pariser Jeu de Paume beteiligt. Dort beeindrucken ihn die Skulpturen von Julio González, und es gelingt ihm, dessen Bekanntschaft zu machen. **1938** wird ihm von der deutschen Botschaft der Paß entzogen, seine finanzielle Situation ist verzweifelt. Zum Zeichnen geht er in ein Café, wo den Gästen kostenlos Papier und Tinte zur Verfügung steht. Seine Frau wird krank und reicht die Scheidung ein. Er ist an der Ausstellung ‚20th Century German Art' in den New Burlington Galleries, London, beteiligt. **1939** stellt er gemeinsam mit der Tochter von González, Roberta, in der Pariser Galerie Henriette aus. Sie heiraten. Bei Kriegsausbruch wird er interniert und wenig später, da er sich freiwillig meldet, zur Fremdenlegion eingezogen. Nach dem Waffenstillstand wird er entlassen. Er lebt in der unbesetzten Zone Frankreichs bei der Familie González und verdient seinen Lebensunterhalt als Landarbeiter. Als **1942** auch Südfrankreich von deutschen Truppen besetzt wird, flieht Hartung nach Spanien, wo er verhaftet wird. Er verpflichtet sich wieder als Freiwilliger für die französische Fremdenlegion und wird in Nordafrika eingesetzt. **1944** wird ihm, nach einer schweren Verwundung, das rechte Bein amputiert. Ende **1945** kehrt er nach Paris zurück und erhält die französische Staatsbürgerschaft. **1947** hat er in der Galerie Lydia Conti seine erste Einzelausstellung in Paris. Die Kunstkritik wird aus diesem Anlaß auf ihn aufmerksam. Er lernt u.a. Pierre Soulages, Georges Mathieu, Marc Rothko kennen. **1948** nimmt er an der Biennale von Venedig teil, **1949** hat er Einzelausstellungen in München und London, **1951** werden seine Arbeiten zum ersten Mal in den USA gezeigt. Hartung wird zunehmend als einer der führenden Vertreter der abstrakten Kunst anerkannt. **1952** trennt er sich von Roberta González und geht mit seiner ersten Frau, Anna-Eva, eine neue Ehe ein. **1960** erhält er auf der Biennale von Venedig den Großen Internationalen Preis für Malerei. **1972/73** läßt er sich, endgültig international anerkannt und erfolgreich, in Antibes nieder, wo er bis heute lebt.

- R. V. Gindertael, *Hans Hartung,* Paris 1960
- Rolf Schmücking, *Hans Hartung. Werkverzeichnis der Graphik 1921–65,* Braunschweig 1965
- Hans Hartung, *Selbstporträt.* Schriftenreihe der Akademie der Künste, Bd. 14, Berlin 1981
- *Hans Hartung. Malerei, Zeichnung, Photographie,* Berlin 1981 (Ausst.-Kat. mit Ausstellungsverzeichnis und Bibliographie)

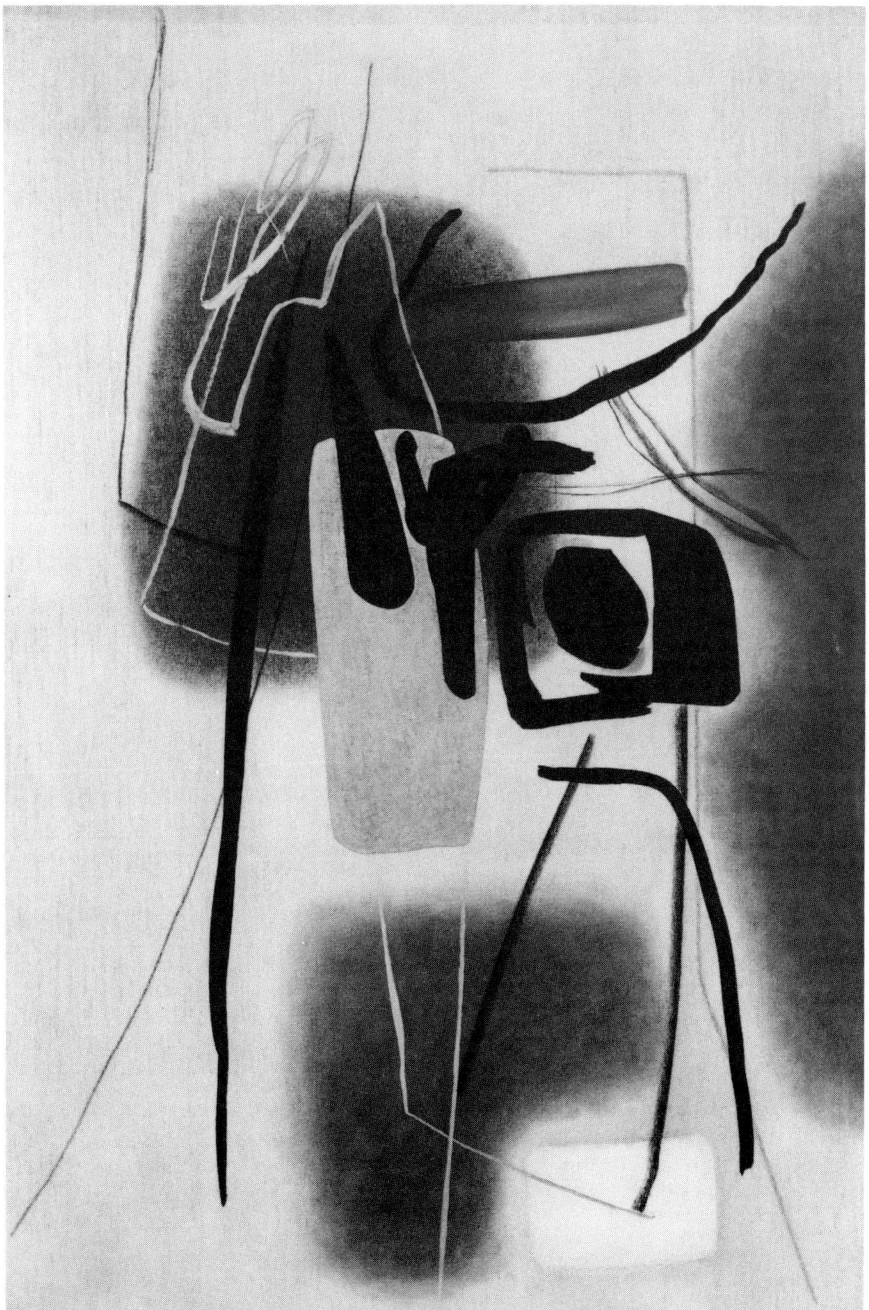

43

44

45

Jean Hélion

46
Equilibre (Gleichgwicht) 1933
Öl auf Leinwand, 81 x 100
Hamburger Kunsthalle, Hamburg

47
Figure debout (Aufrechte Figur)
1936
Öl auf Leinwand, 146 x 114
The Metropolitan Museum of Art
(Schenkung der Joseph Cantor
Foundation, 1982), New York

48
Figure creuse (Ausgewählte Figur)
1936/37
Öl auf Leinwand, 145 x 98
Städtische Galerie im Lenbach-
haus, München

49
Figures jumelles (Zwillingsfiguren)
1938
Öl auf Leinwand, 132 x 175,3
Bez. auf der Rückseite: Hélion
22. Janv. Mars: 38
The Art Institute of Chicago
(Schenkung von Peggy Guggen-
heim)
Farbabb. S. 76

Hélion wird **1904** in Couterne (Orne) geboren. Nach dem Schulabschluß arbeitet er als Zeichner in einem Architekturbüro. Neben dieser Arbeit entwickelt er zunehmend Interesse für die Malerei. Seine ersten Gemälde stellt er von **1922** bis **1925** am Montmartre aus. Von **1926** bis **1927** macht Joaquin Torres-Garcia ihn mit den neuen Strömungen in der Kunst, insbesondere mit dem Kubismus, vertraut. **1929** entstehen Hélions erste ungegenständliche Werke. Zusammen mit Theo van Doesburg, Otto Carlsund und Léon Tutundjian gründet er die Gruppe ‚Art Concret'. Er hat eine Einzelausstellung in der Avantgarde-Galerie Joseph Dalmau in Barcelona. Hélion begegnet Hans Arp, Antoine Pevsner, Georges Vantongerloo und John Graham. Um seinen Lebensunterhalt zu verdienen, erteilt er Nachhilfestunden in Mathematik und Französisch. **1930/31** gibt die Gruppe ‚Art Concret' ihre erste Zeitschrift heraus und löst sich kurz darauf auf. Hélion schließt sich u. a. mit van Doesburg, Tutundjian, Arp, Auguste Herbin, Robert Delaunay, Frantisek Kupka, Albert Gleizes, Valmier und Georges Vantongerloo zur Gruppe ‚abstraction, création, art non-figuratif' zusammen. Er lernt Alexander Calder, Fernand Léger, Michel Seuphor, Amedée Ozenfant, Jean Gorin und William Einstein kennen. Mit dem letzteren reist er durch Europa und Rußland. Er begegnet Naum Gabo in Berlin und trifft in Paris Max Ernst, Tristan Tzara und Marcel Duchamp. **1932** befreundet er sich mit Piet Mondrian und Arp. Seine Gemälde werden unter dem Titel ‚Abstraktionen' in der Galiere Pierre in Paris gezeigt. Er ist Herausgeber der ersten Nummer der Zeitschrift ‚abstraction, création, art non-figuratif'. Er lernt die Amerikaner James Johnson Sweeney und G. L. K. Morris kennen und unternimmt seine erste Reise in die USA, die er im Jahr darauf wiederholt. In New York nimmt er an einer Gruppenausstellung in der ‚Gallery of Living Art' von A. E. Gallatin neben u. a. Pablo Picasso, Léger, Juan Gris und Paul Klee teil. Er berät Gallatin bei Kunstankäufen. Bis Mitte 1932 malt er orthogonale Bilder und geht dann über zu ‚Equilibre'-(‚Gleichgewicht'-) Kompositionen. **1933** ist er zusammen mit Arp, Pevsner, Calder, Joan Miró, Sophie Taeuber-Arp und Kurt Seligmann in einer Ausstellung in der Galerie Pierre, Paris, vertreten. Außerdem beteiligt er sich an Gruppenausstellungen in New York und Chicago. Hélion steht der AEAR (Association des Ecrivains et Artistes Révolutionaires) nahe und diskutiert mit den Mitgliedern über einen neuen Humanismus in der Kunst. **1934** trifft er Raymond Queneau, Paul Nelson, G. L. Roux, Balthus und Pierre Bruguière. Hélion reist gemeinsam mit dem amerikanischen Sammler Gallatin nach London. Er lernt dort Ben Nicholson, Herbert Read und Henry Moore kennen. Zusammen mit u. a. Arp, Taeuber-Arp und Louis Fernandez verläßt er die Gruppe ‚abstraction, création, art non-figuratif', da der Vorstand seiner Meinung nach ohne Berücksichtigung von Qualität zu dogmatisch auf Ungegenständlichkeit besteht. Er beendet das ‚Equilibre'-Thema und beginnt ‚Figures' (Figuren) zu malen. Ihm wird eine Einzelausstellung in der Galerie John Bekker in New York gewidmet und er ist an einer Gruppenausstellung in der Galerie ‚Cahiers d'Art' zusammen mit Arp, Taeuber-Arp und Ghika beteiligt. Finanziell unterstützt er, gemeinsam mit Mondrian, den jungen amerikanischen Maler Harry Holtzman, der später Mondrian in die USA holen wird. Hélion regt Holtzman zur Gründung einer amerikanischen Gruppierung abstrakter Künstler an, die 1936 unter dem Namen AAA (American Abstract Artists) ins Leben gerufen wird. Bis 1940 hat er großen Einfluß auf die Gruppe. **1935** trifft er in Paris Henry Miller, Wassily Kandinsky und Hans Hartung. Er nimmt an der Ausstellung ‚these, antithese, synthese' in Luzern teil. Für die Zeitschrift ‚Axis' schreibt er den Artikel ‚From Reduction to Growth' (Von der Reduktion zum Wachstum). Die Zeitschrift ist nach einem Konzept von Hélion aufgebaut, das dieser für ein Publikationsprojekt von Gallatin entworfen hat. **1936** ist er in der in London und Oxford gezeigten Ausstellung ‚Abstract and Concrete' vertreten. **1937** siedelt er in die USA über, baut sich ein Studio in Rockbridge Baths, Virginia, und verbringt den Winter in New York. Er hat Einzelausstellungen in der Galerie ‚Cahiers d'Art' in Paris und in der Valentine Gallery in New York. An Gruppenausstellungen ist er in der Galerie Pierre (mit Arp, Ferren, Alberto Giacometti, Kandinsky, Wolfgang Paalen und Taeuber-Arp) und der Galerie Castellucho Diana (mit Pablo Picasso, Alberto Magnelli, Julio González und Fernandez) in Paris und der London Gallery (mit Nicholson, Barbara Hepworth, Moore, Pevsner und Mondrian) beteiligt. Alfred H. Barr, zeigt zwei seiner Werke in New York in der Ausstellung ‚Cubism and Abstract Art'. 1937 befreundet er sich auch mit dem Kunstkritiker Meyer Schapiro und lernt neben Carl Holty und Alfred Stieglitz viele andere amerikanische Künstler und Schriftsteller kennen. In diesem Jahr hat Hélion Einzelausstellungen in der Valentine Gallery in New York und im Arts Club in Chicago. Er ist in einer Gruppenausstellung der London Gallery (‚Constructive Art') vertreten und mit einem Gemälde an der Pariser Ausstellung ‚Origines et Développement de l'Art International Indépendant' beteiligt. **1938** fährt er nach Frankreich und freundet sich mit Yves Tanguy an. Im selben Jahr noch kehrt er nach Virginia zurück und beginnt mit Baum- und Kopfstudien. In diesem und den nächsten Jahren hat er mehrere Einzelausstellungen in den USA. **1939** entstehen letzte abstrakte Arbeiten und erste Gemälde von Köpfen. Hélion ist an der Ausstellung ‚Réalités Nouvelles' in der Galerie Charpentier in Paris beteiligt. **1940** schreibt Meyer Schapiro ein Katalogvorwort zur Ausstellung seiner Werke in einer Galerie in New York. Im gleichen Jahr fährt er zurück nach Frankreich und wird Soldat. Kurze Zeit später gerät er in deutsche Kriegsgefangenschaft. **1942** gelingt ihm die Flucht aus der Gefangenschaft in Stettin. Er schlägt sich quer durch Europa nach Portugal durch und nimmt von dort ein Schiff in die USA. Im folgenden Jahr veröffentlicht er dort ein Buch über seine Flucht, das sich zum Bestseller entwickelt. Er arbeitet nur noch figurativ. **1946** kehrt er nach Frankreich zurück und setzt seine figurative Malerei in unterschiedlichen Serien fort. Ihm werden viele Ausstellungen im In- und Ausland gewidmet. **1983** hört Hélion wegen stark verminderter Sehfähigkeit auf zu malen und beginnt, seine Memoiren zu diktieren. Hélion stirbt im Oktober **1987** in Paris.

- Daniel Abadie, *Hélion ou le force des choses,* Brüssel 1975
- *Jean Hélion. Abstraktion und Mythen des Alltags. Bilder, Zeichnungen, Gouachen.* 1925–1983, München 1984 (Ausst.-Kat.)

46

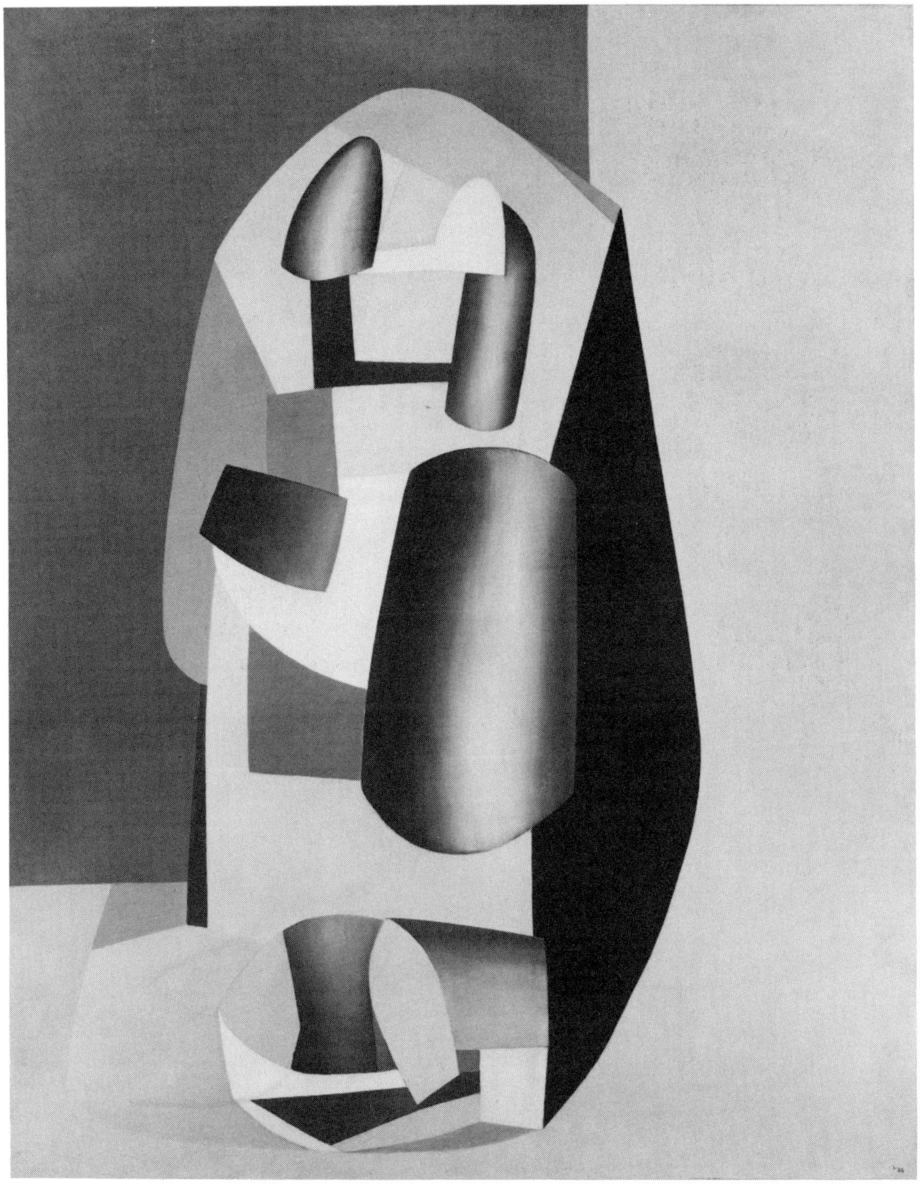

47

48

50
Discs in Echelon (Scheiben in Staffelung) 1935 (1936)
Aluminium, L. 54,5
Hodin 73
Gimpel Fils, London

51
Conicoid, Sphere & Hollow II
(Kegelstumpf, Kugel und Vertiefung II) 1937
Marmor, 28,5 x 33,0 x 35,5
Hodin 100
British Government Art Collection, London

1903 wird Hepworth in der Industriestadt Wakefiel/Yorkshire geboren. Ihr Vater ist Ingenieur, später Grafschaftsaufseher im Bezirk West Riding. Mit zwölf Jahren modelliert sie Köpfe ihrer Geschwister aus Ton. **1919** bis 1920 erhält sie ein Stipendium für die Kunstschule in Leeds und begegnet dort Henry Moore. **1920** bis **1923** studiert sie, wiederum mit einem Stipendium, am Royal College of Art in London. In ihrer Freizeit beginnt sie mit der Bildhauerei, die am College nicht gelehrt wird. In dieser Zeit unternimmt sie eine Reise nach Paris, wohin sie bis 1939 regelmäßig fahren wird. **1924** erhält sie ein Reisestipendium und fährt nach Italien, wo sie bis **1926** bleibt. In Rom heiratet Hepworth den Bildhauer John Skeaping. Zusammen erlernen sie traditionelle Techniken der Bearbeitung von Marmor. **1928** zieht sie in die Ateliers in der Parkhill Road, Hampstead, wo auch Moore und Ben Nicholson arbeiten. **1930/31** fertigt sie ihre erste durchbrochene Skulptur an. Sie wird Mitglied der Gruppe ‚Seven and five', mit der sie bis zu deren Auflösung im Jahr 1936 regelmäßig ausstellen wird. Sie sieht Gemälde von Nicholson, die ihr bei der Entwicklung abstrakter Formen helfen. **1932** reist sie zusammen mit Nicholson, den sie später in zweiter Ehe heiratet, nach Frankreich. Sie lernt dort Pablo Picasso, Georges Braque, Constantin Brancusi, Hans Arp, Sophie Taeuber-Arp und wahrscheinlich auch Joan Miró und Alberto Giacometti kennen. Besonderes Interesse zeigt sie für Arps Fähigkeit, Landschaft und menschliche Formen miteinander zu vereinigen. 1932 und **1933** hat sie zusammen mit Nicholson Einzelausstellungen in London. 1933 trifft sie Brancusi in Paris wieder und macht die Bekanntschaft von Jean Hélion und Auguste Herbin. Sie lernt Piet Mondrian kennen und wird Mitglied der internationalen Gruppe ‚abstraction, création, art non-figuratif', die sie allerdings 1934 zusammen mit Nicholson wieder verläßt. **1934** wendet sie sich zunehmend vom figürlichen Arbeiten ab und strebt geometrische Formen an, wobei sie sich trotz aller Abstraktion immer an der Natur orientiert. 1933 bis 1934 ist sie Mitglied der Gruppe ‚Unit One' in London, von der 1934 ein gemeinsames Buch erscheint. Im gleichen Jahr bringt Hepworth Drillinge zur Welt. **1935** lernt sie Naum Gabo in Paris kennen, der im Jahr darauf nach England zieht und sich in ihrer Nachbarschaft in Hampstead niederläßt. **1936** trifft sie Miró und Braque in Dieppe und begegnet Arp in London anläßlich der ‚International Surrealist Exhibition'. Im selben Jahr ist sie in London und Oxford in der Ausstellung ‚Abstact and Concrete' vertreten. **1937** wird die Zeitschrift ‚Circle: International Survey of Constructive Art' veröffentlicht, an der Hepworth seit 1935 zusammen mit Nicholson, Leslie Martin und Gabo gearbeitet hat. Die Zeitschrift enthält Beiträge von Gropius, Moholy-Nagy, Breuer, Jan Tschichold, Siegfried Giedion und Lewis Mumford. **1938** zieht Mondrian in ein benachbartes Atelier, das er 1940 verlassen wird, um weiter nach New York zu emigrieren. Hepworth ist in Amsterdam in der Ausstellung ‚Abstracte Kunst' vertreten. Sie arbeitet an Modellen für monumentale Skulpturen, die z.T. farbig gefaßt werden. Auch fertigt sie erste Skulpturen mit Seilen an, wie dies vor ihr schon Gabo und Moore taten. **1939** reist sie mit ihrer Familie nach St. Ives, wo auch Gabo bald eintrifft und wo sich mit der Zeit eine ganze Künstlerkolonie bildet. Im gleichen Jahr beteiligt sie sich in Paris an der Ausstellung ‚Réalités Nouvelles'. Aufgrund von Materialmangel während des Krieges zeichnet sie nur und modelliert in Gips. Finanzielle Schwierigkeiten veranlassen sie, einen Kindergarten zu betreiben und selbstangebautes Obst und Gemüse zu verkaufen. Nach dem Krieg hat Hepworth zahlreiche Ausstellungen, besonders in den 60er Jahren. Sie erhält mehrere bedeutende Preise wie z.B. den Großen Preis der Biennale von Sao Paulo **1959.** Sie entwirft Kostüme und Bühnendekorationen für mehrere Theateraufführungen. Seit **1960** nimmt die Größe, die Anzahl ihrer Arbeiten und die dabei verwendete Materialvielfalt beträchtlich zu. Hepworth stirbt **1975** bei einem Brand ihres Ateliers.

- Herbert Read, *Barbara Hepworth. Carvings and Drawings,* London 1952
- J. P. Hodin, *Barbara Hepworth,* Neuchâtel 1961 (Mit Werkverzeichnis)
- Barbara Hepworth, *A Pictorial Autobiography,* Bath 1970

50

51

52
Formes multiples (Vielfältige Formen) 1936
Öl auf Leinwand, 97 x 130,5
Bez. u. l.: K 36; auf der Rückseite: K No 627/1936
Roethel/Benjamin 1065
Galerie Rosengart, Luzern
Farbabb. S. 80

53
Groupement (Gruppierung) 1937
Öl auf Leinwand, 147 x 88
Bez. u. l.: signiert u. datiert
Roethel/Benjamin 1082
Moderna Museet, Stockholm

Kandinsky wird **1866** in Moskau geboren. Sein Vater, ein sibirischer Teehändler, und seine Mutter lassen sich **1871** scheiden. **1886** beginnt er Jura und Nationalökonomie zu studieren und begibt sich **1889** auf eine Forschungsreise in das Gouvernement Wologda. Er beschäftigt sich mit russischer Volkskunst und unternimmt eine erste Reise nach Paris. **1896** sieht er ‚Heuhaufen'-Gemälde von Claude Monet in Moskau und geht nach München, um Malerei zu studieren. Von **1897** bis **1899** besucht er dort eine private Kunstschule und die Kunstakademie. **1901** ist er Mitbegründer der Künstlergruppe ‚Phalanx'. Er befreundet sich mit Gabriele Münter. **1903** reist er nach Venedig, Odessa und Moskau. In den folgenden Jahren hält er sich wiederholt in Odessa auf. Seit **1905** nimmt er an Ausstellungen im ‚Salon d'Automne' und im ‚Salon des Indépendants' in Paris teil sowie **1906** an der ‚Brücke'-Ausstellung in Dresden. Er ist publizistisch tätig, schreibt Gedichte und entwirft abstrakte Bühnenkompositionen. 1906 bis **1907** hält Kandinsky sich in Sèvres bei Paris, in der Schweiz und in Berlin auf. **1908** kehrt er nach München zurück, wo seine Freundschaft mit Alexej Jawlensky und Marianne von Werefkin beginnt. Er hält sich zum ersten Mal in Murnau auf. **1909** gehört er zu den Begründern der ‚Künstlervereinigung München', deren Präsident er wird. **1911** verläßt Kandinsky die ‚Künstlervereinigung' und gründet mit Franz Marc die Redaktion des Almanachs ‚Der Blaue Reiter'. Im selben Jahr hört er zum ersten Mal Kompositionen von Arnold Schönberg und beginnt einen Briefwechsel mit ihm. Kandinsky trifft Paul Klee, lernt August Macke und Hans Arp kennen. Er beginnt, mit Robert Delaunay zu korrespondieren. Die Gruppe ‚Der Blaue Reiter' stellt zum ersten Mal in München aus. Eine zweite Ausstellung folgt **1912.** Im selben Jahr erscheinen seine Schrift ‚Über das Geistige in der Kunst' und die erste Ausgabe des Almanachs ‚Der Blaue Reiter'. Er nimmt an der Sonderbund-Ausstellung in Köln und an der Ausstellung ‚Der Moderne Bund', Zürich, teil. **1913** ist er auf Herwarth Waldens Ausstellung ‚Erster Deutscher Herbstsalon' in der Galerie ‚Der Sturm' in Berlin und in der Ausstellung ‚Moderne Kunst Kring' in Amsterdam vertreten. **1914** verläßt Kandinsky nach Kriegsbeginn Deutschland und geht über die Schweiz nach Moskau. **1916** hält er sich in Stockholm auf und ist mit seinen Arbeiten am Dada-Geschehen in Zürich beteiligt. **1917** und **1918** entwickelt er ein intensives künstlerisches, publizistisches und pädagogisches Engagement in den neugegründeten Kulturorganisationen, in den freien staatlichen Kunstwerkstätten und an Zeitschriften der UdSSR. Er arbeitet zusammen mit Vladimir Tatlin, Liubov Popova, Antoine Pevsner, Kazimir Malewitsch, Nikolai Punin, David Shterenberg, Alexander Rodschenko und Warwara Stepanova. **1919** gründet Kandinsky das Museum für malerische Kultur und richtet bis 1921 zahlreiche Provinzmuseen ein. **1920** ist er Honorarprofessor für Kunsttheorie an der Universität Moskau. **1921** kehrt er nach Deutschland zurück, wo er **1922** in Weimar eine Professur am Bauhaus annimmt. Er leitet einen Vorkurs und wird Formmeister der Wandmalereiwerkstatt. **1923** erhält er eine erste Einzelausstellung in New York, organisiert von der ‚Société Anonyme', deren Vizepräsident er wird. Er nimmt enge Verbindung mit Katherine S. Dreier auf und beginnt, mit Will Grohmann zu korrespondieren. **1925** formt Otto Ralfs die ‚Kandinsky-Gesellschaft' aus acht deutschen Kunstsammlern. **1926** erscheint Kandinskys Schrift ‚Punkt und Linie zur Fläche' als ‚Bauhaus-Buch'. **1927** übernimmt er eine neueingerichtete Klasse für freie Malerei am Bauhaus. Er befreundet sich mit Christian Zervos. **1928** wird er deutscher Staatsbürger. Im selben Jahr entwirft er die Bühnenausstattung einer Aufführung von Mussorgskis ‚Bilder einer Ausstellung' am Theater in Dessau. **1929** besuchen Marcel Duchamp und Dreier Kandinsky am Bauhaus. Kandinsky trifft Hilla Rebay und das Ehepaar Solomon R. Guggenheim. Er verbringt die Ferien mit Klee in Frankreich, besucht James Ensor in Ostende sowie Erich Mendelsohn in Berlin. Die Galerie ZAK veranstaltet eine erste Einzelausstellung seines Werkes in Paris. In Zürich ist er in der Ausstellung ‚Abstrakte und surrealistische Skulptur und Plastik' vertreten. **1930** wird er von Michel Seuphor eingeladen, an der Zeitschrift der Gruppe ‚Cercle et Carré' mitzuarbeiten. Er stellt zusammen mit der Gruppe aus. Kandinsky reist nach Paris und trifft dort Jean Hélion. **1931** lehnt er das Angebot ab, an der Art Students League in New York zu lehren. Er besucht Klee in Wörlitz. Nach der endgültigen Schließung des Bauhauses durch die Nationalsozialisten **1933** reist Kandinsky nach Paris und läßt sich dort in Neuilly-sur-Seine nieder. Kurz vor seiner Emigration hat er zusammen mit den Surrealisten im ‚Salon des Sur-indépendant' ausgestellt. **1934** hat er Einzelausstellungen in der Galleria Il Milione in Mailand und in der Galerie ‚Cahiers d'Art' in Paris (auch 1935). 1934 trifft er Joan Miró, Piet Mondrian, Alberto Magnelli und seinen alten Freund Arp. Seine Arbeiten werden 1934 und 1935 in der Zeitschrift der Gruppe ‚abstraction, création, art non-figuratif' abgebildet. Er besucht Man Ray, Pevsner, Fernand Léger, Constantin Brancusi, Robert und Sonia Delaunay und begegnet Max Ernst. **1935** nimmt er an der Ausstellung ‚these, antithese, synthese' in Luzern teil. Er lehnt das Angebot ab, als ‚artist in residence' an das Black Mountain College nach North Carolina, USA, zu gehen. Er nimmt an der Futuristen-Konferenz in der Galerie Bernheim-Jeune in Paris teil und wird deswegen von André Breton und den Surrealisten heftig angegriffen. Er schreibt für einen Katalog eine Hommage an Willi Baumeister, mit dem er seit 1931 korrespondiert. Er stellt in J. B. Neumanns ‚New Art Circle' in New York aus. Kandinsky bittet seinen Neffen, bei den Behörden in Deutschland vorstellig zu werden, um zu erklären daß er nur aus künstlerischen Gründen in Paris sei und gerne wieder nach Deutschland zurückkehren würde. **1936** ist er an den Ausstellungen ‚Abstract and Concrete' in London und Oxford und in ‚Cubism and Abstract Art' und ‚Fantastic Art, Dada, Surrealism' im Museum of Modern Art in New York vertreten. Durch einen Brief von Arp, dem ein Zeitungsausschnitt aus der Essener National-Zeitung beiliegt, erfährt er von der Kunstpolitik der Nationalsozialisten und ihrer Verfolgung der als ‚entartet' verfemten modernen Kunst. In diesem Jahr und 1939 hat er eine Ausstellung in der Galerie Jeanne Bucher in Paris. **1937** besucht Kandinsky Klee anläßlich einer Ausstellung seiner eigenen Werke in Bern. Seine Malerei wird in der Münchner Ausstellung ‚Entartete Kunst' angeprangert. 57 seiner Werke werden aus deutschen Museen konfisziert. Eine Einzelausstellung seiner Arbeiten wandert durch die USA. Ein französisches Museum beginnt Verhandlungen über den Ankauf des Gemäldes ‚Composition IX'. Fünf bedeutende Gemälde von ihm werden in der Ausstellung ‚Origines et Développment de l'Art International Indépendant' im Jeu de Paume in Paris gezeigt. Kandinsky sieht Arbeiten von Arp, Sophie Taeuber-Arp und Miró in Galerien, interessiert sich aber sonst wenig für das Pariser Kunstleben. **1938** erneuern sich seine Beziehungen zu Breton. Er trifft Otto Freundlich in dessen Ausstellung in der Galerie Jeanne Bucher in Paris und unterzeichnet eine Petition, die zur Unterstützung Freundlichs aufruft. Als Kandinskys Paß abläuft, weigert sich die deutsche Botschaft in Paris, diesen zu erneuern. Der Ernst und die Ausweglosigkeit seiner Situation wird ihm endgültig deutlich. Kandinsky wird in der Galiere ‚Guggenheim Jeune' in London eine Ausstellung gewidmet und er ist am Katalog und der Ausstellung ‚Abstracte Kunst' in Amsterdam beteiligt. Auch werden seine Werke in New York im Museum of Modern Art in der Ausstellung ‚Bauhaus 1919–

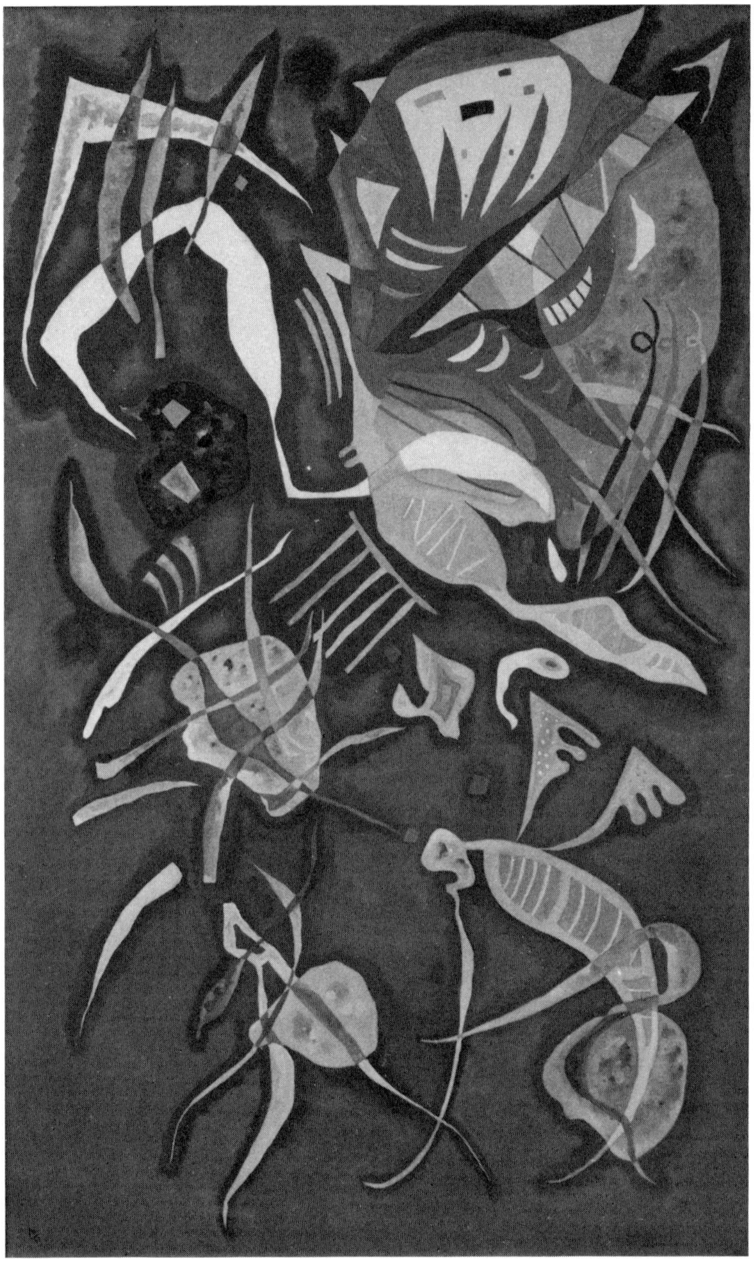

53

28' gezeigt. **1939** beendet Kandinsky mit ‚Composition X' das letzte Werk dieser Serie. Er diskutiert ein geplantes Multimedia-Ballett mit Leonide Massine. Es finden Verhandlungen für eine geplante Retrospektive im Jeu de Paume statt. Ein französisches Museum kauft die ‚Composition IX'. Kandinsky wird die französische Staatsbürgerschaft gewährt. Er trifft Miró in Varengeville in der Normandie. Nach der Kriegserklärung Deutschlands an Frankreich sendet er 65 Bilder zur Verwahrung an Emile Redon nach Aveyron. Er ist in London in der Ausstellung ‚Abstract and Concrete Art' in der Galerie von Peggy Guggenheim und in der großen New Yorker Ausstellung ‚Art of Tomorrow' des Museum of non-objective Painting vertreten. Er hat eine Einzelausstellung bei Jeanne Bucher in Paris und ist an der ersten Ausstellung ‚Réalités Nouvelles' in der Galerie Charpentier in Paris beteiligt. **1941** bietet Varian Frey im Namen des ‚Centre Américain de Secours' Kandinsky und seiner Frau die Überfahrt in die USA an – beide entscheiden sich jedoch, in Frankreich zu bleiben. Er flieht vor den deutschen Truppen nach Cauterets in den Pyrenäen. Kandinsky stirbt **1944** in Neuilly.

● Max Bill (Hrsg.), *Kandinsky. Essays über Kunst und Künstler,* Stuttgart 1955
● Hans K. Roethel und Jean K. Benjamin, *Kandinsky. Werkverzeichnis der Ölgemälde,* Zweiter Band, 1914–1944, München 1984
● *Kandinsky. Album de l'exposition,* Paris 1984 (Ausst.-Kat.)
● *Kandinsky in Paris. 1934–1944,* New York 1985 (Ausst.-Kat. mit ausführlicher Biographie)

54
Von der Liste gestrichen 1933
Öl auf transparentem Wachspapier, 31,5 x 24
Bez. auf der Rückseite; unter der Randleiste: 1933 G 4 von der Liste gestrichen
Privatsammlung Schweiz

55
Sirene mit der Altstimme 1939
Aquarell, Gouache auf Papier, 48 x 48
Bez. o. l.: Klee; auf dem Karton unter der Randleiste: 1939
Hi 13 Sirene zwei mit der Altstimme
Privatbesitz Schweiz

56
Nochmals hoffend 1939
Aquarell auf Baumwolle, 40,9 x 23,9
Bez. r. u.: Klee; unter der Randleiste: 1939 CD 3 nochmals hoffend
Sammlung Rosengart, Luzern
Farbabb. S. 82

Klee wird **1879** in Münchenbuchsee (Kanton Bern) geboren. Sein Vater hat die deutsche Staatsbürgerschaft, er ist Lehrer für Gesang, Klavier, Orgel und Violine. Seine Mutter ist eine geborene Baslerin. **1880** übersiedelt die Familie nach Bern. Erste Anleitung im Zeichnen und Kolorieren erhält Klee früh von seiner Großmutter mütterlicherseits. Während des Schulbesuchs hat er Violinunterricht und erweist sich als sehr begabt, er dichtet auch und zeichnet. Nach dem Abitur reist er nach München, um an der Akademie zu studieren. Zur Vorbereitung besucht er eine private Zeichenschule, ihr Leiter, Heinrich Knirr, erkennt bald die außerordentliche Begabung seines Schülers. Klee liest regelmäßig die Zeitschriften ‚Jugend' und ‚Simplizissimus', besucht Konzerte und Opernaufführungen. **1899** lernt er die Technik der Radierung. Er macht die Bekanntschaft seiner künftigen Frau Lily Stumpf, einer Pianistin. **1900** tritt er an der Akademie in die Klasse von Franz von Stuck ein, er folgt dem Unterricht allerdings nur ein halbes Jahr. **1901** bricht er sein Studium ab und begibt sich auf eine sechsmonatige Italienreise. Zurück in München besucht er **1902** regelmäßig den Abendakt im Deutschen Künstlerverein. Er reist nach Neapel, Rom und Florenz und verbringt die folgenden Jahre im Elternhaus in Bern, wo er u.a. als Geiger in Konzerten der Bernischen Musikgesellschaft mitwirkt. Er zeichnet und macht Farbstudien nach Akten und Köpfen und arbeitet an einer Radierungsfolge. **1905** reist er nach Paris, besucht Museen und Ausstellungen. Erste Hinterglasbilder entstehen. **1906** sind in der internationalen Ausstellung der Münchner Secession seine Radierungen ausgestellt. Klee wird auf die Arbeiten von Henri de Toulouse-Lautrec, Edvard Munch und James Ensor aufmerksam. Er heiratet und bezieht eine kleine Wohnung in München. Seine Frau erteilt Klavierstunden und kommt auf diese Weise für den Lebensunterhalt auf. **1907** wird sein Sohn Felix geboren, Klee übernimmt die Rolle des ‚Hausmannes'. **1908** findet in München eine Vincent Van Gogh Ausstellung statt, **1909** eine Ausstellung von Hans von Marées, beide Ausstellungen beeindrucken ihn sehr. In Paul Cézanne erkennt Klee noch im selben Jahr seinen ‚Lehrmeister par excellence'. **1910** wandert eine Ausstellung seiner Werke nach Bern, Zürich, Winterthur, Basel. Die Kritik ist zum großen Teil ablehnend. **1911** besucht ihn Alfred Kubin. Klee beginnt mit der Illustration von Voltaires ‚Candide' (erscheint 1920) und lernt durch Louis Molliet August Macke kennen. In München macht er die Bekanntschaft von Wassily Kandinsky. In einer schweizer Monatsschrift berichtet er über Münchner Ausstellungen. **1914** stellt er bei der zweiten Ausstellung des ‚Blauen Reiter' aus, dem er sich inzwischen angeschlossen hat. Er reist zusammen mit seiner Frau zum zweiten mal nach Paris, besucht die Ateliers von Robert Delaunay und Karl Hofer und sieht Werke von Georges Braque, Pablo Picasso, Henri Rousseau, André Derain, Maurice de Vlaminck. Er nimmt teil an einer Ausstellung in der Thannhauser-Galerie, München, an der Leipziger Jahresausstellung und an der Sonderbund-Ausstellung, Köln. Er lernt Hans Arp, Franz Marc und Herwarth Walden kennen. **1913** ist er mit mehreren Arbeiten im legendären ‚Ersten deutschen Herbstsalon' in der Galerie ‚Der Sturm', Berlin, vertreten. **1914** reist er mit Macke und Moilliet nach Tunesien. Gemeinsam mit Marc Chagall hat er eine Ausstellung in der Berliner Galerie ‚Der Sturm'. Er zeigt Aquarelle in der ersten Ausstellung der Neuen Münchner Secession. **1915** begegnet er Rainer Maria Rilke. **1916** stellt er erneut in der Galerie ‚Der Sturm' aus, und er ist bei einem Gesamtüberblick über Expressionismus, Kubismus, Futurismus in der gleichen Galerie vertreten. Klee wird zum Armeedienst eingezogen, wo er einer Flieger-Abteilung zugeteilt ist und macht mehrere Flug-Transporte mit. Bei einer Ausstellung in der Galerie ‚Der Sturm' werden mehrere seiner Arbeiten verkauft. **1918** erscheint ein Aufsatz von Theodor Däubler über Klee, und Wilhelm Hausenstein plant, eine Monographie zu schreiben. Sie erscheint 1921. **1919** stellt er zusammen mit Johannes Molzahn und Kurt Schwitters in der Galerie ‚Der Sturm' aus. An der Stuttgarter Akademie versucht Oskar Schlemmer als Vorsitzender des Studentenausschusses erfolglos, die Berufung Klees zu erwirken. Er knüpft in Zürich Kontakte mit dem Dada-Kreis: Hans Arp, Hans Richter, Tristan Tzara. Er hat in einer Zürcher Galerie eine Ausstellung und **1920** veranstaltet Hans Goltz in seiner Münchner Galerie eine große Retrospektive mit 362 Arbeiten, die Klee die öffentliche Anerkennung bringt. Als Katalog erscheint ein Sonderheft der Zeitschrift ‚Der Ararat'. Von Walter Gropius wird er an das Staatliche Bauhaus in Weimar berufen und beginnt dort seine Lehrtätigkeit **1921. 1924** gehört er mit Kandinsky, Lyonel Feininger und Alexej von Jawlensky zur ‚Blauen Vier', einer Künstlergruppe, die Galka Scheyer in den USA vertreten will. Die ‚Société Anonyme' veranstaltet in New York eine erste Klee-Ausstellung. Er schließt mit dem Galeristen Alfred Flechtheim einen Vertrag. **1925** erscheint sein ‚Pädagogisches Skizzenbuch' als Band 2 der Bauhausbücher. Die Galerie Vavin-Raspail organisiert die erste Klee-Ausstellung in Paris. Im November werden Arbeiten von ihm in der Ausstellung ‚Peinture surréaliste' in Paris gezeigt. **1926** zieht er nach Dessau in eines der von Gropius entworfenen Meisterhäuser. **1928** reist er für einen Monat nach Ägypten. **1929** wird vom Verlag der Cahiers d'Art Will Grohmanns Monographie veröffentlicht. Klee hat eine große Einzelausstellung in Flechtheims Berliner Galerie, die **1930** vom Musem of Modern Art, New York, übernommen wird. Im gleichen Jahr wird er an die Düsseldorfer Akademie berufen. **1931** nimmt er dort seine Lehrtätigkeit auf, behält aber seine Wohnung in Dessau. Der Kunstverein für die Rheinlande und Westfalen richtet eine große Ausstellung mit über 250 Arbeiten aus. **1932** reist er nach Zürich zu einer Picasso-Ausstellung und dann weiter nach Sizilien. **1933** wird er nach dem Machtantritt der Nationalsozialisten im April fristlos entlassen. Gerade zu diesem Zeitpunkt bezieht Klee in Düsseldorf eine Wohnung. Im Herbst reist er nach Paris, schließt einen Vertrag mit Daniel-Henry Kahnweiler (Galerie Simon) und besucht Picasso. Ende des Jahres emigriert er nach Bern. **1934** konfiszieren die Nationalsozialisten Grohmanns Monographie über seine Zeichnungen. Klee trifft sich mit dem in der Schweiz lebenden Ernst Ludwig Kirchner, Kahnweiler veranstaltet

54

in seiner Pariser Galerie eine Klee-Ausstellung. **1935** findet in der Kunsthalle Bern eine Ausstellung statt. Es melden sich die ersten Anzeichen seiner tödlichen Krankheit (Sklerodermie). **1936** verschlechtert sich sein Gesundheitszustand. Mehrere seiner Arbeiten werden in den Ausstellungen ‚Cubism and Abstact Art' und ‚Fantastic Art, Dada, Surrealism' im Museum of Modern Art, New York, gezeigt; auch ist er in der Internationalen Surrealistenausstellung in London vertreten. **1937** werden seine Arbeiten in die Ausstellung ‚Origines et Développement de l'Art International Indépendant' in Paris aufgenommen. Gleichzeitig werden in der Münchner Ausstellung ‚Entartete Kunst' seine Werke diffamiert und 102 Arbeiten in deutschen Museen beschlagnahmt. 15 seiner Bilder sind **1938** in der Ausstellung deutscher Kunst des 20. Jahrhunderts in London zu sehen. In diesem Jahr werden Arbeiten von ihm auch auf der Ausstellung ‚Abstracte Kunst' im Stedelijk Museum, Amsterdam, gezeigt. **1939** malt und zeichnet Klee sehr viel. Der Katalog seiner Zeichnungen umfaßt in diesem Jahr allein 1.253 Nummern. **1940** findet aus Anlaß seines 60. Geburtstages im Kunsthaus Zürich eine Ausstellung statt. In diesem Jahr beantragt Klee die schweizer Staatsbürgerschaft, bevor er sich in ein Sanatorium im Tessin begibt. Er stirbt im gleichen Jahr in einer Klinik in Muralto-Locarno.

- Felix Klee (Hrsg.), *Tagebücher von Paul Klee 1898 –1918,* Köln 1957
- Christian Geelhaar (Hrsg.), *Paul Klee, Schriften, Rezensionen und Aufsätze,* Köln 1976
- Jürgen Glaesemer, *Paul Klee. Die farbigen Werke im Kunstmuseum Bern. Gemälde, farbige Blätter, Hinterglasbilder und Plastiken,* Bern 1976
- *Paul Klee. Das Werk der Jahre 1919–1933. Gemälde, Handzeichnungen, Druckgraphik,* Köln 1979 (Ausst.-Kat. mit umfassender Bibliographie)
- *Paul Klee. Spätwerke 1937–1940,* Chur 1986 (Ausst.-Kat.)
- *Paul Klee. Die Zwitschermaschine,* Bern 1987 (Ausst.-Kat. mit Bibliographie und Ausstellungsverzeichnis)

55

57
Raumkomposition 8 ca. 1932
Bemalter Stahl, 10 x 24 x 15
Museum Sztuki, Lodz
Farbabb. S. 74

58
Raumkomposition 9 1933
Bemalter Stahl, 15,5 x 35 x 19
Bez. auf der Rückseite: K. Kobro
Museum Sztuki, Lodz
Farbabb. S. 74

1898 wird Kobro in Moskau geboren. Von **1917** bis 1920 studiert sie in Moskau an der Schule für Malerei, Bildhauerei und Architektur, dann in den SWOMAS (Freie staatliche Werkstätten). **1918** begegnet sie Wladislaw Strzeminski, den sie kurz darauf heiratet. **1920** lernt sie avantgardistische Künstler wie Konstantin Medunetzki und Wladimir Tatlin kennen und hat Kontakt zur OBMOCHU (Gesellschaft junger Künstler). Sie wird Mitglied des von Kasimir Malewitsch und El Lissitzky geleiteten UNOWIS (Befürworter der neuen Kunst). Gemeinsam mit Strzeminski leitet sie mit zweiundzwanzig Jahren die IZO (Abteilung für bildende Künste des Volkskommissariats) in Smolensk. **1924** hält sie sich kurz in Riga auf und zieht dann endgültig nach Polen. Sie stellt Skulpturen und Konstruktionen her, die dem Suprematismus verpflichtet sind. Sie wird Mitglied der polnischen Gruppe ‚Blok'. **1925** beginnt sie, mit Skulpturen im Raum zu experimentieren. Sie wird Mitglied der polnischen Gruppe ‚Praesens' und arbeitet als Kunsterzieherin. **1929** wird ihr erstes Kunstmanifest ‚Skulptur und Körper' veröffentlicht. Sie ist zusammen mit Strzeminski, Jan Brzekowski u. a. Mitglied der Gruppe ‚a. r.' **1931** nimmt sie ihren Wohnsitz in Lodz und arbeitet dort als Lehrerin an einer Industrieschule für Frauen. Gemeinsam mit Strzeminski veröffentlicht sie ein Buch mit theoretischen Schriften zur Kunst. **1932** wird sie Mitglied von ‚abstraction, création, art nonfiguratif'. **1933** und 1935 werden ihre Werke in der Zeitschrift der Gruppe abgebildet. Kobro ist Mitherausgeberin der Zeitschrift ‚Forma' der Künstlervereinigung von Lodz, mit der sie in mehreren polnischen Städten ausstellt. **1935** hat sie gemeinsam mit Strzeminski ihre einzige Einzelausstellung in Krakau. **1939** verläßt sie Lodz und kehrt während der deutschen Besatzung unter schwierigen Umständen dorthin zurück. Ihre Skulpturen, die sie im Atelier zurückläßt, zerstören die Nazis als ‚entartete Kunst'. **1951** stirbt sie nach langer Krankheit.

- *Konstruktivismus in Polen 1923–19... Blok, Praesens, a. r.,* Essen 1973 (Ausst.-Kat.)
- A. Nakov, *Abstrait/Concret. Art non objectif russe et polonais,* Paris 1981
- J. Zagrodski, Katarzyna Kobro et la composition de l'éspace, in: *Cahier,* 2/3, September 1984, Brüssel

59
Le vase rouge et noir (Die rotschwarze Vase) 1938
Öl auf Leinwand, 60 x 92
Bez. u. r.: 38/F. LEGER
Galerie Louise Leiris, Paris

60
Nature morte aux fruits sur fond bleu (Stilleben mit Früchten auf blauem Grund) 1939
Öl auf Leinwand, 130 x 89
Bez. u. r.: 39/F. LEGER; auf der Rückseite: aux fruit, nature morte sur fond bleu, 1939 F. Léger
Galerie Beyeler, Basel
Farbabb. S. 81

Léger wird **1881** in Argentan (Normandie) geboren. Sein Vater ist Viehhändler und Großviehzüchter. Von **1897** bis **1899** absolviert er eine Architektur-Lehre in Caen und siedelt **1900** nach Paris über. Dort arbeitet er als Zeichner bei einem Architekten und als Retuscheur bei einem Photographen. Von **1902** bis **1903** wird er als Pionier zum Militärdienst eingezogen und beginnt anschließend mit dem Studium an der Ecole des Arts Décoratifs. Zugleich arbeitet er an der Académie Julian. **1905** stehen seine Bilder unter dem Einfluß des Impressionismus und Fauvismus. **1907** sieht er die Cézanne-Gedächtnis-Ausstellung im ‚Salon d'Automne'. **1908** lernt er Robert Delaunay und Henri Rousseau und **1910** Pablo Picasso und Georges Braque kennen. **1911** und 1912 beteiligt er sich am Salon der Gruppe ‚Section d'Or' in Paris. **1912** hat Léger eine erste Ausstellung in der ‚Galerie Simon' von Kahnweiler. Werke von ihm werden auch auf einer Ausstellung kubistischer Kunst in Barcelona und auf der Ausstellung ‚Karo-Bube' in Moskau gezeigt. **1913** beginnt er die Reihe der ‚Contrastes des Formes'. Er stellt in Herwarth Waldens Galerie ‚Der Sturm' in der Ausstellung ‚Erster Deutscher Herbstsalon' aus. Er erhält von Kahnweiler einen Exklusivvertrag. Von **1914** bis **1917** absolviert er seinen Militärdienst. Er ist begeistert von der Kameradschaft mit Männern aller Berufe, die er als eine Begegnung mit dem ganzen französischen Volk erlebt. Die metallischen Lichteffekte der Kanonen faszinieren ihn. Nach einer Verwundung kehrt er zurück nach Paris. Er stellt Illustrationen her und beginnt die Reihe der „mechanischen" Bilder. **1920** begegnet er Le Corbusier und ist Gründungsmitglied der Galerie und Zeitschrift ‚Esprit Nouveau'. **1921** lernt er Theo van Doesburg und Piet Mondrian kennen. Von **1922** bis **1923** wird er mit dem Entwurf von Dekorationen und Kostümen für die Ballettinszenierungen ‚Skating Rink' und ‚La Création du Monde' betraut. Léger beschäftigt sich mit Filmarbeit. Er entdeckt in Anlehnung an Filmästhetik das pure Objekt im Raum. **1924** bereist er mit Léonce Rosenberg Italien und interessiert sich dort vor allem für die ‚primitiven' Maler vor dem Quattrocento. Im gleichen Jahr gründet er mit Amédée Ozenfant, Marie Laurencin und Alexandra Exter ein freies Atelier. Er konzipiert und dreht den Film ‚Le Ballet mécanique', der viele Künstler, u. a. Alexander Calder, in ihrer Arbeit beeinflußt. **1925** ist er an der ‚Exposition Internationale des Arts Décoratifs' beteiligt. Er hält am Collège de France einen Vortrag über ‚Maschinenästhetik und geometrische Ordnung'. Seinem Werk wird eine erste Ausstellung in den USA gewidmet. **1928** hat Léger eine Ausstellung in der Galerie Flechtheim in Berlin. Gemeinsam mit Ozenfant unterrichtet er **1929** an der Académie Moderne in Paris. **1930** lernt er Calder kennen. Léger wird Mitglied der Gruppe ‚Cercle et Carré'. **1931** ist er Lehrer an der Grande Chaumière. Im gleichen Jahr begibt er sich zum ersten Mal in die USA, dann nach Schweden und Norwegen. **1933** reist er mit Le Corbusier nach Griechenland zum Kongreß des CIAM (Congrès internationaux d'architecture moderne) und hält sich anläßlich einer Einzelausstellung seiner Werke im Kunsthaus in Zürich auf. Im folgenden Jahr befaßt er sich in London mit Filmarbeit. **1935** ist er zur Weltausstellung nach Brüssel eingeladen. Er übernimmt die Gestaltung einer Wanddekoration für eine Sporthalle. Im gleichen Jahr reist er in die USA zu seiner ersten Einzelausstellung im Museum of Modern Art in New York. Er lernt u. a. James Johnson Sweeney kennen. In Luzern ist er in der Ausstellung ‚these, antithese, synthese' vertreten. Mit Le Corbusier und Louis Aragon beteiligt er sich **1936** an den ‚Querelle du réalisme' (‚Realismusstreit'). Im gleichen Jahr ist er in der Ausstellung ‚Cubism and Abstract Art' im Museum of Modern Art, New York, vertreten. **1937** entwirft er Dekorationen für das Ballett ‚David triomphant' von Serge Lifar nach der Musik von Vittorio Riéti. Für den Palais de la Découverte (Pavillon der Entdeckung) auf der Weltausstellung in Paris entwirft er das Wandgemälde ‚Die Übertragung der Kräfte'. Auch ist er in den die Weltausstellung begleitenden Ausstellungen ‚Les Maîtres de l'Art indépendant' im Petit Palais und ‚Origines et Développement de l'Art International Indépendant' vertreten. Im gleichen Jahr hält er sich anläßlich einer Ausstellung seiner Werke in Finnland auf und befreundet sich mit dem Architekten Alvar Aalto. **1938** fährt er das dritte Mal nach New York und dekoriert dort die Wohnung von Nelson A. Rockefeller. In Amsterdam werden Werke von ihm in der Ausstellung ‚Abstracte Kunst' gezeigt. **1939** entwirft Léger Dekorationen für ‚Naissance d'une Cité' (‚Die Geburt einer Stadt') von J.-R. Bloch mit der Musik von Darius Milhaud und Arthur Honegger. Von **1940** bis 1945 bleibt er in den USA und lehrt in Yale. Er entwirft Dekorationen für die Radio City Music-Hall und für das Rockefeller-Center in New York. **1945** kehrt er nach Frankreich zurück. **1949** beginnt er mit keramischen Arbeiten. Er hat eine Gesamtausstellung am Musée d'Art Moderne in Paris. **1955** erhält er den Großen Preis der Biennale Sao Paulo. Im Museum von Lyon wird ihm im gleichen Jahr eine Retrospektive gewidmet. Léger stirbt **1955** in Gif-sur-Yvette (Seine-et-Oise).

- Werner Schmalenbach, *Fernand Léger,* Köln 1977
- *Fernand Léger. Das figürliche Werk,* Köln 1978 (Ausst.-Kat.)
- *Fernand Léger,* Berlin 1980 (Ausst.-Kat. mit ausführlicher Biographie, Bibliographie und Ausstellungsverzeichnis sowie zahlreichen Texten des Künstlers)

59

61
L'avenir des statues (Die Zukunft der Statuen) 1932
Gips, bemalt, 33,5 x 16,5 x 19
Bez. links am Halsansatz: Magritte
Wilhelm-Lehmbruck-Museum der Stadt Duisburg

Es handelt sich hier um einen von vier Gipsabgüssen der Totenmaske Napoleons, die Magritte mit dem Bild eines bewölkten Himmels überzogen hat.

62
La clef des songes (Der Schlüssel zu den Träumen) 1936
Öl auf Leinwand, 41,5 x 27,5
Bez. u. r.: Magritte
Collection Jasper Johns, New York

63
Le drapeau noir (Die schwarze Flagge) 1937
Öl auf Leinwand, 51 x 72
Bez. o. l.: Magritte
Scottish National Gallery of Modern Art, Edinburgh

1898 wird Magritte in Lessines (Belgien) geboren. Sein Vater ist Schneider. **1912** wählt seine Mutter den Freitod. **1913** zieht der Vater mit seinen drei Söhnen nach Charleroi. Dort lernt Magritte noch als Schüler seine spätere Frau Georgette Berger kennen. Er besucht das Gymnasium und nimmt Unterricht im Zeichnen und Malen. Von **1916** bis **1917** ist er an der Académie des Beaux-Arts in Brüssel eingeschrieben. **1919/20** lernt er Werke der Kubisten und der Fauvisten kennen. **1921** leistet er seinen Militärdienst. **1922** heiratet er Georgette und verdient seinen Lebensunterhalt mit Entwürfen für eine Tapetenfabrik und als Werbegraphiker. Er ist Mitverfasser des Essays ‚L'art pur. Défense de l'esthétique'. Die Arbeiten aus dieser Zeit zeigen kubistische und futuristische Einflüsse und eine Verwandtschaft mit dem Purismus von Robert Delaunay und Fernand Léger. **1923** ist er an einer Ausstellung beteiligt, in der u.a. auch Arbeiten von El Lissitzky und Laszlo Moholy-Nagy gezeigt werden. **1924** veröffentlicht er Aphorismen in Francis Picabias Zeitschrift ‚391'. **1925** gibt er zusammen mit E. L. T. Mesens die dadaistische Zeitschrift ‚Oesophage' heraus, von der nur eine Ausgabe erscheint. Er wird mit der französischen surrealistischen Dichtung bekannt und mit Bildern von Giorgio de Chirico. Unzufrieden mit dem abstrakten Formalismus seiner bisherigen Arbeiten sucht er nach einem Weg, „die wirkliche Welt in Frage zu stellen". Sein erstes surrealistisches Bild entsteht. **1927** findet seine erste Einzelausstellung in der Brüsseler Galerie ‚Le Centaure' statt. Magritte entschließt sich, nach Paris zu gehen. Von **1927** bis 1930 spielt er eine aktive Rolle im Kreis der Pariser Surrealisten. Er hat Kontakte zur rue du Château (Yves Tanguy, Jacques Prévert u.a.) und zum Kreis um André Breton, der sich im Café Cyrano an der Place Blanche trifft. **1928** stellt er in der Galerie ‚L'Epoque', Brüssel, aus, nimmt an der ‚Exposition surréaliste' in der Galerie Goemans, Paris, teil sowie 1930 in derselben Galerie an der Collagen-Ausstellung ‚La peinture au défi'. **1929** wird er von Salvador Dali gemeinsam mit Camille Goemans, Luis Bunuel, Paul und Gala Eluard für die Sommerferien nach Cadaquès eingeladen. Zwischen Eluard und Magritte entwickelt sich eine lebenslange Freundschaft. ‚La Révolution surréaliste' publiziert einen wichtigen Text von ihm, ‚Les mots et les images', und die programmatische Photomontage ‚Je ne vois pas la cachée dans la forêt'. Auf dieser Abbildung ist eines seiner Gemälde von Porträtsfotos der Surrealisten umgeben. Ihre geschlossenen Augen deuten auf die Hinwendung zu den Bildern des Unbewußten und des Traumes. **1930** geht er nach Brüssel zurück, wo er, da seine finanziellen Mittel erschöpft sind, wieder als Werbegraphiker arbeitet. Er ist aber weiterhin an den Ausstellungen der Surrealisten in Paris beteiligt. **1931** veranstaltet E. L. T. Mesens eine Einzelausstellung in Brüssel, **1932** wird Magritte Mitglied der kommunistischen Partei Belgiens, über deren engstirnige Kunstpolitik es immer wieder zu Unstimmigkeiten kommt. Nach dem Krieg verläßt er die Partei endgültig. **1933** hat Magritte eine Einzelausstellung im Palais des Beaux Arts in Brüssel. Er ist Mitautor von ‚Violette Nozières', einer von Surrealisten herausgegebenen Publikation. **1934** unterzeichnet er gemeinsam mit anderen belgischen Surrealisten das Manifest ‚L'action immédiate', das in einer Sondernummer von ‚Documents 34', der Zeitschrift der belgischen Surrealisten, erscheint. In diesem Manifest wird der Anspruch auf einen poetisch-revolutionären Feldzug erhoben, der unabhängig von dem, was die kommunistische Partei vorschreibt, geführt werden soll. **1935** gehört Magritte zu den Unterzeichnern des Manifestes ‚Als die Surrealisten noch recht hatten', das sich gegen die stalinistische Kulturpolitik wendet. **1936** widmet ihm Julien Levy in seiner New Yorker Galerie eine Einzelausstellung. Er ist beteiligt an der Internationalen Surrealisten-Ausstellung in London, an der Ausstellung surrealistischer Objekte in der Galerie Charles Ratton in Paris und an der New Yorker Ausstellung ‚Fantastic Art, Dada, Surrealism' im Museum of Modern Art, die durch zahlreiche amerikanische Städte wandert. Magritte hält sich **1937** drei Wochen bei dem Lyriker und Kunstsammler Edward James in London auf und malt in dessen Auftrag einige Bilder. Bei Julien Levy in New York findet eine weitere Ausstellung statt. Er ist an der Ausstellung ‚Origines et Développement de l'Art International Indépendant' im Jeu de Paume, Paris, beteiligt und an der Ausstellung ‚Trois peintres surréalistes' im Palais des Beaux Arts, Brüssel. **1938** wird die von E. L. T. Mesens geleitete London Gallery mit einer Ausstellung von Magritte eröffnet; er ist an der Internationalen Surrealismus-Ausstellung in Paris und in Amsterdam beteiligt und hält im Museum Antwerpen einen aufschlußreichen Vortrag über seine künstlerische Entwicklung: ‚La ligne de vie'. **1939** findet wieder eine Einzelausstellung im Palais des Beaux Art, Brüssel, statt. **1940** arbeitet er an der von Raoul Ubac herausgegebenen Zeitschrift ‚L'invention collective' mit. Magritte verläßt wegen der deutschen Invasion Belgien und geht für drei Monate nach Südfrankreich. Zurück in Brüssel stellt er **1941** in der Galerie Dietrich aus. **1942** nimmt er teil an den New Yorker Ausstellungen ‚Art of this Century' in der Peggy Guggenheim Galerie und ‚First papers of Surrealism', die von Breton und Marcel Duchamp zu Wohltätigkeitszwecken organisiert wird. **1943** erscheint die erste Monographie von Marcel Marien; **1944** veranstaltet die Galerie Dietrich, Brüssel, eine Einzelausstellung. In den folgenden Jahren finden zahlreiche Einzelausstellungen statt. Seine internationale Anerkennung festigt sich in den 60er Jahren mit großen Retrospektiven in New York und Rotterdam. Magritte stirbt **1967** in Brüssel.

- Patrick Waldberg, *René Magritte,* Brüssel 1965 (mit Ausstellungsverzeichnis und umfassender Bibliographie)
- A. M. Hammacher, *René Magritte,* Köln 1975
- Harry Torczyner, *Magritte: Zeichen und Bilder,* Köln 1977
- *Rétrospective Magritte,* Brüssel und Paris 1978/79 (Ausst.-Kat.)
- *René Magritte und der Surrealismus in Belgien,* Hamburg 1982 (Ausst.-Kat.)
- André Blavier (Hrsg.), *René Magritte. Sämtliche Schriften,* Frankfurt M./Berlin/Wien 1985

61

62

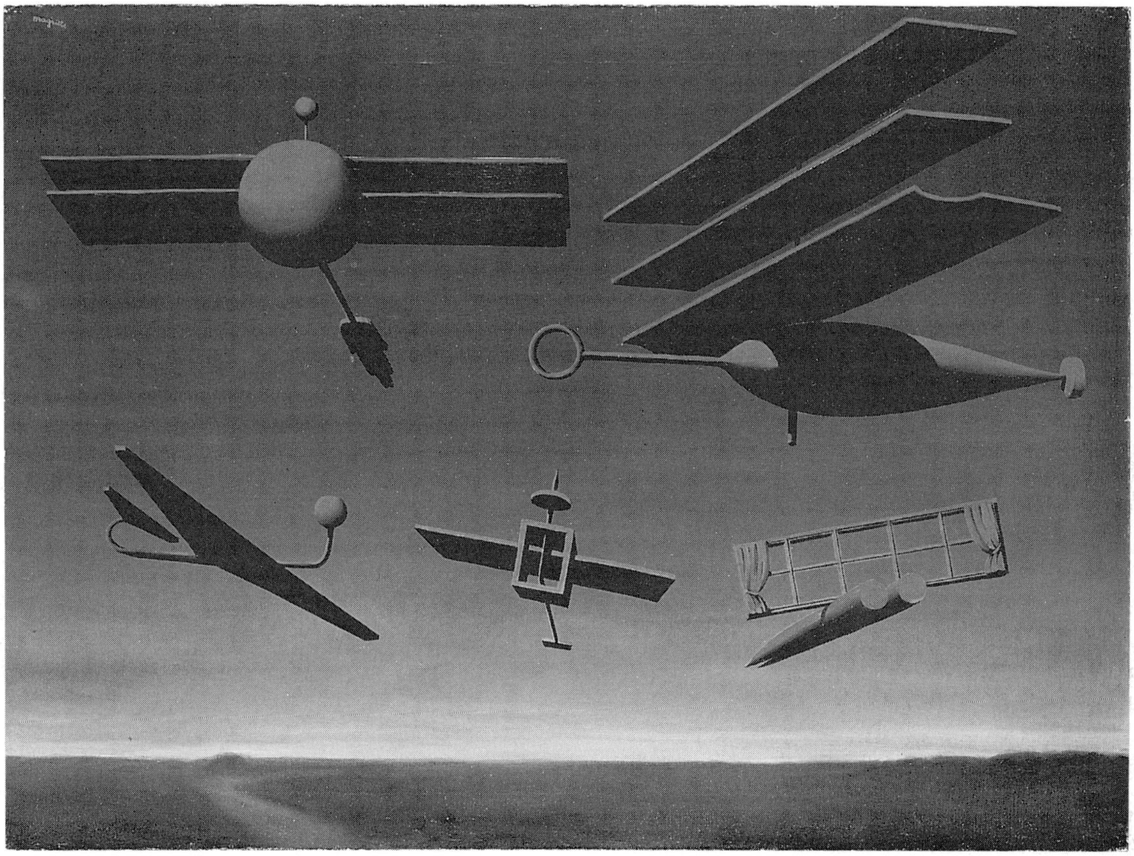

63

64
Le labyrinthe (Das Labyrinth)
1938
Öl auf Leinwand, 120 x 61
Bez. u. r.: André Masson
Musée National d'Art Moderne, Paris
Farbabb. S. 92

65
Gradiva 1939
Öl auf Leinwand, 97 x 130
Privatsammlung

1896 wird Masson in Balagny/Oise geboren. Sein Vater ist Schuldirektor. Seine Kindheit verbringt er in Brüssel, wo er an Zeichen- und Malkursen teilnimmt. Durch Reproduktionen lernt er moderne Kunstwerke kennen. Ab **1912** besucht er die Ecole des Beaux Arts in Brüssel. **1914** erhält er ein Reisestipendium für Italien. Er verbringt ein paar Monate in der Schweiz, liest Nietzsche und de Sade. Ende des Jahres meldet er sich als Infanterist zum Kriegsdienst. In einer der mörderischen Materialschlachten an der Somme wird er **1917** schwer verletzt. Er flieht nach seiner Genesung aus der Kaserne und wird in eine psychiatrische Klinik eingeliefert. Nach seiner Entlassung lebt er in Paris und beginnt wieder zu malen. Er heiratet **1920** und muß mit Gelegenheitsarbeiten den Lebensunterhalt verdienen. Mit Jean Dubuffet schließt er eine Freundschaft fürs Leben. **1921** zieht er in die rue Blomet, wo Joan Miró sein Nachbar ist. **1922** schließt der Kunsthändler Daniel-Henry Kahnweiler einen Vertrag mit Masson. Reproduktionen von Bildern Paul Klees beeindrucken ihn sehr. Er wendet sich allmählich vom Kubismus ab, liest Werke von Arthur Rimbaud, Lautréamont und den deutschen Romantikern. **1923** stellt Kahnweiler seine Arbeiten neben denen von Pablo Picasso, Georges Braque, Juan Gris u.a. aus. Er lernt Louis Aragon kennen. Robert Desnos, Raymond Queneau, Michel Leiris, Marcel Jouhandeau und Antonin Artaud verkehren in seinem Atelier in der rue Blomet. Gertrude Stein und Ernest Hemingway kaufen Arbeiten von ihm. **1924** hat er seine erste Einzelausstellung in der Galerie Kahnweiler. André Breton macht dort die Bekanntschaft Massons und kauft ein Bild von ihm. Zwei seiner ‚automatischen Zeichnungen' werden in der ersten Nummer der Zeitschrift ‚La révolution surréaliste' veröffentlicht. **1925** nimmt er an der ersten surrealistischen Ausstellung in der Galerie Pierre Loeb in Paris teil. Er lernt Georges Bataille kennen, der einer seiner besten Freunde wird. **1926** entstehen erste Versuche einer ‚automatischen Malerei', einer spontanen, freien malerischen Ausdrucksweise, in der er sich oft ungewöhnlicher maltechnischer Mittel bedient (‚Sandbilder'). Er stellt von nun an in der Galerie Jeanne Bucher aus und nimmt an der ersten Ausstellung der Galerie Surréaliste und an einer von Kahnweiler und Flechtheim für den Kunstverein Frankfurt organisierten Ausstellung teil. **1927** zieht er in die avenue de Ségur. Dort lernt er Alberto Giacometti kennen. **1928** nimmt er an der Surrealisten-Ausstellung in der Galerie ‚Au Sacre du Printemps' teil. Im zweiten surrealistischen Manifest wird er von Breton angegriffen und aus der surrealistischen Bewegung ausgeschlossen. Eine Einzelausstellung in Kahnweilers Galerie Simon zeigt Arbeiten seit 1924. Flechtheim nimmt Arbeiten in eine große Ausstellung seiner Berliner Galerie auf. **1930** lernt Masson den japanischen Schriftsteller Kumi Matsuo kennen. Zen-Buddhismus und ostasiatische Kunst, deren abstrakte Stilisierung ihm zusagt, geraten in sein Blickfeld. Sie sind ihm in den 40er und 50er Jahren wichtige Inspirationsquellen. Seine Bilder werden zum ersten Mal in den USA gezeigt. **1932** hat er zwei Ausstellungen in der Pariser Galerie Paul Rosenberg. **1933** stellt ihn Pierre Matisse in seiner New Yorker Galerie aus. Masson entwirft Bühnenbilder und Kostümne für die Ballets Russes in Monte Carlo. **1934** läßt sich Masson wegen politischer Unruhen in Frankreich an der Costa Brava nieder. Er heiratet zum zweiten Mal. **1935** findet bei Pierre Matisse, New York, eine Einzelausstellung statt. Sein erster Sohn wird geboren, ein Jahr später der zweite. **1936** hat Masson eine Einzelausstellung in einer Londoner Galerie und ist an der dortigen Surrealisten-Ausstellung in den New Burlington Galleries beteiligt. Er entwirft das Titelblatt für die erste Nummer der von seinem Freund Bataille herausgegebenen Zeitschrift ‚Acéphale'. Um die Jahreswende **1936/37** ist er an der Ausstellung ‚Fantastic Art, Dada and Surrealism' des Museum of Modern Art, New York, beteiligt. **1937** versöhnen sich Masson und die Surrealistengruppe um Breton wieder. Er entwirft Bühnenbild und Kostüme für eine Inszenierung von Jean Louis Barrault und illustriert, auf Wunsch Bretons, die ‚Gesänge des Maldoror' von Lautréamont. **1938** nimmt er an der Internationalen Surrealismus-Ausstellung in Paris und in Amsterdam teil. Er ist in Gruppenausstellungen der Londoner Galerie von Peggy Guggenheim und des Museums in Baltimore vertreten. **1940** ist er an der u.a. von Breton organisierten Surrealismusausstellung in Mexico City beteiligt. Nachdem deutsche Truppen Paris besetzt haben, flieht Masson mit seiner Familie in die Auvergne und von dort nach Marseille, wo er sich der Gruppe von Intellektuellen und Künstlern anschließt, die mit amerikanischer Hilfe Europa verlassen wollen. Die ersten Monate des Jahres **1941** verbringt er in Marseille und nimmt an den Zusammenkünften der dort versammelten Surrealisten teil. Die New Yorker Buchholz Galerie zeigt Werke von ihm, Fernand Léger, Klee, Braque u.a.

Auf dem Weg in die USA verbringt er einige Zeit gemeinsam mit Breton auf Martinique. Ende Mai landet er in New York. Er verbringt die folgenden vier Jahre meist in Connecticut auf dem Lande. Seine Nachbarn sind Alexander Calder, Yves Tanguy, Arshile Gorky. Mit ihnen, Julien Levy und Patrick Waldberg, pflegt er Umgang. Er fährt nach New York, um dort Ausstellungen und Museen zu besuchen. Er schreibt Artikel und hält im Museum von Baltimore einen Vortrag über ‚Die Quellen des Kubismus und des Surrealismus'. Dort wird eine umfassende Ausstellung seiner Werke gezeigt. **1942** ist er beteiligt an den Ausstellungen ‚Artists in Exile' in der Pierre Matisse Gallery, ‚First Papers of Surrealism' und an der Eröffnungsausstellung von Peggy Guggenheims Galerie ‚Art of This Century' in New York. Es kommt erneut zu einem Bruch mit Breton. **1943** zeigt Curt Valentin, New York, Arbeiten von Klee und Masson in der Ausstellung ‚Ancient and Primitive Sculpture'. Masson ist beteiligt an den Ausstellungen ‚War and the Artist' in der Pierre Matisse Galerie und ‚Europe in America' in Boston. Das Museum of Modern Art kauft zwei seiner Bilder. **1944** ist er vertreten in einer von Sidney Janis organisierten Wanderausstellung ‚Abstract and Surrealist Art in America'. Einzelausstellungen veranstalten die Paul Rosenberg Galerie und die Buchholz Galerie. Mit seiner ‚automatischen Malerei' ist Masson ein wichtiger Anreger des action painting. Im Herbst **1945** kehrt er mit seiner Familie nach Frankreich zurück. Neben seiner freien künstlerischen Arbeit entwirft er seither auch immer wieder Bühnenbilder und illustriert zahlreiche Bücher. Durch eine Vielzahl von Ausstellungen wird sein Werk international bekannt. Masson stirbt im Oktober 1987.

- André Masson, *Eine Kunst des Wesentlichen. Essays,* Wiesbaden 1961
- Jean Paul Clébert, *Mythologie d'André Masson,* Genf 1971
- Françoise Will-Levaillant (Hrsg.), *André Masson. Le rebelle du surréalisme. Ecrits,* Paris 1976
- *André Masson,* Paris 1976 (Ausst.-Kat. mit umfassender Bibliographie)

65

66
Personnages assis (Sitzende Figuren) 10.–31. März 1936
Öl auf Kupfer, 44 x 35
Bez. Mitte r.: Miró; rückseitig: Joan Miró, Personnage Assis, 10/3–31,36
Dupin 428
Mr. und Mrs. William R. Acquavella, New York

67
Le cirque (Der Zirkus) September 1937
Öl auf Celotex, 121 x 91
Bez. oberhalb der Bildmitte: Miró
Dupin 475
Algur H. Meadows Collection, Meadows Museum, Southern Methodist University, Dallas/Texas
Farbabb. S. 87

68
Nocturne (Notturno) 1938
Öl auf Karton, 54 x 74
Bez. rückseitig: Joan Miró, Nocturne IV – 38
Dupin 497
Mr. und Mrs. William R. Acquavella, New York
Farbabb. S. 83

69
Une goutte de rosée tombant de l'aile d'un oiseau réveille Rosalie endormie à l'ombre d'une toile d'araignée (Ein Tautropfen, der vom Flügel eines Vogels fällt, weckt die im Schatten eines Spinnennetzes schlummernde Rosalie auf) Dezember 1939
Öl auf Leinwand, 65 x 92
Dupin 537
The University of Iowa, Museum of Art, Mark Ranney Memorial Fund, Iowa City

1893 wird Miró in Barcelona geboren. Der Vater ist Goldschmied, die Mutter Tochter eines Kunsttischlers aus Palma de Mallorca. Ab **1907** besucht er die Handelsschule in Barcelona, in seiner Freizeit belegt er Kurse an der Kunstschule. **1910** arbeitet er als kaufmännischer Angestellter, erweist sich aber als ungeeignet für diesen Beruf. Nach einer schweren Krankheit erholt er sich in dem elterlichen Landhaus von Montroig, nahe Tarragona. Er beschließt, Maler zu werden, und nimmt **1912** das Studium an Francisco Galis Kunstakademie, Barcelona, auf. In der Avantgarde-Galerie Dalmau, Barcelona, sieht er kubistische und fauvistische Arbeiten. Er interessiert sich für moderne Poesie und liest französische Zeitschriften für moderne Kunst. **1916** besucht Miró die von Ambroise Vollard organisierte Ausstellung moderner französischer Kunst in Barcelona. **1917** lernt er Francis Picabia kennen, der in Barcelona seine dadaistische Revue ‚391' herausgibt. Miró wendet die Formensprache der avantgardistischen Malerei seiner Zeit an, der kubofuturistischen Gliederung von Gegenstand und Fläche, der fauvistischen und synthetistischen Farbgebung. **1918** hat er seine erste Einzelausstellung in der Galerie Dalmau und reist **1919** nach Paris. Er besucht dort Pablo Picasso, der sein frühes Selbstbildnis von 1919 erwirbt. Von nun an verbringt er den Sommer in Montroig und den Winter in Paris, wo er die Dichter Pierre Reverdy, Max Jacob und Tristan Tzara kennenlernt und an Dada-Treffen teilnimmt. **1921** mietet er ein Atelier in der rue Blomet. André Masson ist dort sein Nachbar. Es bildet sich die ‚Groupe de la Rue Blomet', zu der Michel Leiris, Georges Limbour, Antonin Artaud, Roland Tual u.a. gehören. Die Begegnung mit diesen (prä-)surrealistischen Künstlern ist für Mirós weitere Arbeit entscheidend: er beginnt seine ‚peinture-poésie' zu entwickeln. Seine erste Einzelausstellung in Paris in der Galerie ‚La Licorne' bleibt ohne Resonanz. **1923** lernt er Ernest Hemingway kennen, der eines seiner frühen Hauptwerke, ‚Der Bauernhof', kauft. Er schließt Freundschaft mit Jacques Prévert. **1924** tritt er der Gruppe der Surrealisten bei. Er sieht zum ersten Mal Arbeiten von Wassily Kandinsky und Paul Klee, die ihn nachhaltig beeindrucken. Mit ihnen ist Miró durch die Entdeckung einer neuen Art von Bildraum verbunden, in dem Formen und Zeichen zu schweben scheinen. **1925** findet in der Galerie Pierre Loeb eine erfolgreiche Einzelausstellung statt. Er ist an der Ausstellung der Surrealisten in derselben Galerie beteiligt. **1926** entwirft er gemeinsam mit Max Ernst die Ausstattung für ‚Romeo und Julia', aufgeführt von den Ballets Russes. Die Aufführung wird zum Skandal. **1927** zieht er in die Rue Tourlaque, wo auch Paul Eluard, Hans Arp, René Magritte und Ernst wohnen. Er schließt Freundschaft mit Alexander Calder. In diesem Jahr ist er beteiligt an einer internationalen Ausstellung moderner Kunst in New York, die von Katherine S. Dreier und Marcel Duchamp organisiert wird. **1928** veranstaltet die Galerie Georges Bernheim, Paris, eine Einzelausstellung. **1929** heiratet Miró Pilar Yuncosa. Es entsteht eine Reihe von Collagen. In der Galerie ‚Le Centaure', Brüssel, hat er eine Ausstellung und **1930** werden seine Arbeiten erneut in den USA, in der Valentin Gallery, New York, gezeigt. Ab 1932 wird er dort von der Galerie Pierre Matisse vertreten. **1931** wird seine Tochter geboren. Die Galerie Pierre Loeb zeigt seine Collagen und Assemblagen. **1932** entwirft er für das Ballett ‚Jeux d'enfants' in Monte Carlo die Ausstattung. Er stellt in der Pariser Galerie Pierre Colle aus. Er geht nach Barcelona zurück, wo er wegen finanzieller Schwierigkeiten bei seiner Mutter lebt und arbeitet. **1933** hat er seine erste Ausstellung in London in der Mayor Gallery. In diesem Jahr entsteht eine Serie von 18 großformatigen Bildern, die sog. ‚Peintures'. **1934** führt er einen Auftrag für vier Teppichentwürfe aus. **1936** ist Miró an der Internationalen Surrealismus-Ausstellung in London beteiligt. Er ist vertreten in den Ausstellungen des Museums of Modern Art, New York, ‚Cubism and Abstract Art' und ‚Fantastic Art, Dada and Surrealism'. Bei Ausbruch des Spanischen Bürgerkrieges verläßt er Barcelona. Er geht wieder nach Paris und setzt dort die Reihe der ‚wilden' Bilder fort, die mit verzerrten Figuren und durch „die Gewalt der reinen Farbe" (Miró) seine Erschütterung über die Ereignisse in Spanien und sein Gefühl der Bedrohung zum Ausdruck bringen. **1937** besucht Miró Zeichenkurse in der Grande Chaumière, wo er nach dem Modell zeichnet. Für den Pavillon der spanischen Republik in der Pariser Weltausstellung malt er das Wandbild ‚Der Schnitter', das dort zusammen mit Picassos ‚Guernica' zu sehen ist. Er ist mit mehreren Arbeiten in der Ausstellung ‚Origines et Devéloppement de l'Art International Indépendant' vertreten. **1938** ist er an der internationalen surrealistischen Ausstellung in der Galerie des Beaux Arts in Paris beteiligt. Die Zeitschrift ‚XX. siècle' veröffentlicht seinen Text ‚Ich träume von einem großen Atelier'. Er verbringt den Sommer in Varengeville/Normandie, wo er sich zu Beginn des Krieges **1939/40** mit seiner Familie niederläßt. Dort beginnt er die ‚Konstellationen', eine Serie von 23 Gouachen, die aus dem Bedürfnis Mirós entstehen, sich gegen die bedrückende Realität zu verschließen. In diesen sehr poetischen Arbeiten ist der ‚tragische Realismus' der Jahre davor überwunden und kehren Motive wie Sonne, Sterne, Vögel, Liebende immer wieder. Er beendet diese Reihe **1941** in Mallorca. Dort sucht er vor den deutschen Truppen in Frankreich Zuflucht. Im gleichen Jahr veranstaltet das Museum of Modern Art, New York, eine Retrospektive. Aus diesem Anlaß erscheint von James Johnson Sweeney eine Monographie. Ab **1942** lebt er wieder in Barcelona. Er beginnt, ab **1944** Skulpturen und Keramikobjekte herzustellen. Gleich nach Kriegsende hat Miró **1945** bei Pierre Matisse in New York eine Einzelausstellung, **1947** macht er seine erste Reise in die USA, wo er in Cincinnati den Auftrag für ein großes Wandgemälde ausführt. In den folgenden Jahren erhält er mehrere Aufträge für große Wandkeramiken. Durch eine Vielzahl von Ausstellungen und Ehrungen wird er als einer der großen Künstler des 20. Jahrhunderts international anerkannt. **1983** stirbt Miró in Palma de Mallorca.

- Jacques Dupin, *Miró. Leben und Werk,* Köln 1961 (Werkverzeichnis und umfassende Bibliographie)
- Joan Miró, *Ceci est la couleur de mes rêves.* Entretiens avec Georges Raillard, Paris 1977
- Guy Weelen, *Joan Miró,* Köln 1984
- Margit Rowell (Hrsg.), *Joan Miró. Selected writings,* Boston 1986
- *Joan Miró,* Zürich und Düsseldorf 1986/87 (Ausst.-Kat. mit ausführlicher Bibliographie seit 1961)

66

69

70
Komposition mit Blau und Gelb
1932
Öl auf Leinwand, 55,5 x 55,5
Bez. u. r.: PM 32
Sammlung Ernst Beyeler, Basel
Farbabb. S. 70

71
Komposition mit Gelb, unvollendet 1936–44
Öl auf Leinwand, 55,5 x 54,5
Seuphor 425
Privatbesitz
Farbabb. S. 69

1872 wird Mondrian in Amersfoort geboren. Sein Vater ist Lehrer und Direktor einer protestantischen Grundschule. Nachdem Mondrian das Zeichenlehrerdiplom für höhere Schulen erworben hat, beginnt er **1892** ein Studium an der ‚Rijksacademie' in Amsterdam. Er verdient seinen Lebensunterhalt mit Portraitzeichnen, Verkauf von Stilleben, Kopieren von Gemälden und privatem Kunstunterricht. **1898** tritt er verschiedenen Amsterdamer Künstlervereinigungen bei. Er löst sich von der christlichen Denkweise seines Elternhauses und interessiert sich zunehmend für esoterische Geisteshaltungen, vor allem für die Theosophie. **1904** werden Landschaften sein zentrales Thema. Er zieht sich für ein Jahr aufs Land zurück und ist beeindruckt von der einfachen Frömmigkeit der Menschen. **1908** schließt sich Mondrian in Domburg einer international ausgerichteten Gruppe an und studiert die Schriften der französischen Neo-Impressionisten. **1909** wird er Mitglied des theosophischen Vereins und gründet **1910** mit anderen Künstlern den ‚Moderne Kunstkring', der Avantgarde-Ausstellungen nach dem Vorbild des Pariser ‚Salon d'Automne' organisieren will. **1911** zeigt er auf dem ‚Salon des Indépendants' in Paris ein fauvistisches Gemälde. Auch in den folgenden drei Jahren ist er dort vertreten. Im selben Jahr veranstaltet der ‚Moderne Kunstkring' eine erste Ausstellung mit Werken von u.a. Paul Cézanne, Pablo Picasso, Georges Braque und André Derain. Mondrian läßt sich in Paris nieder. **1912** ist er in der Kölner Sonderbund-Ausstellung und in der Ausstellung ‚Erster Deutscher Herbstsalon' von Herwarth Walden in Berlin vertreten. Er lernt Fernand Léger kennen. Von 1912 bis 1914 ist sein Werk von kubistischen Einflüssen geprägt. Bei seinem jährlichen Besuch in den Niederlanden verhindert **1914** der Ausbruch des I. Weltkrieges seine Rückkehr nach Paris. Er beginnt, seine Kunst als eine Folgerung aus allen vorhergehenden Kunstäußerungen, als ‚Kunst für die Zukunft', zu sehen. **1915** verfaßt er seine ersten kunsttheoretischen Schriften. Sein in Amsterdam ausgestelltes Werk wird vom Kunstkritiker und Künstler Theo van Doesburg gepriesen. Van Doesburg schlägt vor, eine Zeitschrift zu gründen, die der neuen Kunst und ihren Ideen gewidmet ist. **1917** geben Mondrian und van Doesburg zum ersten Mal die Zeitschrift ‚de Stijl' heraus, in der u.a. Mondrians kunsttheoretische Schriften veröffentlicht werden. Bis 1924 ist Mondrian Mitarbeiter der Zeitschrift. Er beginnt seine neoplastizistische Phase. **1919** kehrt er nach Paris zurück. **1920** erscheint durch die Galerie ‚L'Effort Moderne' von Léonce Rosenberg, als französische Kurzfassung eines früheren Textes, ‚Le néo-plasticisme'. Mondrian versucht, neoplastizistische Einrichtungsideen in seinem Atelier zu verwirklichen. Er trifft den Bildhauer und Maler Georges Vantongerloo und den Architekten J. J. P. Oud. Seinen Lebensunterhalt verdient er sich mit Aufträgen für Kopien und dem Verkauf von Aquarellen und Blumenstilleben. **1922** erhält er eine Ehrenausstellung zu seinem 50. Geburtstag im Stedelijk Museum in Amsterdam. **1923** erscheinen ‚Le Néo-Plasticisme' und vier von Mondrian verfaßte Essays als Bauhaus-Buch Nr. 5 unter dem Titel ‚Neue Gestaltung'. **1925** tritt Mondrian aus der Gruppe ‚de Stijl' aus, da van Doesburg in seinem ‚Elementarismus-Manifest' des gleichen Jahres die Diagonale als Gestaltungsmethode preist, Mondrian aber weiter strikt auf Orthogonalität als einzigem Weg der neuen Gestaltung besteht. Mondrians Werk wird so bekannt und begehrt, daß er keine Gelegenheitsarbeiten mehr ausführen muß. **1926** plant er die Innenraumgestaltung für den Salon von Ida Bienert in Dresden und einen Bühnenbildentwurf für ein Stück von Seuphor. In der zweiten Hälfte der 20er Jahre zieht sein Atelier viele Besucher an. Mondrian schreibt Artikel in verschiedenen europäischen Zeitschriften. **1927** hängen zwei seiner Werke in dem von El Lissitzky entworfenen Raum ‚Abstraktes Kabinett' im Provinzialmuseum in Hannover. Er ist in der von Katherine S. Dreier organisierten Ausstellung der ‚Societé Anonyme' im Brooklyn Museum, New York, vertreten. **1929** ist er mit fünf Arbeiten an der Ausstellung ‚Abstrakte und surrealistische Malerei und Plastik' im Kunsthaus Zürich beteiligt. **1930** stellt er mit der von Michel Seuphor und Joaquin Torres-Garcia gegründeten Gruppe ‚Cercle et Carré' aus. Alexander Calder besucht ihn in seinem Atelier. Seine Kontakte mit amerikanischen Kunstsammlern mehren sich, z.B. kaufen K. S. Dreier und Hilla Rebay zwei seiner ‚open diamond' (‚Offene Rauten')-Kompositionen. Mondrian arbeitet an einer Zusammenfassung seiner Ansichten über Kunst und Gesellschaft. Der Text ‚L'Art et la Vie' wird nie beendet und bleibt unveröffentlicht. Er stellt in Stockholm und ein Jahr später in Brüssel aus. **1931** verfaßt er den ersten von drei Beiträgen für das Jahrbuch der Gruppe ‚abstraction, création, art non-figuratif'. **1932** beginnt er Kompositionen mit Doppellinien. **1934** stellt er in Holland und den USA aus (Hartford, Conn., und Chicago). Der amerikanische Künstler Harry Holtzman und Ben Nicholson besuchen ihn in seinem Atelier in Paris. Im selben Jahr tritt Mondrian aus der Gruppe ‚abstraction, création, art non-figuratif' aus. **1935** nimmt er an der Ausstellung ‚these, antithese, synthese' in Luzern teil. **1936** soll das Haus abgerissen werden, in dem sich das von ihm gestaltete Atelier befindet. Er muß sich in Paris eine neue Wohnung suchen. Alfred H. Barr zeigt Arbeiten von Mondrian in seiner Ausstellung ‚Cubism and Abstract Art' in New York. Im gleichen Jahr sind mehrere seiner Arbeiten in der Ausstellung ‚Abstract and Concrete' in London und Oxford zu sehen. **1937** wird das englische und amerikanische Interesse an seiner Kunst immer größer. Er veröffentlicht, zum ersten Mal in englischer Sprache, einen von Künstlern vielbeachteten Artikel in der Zeitschrift „Circle": ‚Plastic Art and pure Plastic Art'. Vier seiner Arbeiten werden von den Nationalsozialisten aus deutschen Museen entfernt. Im gleichen Jahr ist er in den Ausstellungen ‚Konstruktivisten' in Basel und ‚Origines et Devéloppement de l'Art International Indépendant' in Paris vertreten. **1938** beschließt er, aus Anlaß des Münchner Abkommens, nach London zu gehen, da er sich dort nicht von den Nationalsozialisten bedroht sieht. Er zieht nach Hampstead. Seine Nachbarn sind Naum Gabo, Nicholson und Herbert Read. Holtzmann, der ihm wiederholt rät, in die USA zu emigrieren, schickt ihm in den folgenden beiden Jahren Geld. E. A. Gallatin und Peggy Guggenheim kaufen seine Werke. Mondrian verfaßt ‚Notes toward a New Art of Teaching' (‚Bemerkungen zu einer neuen Art des Lehrens') und hofft auf einen Posten als Lehrer am ‚New Bauhaus' in Chicago. Er schreibt Moholy-Nagy in diesem Sinn. In Amsterdam ist er an der Ausstellung ‚Abstracte Kunst' beteiligt. **1939** verbleibt er bei Kriegsbeginn in London. Mondrian nimmt an der Ausstellung ‚Réalités Nouvelles' in Paris teil. Erst nach der Bombadierung von Hampstead reist er **1940** in die USA. Er tritt dort der Gruppe ‚American Abstract Artists' bei. Erneut richtet er sich ein nach seinen Kunstprinzipien gestaltetes Atelier ein. Das Museum of Modern Art in New York plant eine Retrospektive seiner Werke, die erst 1945 zustandekommt. **1942** hat Mondrian seine erste Einzelausstellung in New York. Er stirbt **1944** an einer schweren Lungenentzündung.

- Michel Seuphor, *Piet Mondrian,* Köln 1957 (Mit Werkverzeichnis)
- Hans L. C. Jaffé, *Piet Mondrian,* Köln 1982
- Kermit Swiler Champa, *Mondrian Studies,* Chicago 1985
- Harry Holtzman und Martin S. James (Hrsg.), *The New Art – The New Life. The collected writings of Piet Mondrian,* London 1987 (Mit aufführlicher Bibliographie)

72
Mother and Child (Mutter und Kind) 1936
Ancaster stone, H.: 50,8
The British Council, London

73
Reclining Figure (Liegende Figur) 1938
Blei, 14,6 x 33
The Museum of Modern Art, New York (Erwerbung 1939)

74
Mother and Child (Mutter und Kind) 1939
Bronze und Schnur, L.: 18,4
The Henry Moore Foundation

75
Three Points (Drei Punkte) 1939/40
Eisen, L.: 19
The Henry Moore Foundation

72

1898 wird Moore in Castleford, Yorkshire, geboren. Sein Vater ist Bergbauingenieur. Er ist früh entschlossen, Bildhauer zu werden, doch muß er während des I. Weltkrieges zunächst seinen Militärdienst leisten. Beim Fronteinsatz in Frankreich wird er **1917** bei einem Gasangriff verletzt. Von **1919** bis 1921 studiert er an der School of Art in Leeds. Ab **1921** kann er aufgrund eines Stipendiums am Royal College of Art in London studieren. Bei seinen häufigen Besuchen im British Museum beeindruckt ihn vor allem frühe Kunst des Mittelmeerraums. Später meint er einmal: „Picasso und das British Museum waren die einzigen Quellen, deren ich je wirklich bedurfte." **1923** unternimmt er die erste seiner zahlreichen Reisen nach Paris. **1925** hält er sich ein halbes Jahr in Frankreich und Italien auf. **1928** bekommt Moore einen ersten öffentlichen Auftrag. In der Warren-Gallery, London, findet seine erste Einzelausstellung statt. **1929** heiratet er die Russin Irina. **1930** entstehen seine ersten abstrakten Arbeiten. Er schließt sich der ‚Seven and Five Society' an, einer avantgardistischen Künstlergruppe, zu der auch Barbara Hepworth und Ben Nicholson gehören. **1931** veranstaltet die Leicester Gallery, London, eine Einzelausstellung. **1932** wird er als Lehrer an die neugegründete Abteilung für Skulptur der Chelsea School of Art berufen, der er bis 1939 vorsteht. **1933** wird er Mitglied der avantgardistischen Gruppe ‚Unit One' und arbeitet an der Zeitschrift ‚The Group' mit, die von Herbert Read herausgegeben wird. Dieser veröffentlicht **1934** die erste Monographie über Moore, der jetzt auch zu einer Gruppe um Roland Penrose, Paul Nash, Eileen Agar, Herbert Read u. a. gehört, die engeren Kontakt zur surrealistischen Bewegung in Paris sucht. Diese Gruppe richtet mit Hilfe von André Breton und Paul Eluard **1936** die Internationale Surrealisten Ausstellung in den New Burlington Galleries, London, aus, an der Moore beteiligt ist. **1938** nimmt er an der Ausstellung ‚Abstracte Kunst' im Stedelijk Museum, Amsterdam, teil. Nach Ausbruch des II. Weltkrieges wird Moore **1940** als War-Artist beauftragt und gewinnt landesweite Bekanntheit mit seinen ‚Shelter Drawings', Zeichnungen von Menschen, die vor den deutschen Bombenangriffen in U-Bahnschächten Schutz suchen. **1943** findet in der Buchholz Galerie, New York, seine erste Einzelausstellung außerhalb Englands statt. **1946** veranstaltet das Museum of Modern Art, New York, eine Retrospektive. **1948** erhält er den internationalen Preis für Plastik der Biennale in Venedig. Er gewinnt zunehmend internationales Ansehen, erhält im In- und Ausland große Aufträge, und findet durch zahlreiche Ausstellungen und Ehrungen große Beachtung. Moore stirbt **1986.**

- David Sylvester (Hrsg.), *Henry Moore. Sculptures and Drawings 1921–1948,* London 1957 (Mit einer Einleitung von Herbert Read)
- *Henry Moore,* München 1977 (Ausst.-Kat.)
- David Mitchinson, *Henry Moore. Plastiken 1922–1980,* Stuttgart 1981

73

74

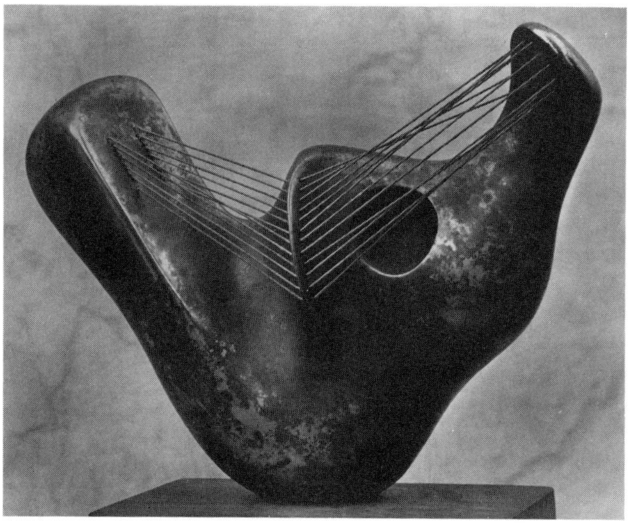

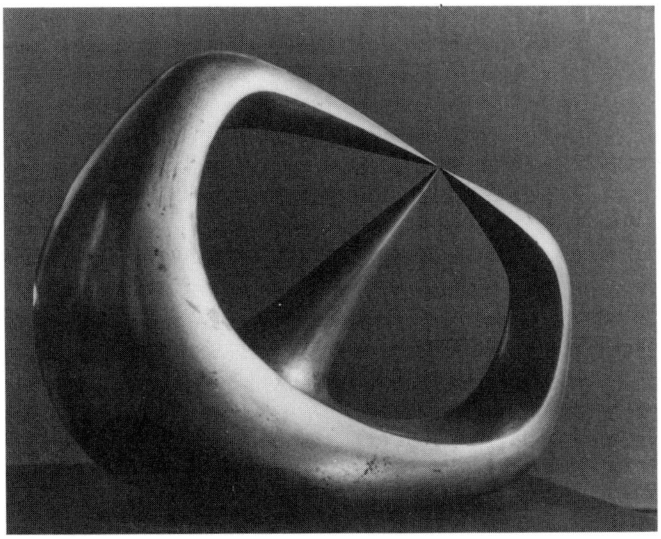

75

76
White Relief (Weißes Relief)
1935
Acryl auf Holz, Multiple,
26,5 x 41,5 x 2
Bez. auf der Rückseite durch ein Etikett: Ben Nicholson: White Relief 1935; published by Tate Gallery London Nr. 230; manufactured in Great Britain by the West End Engraving Company Ltd., London
Anne-Marie und Victor Loeb-Stiftung, Kunstmuseum Bern

77
White Relief (Weißes Relief)
1935
Öl auf Holz, 54,5 x 80
The British Council, London

78
Painted White Relief (Bemaltes weißes Relief) 1936
Öl auf Walnußholz, 178 x 73,5 x 7
Bez. auf der Rückseite
Sammlung Gimpel Fils, London

79
Painted Relief (Bemaltes Relief)
1939
Öl auf Holz, 37,8 x 66
Bez. auf der Rückseite
Marlborough Fine Art (London), Ltd.
Farbabb. S. 73

Nicholson wird **1894** in Buckinghamshire geboren. Beide Eltern sind bildende Künstler. Er studiert **1910** für ein Jahr an der Slade School, wo er sich mit Paul Nash anfreundet, der in den 30er Jahren als Kunstkritiker und Begründer der Gruppe ‚Unit One' erheblich zur Förderung der Moderne in England beiträgt. Von **1912** bis 1913 studiert er Italienisch in Mailand und hält sich von **1913** bis 1914 aus Gesundheitsgründen auf Madeira auf. Untauglich zum Kriegsdienst lebt er von **1914** bis **1917** in London und Nordwales und bis **1918** in Pasadena / Kalifornien. Während dieser Jahre malt er sehr wenig. Erst **1920**, nachdem er die Malerin Winifred Dacre geheiratet hat, widmet er sich ernsthaft der Malerei. Da er mit seiner Frau von 1920 bis 1924 jeden Winter in Lugano verbringt, besucht er auf den Fahrten in die Schweiz Paris und sieht dort **1921** zum ersten Mal kubistische Werke von Georges Braque und Pablo Picasso. **1924** wird er Mitglied der ‚Seven and Five Society'. **1926** wird er der Vorsitzende der Gruppe und bleibt ihr bis zu ihrer Auflösung im Jahre 1936 verbunden. Seit **1927** malt er Stilleben und Landschaften in einem bewußt naiven Stil. **1928** entdeckt er zusammen mit einem Freund den naiven Maler Alfred Wallis in St. Ives, dessen Werke er wegen der Frische der Malerei und Vereinfachung der Motive hoch schätzt. Gemeinsam mit seiner zweiten Frau Barbara Hepworth fährt er **1932** nach Frankreich, wo sie Picasso, Braque, Hans Arp, Sophie Taeuber-Arp und Constantin Brancusi in ihren Ateliers aufsuchen und auch Alexander Calder, Joan Miró und Alberto Giacometti treffen. Nicholson schließt sich mit Barbara Hepworth auf Anraten von Jean Hélion und Auguste Herbin der Gruppe ‚abstraction, création, art non-figuratif' an. Im selben Jahr wird Nicholson Mitglied der Gruppe ‚Unit One' (Unit = Gemeinschaft, One = Individualität). Seine Malerei ist stark vom Kubismus beeinflußt, wahrt aber die Ganzheit der Bildfläche. 1932, 1933 und danach in einem zweijährigen Turnus stellt er in der Léfebre Gallery in London aus. **1933** fertigt er erste farbige Reliefs an, die irregulär begrenzte geometrisch-abstrakte Formen mit wellenförmig fortlaufenden, in die Bildfläche eingeritzten Linien verbinden und der Formenwelt von Miró und Calder nahestehen. **1934** tritt er aus der Gruppe ‚abstraction, création, art non-figuratif' aus und besucht Piet Mondrian in dessen Atelier in Paris. Er ist fasziniert von der großen Reinheit, Harmonie und Ruhe, die von der Atmosphäre in Mondrians Atelier ausgeht. Im selben Jahr stellt Nicholson sein erstes streng geometrisches, weißes Relief aus. Eine von der Gruppe ‚Unit-One' organisierte Ausstellung in London hat sehr großen Erfolg. **1935** werden seine Werke in Luzern in der Ausstellung ‚these, antithese, synthese' gezeigt. **1936** ist er in New York in der Ausstellung ‚Cubism and Abstract Art' und in London und Oxford in der Ausstellung ‚Abstract and Concrete' vertreten. **1937** gibt er zusammen mit Naum Gabo und J. Leslie Martin das Buch ‚Cercle: International Survey of Constructive Art' heraus. Er verbringt seine Ferien zusammen mit seiner Familie in Varengeville bei Dieppe, wo sich auch Calder, Braque und Miró aufhalten. **1938** ist er an der Ausstellung ‚Abstracte Kunst' im Stedelijk Museum in Amsterdam beteiligt. Von 1938 bis **1940** ist Mondrian sein Nachbar in Hampstead. Bei Kriegsausbruch zieht Nicholson nach St. Ives, Cornwall. **1941** wird in ‚Horizon' sein Aufsatz ‚On Abstract Art' veröffentlicht. Während der Kriegsjahre arbeitet er wieder gegenständlicher und orientiert sich an Naturerlebnissen an der Küste von Cornwall. Retrospektiven seines Werkes finden in den 50er und 60er Jahren statt. Er entwirft große Wandbilder und Wandreliefs wie z. B. für die Documenta III, 1964. **1951** wird er von Barbara Hepworth geschieden und läßt sich **1958** im Tessin nieder. **1982** stirbt Nicholson in London.

● *Ben Nicholson,* London 1948 (Mit einer Einführung von Herbert Read und „Notes on Abstract Art" von Ben Nicholson)
● *Ben Nicholson. Fifty Years of His Art,* Buffalo, New York 1978 (Ausst.-Kat.)
● *Ben Nicholson. The Years of Experiment 1919–39,* Cambridge 1983 (Ausst.-Kat.)

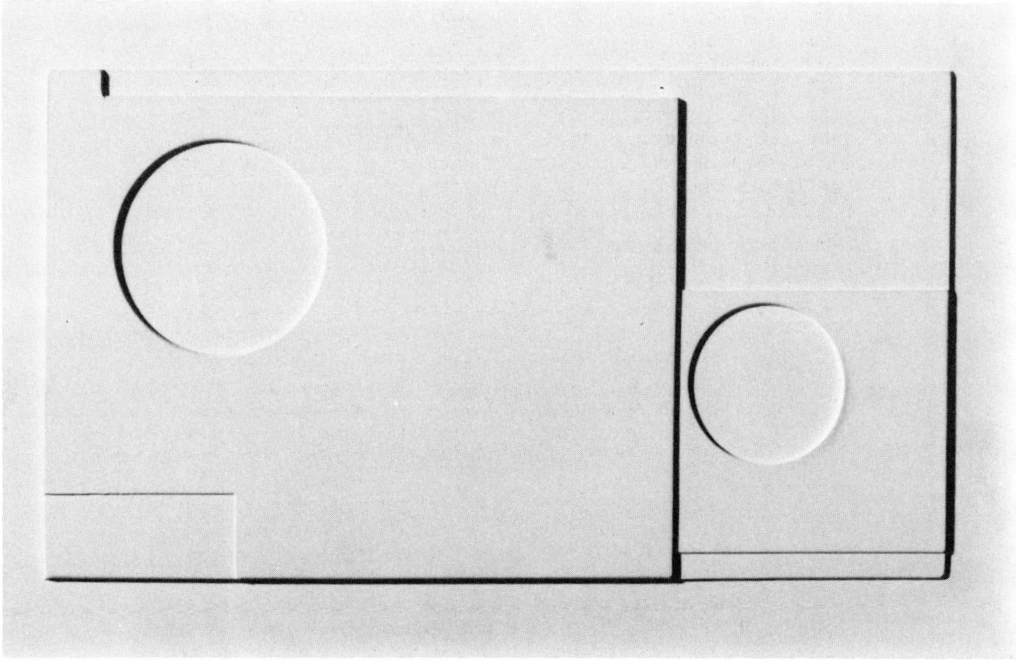

76

77

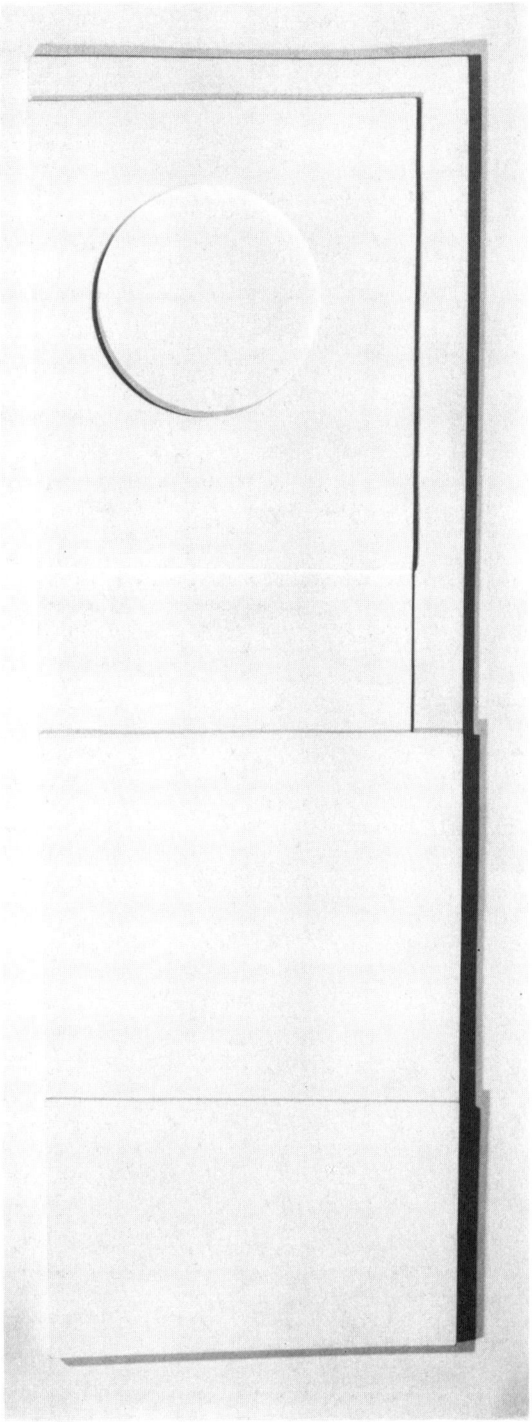

78

80
Construction surface développable (Oberflächenentfaltung) 1938
Konstruktion, Kupfer, 63 x 53
Bez. u. l.: „1938, A. PEVHEY"
Öffentliche Kunstsammlung Basel, Kunstmuseum (Schenkung aus der Sammlung Oskar und Annie Müller-Widmann)

1884 wird Pevsner in Orel (Rußland) geboren. Von **1902** bis **1911** besucht er die Kunstschule in Kiew und studiert an der Akademie der Schönen Künste in Petersburg. Er ist von den Bildern der Impressionisten und der Fauves in den großen Privatsammlungen moderner Kunst in Moskau tief beeindruckt. Daneben haben für ihn die byzantinische Baukunst und alte Ikonen große Bedeutung. **1912** reist er zum ersten Mal nach Paris und sieht im ‚Salon des Indépendants' Werke der Kubisten. Einen stärkeren Eindruck aber hinterläßt die Konstruktion des Eiffel-Turmes mit ihrer trotz hoher Stabilität filigranen Transparenz und Dynamik. Von **1913** bis **1914** hält sich Pevsner wieder in Paris auf. Er trifft Alexander Archipenko und Amedeo Modigliani und malt sein erstes abstraktes Bild. Stark beeindruckt ihn eine Skulpturenausstellung Umberto Boccionis. Während des Ersten Weltkrieges hält er sich von **1915** bis **1916** in Oslo auf. Er lebt und arbeitet dort zusammen mit seinem jüngeren Bruder Naum Gabo, dessen Beschäftigung mit Plastik ihn beeinflußt. **1917** kehrt er nach Moskau zurück und wird dort neben Wassily Kandinsky, Kasimir Malewitsch und Wladimir Tatlin zum Professor an der Akademie der Schönen Künste ernannt, da die ehemaligen Professoren als Soldaten eingezogen wurden. **1920** unterschreibt er zusammen mit Gabo das ‚Realistische Manifest'. Dies wird von den Behörden nur oberflächlich gelesen und daher genehmigt, obwohl der Inhalt nicht ihrer Auffassung über die gesellschaftliche Aufgabe der Kunst entspricht. In großer Anzahl und sogar an Stellen, die Regierungsorganen vorbehalten sind, wird das Manifest offiziell plakatiert. Pevsner ist an einer Freiluftausstellung in Moskau beteiligt. **1922/23** nimmt er an der von der sowjetischen Regierung organisierten ‚Ersten Russischen Kunstausstellung' in der Galerie van Diemen in Berlin teil. Zu dieser Zeit beginnt er mit plastischen Arbeiten. **1923** verläßt Pevsner Rußland, da er seine Freiheit durch einen Wandel der russischen Kulturpolitik bedroht sieht. Er hält sich mehrere Monate in Deutschland auf, entscheidet sich jedoch schließlich für Paris als Aufenthaltsort. **1924** veranstaltet die Galerie Percier eine Ausstellung seiner und der Werke von Gabo. **1926** zeigt man seine Arbeiten in mehreren Ausstellungen in den USA (New York, Hartford und Brooklyn). **1927** erstellt er zusammen mit Gabo die konstruktivistische Ausstattung für Diaghilevs Ballett ‚La Chatte' (‚Die Katze'). **1929** ist er an der Ausstellung ‚Abstrakte und surrealistische Malerei und Plastik' in Zürich beteiligt. **1930** erwirbt er die französische Staatsbürgerschaft und beteiligt sich an der internationalen Ausstellung in Stockholm. Er wird Mitglied der Gruppe ‚Cercle et Carré' um Michel Seuphor. Der ihr nachfolgenden Gruppierung ‚abstraction, création, art non-figuratif' tritt er **1931** bei. **1934** verläßt er die Gruppe. Das Museum of Modern Art in New York zeigt seine Werke **1936** in der Ausstellung ‚Cubism and Abstract Art' und 1939 in ‚Art in our Time'. **1937** nimmt Pevsner an den Ausstellungen ‚Konstruktivisten' in der Kunsthalle Basel und ‚Origines et Développement de l'Art International Indépendant' teil. **1939** sind seine Werke in der Ausstellung ‚Abstracte Kunst' im Stedelijk Museum in Amsterdam, in ‚Abstract and Concrete Art' in der Galerie Guggenheim Jeune in London und in der Ausstellung ‚Réalités Nouvelles' in der Galerie Charpentier in Paris zu sehen. **1946** ist er Mitbegründer der Gruppe ‚Réalités Nouvelles'. Ein Jahr später hat er seine erste große Einzelausstellung und **1948** eine Ausstellung zusammen mit seinem Bruder im Museum of Modern Art in New York. Er entwirft mehrere monumentale Plastiken, die im öffentlichen Raum aufgestellt werden. Ende der 50er Jahre wird er durch eine Retrospektive in Paris geehrt. 14 seiner Skulpturen werden auf der Biennale in Venedig gezeigt und man verleiht ihm einen hohen Ehrenpreis auf der Weltausstellung in Brüssel. **1961** stirbt Pevsner in Paris.

- *Antoine Pevsner,* Paris 1957 (Ausst.-Kat.)
- Pierre Peissi und Carola Giedion-Welcker, *Antoine Pevner,* Neuchâtel 1961

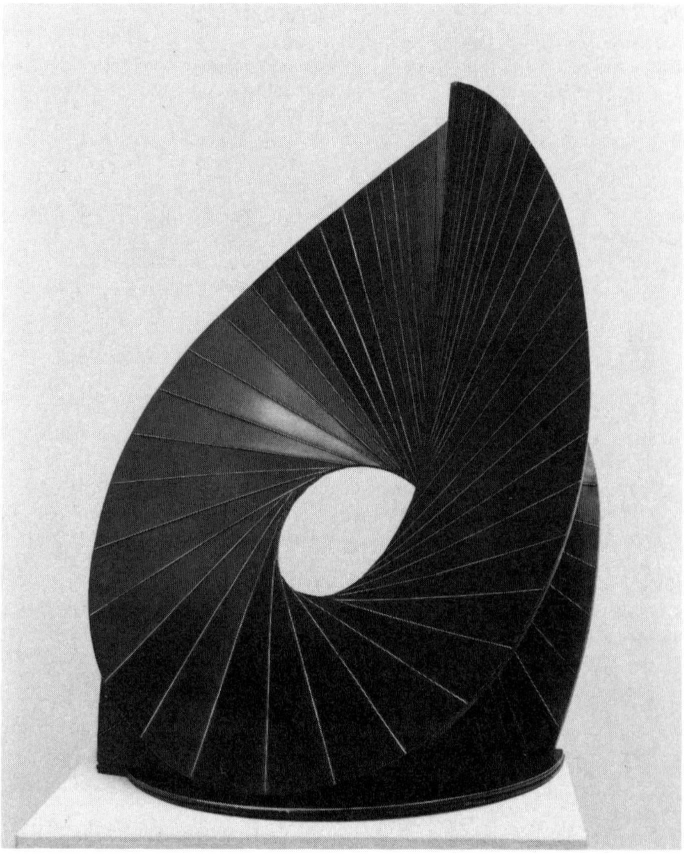

80

81
Nu dans un jardin (Schlafender Frauenakt in einer Landschaft)
4. August 1934
Öl auf Leinwand, 162 x 130
Bez. rückseitig auf dem Keilrahmen: Boisgeloup 22 mai XXXIV
Nicht bei Zervos; (Musée Picasso 148)
Musée Picasso, Paris
Farbabb. S. 85

Im Laufe der 30er Jahre entstehen zahlreiche Bilder, die abwechselnd eine der beiden Musen Picassos, Marie-Thérèse Walter und Dora Maar zeigen. Das Bild von Marie-Thérèse beherrscht in Malerei und Skulptur die Zeit zwischen 1931 und 1936. Die Sinnlichkeit ihres Körpers und ihr Sanftmut regen Picasso mehrfach zu dem Thema der schlummernden, in der Unschuld des Schlafes dargebotenen Frau an. Die passive Weiblichkeit findet ihren Ausdruck auch in den weichen, runden Linien. Auf einem weißen Tuch liegt zusammengerollt der nackte rosafarbene Körper, aus dem Blumen und Pflanzen zu wachsen scheinen.

82
Buste de femme assise (Brustbild einer sitzenden Frau) 6. September 1938
Öl auf Leinwand, 65 x 50
Bez. u. r.: Picasso
Zervos IX/213
Perls Galleries, New York

Seit April 1938 beginnt Picasso, Formen mit einem Linienwerk zu überziehen, das die Vorstellung von Korb- oder Flechtwerk suggeriert. Im Laufe der nächsten neun Monate taucht dieses Stilmittel in einer Reihe von Gemälden mit dem Motiv der sitzenden Frau auf.

83
Tête de femme à deux profils (Frauenkopf mit zwei Profilen)
1. April 1939
Öl auf Leinwand, 92 x 73
Zervos IX, 282
Mrs. Edwin A. Bergman, Chicago
Farbabb. S. 84

Während Picasso bei der Darstellung von Marie-Thérèse Walter einen weichen linearen Duktus wählt, gibt er die nervöse Ausstrahlung Dora Maars oft in bizarren Formen wieder. Bei diesem Brustbild von Dora Maar werden die Gesichtsteile wie beliebig versetzbare Bruchstücke zusammengefügt. Der Kopf scheint durch extreme Gesichtsverschiebungen zweigespalten zu sein. Die Volumina des Gesichtes und Kopfes sind in kurvige Flächen übersetzt. Der linke Gesichtsausschnitt ist wie die Mundpartie des rechten Profils hell hervorgehoben, der restliche Teil des Gesichts tritt dunkel zurück und verschmilzt mit dem graublauen Hintergrund.

1881 wird Picasso in Malaga geboren. Sein Vater ist Maler und Lehrer an der dortigen Kunst- und Gewerbeschule. **1891** übersiedelt die Familie nach La Coruna (Galizien), wo Picasso die Kunstschule besucht, an der sein Vater lehrt. **1894** übergibt der Vater seine Pinsel und Farben dem Sohn, nachdem er dessen hohe Begabung erkannt hat. **1895** zieht die Familie nach Barcelona. Picasso besucht dort die Kunstschule La Lonja und ab **1897** die Akademie von San Fernando in Madrid. **1899** ist er in Barcelona als Maler und Illustrator tätig. **1900** reist er zum ersten Mal nach Paris. **1901** ist er in Madrid künstlerischer Leiter der Zeitschrift ‚Arte Joven'. Zu dieser Zeit beginnt er eine fast monochrome blaugrüne Palette zu gebrauchen (Blaue Periode). Er hat eine Ausstellung in der Galerie von Ambroise Vollard in Paris. Hier läßt er sich **1904** endgültig nieder. Er bezieht ein Atelier im ‚Bateau Lavoir' am Montmartre. **1905** entstehen Akrobatenbilder (Rosa Periode). Er lernt Guillaume Apollinaire und Gertrude Stein kennen, die Bilder von ihm kauft. **1906** befreundet er sich mit Georges Braque und André Derain. Den Sommer verbringt er mit seiner Freundin Fernande Olivier in Spanien. **1907** arbeitet er unter dem Einfluß afrikanischer Skulptur an dem großformatigen Bild ‚Les Demoiselles d'Avignon'. Ab **1909** datiert seine Kubistische Periode. **1911** findet eine Ausstellung in der New Yorker Galerie ‚291' statt. **1912** folgen Ausstellungen in London und Moskau. Er verläßt das ‚Bateau Lavoir' und richtet sich am Montparnasse ein. Es entstehen die ersten ‚Papiers Collés'. **1913** zeigt die Galerie Tannhauser in München zahlreiche seiner Werke. **1917** geht er mit Jean Cocteau nach Rom, wo er für Sergei Diaghilevs ‚Ballets Russes' die Ausstattung zu ‚Parade' entwirft. In Rom lernt er Igor Strawinsky und die Tänzerin Olga Koklowa kennen, die er **1918** heiratet. In den folgenden Jahren entwirft er mehrfach Bühnenbilder für Diaghilev. **1920** beginnt seine Klassizistische Periode. **1921** wird sein Sohn Paolo geboren. **1922** lernt er André Breton, Louis Aragon und Tristan Tzara kennen. **1925** nimmt er an der ersten Ausstellung der surrealistischen Maler in Paris teil. **1926** gründet Christian Zervos die Zeitschrift ‚Cahiers d'Art', in der die Auseinandersetzung mit Picassos Werk durchgehend einen breiten Raum einnimmt. **1927** lernt er Marie-Thérèse Walter kennen. **1928** arbeitet er im Atelier von Julio González an seinen ersten Plastiken. **1930** kauft er in der Normandie Schloß Boisgeloup, das zum Atelier für die nun in großer Zahl entstehenden plastischen Arbeiten wird. **1931** macht er die Radierungen zu den ‚Metamorphosen' von Ovid und für das ‚Chef d'oeuvre inconnu' von Honoré de Balzac. **1932** finden in Paris und Zürich große Retrospektiven statt. **1934** unternimmt Picasso eine längere Spanienreise mit seiner Familie, von der er sich **1935** trennt, als Marie-Thérèse Walter eine Tochter zur Welt bringt. **1936** schließt er Freundschaft mit Paul Eluard. Eine Wanderausstellung seiner Werke reist durch Spanien. In den Ausstellungen ‚Cubism and Abstract Art' und ‚Fantastic Art, Dada, Surrealism' im Museum of Modern Art, New York, ist er jeweils mit mehreren Werken vertreten. Er lernt die Fotografin Dora Maar kennen, die seine Geliebte wird. Bei Ausbruch des spanischen Bürgerkrieges **1936** engagiert er sich für die republikanische Seite. **1937** veröffentlicht er die Radierungen ‚Sueno y Mentira de Franco' und malt im Auftrag der spanischen Regierung ‚Guernica', das im Pavillon der spanischen Republik auf der Pariser Weltausstellung gezeigt wird. In der Ausstellung ‚Origines et Développement de l'Art International Indépendant' ist er mit elf Werken beteiligt. Während einer Schweiz-Reise besucht er Paul Klee. Die Galerie Seligmann, New York, veranstaltet eine Ausstellung ‚20 Years in the Evolution of Picasso', das Museum of Modern Art kauft bei dieser Gelegenheit ‚Les Demoiselles d'Avignon'. Seine in deutschem Museumsbesitz befindlichen Werke werden als ‚entartet' beschlagnahmt. **1938** wird ‚Guernica' in den Londoner New Burlington Galleries ausgestellt. Dort werden im gleichen Jahr einige seiner Werke auch in der Internationalen Surrealismus-Ausstellung gezeigt. **1939** wird ‚Guernica' in der New Yorker Valentine Gallery ausgestellt. Da der Krieg beginnt, bleibt das Bild in den USA. Picasso verläßt Paris und geht nach Royan an die Atlantikküste. Ende des Jahres findet im Museum of Modern Art, New York, eine große Retrospektive statt, die anschließend durch mehrere amerikanische Städte wandert. Nachdem die deutschen Truppen **1940** einen Teil Frankreichs besetzt haben, kehrt Picasso nach Paris zurück. Angebote, sich nach Mexiko oder in die USA zu begeben, lehnt er ab. **1941** schreibt er eine Farce ‚Wie man Wünsche beim Schwanz packt'. Es entstehen mehrere Skulpturen, die er zum Teil in Bronze gießen läßt trotz der Anordnung der deutschen Besatzung, daß Metalle ausschließlich zu militärischen Zwecken Verwendung finden dürfen. **1943** stellt er Assemblagen aus gefundenen Objekten her, darunter einen ‚Stierkopf' aus einem Fahrradsattel und einer Lenkstange. Er arbeitet an einer großen Skulptur ‚Mann mit Schaf'. Er lernt die junge Malerin Françoise Gilot kennen. **1944** tritt er, nach der Befreiung Frankreichs, der Kommunistischen Partei bei. Er stellt im ‚Salon d'Automne' (‚Salon de la Libération') in einem eigenen Saal eine Vielzahl von Gemälden und Skulpturen vor. **1945** entdeckt Picasso die Lithographie für sich, deren technische Möglichkeiten ihn faszinieren. In den folgenden Jahren entstehen mehr als zweihundert Lithographien. Ab **1946** lebt er mit Françoise Gilot zusammen, **1947** wird ihr gemeinsamer Sohn Claude geboren. In diesem Jahr beginnt er mit Keramik-Arbeiten in einer Töpferei in Vallauris. Sein Engagement führt zu einer Wiederbelebung der Keramik-Industrie der Stadt. **1948** nimmt er am Friedenskongreß der Intellektuellen in

82

Wroclaw, Polen, teil. **1949** wählt Aragon die Lithographie einer Taube als Motiv für das Plakat eines in Paris stattfindenden Friedenskongresses. Das Bild wird schnell als ‚Friedenstaube' bekannt. Françoise bringt Paloma zur Welt. **1953** verläßt sie Picasso. Ab **1954** lebt er mit Jacqueline Roque zusammen, die er **1961** heiratet. In den 50er und 60er Jahren finden in Europa und den USA zahlreiche Ausstellungen seiner Werke statt. Die bis dahin größte mit über siebenhundert Arbeiten, Gemälden, Zeichnungen, Skulpturen, Keramiken und Druckgraphik wird **1966** von André Malraux in Paris eröffnet. Im südfranzösischen Mougins, wo er seit Beginn der 60er Jahre lebt, stirbt der als Jahrhundertgenie gefeierte Picasso 1973.

- Christian Zervos, *Pablo Picasso.* Band I-XXXIII, Paris 1932–1978 (Werkverzeichnis)
- Werner Spies, *Pablo Picasso. Das plastische Werk,* Stuttgart 1971 (Werkverzeichnis der Skulpturen)
- *Pablo Picasso. Retrospektive im Museum of Modern Art, New York,* München 1980 (Deutsche Ausgabe des Ausst.-Kat. New York 1980, hrsg. von William Rubin)
- *Pablo Picasso. Eine Ausstellung zum hundertsten Geburtstag. Werke aus der Sammlung Marina Picasso,* München 1981 (Ausst.-Kat. München/Köln/Frankfurt a. M. 1981/82)
- *Picasso-Museum Paris. Bestandskatalog der Gemälde, Papiers collés, Reliefbilder, Skulpturen und Keramiken,* München 1985

84
Quadratisches Bild 1937
Montage, Mischtechnik auf Holz, 55,4 x 55,4
Bez. u. l.: KS 37
Privatsammlung Lugano
Farbabb. auf dem Umschlag

85
Eva Stee 1937-38
Collage, 24,8 x 19,4
Bez. u. l.: Kurt Schwitters
Marlborough Fine Art (London) Ltd.

86
Die Frühlingstür 1938
Assemblage, 87,8 x 72
Bez.: signiert, datiert und betitelt auf der Rückseite
Sammlung Krystyna Gmurzynska-Bscher
Farbabb. S. 78

87
Freia Taifun 1939
Collage, 29,5 x 22,5
Bez. u. l.: Kurt Schwitters 1939
Marlborough Fine Art (London) Ltd.

1887 wird Schwitters in Hannover geboren. Seine Eltern sind Besitzer eines Modewarengeschäftes und Eigentümer mehrerer Wohnhäuser. **1908** studiert er zwei Semester an der Kunstgewerbeschule in Hannover. Von **1909** bis **1914** besucht er die Kunstakademie in Dresden. Wegen seiner labilen Gesundheit bleibt er während des Ersten Weltkriegs vom Wehrdienst verschont. Er heiratet **1915** und läßt sich in Hannover nieder. **1917** wird er als technischer Zeichner zwangsverpflichtet, **1918** malt er – nach akademisch-naturalistischen Anfängen und einer kurzen expressionistisch-kubistischen Phase – sein erstes abstraktes Bild und stellt in der Galerie ‚Der Sturm', Berlin, aus. Sein Sohn Ernst wird geboren. **1919** entsteht das erste MERZ-Bild, eine Assemblage mit dem Wortfragment MERZ. In der Zeitschrift ‚Der Sturm' erscheinen sein Artikel ‚MERZmalerei' und einige seiner Gedichte, u.a. ‚Anna Blume'. Er nimmt in den folgenden Jahren regelmäßig an den Avantgarde-Ausstellungen in der Galerie ‚Der Sturm' teil. **1920** trifft Schwitters Hans Arp und Raoul Hausmann. Wegen seiner engen Beziehungen zum ‚Sturm' und wegen seiner unpolitischen Haltung lehnt Richard Hülsenbeck seine Aufnahme in den ‚Club Dada' ab. Seine Arbeiten werden in der ‚Société Anonyme' in New York ausgestellt. Er beginnt die Arbeit am ersten MERZbau, an dem er bis zu seiner Emigration weiterarbeitet, und der schließlich durch zwei Stockwerke seines Hauses in Hannover wächst. **1921** hat er eine Ausstellung in einer Münchner Galerie. Er fährt mit Hannah Höch und Raoul Hausmann nach Prag, um Vorträge zu halten. **1922** nimmt er am Dada-Kongreß in Weimar teil. Er lernt Theo van Doesburg kennen und beteiligt sich am ‚Feldzug Holland-Dada'. **1923** erscheinen die ersten Nummern der von Schwitters herausgegebenen MERZ-Publikationen. Er und seine Familie verbringen den Sommer gemeinsam mit Hannah Höch und Hans und Sophie Arp auf der Insel Rügen. **1924** stellt er in der Kestner-Gesellschaft, Hannover, aus. Als MERZ 13 erscheint das auf Grammophonplatte gesprochene Scherzo der Ursonate. Er setzt sich mit den Ideen des Neoplastizismus der holländischen Gruppe ‚De Stijl' auseinander. Sie beeinflussen sein Werk im Sinne strengerer formaler Gestaltung. **1925/26** wandert eine Ausstellung seiner Werke von Berlin nach Moskau, Dresden und Hannover. **1927** schließt er sich mit Carl Buchheister, Friedrich Vordemberge-Gildewart u.a. zu der Gruppe ‚die abstrakten hannover' zusammen, und gründet er mit Willi Baumeister, Jan Tschichold u.a. den ‚ring neuer werbegestalter'. **1928** reist er durch Italien. **1929** ist er beteiligt an der Ausstellung ‚Abstrakte und Surrealistische Malerei und Plastik' im Kunsthaus Zürich und **1930** an der Ausstellung der Künstlervereinigung ‚Cercle et Carré' in Paris. Den Sommer verbringt er in Norwegen, wo er sich in den nächsten Jahren regelmäßig ein paar Monate aufhält. **1932** tritt Schwitters der Gruppe ‚abstraction, création, art non-figuratif' in Paris bei, in der sich Vertreter der abstrakten Kunst zusammengefunden haben. Als letzte MERZpublikation erscheint die Ursonate. Ab **1933** lebt er einen Teil des Jahres in Norwegen, **1936** ist er an den Ausstellungen ‚Cubism and Abstract Art' und ‚Fantastic Art, Dada, Surrealism' im Museum of Modern Art, New York, beteiligt. **1937** verläßt er Deutschland endgültig. 13 seiner Werke werden in deutschen Museen beschlagnahmt und vier werden in der Ausstellung ‚Entartete Kunst', München, gezeigt. Er ist an der Ausstellung ‚Konstruktivisten' in der Kunsthalle Basel beteiligt. Er beginnt in Norwegen einen zweiten MERZ-Bau und malt konventionelle Landschaften und Porträts, um sie zu verkaufen. **1938** nimmt er mit zwei Arbeiten an der Ausstellung ‚20th Century German Art' in den New Burlington Galleries, London, teil. **1940** muß er nach dem Einmarsch deutscher Truppen in Norwegen mit seinem Sohn nach Schottland fliehen. Er wird als „feindlicher Ausländer" 17 Monate lang interniert. In den Lagern zeichnet und malt er u.a. auch Auftragsporträts. Ende **1941** wird er entlassen und geht nach London. Er lebt dort isoliert und fast unbeachtet, versucht durch konventionelle Porträt- und Landschaftsmalerei sein Leben zu fristen. **1943** wird das Haus in Hannover mit dem ersten MERZ-Bau bei einem Luftangriff zerstört. **1944** zeigt die Modern Art Gallery, London, seine Arbeiten. Herbert Read schreibt das Katalogvorwort. Keines der gezeigten Werke wird verkauft. Schwitters erleidet einen Schlaganfall und übersiedelt **1945** nach Ambleside (Lake District). **1947** beginnt er trotz geschwächter Gesundheit in einer Scheune mit finanzieller Unterstützung des New Yorker Museum of Modern Art einen dritten MERZ-Bau; er stirbt **1948** im Krankenhaus von Kendal.

- Werner Schmalenbach, *Kurt Schwitters,* Köln 1967 (2. Aufl. 1984 mit ausführlicher Bibliographie)
- Friedhelm Lach (Hrsg.), *Kurt Schwitters, Das literarische Werk,* Bd. 1, Köln 1973; Bd. 2, Köln 1974; Bd. 3, Köln 1975; Bd. 4, Köln 1977; Bd. 5, Köln 1981
- Ernst Nündel (Hrsg.), *Kurt Schwitters, Wir spielen, bis uns der Tod abholt. Briefe aus fünf Jahrzehnten,* Frankfurt/Main 1975
- *Kurt Schwitters im Exil: Das Spätwerk 1937–1948,* London 1981 (Ausst.-Kat.)
- *Kurt Schwitters, Die späten Werke,* Köln 1985 (Ausst.-Kat.)
- *Kurt Schwitters, 1887–1948.* Frankfurt/Main, Berlin 1986 (Ausst.-Kat. Hannover 1986)

84

Garantie
Büchsenöffner
VIKING
BLOKK-OST
VIKING MELK
VIKING
MELK
VIKING
BLOKK-OST
VIKING MELK
Eva Stee

85

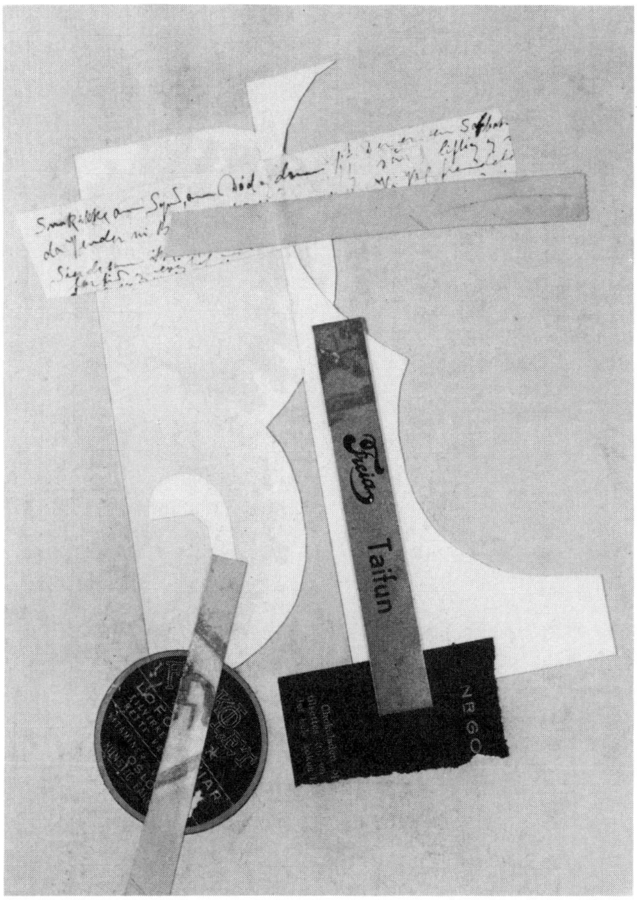
Freia
Taifun

87

88
Formes flottantes (Wehende Formen) 1935
Öl auf Leinwand, 50 x 65
Weber 1935/5
Hamburger Kunsthalle, Hamburg

89
Sculpture conjugale (Eheplastik) 1937
Holz gedrechselt und eingesägt, gemeinsam mit Hans Arp ausgeführt, 39 x 29,5 x 27,5
Weber 1937/A 1
Stiftung Hans Arp und Sophie Taeuber-Arp e.V.,
Bahnhof Rolandseck, Bonn

90
Coquilles et fleurs (Muscheln und Blumen) 1938
Rundes Relief, Öl auf Holz, ∅ 59,5
Bez. durch Etikett auf der Rückseite mit dem Signatur-Stempel:
S. H. Taeuber-Arp
Weber 1938/5
Stiftung Hans Arp und Sophie Taeuber-Arp e.V.,
Bahnhof Rolandseck, Bonn

1889 wird Taeuber in Davos geboren. Von **1908** bis **1910** besucht sie die Textilabteilung der Kunstgewerbeschule in St. Gallen, **1911** bis 1913 die Lehr- und Versuchswerkstätten von W. v. Debschitz in München. **1912** studiert sie an der Kunstgewerbeschule in Hamburg. **1915** wird sie Mitglied des Schweizerischen Werkbundes (SWB) und begegnet Hans Arp. **1916** bis 1929 lehrt sie textiles Gestalten an der Kunstgewerbeschule in Zürich. Sie entwirft Marionetten und das Bühnendekor für ‚König Hirsch' von Carlo Gozzi. Aktiv nimmt sie an der Schweizer Dada-Bewegung teil. Sie ist Schülerin in der Tanzschule von Rudolf von Laban und freundet sich dort mit Mary Wigman an. Als Tänzerin tritt sie bei Dada-Soireen im ‚Cabaret Voltaire' in Zürich auf. Die Sommerurlaube **1921** und 1922 verbringt sie u.a. mit Arp, Tristan Tzara, Max Ernst, André Breton und Gala und Paul Eluard in Tirol. Es kommt zu heftigen Auseinandersetzungen über die Notwendigkeit gesellschaftlich verantwortlichen Verhaltens. **1922** heiratet sie Arp. **1923** verbringt sie mit ihm, dem Ehepaar Schwitters und Hannah Höch den Urlaub auf der Insel Rügen. **1925** ist Taeuber-Arp Mitglied der Schweizer Jury der ‚Exposition Internationale des Arts Décoratifs' in Paris. **1926** reist sie nach Italien und besucht dort Pompeji. Anschließend entwirft sie ein Wandgemälde und Glasfenster für den Architekten Horn in Straßburg. Von 1926 bis **1928** arbeitet sie im Auftrag der Gebrüder Horn zusammen mit Arp und Theo van Doesburg an der Ausgestaltung des ‚Café de l'Aubette' in Straßburg. 1928 bezieht sie mit Arp ein von ihr selbst entworfenes und eingerichtetes Haus in Meudon bei Paris. **1930** wird sie Mitglied der Gruppe ‚Cercle et Carré' um Michel Seuphor. Seit **1931** gehört sie der Gruppe ‚abstraction, création, art non-figuratif' in Paris an, die sie jedoch **1934** verläßt, da der Vorstand entgegen ihrer Auffassung dogmatisch jegliche figurative Arbeiten ablehnt. In den folgenden Jahren ist sie an zahlreichen bedeutenden Gruppenausstellungen beteiligt: 1935 ‚these, antithese, synthese', Kunstmuseum Luzern; 1936 ‚Zeitprobleme in der Schweizer Malerei und Plastik', Kunsthaus Zürich; 1937 ‚Konstruktivisten', Kunsthalle Basel; 1938 ‚Exhibition of contemporary sculpture', Galerie Guggenheim Jeune, London; 1939 ‚Réalités Nouvelles', Galerie Charpentier, Paris. **1936** werden ihre Werke mit denen von Arp und Wassily Kandinsky in der Galerie Pierre in Paris gezeigt. **1937** wird sie Mitglied der Schweizer Künstlergruppe ‚allianz'. Sie gründet die der konkreten Kunst gewidmete Zeitschrift ‚Plastique/Plastic', die bis 1939 in Paris und New York erscheint (die dritte Ausgabe widmet sie ausschließlich amerikanischen Künstlern). Finanziell unterstützt wird die Zeitschrift von A. E. Gallatin und G. L. K. Morris. Im selben Jahr wird eine Einzelausstellung ihrer Arbeiten zusammen mit denen von Georges Vantongerloo veranstaltet. **1938** unterschreibt Taeuber-Arp einen internationalen Hilfsappell für Otto Freundlich. Im folgenden Jahr ist sie Mitorganisatorin der Ausstellung ‚International nutidskunst' in Oslo. **1940** flieht sie mit Arp vor den einmarschierenden Deutschen in die Dordogne und nach Savoyen. Von **1941** bis 1942 wohnt und arbeitet sie in Grasse zusammen mit Sonia Delaunay und Alberto Magnelli. Ende **1942** flieht sie weiter in die Schweiz und stirbt dort durch einen Unfall im Jahr **1943**.

- Georg Schmidt (Hrsg.), *Sophie Taeuber-Arp,* Basel 1948 (Mit Werkverzeichnis von Hugo Weber)
- Margit Staber, *Sophie Taeuber-Arp,* Lausanne 1970
- *Sophie Taeuber-Arp,* New York 1981 (Ausst.-Kat.)
- *Sophie Taeuber-Arp,* Bottrop 1983 (Ausst.-Kat.)

89

88

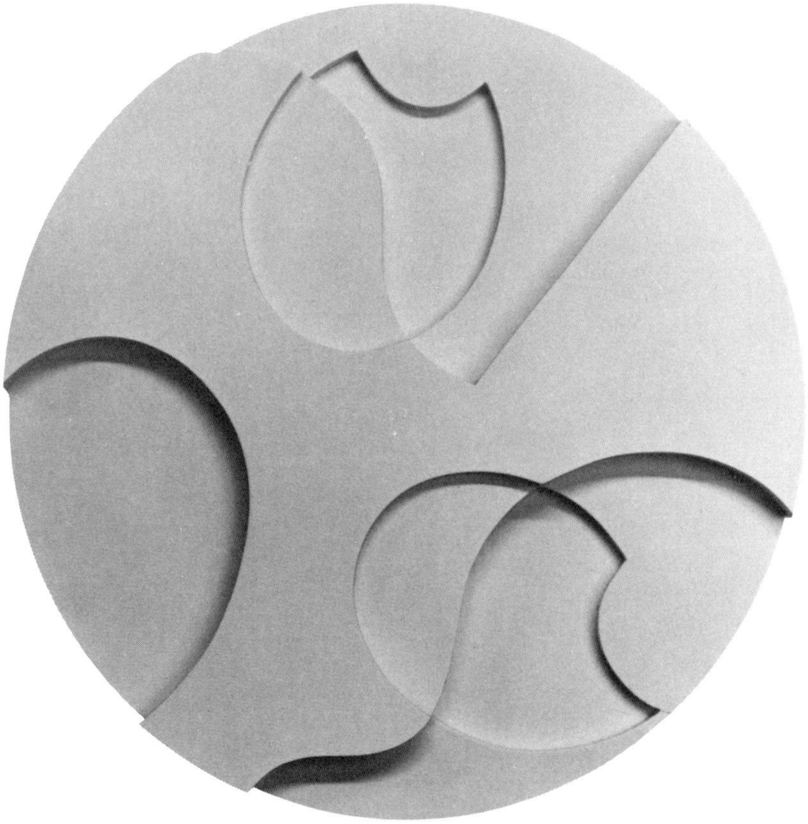

90

91
L'obsession de la prophétie
(Die Besessenheit von der Prophezeihung) 1933
Öl auf Leinwand, 46 x 37,5
Bez. u. r.: Yves Tanguy 33
Kay Sage 132
Privatsammlung

92
Le rendez-vous des parallèles
(Die Begegnung der Parallelen) 1935
Öl auf Leinwand, 27,5 x 35,5
Bez. u. r.: Yves Tanguy 35
Kay Sage 156
Emanuel Hoffmann-Stiftung, Kunstmuseum Basel

93
L'extinction des espèces II
(Das Erlöschen der Arten II) 1938
Öl auf Leinwand, 92 x 73
Kay Sage 215
Privatsammlung
Farbabb. S. 88

1900 wird Tanguy in Paris als Sohn eines Beamten im Marineministerium geboren. Seine Eltern stammen aus der Bretagne, sein Vater, ehemals Kapitän, stirbt **1907**. **1912** bis 1918 besucht Tanguy das Lycée Montaigne. Der Sohn des Künstlers Henri Matisse, Pierre, ist dort sein Schulkamerad. Tanguy ist seit seiner Jugend starker Alkoholiker. Er berauscht sich auch an Äther oder Kokain, bzw. verstärkt die Wirkung des Alkohols durch diese Mittel. In betrunkenem Zustand neigt er zu Aggressivität, die er auch selbstzerstörerisch gegen sich richtet. **1918/19** fährt er zwei Jahre zur See. **1920** leistet er seinen Militärdienst, während dem er durch Exzentrik und Unangepaßtheit auffällt. Er lernt beim Militär Jacques Prévert kennen, der seinen rebellischen Geist teilt. Tanguy meldet sich freiwillig nach Afrika. **1922** kehrt er nach Paris zurück, schlägt sich mit Gelegenheitsarbeiten durch und trifft Prévert wieder. Die beiden und Marcel Duhamel werden enge Freunde. Sie ziehen gemeinsam in ein Gartenhaus auf dem Montparnasse, rue du Château, das sie phantasievoll ausschmücken. Der Literatur und dem Film gehört ihr gemeinsames Interesse, die Sommerferien verbringen sie in der Bretagne. Nach einer von ihm selbst genährten Legende sieht Tanguy Ende **1923** von der Plattform eines Autobusses im Schaufenster einer Galerie Bilder von Giorgio de Chirico und beginnt, tief beeindruckt, zu malen. **1925** entstehen erste Kontakte zu den Surrealisten. Tanguy besucht die von der Galerie Pierre organisierte Ausstellung ‚La peinture surréaliste' und lernt André Breton kennen, dessen Einfluß auf seine Entwicklung und sein Werk entscheidend wird. Das Gartenhaus in der rue du Château wird zu einer der lebhaftesten Stätten des Surrealismus, ein Treffpunkt für Diskussionen über Erotik, Psychoanalyse und Kommunismus. **1927** hat Tanguy eine erste Einzelausstellung in der ‚Galerie Surréaliste'. Er illustriert von nun an zahlreiche Publikationen seiner Dichterfreunde, lernt Max Ernst kennen und heiratet seine langjährige Gefährtin Jeannette Ducrocq. **1928** verlassen die drei Freunde die rue du Château, Tanguy beteiligt sich an der ‚Exposition Surréaliste' in der Galerie ‚Le sacre du Printemps' (u.a. zusammen mit Hans Arp, de Chirico, Max Ernst, André Masson, Joan Miró, Francis Picabia) und an den ‚Recherches sur la sexualité', veröffentlicht in ‚La révolution surréaliste', Nr. 11. In dem in diesem Jahr veröffentlichten Essay ‚Le Surréalisme et la peinture' von Breton werden sechs seiner Bilder reproduziert. **1929** stellt er zusammen mit Arp, René Magritte und Salvador Dali in der Pariser Galerie Goemans aus. **1930** reist er nach Nordafrika und zieht, zurück in Paris, in die rue du Moulin Vert, wo Victor Brauner und Alberto Giacometti seine Nachbarn sind. Er nimmt an der Collagen-Ausstellung in der Galerie Goemans teil, zusammen mit Arp, Georges Braque, Dali, Marcel Duchamp, Ernst, Juan Gris, Miró, Magritte, Man Ray, Picabia, Pablo Picasso (Katalogvorwort von Louis Aragon ‚La peinture au défi'). In der Auseinandersetzung nach dem Erscheinen des 2. Surrealistischen Manifests bleibt er Breton treu. Er unterzeichnet die gemeinsamen Deklarationen und bricht mit alten Freunden, darunter auch Prévert. **1933** zeigt er in der Surrealisten-Ausstellung der Galerie Pierre Colle Objekte und Gemälde, **1934** ist er an der ‚Exposition Minotaure' in Brüssel beteiligt. **1935** hat er eine Einzelausstellung in der Galerie ‚Les Cahiers d'Art' und seine erste Ausstellung in den USA, in der Stanley Rose Gallery, Hollywood. **1936** folgen die Ausstellungen in der Julien Levy Gallery, New York, und in den Howard Putzel Galleries, Hollywood. Alfred H. Barr kauft für das Museum of Modern Art, New York, zwei Bilder und fordert ihn zur Teilnahme auf an den Ausstellungen ‚Cubism and Abstract Art' (März/April) und ‚Fantastic Art, Dada and Surrealism' (Dezember/Januar 1937). In Paris nimmt Tanguy im Mai an der Ausstellung ‚Exposition surréaliste d'objets' in der Galerie Charles Ratton teil. 11 Gemälde von Tanguy sind auf der ‚International Surrealist Exhibition' in den New Burlington Galleries, London, zu sehen. **1937** nimmt er an der Ausstellung ‚Trois peintres surréalistes: René Magritte, Man Ray, Yves Tanguy' in Brüssel teil. **1938** ist er vertreten in der ‚Exposition International du Surréalisme' in der Galerie des Beaux Arts in Paris, und hat er eine Einzelausstellung in der Galerie Jeanne Bucher, Paris, und in der Galerie Guggenheim Jeune (Peggy Guggenheim), London. Die Zeitschrift ‚London Bulletin' Nr. 4–5 ist aus diesem Anlaß Tanguy gewidmet. **1939** lernt er die amerikanische Malerin Kay Sage kennen und folgt ihr gleich nach Kriegsbeginn, als kriegsuntauglich eingestuft, nach New York. Sein ehemaliger Mitschüler, Pierre Matisse, hat dort eine Galerie und widmet ihm eine Ausstellung. **1940** läßt sich Tanguy von Jeannette scheiden und heiratet Kay Sage. **1941** lassen sich die beiden in Woodbury, Connecticut, nieder. Seine Frau ist vermögend, Wohlstand löst das Elend und die Unordnung der Pariser Jahre ab. Befreundete Nachbarn sind Alexander Calder, Arshile Gorky und André Masson. **1942** findet seine zweite Einzelausstellung in der Pierre Matisse Gallery, New York, statt. Er nimmt teil an der Eröffnungsausstellung der New Yorker Galerie ‚Art of this Century' von Peggy Guggenheim, an der Ausstellung ‚First Papers of Surrealism' die Breton und Duchamp in New York organisieren, und an der Ausstellung ‚Artists in Exile' der Pierre Matisse Gallery. **1943** und **1945** hat er Einzelausstellungen bei Pierre Matisse; Breton wirft ihm seine ‚Verbürgerlichung' vor. Tanguy steht in Briefwechsel u.a. mit Marcel Jean, Jean Hélion, Tristan Tzara, die ihn über die Pariser Kunstszene informieren und unterhält direkten Kontakt mit Hans Richter, Calder, Duchamp u.a.. Er gehört **1944** zu den Interpreten von Hans Richters Film ‚Dreams that Money can Buy' (u.a. zusammen mit Ernst, Duchamp, Fernand Léger, Man Ray). **1946** erscheint die Monographie Bretons über Tanguy, Pierre Matisse widmet ihm eine Retrospektive; **1947** findet eine Ausstellung in der Galerie du Luxembourg, Paris, statt. Er nimmt teil an der ‚Exposition Internationale du Surréalisme' in der Galerie Maeght, Paris. **1948** wird er amerikanischer Staatsbürger. Er hat eine Ausstellung in der Galerie von William Lopley, Beverly Hills, Cal.. **1950** findet die letzte Ausstellung zu Tanguys Lebzeiten in der New Yorker Galerie Pierre Matisse statt; eine Ausstellung in der Tate Gallery, London, zeigt Bilder aus der Pariser Zeit, in zwei weiteren Ausstellungen **1952**: ‚Peinture surréaliste en Europe' in Saarbrücken (Katalog: André Breton) und ‚Phantastische Kunst des XX. Jahrhunderts' in Basel werden auch nur seine früheren Bilder gezeigt. **1953** reist er nach Europa, um Ausstellungen seiner Werke in Neapel und Mailand zu eröffnen. Er besucht seine Freunde in Paris. Nach der Rückkehr nach Woodbury verschlechtert sich sein Gesundheitszustand. Die letzte große Ausstellung zu seinen Lebzeiten wird **1954** eröffnet, im Wadsworth Atheneum, Hartford (Conn.). **1955** stirbt Tanguy in Woodbury.

● Kay Sage, *Yves Tanguy. Un recueil de ses œuvres/A summary of his works,* New York 1963 (Werkverzeichnis mit Bibliographie)
● *Yves Tanguy. Retrospektive 1925–1955,* München 1982 (Ausst. Kat. Baden-Baden 1982, hrsg. v. Katharina Schmidt. Mit Ausstellungsverzeichnis und ausführlicher Bibliographie)

91

92

94
Komposition Nr. 79 1934
Öl auf Leinwand, 80,5 x 60
Jaffé 83
Haags Gemeentemuseum,
Den Haag
Farbabb. S. 72

95
Komposition Nr. 94 1935
Öl auf Leinwand, 100 x 80
Jaffé 98
Annely Juda Fine Art, London

96
Komposition Nr. 100 1935
Öl auf Leinwand, 60 x 60
Bez. a. d. Keilrahmen o. l. in
schwarz:
VORDEMBERGE-GILDEWART
K.N.° 100/1935
Jaffé 104
Von der Heydt-Museum,
Wuppertal

1899 wird Vordemberge-Gildewart in Osnabrück geboren. Nach der Schulzeit beginnt er eine Tischlerlehre, die er **1918** abschließt. Von **1919** an studiert er an der Technischen Hochschule in Hannover Innenarchitektur und Architektur und an der Kunstgewerbeschule Bildhauerei. Er stellt erste abstrakte Reliefs und Entwürfe für Plastiken her. **1922** ist er selbständiger Mitarbeiter im Atelier von Ludwig Vierthaler, Professor für Modellieren und Architekturplastik. Vordemberge-Gildewart führt große bauplastische Aufträge aus. **1923** beginnt er, sich mit Farbe auseinanderzusetzen und malt seine ersten Bilder. Er besucht das Bauhaus in Weimar und tritt in Kontakt mit Johannes Itten, Wassily Kandinsky, Laszlo Moholy-Nagy und Oskar Schlemmer. Besonders beeindruckt zeigt er sich von dem ‚Mechanischen Ballett' von u. a. Kurt Schmidt. Von 1923 bis 1924 beschäftigt er sich mit einem Projekt für ein Landhaus bei Hannover. **1924** erhält er das frühere Atelier von El Lissitzky im Haus der Kestner-Gesellschaft in Hannover. Er beginnt die Reihe der ‚Konstruktionen' und gründet mit Hans Nitzschke die Gruppe ‚K', die im selben Jahr in der Kestner-Gesellschaft ausstellt. Er lernt Kurt Schwitters und Hans Arp kennen, mit denen er lebenslang befreundet bleibt. **1925** stellt er in der Galerie ‚Der Sturm' von Herwarth Walden in Berlin aus. Im gleichen Jahr zeigt dort auch die Gruppe ‚K' ihre Werke. Er lernt Theo van Doesburg kennen, der ihn auffordert, Mitglied von ‚De Stijl' zu werden. Aus der Begegnung erwächst eine lebenslange Freundschaft mit Theo und Nelly van Doesburg. In der Kestner-Gesellschaft hält er einen Einführungsvortrag zum absoluten Film. Er nimmt an der Ausstellung ‚L-Art d'Aujourd'hui' in Paris teil. Er hält sich in Paris auf und lernt dort durch das Ehepaar van Doesburg Adolf Loos, Fernand Léger, Frederick Kiesler, Man Ray, Tristan Tzara, Georges Antheil sowie den Kunsthändler Léonce Rosenberg kennen. Er begegnet Gabrielle Buffet-Picabia, Robert und Sonia Delaunay, César Domela, Piet Mondrian, Antoine Pevsner und Georges Vantongerloo. Er beginnt einen regen Briefwechsel mit Michel Seuphor und befreundet sich mit Sophie Taeuber-Arp. **1926** reist er zur Eröffnung des Bauhauses nach Dessau und lernt Josef Albers, Herbert Bayer und Ernst Kállai kennen. Er nimmt an der Großen Berliner Kunstausstellung am Lehrter Bahnhof, Berlin, in der Abteilung ‚Die Abstrakten' teil. Im gleichen Jahr ist er in der Ausstellung ‚International Exhibition of Modern Art' in Brooklyn, New York, vertreten. **1927** gründet er mit Schwitters, Nitzschke und Carl Buchheister ‚die abstrakten hannover'. Vordemberge-Gildewart ist Gründungsmitglied des ‚Ring neue Werbegestalter' in Hannover und entwirft graphische Arbeiten für verschiedene Firmen und Institutionen. Mondrian ist Mitarbeiter bei mehreren Zeitschriften: ‚de Stijl', ‚bauhaus', ‚Der Sturm', ‚transition', ‚Phoenix' und ‚Werk'. Er ist mit seinen Bildern im ‚Abstrakten Kabinett' vertreten, das El Lissitzky im Auftrag von Alexander Dorner für das Provinzialmuseum in Hannover entwirft. Beteiligt ist er auch an der Mannheimer Ausstellung ‚Wege und Richtungen der abstrakten Malerei in Europa'. **1929** hat Vordemberge-Gildewart eine wenig beachtete Einzelausstellung in der Galerie Povolotzky in Paris. Er nimmt an der Ausstellung ‚Abstrakte und Surrealistische Malerei und Plastik' im Kunsthaus Zürich teil. **1930** stellt er in der ‚1ère Exposition Internationale du Groupe Cercle & Carré' in Paris aus. Er ist Mitarbeiter und Gestalter der ersten Wanderausstellung ‚Reine Form im Hausgerät'. **1931** ist er Delegierter Deutschlands auf dem ‚Congrès préparatoire du musée contemporain' (Kongreß zur Planung eines Gegenwartsmuseums) im Château La Sarraz in der Schweiz. Er begegnet dort Max Ernst und Willi Baumeister. Er ist Gründungsmitglied der Gruppe ‚abstraction, création, art non-figuratif' in Paris. Er befreundet sich mit Sigfried Giedion und Carola Giedion-Welcker. **1934** hat er zwei Einzelausstellungen in Italien. Zur Eröffnung in der Galleria Il Milione, Mailand, spricht Marinetti. Von **1935** bis 1937 wohnt er in Berlin, da dort noch mehr künstlerische Freiheit herrscht als in anderen deutschen Städten. 1935 beginnt seine Freundschaft mit Max Bill. **1937** verläßt Vordemberge-Gildewart Deutschland. Fünf seiner Werke werden von den Nationalsozialisten aus deutschen Museen entfernt. Im gleichen Jahr nimmt er an der Ausstellung ‚Konstruktivisten' in der Kunsthalle in Basel teil. Bis **1938** wohnt er bei Freunden in der Schweiz und siedelt dann über nach Amsterdam. Seine Werke werden 1938 in der Ausstellung ‚Entartete Kunst' in Berlin gezeigt. Vordemberge-Gildewart ist in den Ausstellungen ‚Abstracte Kunst' im Stedelijk Museum in Amsterdam und ‚20th Century German Art' in den New Burlington Galleries in London vertreten. **1938/39** ist er an der Ausstellung ‚Solomon R. Guggenheim Collection of Non-Objective Paintings' in den USA beteiligt. Er entwirft ein Wandbild für ein öffentliches Gebäude in Den Haag, das wegen des Kriegsausbruchs nicht ausgeführt wird. In Paris nimmt er an der Ausstellung ‚Réalités Nouvelles' teil und lernt dabei S. R. Guggenheim und Hilla Rebay kennen, mit denen er zu korrespondieren beginnt. Auch ist er in der Ausstellung ‚Art of Tomorrow' in New York vertreten. Er übernimmt die Schriftleitung in einem Amsterdamer Verlag und gibt während der Besetzung Hollands durch die deutsche Armee kleine Bücher u.a. von Hans Arp, Wassily Kandinsky und ein Bändchen mit eigenen Gedichten heraus. **1941** lernt er Max Beckmann kennen, der auch nach Amsterdam emigriert ist. Sie treffen sich regelmäßig und unterhalten sich u.a. intensiv über den künstlerischen Stellenwert der Farbe Schwarz. Zu Beginn der fünfziger Jahre mehrt sich die Zahl der Ausstellungen über sein Werk. Von **1952** bis 1954 erhält Vordemberge-Gildewart einen Lehrauftrag an der Kunstakademie in Rotterdam und wird **1954**, auf Vorschlag von Max Bill, Leiter der Abteilung ‚Visuelle Kommunikation' an der Hochschule für Gestaltung in Ulm, wo er **1962** stirbt.

● Hans L. C. Jaffé, *Vordemberge-Gildewart. Mensch und Welt,* Köln 1971 (Mit Werkverzeichnis)
● Dietrich Helms (Hrsg.), *Friedrich Vordemberge-Gildewart. Schriften und Vorträge,* St. Gallen 1976
● Willy Rotzler, *Vordemberge-Gildewart,* St. Gallen 1979

95

96

97
Ohne Titel 1939
Aquarell und Tuschfeder, 37 x 26,3
Bez. u. r.: Wols
Privatbesitz

98
Drei Figuren am Strand um 1939
Feder, Tusche, Aquarell auf weißem Ingres-Bütten, 24,2 x 30,9
Bez. u. r.: Wols
Staatliche Kunstsammlungen Kassel

99
Komposition mit Krokodil
um 1939
Feder, Tusche, Aquarell auf weißem Ingres-Bütten, 23,8 x 30,3
Bez. u. r.: Wols
Staatliche Kunstsammlungen Kassel

100
Le pêcheur et sa femme
(Der Fischer und seine Frau)
1939/40
Aquarell und Tuschfeder, 26,8 x 18
Bez. u. r.: Wols
Privatbesitz

1913 wird Alfred Wolfgang Schulze, der sich später Wols nennt, in Berlin geboren. **1919** läßt sich die Familie in Dresden nieder, wo der Vater, ein Jurist, als hoher Beamter tätig ist. Seit seinem siebten Lebensjahr spielt er Geige und erweist sich als musikalisch hochbegabt. **1929** stirbt sein Vater, **1931** bricht er den Besuch des Gymnasiums ohne Abitur ab. Ein Stellenangebot als Konzertmeister lehnt er ab, stattdessen arbeitet er für kurze Zeit in einem Fotoatelier und in einer Autowerkstatt. **1932** will er in Frankfurt Völkerkunde studieren, um an einer Afrika-Expedition teilzunehmen. Schließlich geht er nach Berlin mit der Absicht, eine Ausbildung an dem aus Dessau umgezogenen Bauhaus zu absolvieren. Auf den Rat von Laszlo Moholy-Nagy reist er nach Paris, wo er die Bekanntschaft von Fernand Léger, Amédée Ozenfant, Hans Arp und César Domela sucht. Er arbeitet als Porträtfotograf und Deutschlehrer und lernt **1933** seine spätere Frau Gréty kennen. Bei einem kurzen Aufenthalt in Deutschland läßt er sich sein väterliches Erbe ausbezahlen. Er plant, mit einem Wanderkino durch Südfrankreich zu ziehen, erhält in Frankreich aber keine Aufenthaltsgenehmigung. Ende 1933 fährt Wols mit Gréty nach Barcelona. Dort und auf Ibiza hält er sich zwei Jahre auf. Anfang **1936** kehrt er nach Paris zurück, wo er sich vor allem als Fotograf betätigt, u.a. arbeitet er als offizieller Fotograf der Weltausstellung von **1937**. Bei Kriegsausbruch **1939** wird Wols interniert; während seines Aufenthaltes in verschiedenen Lagern beginnt er in verstärktem Umfang zu zeichnen und zu aquarellieren. In dieser Zeit wird er zum Alkoholiker. Ende **1940** wird er entlassen und lebt mit Gréty zwei Jahre in Südfrankreich. Er plant in die USA auszuwandern, erhält aber nicht die dafür nötigen Papiere. Nach der Besetzung des freien Frankreich durch die deutschen Truppen flieht er nach Dieulefit bei Montélimar. Unter miserablen Bedingungen lebt er dort mit seiner Frau drei Jahre und konzentriert sich ganz auf seine künstlerische Arbeit. Der mit ihm befreundete Schriftsteller Henri-Pierre Roché veranlaßt **1945** den Pariser Kunsthändler René Drouin nach Dieulefit zu reisen, um sich die Arbeiten von Wols anzusehen. Drouin veranstaltet im Dezember eine Ausstellung seiner Aquarelle. Wols entschließt sich zur Rückkehr nach Paris. **1946** macht er in Paris die Bekanntschaft von Jean Paul Sartre, Tristan Tzara, Alberto Giacometti, Georges Mathieu. Auf Veranlassung von Drouin, der ihm Leinwand und Ölfarben zur Verfügung stellt, beginnt er zu malen. Es entstehen etwa 40 Gemälde, die Drouin im Frühsommer **1947** ausstellt. Größere Beachtung und Anerkennung bleiben Wols versagt. Er illustriert Werke von Jean Paulhan, Franz Kafka, Antonin Artaud. Bei einem Sturz verletzt sich Wols das Bein, er ist wochenlang ans Bett gefesselt, Sehstörungen stellen sich ein. Im Frühjahr **1951** macht Wols eine Alkohol-Entziehungskur, die nach zwei Monaten Erfolg zu haben scheint. Er zieht mit Gréty nach Champigny sur Marne und malt wieder. Durch den Genuß verdorbenen Fleisches zieht er sich eine Vergiftung zu. Er stirbt im Alter von 38 Jahren in Paris.

- *Wols. Gemälde, Aquarelle, Zeichnungen, Fotos,* Frankfurt 1965 (Ausst.-Kat.)
- *Wols. Gemälde, Aquarelle, Zeichnungen,*Berlin 1973 (Aust.-Kat.)
- Laszlo Glozer, *Wols, Photograph,* München 1978
- Wols, *Drawings and Water-Colours/Zeichnungen und Aquarelle,* Bremen/London 1985 (Ausst.-Kat.)

98

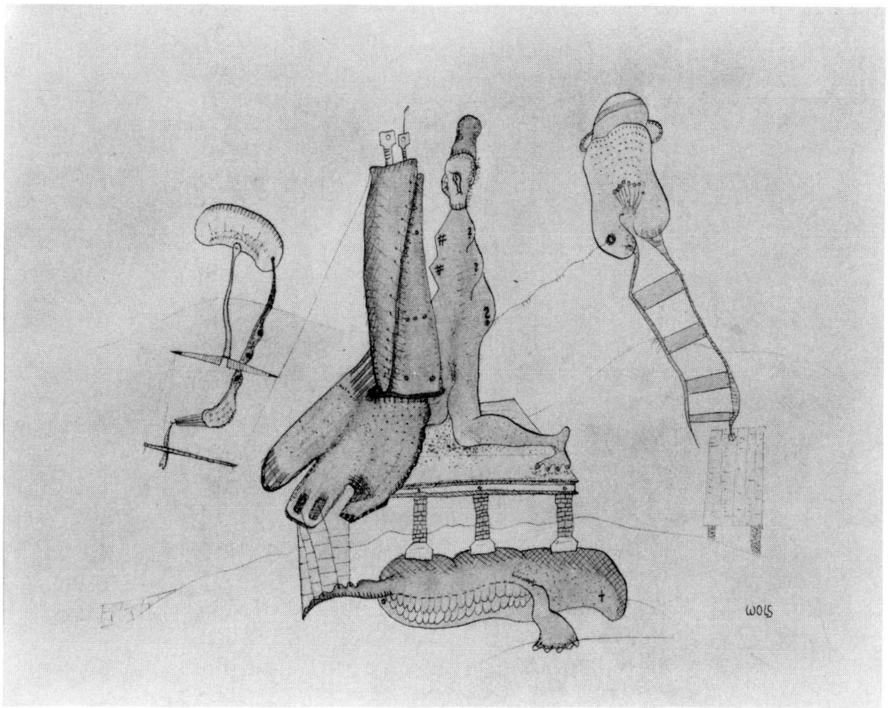

99

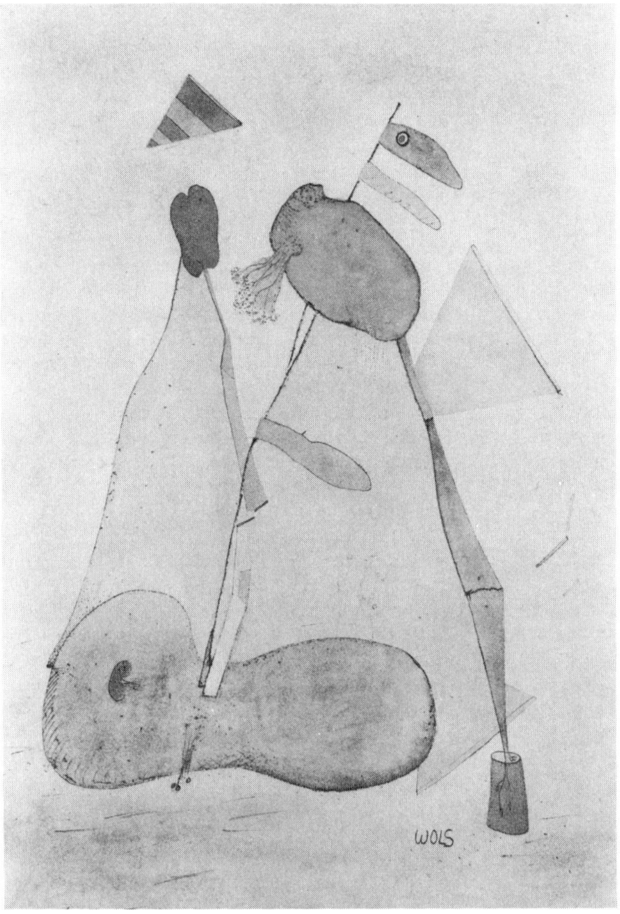

97

100

Ausstellungen 1929-1939

Dirk Luckow

Im folgenden werden Ausstellungen der Jahre 1929 bis 1939 verzeichnet, an denen sich Künstler der abstrakten und konkreten Kunst und des Surrealismus beteiligten. Darüberhinaus werden auch andere Ausstellungen berücksichtigt, die in den 30er Jahren von Bedeutung waren.

Die Ausstellungen der Avantgardekunst dieser Zeit, die in Paris, aber auch in vielen anderen europäischen Städten stattfanden, spiegeln die Bemühungen der Künstler und ihrer Förderer wider, sich über die Ländergrenzen hinweg zusammenzuschließen und international Anerkennung zu finden.

1929

Amsterdam
‚Exposition Sélect d'Art Contemporain' (ESAC), Ausstellung zeitgenössischer Kunst. Organisiert von Nelly van Doesburg. Mit Arp, Cahn, Campigli, Charchoune, Cupera, Daura, Despujoes, van Doesburg, Engel-Rozier, Ferat, Fernández, Freundlich, Torrès-Garcia, Crotti, Kosnick-Kloss, Kupka, Miró, Mondrian, Monteiro, Planas, Picasso, Poznanski, Shwab, Severini, Survage, Tutundjian und Villon. Katalog mit einem von Tutundjian gestalteten Umschlag.

Paris
‚Exposition d'Art Abstrait', Editions Bonaparte. Ausstellung in zwei Teilen: 1. mit Freundlich, Graham, Kakabadzé, Sollento, Torrès-Garcia, Tutundjian, Vantongerloo, Andréas-Walser, Zéro.
2. vom 24. August – 20. September. Mit Béothy, de Boeck, Farkas, Flouquet, Freundlich, Gaillard, Reth, Sandoz, Servranckx, und van der Cammen. Mit Katalog.

Zürich
‚Abstrakte und Surrealistische Malerei und Plastik', Kunsthaus Zürich, 6. Oktober – 3. November. Mit Albers, Arp, Baumeister, Brancusi, Braque, de Chirico, Dali, Delaunay, van Doesburg, Ernst, gritte, Malewitsch, Ray, Marcoussis, Masson, Meyer-Amden, Miró, Moholy-Nagy, Mondrian, Ozenfant, Pevsner, Picabia, Picasso, Savitry, Schwitters, Severini, Sima, Tanguy, de Togores, Torrès-Garcia, Valmier Vantongerloo und Vordemberge-Gildewart. Die Ausstellung umfaßte etwa 150 Gemälde und Skulpturen. Sie wurde von einem illustrierten Katalog begleitet. Dort führt Wilhelm Wartmann, Direktor des Kunsthauses Zürich, in die Geschichte der abstrakten Kunst ein, wenngleich er einräumt, daß eine Terminologie für diese Richtungen moderner Kunst sich „noch im Fluß" befindet und „wenig präzis" ist. (S. 3). Wie er schreibt, versucht die Ausstellung zum ersten Mal die verschiedenen Formen der zeitgenössischen ungegenständlichen Kunst ‚in einer knappen Auswahl von charakteristischen Arbeiten der Begründer und Führer' zusammenfassend zu zeigen. Wartmann trifft keine Unterscheidung zwischen abstrakter und surrealistischer Kunst, sondern gibt kurze Charakterisierungen einzelner an der Ausstellung beteiligter Künstler. (Abb. S. 179)

1930

Stockholm
‚Art post-Cubiste', Internationale Ausstellung post-kubistischer Kunst, Parkrestauranten Stockholmutställningen. Organisiert von Otto Gustaf Carlsund. Mit Adrian-Nilsson, Arp, Berg, Carlsund, Charchoune, Clausen, van Doesburg, Gram, Grate, Hanson, Hélion, Jonsson, Knutson-Tzara, Léger, Lundström, Moholy-Nagy, Mondrian, Morner, Neugeboren, Nilsson, Olson, Osterblom, Ozenfant, Pevsner, Taeuber-Arp, Thoren, Trägårdh, Tutundjian, Vantongerloo, Vordemberge-Gildewart und Wantz.
Die Ausstellung löste einen Skandal aus und war finanziell ein großer Mißerfolg. Katalog mit einem Vorwort von Jean Hélion.

Paris
‚Exposition de Collages', Galerie Goemans, März. Organisiert von Camille Goemans. Mit Arp, Braque, Dali, Duchamp, Ernst, Gris, Miró, Magritte, Ray, Picabia, Picasso und Tanguy. Katalog mit einem Vorwort von Louis Aragon ‚La Peinture au Défi' (Die Malerei in der Herausforderung).
Es war die erste Ausstellung, die ausschließlich Collagen zeigte. Der Kunsthändler Camille Goemans förderte besonders die Werke von Arp, Magritte und Tanguy und zeigte die erste Ausstellung Dalis in Paris.

1. Internationale Ausstellung der Gruppe ‚Cercle & Carré', Galerie 23, 18. April – 1. Mai. Mit Arp, Baumeister, Bjarnason, Buchheister,

Werke von Vantongerloo, Vordemberge-Gildewart und Mondrian in der Ausstellung *Abstrakte und surrealistische Malerei und Plastik* im Kunsthaus Zürich, 1929

1930

Cahn, Charchoune, Chodasievicz-Grabowska, Clausen, Colson, Cueto, Daura, Exter, Fillia, Foltyn, Gorin, Hoste, Huszar, Idelson, Kandinsky, Lafnet, Le Corbusier, Léger, Luethy, Mondrian, Mondrian und Seuphor (Gemeinschaftsarbeit), Moszczynski, Olson, Ozenfant, Pevsner, Prampolini, Adya und Otto van Rees, Russolo, Sartoris, Schwitters, Stazewski, Stella, Suschny, Szmuszkowicz, Taeuber-Arp, Torrès-Garcia, Vantongerloo, Vordemberge-Gildewart, Welti, Werkman und Wolska. Mit Katalog.
Die Künstlergruppe ‚Cercle & Carré' wurde Anfang 1930 von Michel Seuphor und Joaquin Torrès-Garcia gegründet. Sprachrohr der Gruppe war die gleichnamige Zeitschrift, von der drei Nummern (März, April, Juni 1930) herausgegeben wurden. Der Schwerpunkt in der Gruppe lag bei den ungegenständlich arbeitenden Künstlern. Zu ihr gehörten auch Künstler, die in ihrer Malerei von Kubismus, Futurismus und Purismus geprägt waren.
Die im gleichen Jahr von van Doesburg gegründete Künstlergruppe ‚Art Concret' mit Carlsund, Hélion, Shwab, Tutundjian und Wantz proklamierte die rein abstrakte, ‚konkrete' Form und kritisierte das künstlerische Programm von ‚Cercle & Carré' als einen Versuch „die Geometrie zu vermenschlichen und die Menschen in geometrische Formen zu zwängen" (Jean Hélion, ‚Art et Mathématiques', in: Art Concret, April 1930).
Sowohl ‚Cercle & Carré' als auch ‚Art Concret' lösten sich bereits 1930 bzw. Anfang 1931 wieder auf. Viele der Künstler beteiligten sich dann an der am 15. Februar 1931 gegründeten Gruppe ‚abstraction création'.

● Gladys C. Fabre, o. T., in: *abstraction création 1931-1936*, Münster 1987 (Ausst. Kat.), S. 5 ff.

1931

Hartford (USA)
‚Newer Super-Realism', Wadsworth Atheneum, November. Mit u. a. Dali, de Chirico, Ernst, Masson, Miró, Picasso. 50 Werke waren ausgestellt. Erste bedeutende Ausstellung surrealistischer Künstler in den USA. Katalog mit Auszügen von bereits veröffentlichten Texten von André Breton und Samuel Putnam sowie Gedichten von Cary Ross.

Paris
‚1940' oder ‚Salon de 1940', Galerie de la Rennaissance, 11. – 30. Juni. Erste Ausstellung von ‚1940' mit u. a. Brauner, Brignoni, Robert Delaunay, van Doesburg, Flouquet, Foltyn, Freundlich, Gleizes, Gorin, Hélion, Herbin, Kupka, Mondrian, Paalen, Penrose, Picabia, Power, Prampolini, Seligmann, Tutundjian, Valmier, Wadsworth. Insgesamt beteiligten sich über hundert Künstler an der Ausstellung. Mit Katalog.
Abstrakt arbeitende Künstler hatten in Paris im ‚Salon des Surindépendants' eine Ausstellungsmöglichkeit. 1931 spalteten sich die fortschrittlichsten von ihnen ab und bildeten den ‚Salon de 1940'. Darunter befanden sich zahlreiche Mitglieder der im gleichen Jahr gegründeten Gruppe ‚abstraction-création'.

1932

New York
‚Surréalisme', Julien Levy Gallery, 9. – 29. Januar. Ausstellung surrealistischer Gemälde, Zeichnungen und Fotografien von u. a. Cocteau, Cornell, Dali, Duchamp, Ernst, Picasso, Ray, Roy. Die Ausstellung war zusammengestellt aus Werken, die zuvor im Wadsworth Atheneum in Hartford in der Ausstellung ‚Newer Super-Realism' gezeigt wurden.
‚Surréalisme' in der Julien Levy Gallery stellte zum ersten Mal surrealistische Kunst in New York aus. Mit Katalog.

Paris
‚1940' oder ‚Salon de 1940', Parc des Expositions, Porte de Versailles. Zweite Ausstellung ‚1940' mit u. a. Arp, Calder, Foltyn, Moss-Grate, Power, Prampolini, Seligmann, Servranckx, Taeuber-Arp, Vantongerloo, Wadsworth, Xceron. Zu Ehren des 1931 verstorbenen Theo van Doesburg stellte man eine Retrospektive mit 59 Werken zusammen.
Wie schon bei der ersten ‚1940'-Ausstellung im Jahr zuvor beteiligten sich zahlreiche Mitglieder von ‚abstraction-création'.

Stockholm
‚Paris 1932', Nationalmuseum. Ausstellung mit 24 Künstlern aus zehn Nationen mit u. a. Arp, Ernst, Kandinsky, Klee, Léger, Miró, Picasso, Taeuber-Arp.

1933

Paris
‚Exposition Surréaliste', Galerie Pierre Colle, 7. – 18. Juni. Skulpturen, Objekte, Gemälde, Zeichnungen von u. a. Arp, Dali, Duchamp, Eluard, Ernst, Giacometti, Jean, Magritte, Miró, Picasso, Ray, Tanguy.

‚Arp, Calder, Hélion, Seligman, Miró, Pevsner'. Galerie Pierre (Loeb), 9. – 24. Juni. Bereits 1925 stellte die Galerie Miró und in der Ausstellung ‚La Peinture Surréaliste' u. a. Arp aus. Calder, Hélion, Seligmann und Pevsner zeigte Pierre Loeb in seiner Galerie 1933 zum ersten Mal.

Ausstellung der Surrealisten im ‚Salon des Surindépendants', 27. Oktober – 26. November. Mit Arp, Brauner, Dali, Ernst, Giacometti, V. Hugo, Magritte, Miró, Oppenheim, Ray, Tanguy und Trouille. Ehrengast der Ausstellung war Kandinsky, der im gleichen Jahr nach Paris übergesiedelt war.

Dauerausstellung von ‚abstraction-création' in der gleichnamigen Galerie, 44, Avenue de Wagram, ab 22. Dezember.
Mit Béothy, Bill, Calder, Closon, Conne, van Doesburg, Erni, Fischli, Freundlich, Garcin, Gleizes, Gorin, Hanser, Hepworth, Herbin, Hone, Huf, Jelinek, Jellett, Kann, Kosnick-Kloss, Moholy-Nagy, Moss, Nicholson, Okamoto, Paalen, Power, Prampolini, Reth, Roubillotte, Schiess, Schoop, Seligmann, Tihanyi, Valmier, Vantongerloo, Vargas, Vézelay und Vulliamy.
Die ‚société abstraction-création' wurde am 15. Februar 1931 auf Initiative von van Doesburg gegründet. Dreizehn Mitglieder gehörten vorher ‚Cercle & Carré' und zwei der Gruppe ‚Art Concret' an. Vorsitzender war Herbin, sein Stellvertreter Vantongerloo, der Schatzmeister Hélion und zu den Vorstandsmitgliedern gehörten Arp, Gleizes, Kupka, Tutundjian und Valmier. Ziel der Vereinigung war es, in Frankreich und im Ausland Ausstellungen ungegenständlicher Kunst zu veranstalten. Es war geplant, acht Zeitschriften im Jahr zu veröffentlichen sowie Monografien über die beteiligten Künstler zu erstellen. Aus finanziellen Gründen konnten nur ein Heft pro Jahr und insgesamt nur zwei Monografien publiziert werden.

Die Gruppe bekannte sich zu einer „totalen Opposition gegen jede Art von Unterdrückung" und sah sich als ein Forum, welches unterschiedliche künstlerische und ideologische Positionen miteinander verband. Wesentliche Funktion hatte ‚abstraction-création' dort, wo sie Kontakte zu ausländischen Künstlern ermöglichte. Nachdem sich am 1. Juni 1934 aufgrund interner Streitigkeiten Arp, Fernández, Hélion und Taeuber-Arp von der Gruppe gelöst hatten, folgten die Austritte von Hepworth, Nicholson, Mondrian, Domela und Erni. Kupka und Herbin mußten aus Geldnot die Gruppe verlassen bzw. von Paris wegziehen. Auch Freundlich und seine Lebensgefährtin Jeanne Kosnick-Kloss traten schließlich aus. 1936 löst sich die Künstlervereinigung auf.

● Fabre, a. a. O., S. 11 ff.

Max Ernst, *Plakatentwurf* zur Gruppenausstellung von Arp, Ernst, Giacometti, González, Miró im Kunsthaus Zürich, 1934

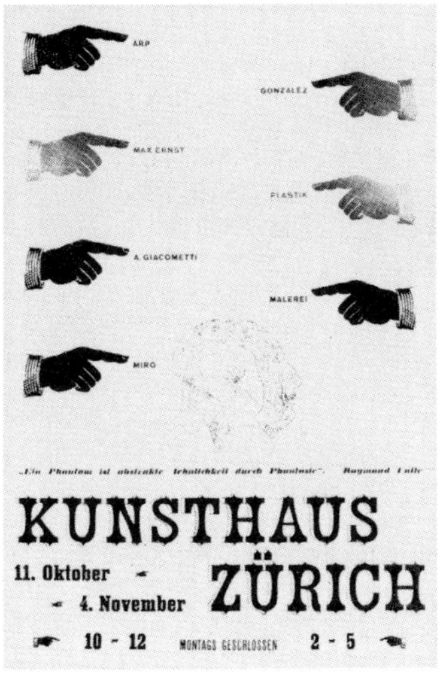

Brüssel
‚Exposition Minotaure', Palais des Beaux-Arts, 12. Mai – 3. Juni. Organisiert von E. L. T. Mesens. Die Ausstellung zeigte Werke, die in der Zeitschrift ‚Minotaure' abgebildet waren. Es beteiligten sich Arp, Balthus, Beaudin, Borès, Brancusi, Braque, Brauner, de Chirico, Dali, Derain, Despiau, Duchamp, Ernst, Gargallo, Giacometti, V. Hugo, Kandinsky, Klee, Laurens, Lipchitz, Magritte, Maillol, Matisse, Miró, Picasso, Rattner, Ray, Roger, Roux und Tanguy. Die Ausstellung wurde von ‚Editions Albert Skira' veranstaltet. Dieser Verlag gab die Zeitschrift ‚Minotaure' (1933-1939) heraus. Seit der Nummer 3-4 im Dezember 1933 widmete sich die Zeitschrift vor allem dem Surrealismus. In ihrer fast luxuriösen Ausstattung trug sie wesentlich zur Publizität der surrealistischen Kunst bei. Die redaktionelle Leitung der Zeitschrift lag bei E. Tériade. Zum Redaktionskomitee gehörten Breton, Duchamp, Eluard, Heine und Mabille.

London
‚Unit One', Mayor Gallery, April; Walker Art Gallery in Liverpool, Mai – Juni; City Art Gallery and Museum in Hanley, August – September. Die Gruppe ‚Unit One' vereinte führende moderne Künstler und Architekten in England. Sie wurde 1933 von Paul Nash gegründet. Der Gruppe gehörten Armstrong, Bigge, Burra, Hepworth, Hillier, Moore, Nash, Nicholson und Wadsworth an, sowie die beiden Architekten Wells Coates und Colin Lucas. Sekretär der Gruppe war Douglas Cooper, der auch die Ausstellung in der Mayor Gallery organisiert hatte. Im gleichen Jahr erschien das Buch ‚Unit One. The Modern Movement in English Architecture, Painting and Sculpture', herausgegeben von Herbert Read mit Fotografien, Werkabbildungen, Äußerungen der Künstler und einer Einleitung von Herbert Read. Im Vorwort des Ausstellungskatalogs erläutert die Gruppe ihr Selbstverständnis. Die Gruppe setzte sich nicht aus Künstlern einer Richtung zusammen. Jedes Mitglied habe seinen individuellen künstlerischen Stil. Gemeinsam sei ihnen eine Ausdrucksform von ‚wahrhaft zeitgenössischem Geist'. Der Titel charakterisiert die Idee dieser Künstlervereinigung. Eine Verbindung von ‚unity – Unit' und von ‚individuality – One'.

● *Art in Britain 1930-40 centred around Axis Circle Unit One,* London 1965, S. 11 (Ausst. Kat.)

Mailand
Albers, Kandinsky und Vordemberge-Gildewart, Galleria del Milione, 24. April – 9. Mai. Organisiert von Giuseppe Ghiringhelli, der die Galerie del Milione leitete. Die Ausstellung gab wichtige Impulse für die italienischen abstrakten Künstler in Mailand und Como. Die Galerie wurde in den 30er Jahren das lebendigste kulturelle Zentrum für die italienische abstrakte Kunst. Zu ihr gehörten Künstler wie Bogliardi, De Amicis, Fontana, Gino Ghiringhelli, Licini, Melotti, Munari, Reggiano, Soldati, Veronese sowie Badiali, Radice und Rho aus Como. 1933 veranstaltete die Galerie mit der Einzelausstellung Anatasio Soldatis die erste Ausstellung abstrakter Kunst in Italien. Ende 1934 verfaßten Bogliardi, Ghiringhelli und Reggiano an diesem Ort das erste Manifest abstrakter Kunst Italiens. Bemerkenswert ein Brief von Ghiringhelli an Kandinsky vom 19. Juni 1934, in dem Ghiringhelli die Galerie eine faschistische Galerie nennt. „Unsere Modernität ist absolut und typisch faschistisch." Kandinsky in Paris 1934-1944, New York 1985 (Ausst. Kat. S. 50). In dem Ausstellungskatalog gibt Kandinsky einen kurzen einführenden Text. (Il Milione, Bolletino della Galleria del Milione, Nr. 34, Dez. 23, 1934, S. 3)

Paris
‚Le Retour au Sujet', Galerie Billiet-Vorms, Januar. Die Galerie wurde zum Zentrum der neorealistischen Tendenzen in Paris. Ab April 1935 vertrat die Galerie die von Robert Humblot und Henri Hérault gegründete Gruppe ‚Forces Nouvelles'. Die Gruppe bestand bis 1939, und ihr gehörten Künstler wie Lasne, Lautrec, Rohner, Tal-Coat an.
‚Arp, Ghika, Hélion, Taeuber-Arp', Galerie ‚Cahiers d'Art'. Seit 1929 organisierte Yvonne Zervos Ausstellungen in den Räumen des Verlags ‚Cahiers d'Art'. In der gleichnamigen Zeitschrift erschien in der Nr. 5/8 von 1934 der Artikel ‚Les Quatre Noms: Hans Arp, Ghika, Jean Hélion, S.H. Taeuber-Arp' von Jan Brzkowksi.
‚Exposition ‚abstraction-création', Galerie ‚abstraction-création', 44, Avenue de Wagram.
1. Serie, 19. – 31. Januar. Mit Brignoni, Calder, Fischli, Glarner, Huf, Jellet, Schiess, Vantongerloo, Vargas, Vulliamy.
2. Serie, 2. – 14. Februar. Mit Béothy, Closon, Fernández, Hélion, Hepworth, Power, Prampolini, Seligmann, Taeuber-Arp, Valmier.
3. Serie, 16. – 28. Februar. Mit Erni und Freundlich.
4. Serie, 2. – 16. März. Mit Arp, Nicholson, Bill, Erni, Herbin, Moss, Paalen, Roubillotte, Tihanyi, Vézelay.
5. Serie, 30. März – 12. April. Mit Conne, van Doesburg, Freundlich, Gleizes, Gorin, Jelinek, Okamoto, Reth, Schoop.
14. – 28. April. Einzelausstellung Power.
30. April – 16. Mai. Closon und Béothy.

● Fabre, a. a. O., S. 42.

Zürich
‚Arp, Ernst, Giacometti, González, Miró'. Kunsthaus, 11. Oktober – 4. November. Die Ausstellung trug keinen Titel, wurde aber in der Presse z. T. nach dem Titel des Katalogtextes von Max Ernst: ‚Was ist Surrealismus?' benannt.
In der Ausstellung wurden rund zwölf Skulpturen von Arp, etwa fünfzig Gemälde von Ernst, achtzehn Arbeiten von Miró sowie zwölf Skulpturen von Giacometti und sechs Werke von González gezeigt. (Abb. S. 181)

London
‚7 & 5', Zwemmer Gallery, 2. – 22. Oktober. Mit Butterfield, Dacre, Hepworth, Hitchens, Jackson, Jones, Moore, Murray, Nicholson, Piper. Mit Katalog.
Die ‚Seven and Five Society' war in den 20er Jahren gegründet worden und vereinigte sieben Maler und fünf Bildhauer. Anfang der 30er Jahre veränderte sich die künstlerische Richtung der Gruppe unter dem Einfluß von Ben Nicholson ganz zur Abstraktion hin. Die figurativ arbeitenden Künstler verließen nach und nach die Gruppe. 1934 gehörten Hepworth, Hitchens, Moore, Murray, Nicholson und Piper zu der Künstlergruppe. Man änderte den Titel ‚Seven and Five Society' zu ‚7 & 5' und verstand sich als Vereinigung abstrakter Künstler. Es war die erste Ausstellung in England, die ausschließlich abstrakte Kunst zeigte und es war zugleich die letzte von ‚7 & 5'.

● *Art in Britain,* a. a. O., S. 11.

Luzern
‚these, antithese, synthese', Kunstmuseum, 24. Februar – 31. März. Ausstellungskonzeption von Hans Erni und Konrad Farner in Zusammenarbeit mit dem Konservator des Luzerner Museums, Paul Hilber. Mit Arp, Braque, Calder, de Chirico, Derain, Erni, Ernst, Fernández, Giacometti, González, Gris, Hélion, Kandinsky, Klee, Léger, Miró, Mondrian, Nicholson, Paalen, Ozenfant, Picasso und Taeuber-Arp.
Das Kunstmuseum Luzern wollte mit dieser Ausstellung zum ersten Mal ‚einen systematischen Einblick' über die gegensätzlichen Tendenzen der internationalen zeitgenössischen Kunst geben. Der Titel der Ausstellung sollte den Besucher darauf hinweisen, daß mit dieser Ausstellung „versucht wird, zwischen den bewegenden gestaltungskräften der neuesten kunst klare scheidungen der geistigen herkunft in these (bewußte bildplastik: purismus, konstruktivismus, abstraktion) und antithese (auflösung im unterbewußten: dadaismus, surrealismus) herauszuschälen, aus denen synthetisch die elemente einer neuen kunst gewonnen werden." (Ausst. Kat. ‚these, antithese, synthese', Luzern 1935, Vorwort von Paul Hilber, S. 3.)
Katalog mit Beiträgen von Sigfried Giedion, Jean Hélion, Wassily Kandinsky, Fernand Léger, James Johnson Sweeney und einer ausführlichen Bibliographie über literarische und wissenschaftliche Bereiche, die mit der modernen Kunst in Zusammenhang stehen.

Teneriffa
‚Exposición surrealista', Ateneo de Santa Cruz, 1. – 21. Mai. Organisiert von Eduardo Westerdahl und André Breton. Erste internationale Ausstellung surrealistischer Kunst in Spanien. Anläßlich der Ausstellung erschien in Teneriffa das zweite Heft des ‚Boletin internacional del surrealismo'. Eduardo Westerdahl leitete auch die Zeitschrift ‚Gaceta de arte' in den Jahren 1932-1936, eine der führenden spanischen Zeitschriften zur internationalen zeitgenössischen Kunst. Von ihr erschienen 38 Nummern.

Barcelona
‚Exposición de Arte contemporáneo', Galerie Adlan, Juni. Wanderausstellung in Spanien (Barcelona, Madrid, Teneriffa) von ‚Gaceta del Arte' veranstaltet. Mit Arp, Baumeister, Dali, Dominguez, Drerup, Ernst, Fernández, Ferrant, Giacometti, Hugnet, Ismael, Kandinsky, Klee, Lamolla, Jean, Miró, Nicholson, Okamoto, Ortiz Rosales, Paalen, Seligmann, Tanguy, Taeuber-Arp, Vordemberge-Gildewart und Vulliamy.

London
‚Abstract and concrete', Alex Reid & Lefèvre Ltd., 15. – 22. Februar. Ausstellung abstrakter Malerei und Bildhauerei 1934 und 1935. Organisiert von Nicolette Gray unter der Schirmherrschaft der Zeitschrift ‚Axis'. Die Ausstellung ging auch nach Oxford, Cambridge und Liverpool. Mit Calder, Domela, Gabo, Giacometti, Hélion, Hepworth, Holding, Jackson, Kandinsky, Miró, Moholy-Nagy, Mondrian, Moore, Nicholson und Piper. Mit Katalog.
Die englischsprachige Zeitschrift ‚Axis' erschien in den Jahren 1935 bis 1937. Insgesamt wurden acht Nummern veröffentlicht. Herausgeber war Myfanwy Evans. Die Zeitschrift galt als Forum für internationale zeitgenössische Kunst. Sie behandelte geometrische und biomorphe Abstraktion, aber auch Kubismus und den Surrealismus. Zu den Autoren zählten Herbert Read, James Johnson Sweeney, S. John Woods, Roland Penrose und Myfanwy Evans. ‚Axis' war die vielleicht bedeutendste Zeitschrift für zeitgenössische Kunst, die in England erschienen ist.

‚International Surrealist Exhibition', New Burlington Galleries, 11. Juni – 4. Juli. Organisiert von Roland Penrose. Mit 390 Gemälden und Objekten von etwa sechzig Künstlern aus vierzehn Ländern. Die Auswahl der Werke von Künstlern, die nicht aus Großbritannien stammten, wurde von Breton und Eluard entschieden. Es nahmen auch Künstler wie Brancusi, Klee, Picasso und Moore teil, die nicht zum engeren Kreis der Surrealisten zählten. Neben surrealistischen Werken wurden ozeanische, afrikanische und amerikanische Objekte, Fotos von Objekten aus dem British Museum, Gebrauchsgegenstände, „Fundstücke" (Objets trouvés), gestaltete Naturobjekte und Kinderzeichnungen ausgestellt.
Die Eröffnungsrede hielt André Breton vor 2000 Besuchern. Die erste internationale Surrealisten-Ausstellung wertete Roland Penrose in ‚Scrap Book 1900-1981', S. 62, als großen Erfolg für die surrealistische Bewegung. (Abb. S. 182)

New York
‚Cubism and Abstract Art', Museum of Modern Art, 2. März – 19. April. Organisiert von Alfred H. Barr. Mit Archipenko, Arp, Balla, Belling, Boccioni, Brancusi, Braque, Calder, Carra, Cézanne, de Chirico, Delaunay, van Doesburg, Domela, Duchamp, Duchamp-Villon, Ernst, Feininger, Gabo, Gauguin, Giacometti, Gleizes, van Gogh, González, Gris, Hélion,

Bei der *Internationalen Surrealisten-Ausstellung* in London, 1936, stehend, von links nach rechts: Rupert Lee, Ruthven Todd, Salvador Dali, Paul Eluard, Roland Penrose, Herbert Read, E. L. T. Mesens, George Reavey, Hugh Sykes-Davies; sitzend: Diana Lee, Nusch Eluard, Eileen Agar, Sheila Legg und Freundin.

Jeanneret, Kandinsky, Klee, Kupka, La Fresnaye, Larionov, Laurens, Le Corbusier, Léger, Lewis, Lipchitz, El Lissitzky, Malewitsch, Marc, Marcoussis, Masson, Matisse, Miró, Moholy-Nagy, Mondrian, Moore, Nicholson, Ozenfant, Pevsner, Picabia, Picasso, Piranesi, Redon, Rodchenko, Rousseau, Russolo, Schwitters, Seurat, Severini, Tanguy, Tatlin, Vantongerloo, Villon. Neben Exponaten der bildenden Kunst sowie Beispielen von afrikanischer Kunst berücksichtigte die Ausstellung die Bereiche Fotografie, Architektur, Möbel, Typografie und Plakate, Theater und Film.
Sie wollte einen historischen Überblick mit retrospektivem und nicht mit kontroversem Charakter über die bedeutenden Richtungen moderner Kunst bieten. Katalog mit einem Vorwort von Alfred H. Barr.

‚Fantastic Art, Dada, Surrealism', Museum of Modern Art, Dezember 1936 – Januar 1937. Organisiert von Alfred H. Barr. Die Ausstellung, die noch in vielen anderen amerikanischen Städten gezeigt wurde, sollte wie „Cubism and Abstract Art" in „objektiver und historischer Weise Hauptströmungen der modernen Kunst" darstellen. Die Exponate reichten zurück bis ins 15. Jahrhundert. U. a. mit Arcimboldo, Hans Baldung, Hieronymus Bosch, William Blake, Eugène Delacroix, Johann H. Füssli, Francisco Goya, Leonardo da Vinci, Piranesi. Zu den Künstlern des 20. Jahrhunderts gehörten u. a. Arp, Bellmer, Calder, Chagall, de Chirico, Cornell, Dali, Duchamp, Ernst, Giacometti, González, Grosz, Höch, Kandinsky, Klee, Magritte, Masson, Miró, Moore, Oppenheim, Paalen Picabia, Picasso, Man Ray, Schwitters, Tanguy, Taeuber-Arp. Als Vergleichsmaterial wurden sowohl Arbeiten von Kindern, psychisch Kranken als auch Volkskunst ausgestellt. Zusätzlich berücksichtigte man fantastische Architektur und Filme. Katalog mit Essays von Georges Hugnet.

Paris
‚Exposition surréaliste d'objets', Galerie Charles Ratton, 22. – 29. Mai. Erste Ausstellung in Paris, die surrealistische Objekte zeigte. Mit Arp, Bellmer, A. Breton, J. Breton, Brignoni, Cahun, Calder, Dali, Dominguez, Duchamp, Ernst, Ferrant, Giacometti, Hayter, Hugnet, Jean, Magritte, Malet, Ray, Marinel-lo, Mesens, Miró, Nougé, Oppenheim, Paalen, Penrose, Picasso, Scutenaire, Servais und Tanguy. Außerdem präsentierte man ‚Objets Naturels', ‚Objets Naturels Interprétés', ‚Objets Perturbés', ‚Objets Trouvés', ‚Objets Trouvés Interprétés', ‚Objets Americains', ‚Objets Océaniens', ‚Objets Mathématiques' und ‚Ready-Made et Ready-Made Aidé'. Katalog mit einem Vorwort von André Breton.

Zürich
‚Zeitprobleme in der Schweizer Malerei und Plastik', Kunsthaus, Eröffnung 13. Juni. Organisiert von Arp, Bill, Giedion und Leuppi. Es beteiligten sich 41 Künstler. Mit u. a. Bill, Bodmer, Eble, Erni, Evard, Friedrich, Glarner, Leuppi, Lohse, Loewensberg, Schiess und Taeuber-Arp sowie den in der Schweiz lebenden Arp und Klee und dem Wahl-Luzerner Ernst Maass. In der Ausstellung mit 159 Exponaten wurden neben Werken von Künstlern, die sich keiner Richtung oder Gruppe zuschreiben lassen, Arbeiten der „Gruppe 33" aus Basel gezeigt sowie Werke von Züricher Künstlern, unter denen die Abstrakten überwogen. Der Katalog wurde von Max Bill gestaltet, mit Texten von Bill und Sigfried Giedion. Willy Rotzler erinnert sich, daß die Ausstellung, unabhängig von dem besonderen künstlerischen Standort, ein Solidaritätsgefühl unter den Künstlern geweckt hätte, in einer Zeit, wo ‚Neues, Weltoffenes, Experimentelles als ‚internationalistisch' bzw. ‚bolschewistisch verschrien war'.

● *Dreissiger Jahre Schweiz. Ein Jahrzehnt im Widerspruch*, Zürich 1981, S. 329.

Basel
‚Konstruktivisten', Kunsthalle, 16. Januar – 14. Februar. Organisiert von Lukas Lichtenhahn und Georg Schmidt. Mit Baumeister, Calder, Dexel, van Doesburg, Domela, Eggeling, Freundlich, Gabo, Gorin, Hélion, Kandinsky, Klee, Kljunkov, van der Leck, Lissitzky, Malewitsch, Mondrian, Moss, Pevsner, Picasso, Richter, Rodschenko, Schwitters, Stazewski, Strzeminski, Taeuber-Arp, Tatlin, Vordemberge-Gildewart. 177 Werke wurden ausgestellt. Die Ausstellung war ein eindrucksvoller Beleg für die Internationalität der konstruktiven Tendenzen in der zeitgenössischen Kunst. Im Mittelpunkt standen der osteuropäische Konstruktivismus und die holländische Gruppe ‚De Stijl'. Obgleich weniger als tausend Besucher die Ausstellung sahen, gab sie wichtige Impulse für die aktuelle Schweizer Kunst.
Katalog mit einem Text von Sigfried Giedion, mit Max Bills erster Definition der „konkreten Gestaltung" und einem Text von Le Corbusier über die neue Kunst.

● *Dreissiger Jahre Schweiz . . .*, a. a. O., S. 329.

Brüssel
‚Trois peintres surrealistes – René Magritte, Man Ray, Yves Tanguy', Palais des Beaux-Arts, 11. – 22. Dezember. Organisiert von E. L. T. Mesens. Mit Katalog.

Kopenhagen
‚Den frie Udstilling's Bygning', 1. – 13. September. Ausstellung nachexpressionistischer Kunst, abstrakter Kunst, Neoplastizismus und Surrealismus. Organisiert von Ejler Bille, Vilhelm Bjerke-Petersen und Richard Mortensen. Mit Arp, van Doesburg, Ernst, Ferren, Kandinsky, Miró, Mondrian, Taeuber-Arp und Tanguy. Die drei Veranstalter gehörten der dänischen Künstlergruppe ‚Linien' an, die 1934 von Bjerke-Petersen gegründet wurde. Bjerke-Petersen war auch der Direktor der Zeitschrift ‚Linien' (1934/35) und ‚Konkretion' (1935/36), die in Dänemark das Forum für die zeitgenössische abstrakte und surrealistische Kunst darstellte.

London
‚Constructive Art', London Gallery, Juli. Mit Calder, Giacometti, Gabo, Dacre, Hélion, Hepworth, Jackson, Moholy-Nagy, Moore, Nicholson, Piper, Stephenson. Katalog mit einem Vorwort von J. L. Martin. 1937 hatte E. L. T. Mesens die Leitung der London Gallery übernommen. Seine Bemühungen um den Surrealismus und sein politisches Engagement prägten seitdem das Programm der Galerie. In der Ausstellung ‚Constructive Art' sollten künstlerische Positionen gezeigt werden, die sich an der Grenze zum Surrealismus bewegten.
‚Exhibition 1937' – Unity of Artists for Peace, Democracy, Cultural Development. 41, Grosvenor Square, 14. April – 5. Mai. Organisiert von der Artists International Association (AIA). Mit etwa sechshundert Werken, die die verschiedenen künstlerischen Strömungen der zeitgenössischen Kunst zeigten. Zur Ausstellung wurde ein Kongreß veranstaltet mit Vorträgen von W. G. Constable, H. Read und H. Wadman zum Thema ‚Das Verhältnis der Kunst zum Staat, zur Öffentlichkeit und zur Industrie'. Das Vorwort im Katalog war von der Artist's International Association verfaßt, die sich dort für die Erhaltung von Frieden, Demokratie und kultureller Entwicklung als Voraussetzung allen künstlerischen Schaffens aussprechen. Es war die dritte Ausstellung der 1933 gegründeten AIA unter dem Motto ‚For Peace, for Democracy, for Cultural Development', an der sich fortschrittliche Künstler vieler Länder beteiligten. 1935 hatte die Vereinigung die Ausstellung, ‚Artists against Fascism and War' veranstaltet.

München
‚Entartete Kunst', altes Galeriegebäude an den Hofgartenarkaden, 19. Juli – 30. November. Sogenannte ‚Schandausstellung' der von den Nationalsozialisten als ‚entartet' verfolgten modernen Kunst in Deutschland. Die Ausstellung bedeutete den Höhepunkt der systematischen Diffamierung aller Richtungen der Avantgardekunst durch die Nationalsozialisten. Dazu gehörten der Expressionismus, die abstrakte Kunst, der Dadaismus, Surrealismus und die Neue Sachlichkeit.
Zur Vorbereitung dieser Ausstellung war der Präsident der Reichskunstkammer, Adolf Ziegler, durch

einen Erlaß des Propagandaministers Joseph Goebbels ermächtigt worden, „die im deutschen Reichs-, Länder- und Kommunalbesitz befindlichen Werke deutscher Verfallskunst seit 1910 auf dem Gebiete der Malerei und Bildhauerei zum Zwecke einer Ausstellung auszuwählen und sicherzustellen". Es wurden über 16000 Gemälde, Plastiken, Zeichnungen und Grafiken aus öffentlichen Sammlungen beschlagnahmt. Eine Auswahl von über 700 Werken zeigte die Ausstellung ,Entartete Kunst' in München, die leicht verändert auch nach Berlin, Leipzig, Düsseldorf und Hamburg ging.

Die Nationalsozialisten nutzten in der Ausstellung jede Möglichkeit, die Werke der über 110 ausgestellten Künstler zu diffamieren. Zum Teil aus ihren Rahmen genommen, in schlechter Beleuchtung, ohne erkennbare Ordnung, mit Angaben von häufig aus der Inflationszeit stammenden, drastisch überhöhten Preisen versehen, waren die Werke Parolen wie „Zersetzung der Form und des Farbempfindens", „Farbkleckserei", „Hohn auf jede religiöse Vorstellung", „moralisches Programm des Bolschewismus", „Abtötung des Rassebewußtseins", „jüdisch", „Vollendeter Wahnsinn", „Idioten, Kretins, Paralytiker als geistiges Ideal" ausgesetzt. (Zitate aus dem Ausstellungsführer ,Entartete Kunst').

Aus nationalsozialistischer Sicht konnte die Ausstellung als Erfolg gewertet werden. Über zwei Millionen Besucher sahen die Ausstellung, und die Nationalsozialisten erreichten ihr „propagandistisches Ziel, der echten Kunst der Gegenwart den Todesstoß zu versetzen." (Paul O. Rave, ,Kunstdiktatur im Dritten Reich', Hamburg 1949, S. 57)

● Georg Bussmann, ,Entartete Kunst – Blick auf einen nützlichen Mythos', in: *Deutsche Kunst im 20. Jahrhundert: Malerei und Plastik 1905-1985,* München 1986 (Ausst. Kat. Staatsgalerie Stuttgart 1986, S. 105-113).

New York

Erste Ausstellung von AAA (American Abstract Artists), Squibb Galleries, 3. – 17. April. Mit 39 Künstlern, darunter Albers, Holtzman und Morris. Mit Katalog.

Die Gruppe AAA wurde zum Zentrum der abstrakten Kunst in den USA. Unter den Mitgliedern von AAA waren viele Künstler, die bei Hans Hofmann in München und New York studiert hatten.

George L. K. Morris und Charles Shaw, zwei Mitbegründer der Vereinigung, waren mit dem Maler Albert E. Gallatin befreundet, der zu vielen europäischen Künstlern Kontakt hatte, und der in seiner Gallery of Living Art (seit 1927) zeitgenössische Kunst ausstellte. Ende der 30er und Anfang der 40er Jahre traten der Gruppe u. a. Glarner, Léger, Moholy-Nagy, Mondrian, Richter und Xcéron bei. Jean Hélion kam entscheidender Anteil an der Gründung der AAA im Jahr 1936 zu. Er hatte Morris und Holtzman schon zuvor in Paris vorgeschlagen, eine der Gruppe ,abstraction-création' ähnliche Vereinigung in den USA zu gründen. Weil ihm die amerikanische Staatsbürgerschaft fehlte, war Hélion selbst kein Mitglied von AAA, stand der Gruppe aber beratend zur Seite, bis Mondrian 1940 diese Funktion übernahm.

● Susan Larsen, *The American Abstract Artists Group,* Philadelphia, 1975 (Diss.)

Paris
‚Origines et Développement de l'Art International Indépendant', Musée du Jeu de Paume, 30. Juli – 31. Oktober. Organisiert von Yvonne Zervos, Christian Zervos und André Dézarrois, dem Konservator des ‚Musée des Ecoles Etrangères' im Musée du Jeu de Paume. Die Künstler und Werke wurden von einem Komitee ausgewählt, dem u.a. Braque, Eluard, Léger, Marcoussis, Matisse und Picasso angehörten. Ausgestellt wurden 177 Gemälde und Plastiken, u.a. von Arp, Baumeister, Brancusi, Calder, Dali, Delaunay, Ernst, Gabo, González, Hartung, Kandinsky, Klee, Léger, Magritte, Miró, Mondrian, Pevsner, Picasso, Tanguy. Die Protagonisten der modernen Kunst, wie Gauguin, van Gogh, Cézanne und Rousseau, waren ebenfalls vertreten. In jeweils eigenen Sälen zeigte man Fauvismus, Kubismus, Purismus, Neo-Plastizismus, Dadaismus, Surrealismus, Konstruktivismus und die abstrakte Kunst. Als den Ursprung moderner Kunst stellten die Organisatoren im Salle d'honneur Skulpturen aus Schwarz-Afrika, Polynesien, Ozeanien und Neuseeland aus. Katalog mit einer Erläuterung zu den verschiedenen modernen Kunststilen.
Die Ausstellung kam aufgrund eines Protestes von Künstlern zustande, die bei der Ausstellung ‚Les Maitres de l'Art Indépendant' im Petit Palais nicht zugelassen waren (s.u.).
Dézarrois stellte alle Räume des Museums zur Verfügung. Die Ausstellung gab dem Pariser und internationalen Publikum erstmals einen umfassenden Eindruck von der modernen Kunst und ihrer Geschichte.
5000 Besucher sahen die Ausstellung in den ersten beiden Monaten, was von den Veranstaltern als Erfolg gewertet wurde.
In der Zeitschrift ‚Beaux-Arts', Nr. 242, S. 64, protestierten Breton, Brancusi, Tzara, Kupka, Arp, Jeanne Bucher, van Doesburg, und Magnelli gegen die Auswahl der Künstler und forderten eine Neuorganisation. In der ‚Beaux-Arts' Nr. 240 würdigte Raymond Cogniat die Ausstellung in einer kritischen Stellungnahme. Ihm mißfiel die traditionelle Präsentation der Werke. Im folgenden Jahr sollte er als Leiter der von Georges Wildenstein herausgegebenen Zeitschrift ‚Beaux-Arts', diesen zur Surrealismus-Ausstellung in der Galerie des Beaux-Arts anregen, bei der die Galerieräume völlig umgestaltet wurden.

‚Les Maitres de l'Art Indépendant', Petit Palais, 17. Juni – Oktober. Organisiert von Raymond Escholier. Mit u.a. Bissière, Bonnard, Braque, Chagall, de Chirico, Delaunay, Derain, Duchamp-Villon, Ernst, Gargallo, Gleizes, Gris, Gromaire, Herbin, Laurens, Léger, Lipchitz, Maillol, Marcoussis, Matisse, Metzinger, Modigliani, Ozenfant, Picabia, Picasso, Rodin, Roy, Severini, Soutine, Valloton, Vlaminck, Zadkine. Das Werk Georges Rouaults wurde mit einer Retrospektive von über vierzig Gemälden gewürdigt. Gezeigt wurden 1557 Werke von 118 meist französischen Künstlern aus den Jahren 1895 bis 1937. Nach langen Debatten entschied man, auch ausländische Künstler aufzunehmen, die sich vor 1925 in Paris niedergelassen hatten. Das ermöglichte Escholier, die Spanier Picasso, Braque und Gris neben den französischen Kubisten und Fauvisten zu zeigen.
Escholier war als Konservator der Sammlungen der Stadt Paris von der Regierung beauftragt worden, anläßlich der Pariser Weltausstellung eine Ausstellung moderner Kunst zu veranstalten. Wenn es auch gelang, die ‚historischen' Kubisten an dieser Ausstellung zu beteiligen, so blieben doch die jüngsten Tendenzen zeitgenössischer Kunst kaum berücksichtigt. Nicht zugelassene Künstler protestierten, was schließlich zur Ausstellung im Jeu de Paume führte (s.o.). Katalog mit einer Einleitung von Escholier und einem Vorwort von Albert Sarraut.

● *‚Paris – Paris 1937 – 1957',* Paris 1981 (Ausst. Kat.) Deutsche Ausgabe München 1981, S. 62 f.

Paris
‚Exposition Internationale des Arts et Techniques dans la Vie Modern', Trocadèro-Gelände, Marsfeld, Uferzonen der Seine bis zur Invaliden-Esplanade, Seineufer zwischen Eiffelturm und Boulevard de Grenelle und der dahinterliegende historisch aufgebaute Vergnügungspark ‚Centre régional' und die Seineinsel ‚Ile St. Germain' mit der Kolonialausstellung. Mai – November. Mit 24 teilnehmenden Nationen, die auf dem bereitgestellten 105 Hektar großen Gelände sich in 300 Pavillons, davon 43 ausländischen, präsentierten. Zum letzten Mal vor dem 2. Weltkrieg demonstrierten die Nationen ihr wirtschaftliches, kulturelles und nationales Selbstverständnis in friedlicher Weise. Zugleich nutzten die Nationen die Weltausstellung zur Demonstration ihres politischen Machtanspruchs. Den stärksten Ausdruck fand diese nationale Selbstdarstellung in der Architektur. So standen sich zwischen Eiffelturm und dem Palais Chaillot die monumentalen Turmbauten des nationalsozialistischen Deutschland (Architekt: Albert Speer) und der Sowjet-Union (Architekt: Boris Iofan) gegenüber. Diese Gebäude, wie auch der von den Architekten Piacentini, Pagano und Valle entworfene italienische Pavillon, und August Perrets Musée des Travaux Publiques stehen beispielhaft für den neoklassizistischen Baustil der 30er Jahre. Auf dem Ausstellungsgelände befanden sie sich in unmittelbarer Nähe zu modernsten Architekturen wie dem Pavillon des Temps Nouveaux von Le Corbusier, dem Pavillon der U.A.M. von G. H. Pingusson, F. Jourdain und A. J. Louis, sowie Alvar Aaltos finnischem und L. Lacasas und J. L. Serts spanischen Pavillon.
Politische Selbstdarstellung der Nationen prägte auch die Auswahl der Exponate aus dem Berreich der bildenden Kunst. Waren im Pavillon der spanischen Republik ‚Guernica' und eine ‚Frauenbüste' (1931) von Picasso, ‚Montserrat' von González, der ‚Quecksilberbrunnen' von Calder sowie das Bild ‚Le Faucheur' von Miró zu sehen, so präsentierte sich Deutschland mit Figurengruppen von Thorak und Kolbe und die Sowjet-Union mit Muchinas ‚Arbeiter und Kolchosbäuerin'. (Abb. S. 184)

● *Die Axt hat geblüht . . . Europäische Konflikte der 30er Jahre in Erinnerung an die frühe Avantgarde,* Düsseldorf, 1987. (Ausst. Kat.)

Amsterdam
‚Abstracte Kunst', Stedelijk Museum, 2. – 24. April. Organisiert von Wilhelm Sandberg. Mit Arp, Bendien, Bill, Brancusi, Calder, R. Delaunay, S. Delaunay, van Doesburg, Domela, Freundlich, Gleizes, Gorin, Hélion, Hepworth, Herbin, Kandinsky, Klee, Kosnick-Kloss, Kupka, Léger, Lissitzky, Magnelli, Moholy-Nagy, Mondrian, Moore, Moss, Nicholson, Pevsner, Taeuber-Arp, Vantongerloo, Vézelay, Vordemberge-Gildewart. Siebzig Werke waren ausgestellt. Der Katalog entählt Beiträge von H. Buys, Mondrian, Kandinsky, Gorin, Georg Schmidt, Sigfried Giedion.

‚Exposition Internationale du Surréalisme', Galerie Robert, Frühjahr. Die Ausstellung, die auch nach Den Haag ging, wurde organisiert von André Breton, Paul Eluard, Georges Hugnet, von Roland Penrose für England, E. L. T. Mesens für Belgien, und Kristians Tonny für die Niederlande. Beteiligt waren Arp, Bellmer, Brauner, Breton, Brignoni, Brunius, Exquis, Carrington, de Chirico, Dali, Delvaux, Dominguez, Duchamp, Eluard, Ernst, Espinoza, Hayter, Henry, Howard, Hugnet, Jean, Jennings, Klee, Maar, Magritte, Masson, Echaurren, Mesens, Miró, Moore, Nash, Negri, Oelze, Okamoto, Paalen, Penrose, Picasso, Ray, Seligmann, Styrsky, Taeuber-Arp, Tanguy, Tonny, Toyen, Yamanaka. Auf dieser ersten internationalen Surrealisten-Ausstellung in den Niederlanden waren 136 Werke ausgestellt. Die lokalen surrealistischen Künstler blieben unberücksichtigt, da sie dem lange im Ausland lebenden Kristians Tonny nicht bekannt waren. Die Ausstellung zeigte auch surrealistische Bücher und Dokumente. Mit Katalog.

Basel
‚Neue Kunst in der Schweiz', Kunsthalle, 9. Januar – 2. Februar. Mit u.a. den konstruktiv arbeitenden Künstlern Bartoletti, Bill, Bodmer, Eble, Erni, Evard, Friedrich, Gessner, Graeser, Klee, Leuppi, Loewensberg, Schiess, Taeuber-Arp. Erste Ausstellung der am 29. April 1937 von Leo Leuppi mit Zürcher Freunden sowie Künstlern aus Luzern und Basel gegründeten ‚allianz'. Die meisten Mitglieder von

‚allianz' hatten sich bereits an der Ausstellung ‚Zeitprobleme in der Schweizer Malerei und Plastik', Kunsthaus Zürich, 1936, beteiligt. ‚allianz' war die erste gesamtschweizerische Vereinigung moderner Künstler. Ihr vorrangiges Ziel war es, Ausstellungen zu veranstalten, die in unterschiedlichen Zeitabständen und mit leicht veränderter Mitgliederschaft bis 1954 durchgeführt wurden. Den künstlerischen Mittelpunkt der Gruppe bildeten die ‚Zürcher Konkreten', wenn auch grundsätzlich jeder Künstler Mitglied werden konnte, der ausstellen wollte.

● *Dreissiger Jahre Schweiz. Konstruktive Kunst 1915-45,* Winterthur 1981, S. 41.

London
‚Exhibition of Contemporary Sculpture', Guggenheim Jeune Gallery, 22. März – 22. April. Mit u. a. Arp, Brancusi, Calder, Duchamp-Villon, Laurens, Moore, Pevsner und Taeuber-Arp. Zusammengestellt von Marcel Duchamp und Peggy Guggenheim. Die Werke, die von Paris gesendet wurden, wies der Zoll zurück. In seinem Gutachten weigerte sich J. B. Manson, der Direktor der Tate Gallery, die Werke als Kunst anzuerkennen. Die Angelegenheit wurde schließlich vor dem Unterhaus zugunsten der Guggenheim Jeune Gallery entschieden.

● Peggy Guggenheim, *‚Ich habe alles gelebt',* Bern und München 1980, S. 143

‚Exhibition of Twentieth Century German Art', New Burlington Galleries, 7. Juli – 27. August. Organisiert von der Schweizer Kunstsammlerin und -händlerin Irmgard Burchard, sowie von Herbert Read, Roland Penrose und Lady Norton, der Leiterin der von Penrose gegründeten London Gallery. Die Ausstellung mit 270 Exponaten zeigte überwiegend Werke des deutschen Expressionismus, die vor der Machtübernahme der Nationalsozialisten in Deutschland entstanden waren. Darunter Arbeiten von Barlach, Heckel, Kirchner, Klee, Kokoschka, Lehmbruck, Macke, Marc, Meidner, Nolde, Pechstein, Rohlfs, Schmidt-Rottluff. Dazu kamen Werke von u. a. Baumeister, Corinth, Dix, Ernst, Freundlich, Grosz, Hausmann, Kandinsky, Kollwitz, Liebermann, Paalen, Schlemmer, Schwitters, Slevogt und Vordemberge-Gildewart. Nur vereinzelt wurden Werke aus den dreißiger Jahren wie Kokoschkas ‚Selbstbildnis eines entarteten Künstlers' von 1938 oder Beckmanns Triptychon ‚Versuchung' von 1937 gezeigt.

Ein eigener Teil der Ausstellung war der Kunst von Emigranten gewidmet, von denen die meisten in England lebten. Beteiligt waren E. Auerbach, Bloch, Ehrlich, Feibusch, Hamann, Heckroth, Hess, Hoefner, Kormis, Koenigsberger, Kraemer, Marks, Sokol, Trier, Uhlmann und Graumann, Hartung und Jéne.
Bei der Vorbereitung der Ausstellung gab es heftige Auseinandersetzungen über die Ausstellungskonzeption mit den in Paris lebenden Exilkünstlern, darunter Paul Westheim, Max Ernst und Gert Wollheim. Diese planten eine agitatorische Protestausstellung gegen die nationalsozialistische Kulturpolitik. In London hingegen war den Veranstaltern an der politischen Neutralität des Projektes gelegen. So hatte man den zunächst vorgesehenen Titel ‚Banned Art' in ‚Twentieth Century German Art'

umgewandelt und vermied Provokationen durch politisch engagierte Kunst. Die Ausstellung wurde zu einer Manifestation gegen die nationalsozialistische Diffamierung moderner Kunst. Sie fand in der englischen Presse große Beachtung.
Zur Ausstellung erschien neben dem Katalog mit einem Vorwort von Herbert Read das erste englischsprachige Buch über deutsche moderne Kunst: ‚Modern German Art' von Oto Bihalji-Merin unter dem Pseudonym Peter Thoene.

● *Kunst im Exil in Großbritannien 1933-1945,* Berlin 1986, (Ausst. Kat.), S. 35 f.

‚Exhibition of Picasso's Guernica', New Burlington Galleries, 4. – 29. Oktober. Unter der Ausstellungsleitung von Wilfrid Roberts und Herbert Read. ‚Guernica' und über sechzig Vorstudien und Skizzen zu dem Bild waren ausgestellt. Roland Penrose hatte nach der Ausstellung von Picassos Wandgemälde auf der Weltausstellung in Paris 1937 Kontakt zu Picasso aufgenommen. Picasso, der das uneingeschränkte Eigentumsrecht über ‚Guernica' besaß, befürwortete eine Ausstellung in London. ‚Guernica' hing in den New Burlington Galleries zusammen mit einem Gemälde von Zuloaga, das dieser zum Ruhme der faschistischen Verteidiger des Alcázars von Toledo angefertigt hatte. Anhänger des Franco-Regimes mieteten den größeren der beiden Galerieräume für die Aufstellung des Bildes. Während ‚Guernica' große Resonanz fand und nach Ende der Ausstellung auch noch in der Whitechapel Art Gallery gezeigt wurde, fand Zuloagas Gemälde kaum Interesse beim Publikum. In der Whitechapel Art Gallery eröffnete der Führer der oppositionellen Labour Party, Clement Attlee, die Ausstellung. Hier, im East End von London, drängten Arbeiter in Scharen in die Ausstellung. Zwei weitere Ausstellungen fanden in Leeds und Liverpool statt.
‚Guernica' gelangte dann in die USA und wurde anläßlich der großen Retrospektive ‚Picasso: Forty Years of His Art' im Museum of Modern Art in New York vom 15. November – 7. Januar 1940 ausgestellt. Es reiste mit der Ausstellung in viele andere Städte in den Vereinigten Staaten und verblieb schließlich als Leihgabe im Museum of Modern Art. Erst nach Francos Tod wurde das von Picasso dem spanischen Volk zugesprochene Werk am 10. September 1981 in den Pavillon ‚Buen Retiro', einem Nebengebäude des Prado, gebracht. (Abb. S. 186)

● Penrose, a. a. O., S. 87

New York
‚Bauhaus 1919-1928', Museum of Modern Art, Rockefeller Center, 8. Dezember bis Januar; Organisation und Gestaltung der Ausstellung von Herbert Bayer. Mies van der Rohe sollte die Bauhausproduktion der Jahre 1930-1933 vorbereiten, was er allerdings ablehnte. So blieb die Ausstellung auf die Jahre unter Gropius' Leitung 1919-1928 beschränkt. Ausgestellt wurden u.a. Arbeiten der Bauhausmeister Albers, Bayer, Breuer, Feininger, Gropius, Itten, Kandinsky, Klee, Marcks, Moholy-Nagy, Muche, Scheper, Schlemmer, Schmidt, Stölzl, Schreyer.
Herbert Bayer kehrte für die Vorbereitung der Ausstellung nach Deutschland zurück. Seine Tätigkeit in Deutschland, das Sammeln der Materialien und die Ausfuhr der Ausstellungsexponate, hätten beinahe seine Auswanderung in die USA verhindert.
Die Ausstellung gab dem amerikanischen Publikum erstmals einen umfassenden Eindruck von ‚Idee und Arbeit, Geist und Leben' des Bauhauses. Namen der am Bauhaus beteiligten, 1938 sich noch in Deutschland aufhaltenden Künstler, wurden nicht im Katalog aufgeführt. Der Katalog, von Bayer und Walter und Ilse Gropius verfaßt, blieb lange das ausführlichste Informationsbuch über das Bauhaus.

● *Bauhaus 1919-1928,* Deutsche Ausgabe, Stuttgart 1955, S. 5

Paris
‚Exposition Internationale du Surréalisme', Galerie des Beaux-Arts, 17. Januar – Februar. Organisiert von André Breton und Paul Eluard. Die künstlerische Leitung hatte Duchamp. Chefbeleuchter: Man Ray. Verantwortlich für Wasser und Buschwerk: Wolfgang Paalen. Technische Berater: Salvador Dali und Max Ernst. Duchamp behängte die Decke mit 1200 Kohlensäkken, die mit Papier gefüllt waren. Den Mittelpunkt der Ausstellung bildeten die ‚Les plus belles rues de Paris', surrealistische Straßen, in denen Mannequins in surrealistischen Kostümen aufgestellt waren. Dali stellte das ‚Taxi pluvieux' (Regentaxi) aus.
Zur Ausstellung veröffentlichten Breton und Eluard den ‚Dictionnaire Abrégé du Surréalisme', in welchem die surrealistischen Künstler, Schriftsteller und Dichter etc. verzeichnet wurden und zahlreiche Begriffe, Bildmotive etc. aus der surrealistischen Literatur und Kunst aufgeführt wurden. (Abb. S. 187)

Internationale Surrealismus-Ausstellung in Paris 1938: Die Puppe von Kurt Seligmann (Foto Man Ray)

Weltausstellung Paris 1937
mit dem deutschen und sowjetischen Pavillon (Abb. S. 184:)
Ausstellung von Picassos *Guernica* in den New Burlington Galleries, London 1938 (Abb. S. 186:)

London
‚Living Art in England', London Gallery, 18. Januar – 11. Februar. Organisiert von E. L. T. Mesens, mit u. a. Gabo, Heartfield, Hepworth, Hodkins, Jackson, Kokoschka, Mondrian, Moore, Nash, Nicholson, Penrose, Piper, Richards, Uhlmann. Zum ersten Mal in England wurden in dieser Ausstellung Fotomontagen von Heartfield gezeigt. Die Ausstellung in der Galerie von Roland Penrose wurde zur „Unterstützung von Flüchtlingen aus der Tschechoslowakei und jüdischen Exilanten" veranstaltet. Penrose gehörte zu den Mitbegründern des Artists' Refugee Committe, das 1938 in London zur Unterstützung der Künstler im tschechoslowakischen Exil ins Leben gerufen worden war.
Der Katalog erschien in der von E. L. T. Mesens herausgegebenen und von der London Gallery publizierten Zeitschrift ‚London Bulletin' Nr. 8-9, S. 14-57. ‚Living Art in England' war die letzte Ausstellung der London Gallery, die bei einem der ersten Bombenangriffe auf London zerstört wurde.

● *Kunst im Exil in Großbritannien 1933-1945,* a. a. O., S. 38.

‚Abstract and Concrete Art', Guggenheim Jeune, 10. – 27. Mai. Mit Arp, Baumeister, Calder, van Doesburg, Freundlich, Gabo, Glass, Hartung, Hélion, Henghes, Hepworth, Howard, Kandinsky, Mondrian, Nicholson, Schwitters, Taeuber-Arp, Tunnard, Vezelay, Wadsworth, Winter, Magnelli und Vantongerloo. Nr. 14, Mai, S. 2-4 und S. 21/22. Insgesamt waren 45 Werke ausgestellt.
Katalog in: London Bulletin, mit biografischen Daten zu den Künstlern.

New York
‚Art in our Time', Museum of Modern Art, Eröffnung am 1. Juni. Ausstellung anläßlich des 10. Jahrestages des Museum of Modern Art und der Eröffnung des neuen Gebäudes. Organisiert von Alfred H. Barr. Die Ausstellung war in die Sektionen Malerei, Skulptur, Grafik, Fotografie, Architektur, Industriedesign und Film unterteilt. Schwerpunkt der Ausstellung war die europäische und amerikanische Kunst des 19. und 20. Jahrhunderts. Sie gab einen Überblick über die großen Internationalen Strömungen der modernen Kunst und zeigte zahlreiche deutsche Künstler, deren Werk im nationalsozialistischen Deutschland als ‚entartet' verfemt war. Darunter Barlach, Beckmann, Ernst, Feininger, Kandinsky, Kirchner, Klee, Kokoschka, Kollwitz, Lehmbruck, Marcks.
Mit einem umfangreichen, reich illustrierten Katalog mit einer Einleitung von Alfred H. Barr.

Oslo
‚International Nutidskunst. Konstruktivisme. Neoplasticisme. Abstrakt Kunst. Surrealisme', Ausstellung bei der Künstlervereinigung Oslo und in den Museen der norwegischen Städte Stavanger und Bergen. Organisiert von Sophie Taeuber-Arp und W. Bjerke Petersen.

Paris
‚Réalités Nouvelles, Renaissance plastique', Galerie Charpentier.
1. Ausstellung (1. Teil) 15. – 28. Juni. Werke von französischen Künstlern. Mit Arp, Chauvin, R. Delaunay, S. Delaunay, Duchamp, Duchamp-Villon, Gleizes, Herbin, Valmier, Villon.
(2. Teil), 30. Juni – 15. Juli. Werke ausländischer Künstler. Mit Bauer, van Doesburg, Eggeling, Freundlich, Gabo, Hausmann, Kandinsky, Kupka, Lissitzky, van der Leck, Malewitsch, Magnelli, Mondrian, von Rebay, Richter, Schwitters, Vantongerloo. Außerdem war der Entwurf für ein modernes Museum von Corbusier und Jeanneret ausgestellt.
2. Ausstellung, 17. – 31. Juli. Mit Werken von Künstlern, die bereits vor 1920 abstrakt arbeiteten: Crotti, Picabia, Léger, Laurens, Janco, Rosiné, Survage, Kassak, und Werke von Künstlern nach 1920: Béothy, Bill, Baumeister, Centurion, Domela, Gorin, Greene, G. Greene, Hébert-Coeffin, Heurtaux, Hélion, Hepworth, Jackson, Kosnick-Kloss, Kann, Moss, Moriss, Morton, Nebel, Nicholson, Corbusier, Stephenson, Soldati, Scarlett, Schaw, Taeuber-Arp, Vézelay, Vordemberge-Gildewart, Veronesi, Vytlacil, Werner und Xceron.

Bibliographie

Allgemeine Literatur zum Thema der Ausstellung

Alfred H. Barr, *What is Modern Painting,* New York 1943
Albrecht Betz, *Exil und Engagement. Deutsche Schriftsteller im Frankreich der dreissiger Jahre,* München 1986
Anthony Blunt, The ‚Realism' Quarrel, in: *Left Review,* vol. III, April 1937, S. 169-171
Bernard Causton, Art in Germany under the Nazis, in: *The Studio,* vol. CXII, November 1936, S. 235-246
Susan Compton (Hrsg.), *Englische Kunst im 20. Jahrhundert. Malerei und Plastik,* München 1987 (Ausst.-Kat.)
Christian Derouet, Beaux-Arts en travers de la peinture de 1930 à 1939, ou une décennie perdue, in: *Les Cahiers du Musée National d'Art Moderne,* no. 7-8, 1981, S. 386-407
Christian Derouet, Kandinsky in Paris: 1934-1944, in: *Kandinsky in Paris,* New York 1985 (Ausst.-Kat.)
Myfanwy Evans, *The painters object,* London 1937
Dieter Franck, *Die Welt der dreißiger Jahre,* München 1985
Cordula Frowein, The Exhibition of 20th Century German Art in London 1938 – eine Antwort auf die Ausstellung ‚Entartete Kunst' in München 1937, in: *Exilforschung.* Ein internationales Jahrbuch, Bd. 2, München 1984
Carola Giedion-Welcker, *Moderne Plastik,* Zürich 1937
László Glózer, *Westkunst. Zeitgenössische Kunst seit 1939,* Köln 1981
Ernst H. Gombrich, Art and Propaganda, in: *The Listener,* 1939
Clement Greenberg, Avant-Garde and Kitsch, in: *Partisan Review,* 6, no. 5, 1939, S. 34-49
Peggy Guggenheim (Hrsg.), *Art of this century. Objects – Drawings – Photographs – Paintings – Sculpture – Collages 1910 to 1942,* New York 1942
Peggy Guggenheim, *Ich habe alles gelebt, (Bekenntnisse einer Sammlerin aus Leidenschaft),* Bern/München 1980
Serge Guilbaut, *How New York stole the Idea of Modern Art. Abstract Expressionism, Freedom and the Cold War,* Chicago 1983
Hans L. C. Jaffé, De Kunstenaarsemigranten, in: *Berlijn-Amsterdam 1920-40,* Amsterdam 1982 (Ausst.-Kat.)
Sidney Janis, *Abstract and Surrealist Art in America,* New York 1944
John R. Lane/Susan C. Larsen (Hrsg.), *Abstract Painting and Sculpture in America 1927-1944,* Pittsburgh 1983 (Ausst.-Kat.)
Susan C. Larsen, The American Abstract Artists: A Documentary History, 1936-41, in: *Archives of American Art Journal,* 14, no. 1, 1974, S. 2-7
Julien Levy, *Memoir of an Art Gallery,* New York 1977
Pierre Loeb, *Voyages à travers la peinture,* Paris 1945
Edward Lucie-Smith, *Art of the 1930s. The age of anxiety,* London 1985
Joan M. Lukach/Hilla Rebay: *In Search of the Spirit in Art,* New York 1983
Jean Lurçat/M. Gromaire/E. Goerg/Aragon/Küss/F. Léger/Le Corbusier/A. Lhote/J. Labasque/J. Cassou, *La Querelle du Réalisme.* (Deux débats organisés par l'association des peintres et sculpteurs de la maison de la culture), Paris 1936
Dougald McMillan, *Transition. The history of a literary era 1927-1938,* New York 1976
Roland Penrose, *Scrap book 1900-1981,* London 1981
Marie-Aline Prat, *Peinture et avant-garde au seuil des années 30,* Lausanne 1984
Herbert Read, *Art Now,* London 1934
Herbert Read, *Art and industry: the principles on industrial design,* London 1934
Herbert Read (Hrsg.), *Unit 1: The Modern Movement in English Architecture, Painting and Sculpture,* London 1934
Herbert Read, *Art and Society,* London 1936
Irving Sandler/Amy Newman (Hrsg.), *Defining Modern Art: Selected writings of Alfred H. Barr,* New York 1986
Marion Schmid/Liliane Meffre, *Carl Einstein. Werke Band 3. 1929-1940,* Wien/Berlin 1985
James Thrall Soby, *After Picasso,* New York 1935
E. Wernert, *L'art dans le IIIe Reich. Une tentative d'esthetique dirigée,* Paris 1936
Paul Westheim, *Karton mit Säulen. Antifaschistische Kunstkritik,* Leipzig/Weimar 1985
Christian Zervos, *Histoire de l'art contemporain,* Paris 1938
these. antithese. synthese, Luzern 1935 (Ausst.-Kat.)
Les maitres de l'art indépendant 1895-1937, Paris 1937 (Ausst.-Kat.)
Twentieth Century German Art, London 1938 (Ausst.-Kat.)
Mostra del rinnovamento dell'arte in Italia dal 1930 al 1945, Ferrara 1960 (Ausst.-Kat.)
British Art and the modern movement 1930-40, Cardiff 1962 (Ausst.-Kat.)
Art in Britain 1930-40 centered around Axis, Circle, Unit One, London 1965 (Ausst.-Kat.)
Traum – Zeichen – Raum. Benennung des Unbenannten. Kunst in den Jahren 1924-1939, Köln 1965 (Ausst.-Kat.)
Hampstead in the Thirties, a Committed Decade, London 1974 (Ausst.-Kat.)
Zwischen Widerstand und Anpassung. Kunst in Deutschland 1933-1945, Berlin 1978 (Ausst.-Kat.)
L'art dans les années 30 en France, Saint-Etienne 1979 (Ausst.-Kat.)
1937. Exposition internationale des arts et des techniques, Paris 1979 (Ausst.-Kat.)
Thirties. British art and design before the war, London 1979/80 (Ausst.-Kat.)
L'art face à la crise: L'art en occident 1929-1939, Saint-Etienne 1980
Paris 1937 – Paris 1957: créations en France, Paris 1981 (Ausst.-Kat.)
Dreissiger Jahre Schweiz. Ein Jahrzehnt im Widerspruch, Zürich 1982 (Ausst.-Kat.)
Anni trenta. Arte e Cultura in Italia, Milano 1982 (Ausst.-Kat.)
1930-1980 Astrattismo in Italia nella raccolta Cernuschi Ghiringhelli, Genova 1985 (Ausst.-Kat.)
Englische Kunst im 20. Jahrhundert, München 1987 (Ausst.-Kat. Stuttgart 1987)

Literatur zur abstrakten und konkreten Kunst

Alfred H. Barr, *Cubism and Abstract Art. Painting Sculpture Constructions Photography Architecture Industrial Art Theatre Films Poster Typography,* New York 1936 (Reprint New York, 1966)
Stephen Baum (Hrsg.), *The Tradition of Constructivism,* London 1974
Cor Blok, *Geschichte der abstrakten Kunst 1900-1960,* Köln 1975
Theo van Doesburg, *l'art concret,* Paris 1930 (Siehe Staber 1966)
John Elderfield, Geometric Abstract Painting and Paris in the Thirties, in: *Artforum,* 8, Teil 1, Mai 1970, S. 54-59; Teil 2, Juni 1970, S. 70-75
John Elderfield, The Paris-New York Axis: Geometric Abstract Painting in the Thirties, in: *Geometric Abstraction 1926-42,* Dallas 1972 (Ausst.-Kat.)
Konrad Farner, *Der Aufstand der Abstrakt-Konkreten,* Neuwied/Berlin 1970
H. L. C. Jaffé, *De Stijl. 1917-1931. Der niederländische Beitrag zur modernen Kunst,* Frankfurt/Berlin 1965
Jeremy Lewison (Hrsg.), *Circle: Constructive Art in Britain 1934-1940,* Cambridge 1982 (Ausst.-Kat.)
Andréi B. Nakov, *Abstrait/Concret,* Paris 1981
Ben Nicholson/Naum Gabo/J. L. Martin (Hrsg.), *Circle. International Survey of Constructive Art,* London 1937 (Reprint London 1971)
George Rickey, *constructivism. origines and evolution,* London 1968
Willy Rotzler, *Konstruktive Konzepte. Eine Geschichte der konstruktiven Kunst vom Kubismus bis heute,* Zürich 1977
Michel Seuphor (Hrsg.), *l'art abstrait: ses origines, ses premiers maîtres,* Paris 1949, 1950
Michel Seuphor, *Knaurs Lexikon abstrakter Malerei:* mit einer ausführlichen Darstellung der Geschichte der abstrakten Malerei, München/Zürich 1957
Michel Seuphor, *Ein halbes Jahrhundert abstrakte Malerei. Von Kandinsky bis zur Gegenwart,* München/Zürich 1962

Michel Seuphor, *Gestaltung und Ausbruch in der modernen Kunst,* Freiburg 1967
Michel Seuphor (Hrsg.), *Cercle et Carré* (Revue), Paris 1971 (Reprint der Nr. 1, 2 und 3/ 1930 mit Verzeichnis der gleichnamigen Ausstellungen der Gruppe Cercle et Carré, Paris 1930)
Michel Seuphor, *l'art abstrait. 1918-1938,* Bd. 2, Paris 1972
Angela Thomas, *Georges Vantongerloo und sein Engagement in den Künstlergruppen der 30er Jahre, unter besonderer Berücksichtigung von „Abstraction-Création",* Paris Lizentiatsarbeit Universität Zürich 1979
Meyer Schapiro, Das Wesen der abstrakten Malerei, (1937), in: ders., *Moderne Kunst – 19. und 20. Jahrhundert.* (Ausgewählte Aufsätze), Köln 1981
Margit Staber, *Konkrete Kunst,* St. Gallen 1966 (Enthält deutsche Übersetzung von: Theo van Doesburg, l'art concret, Paris 1930)
Margit Staber-Weinberg, Konstruktivismus, konkrete, konstruktive Kunst?, in: *Konstruktive Kunst 1915-45,* Zürich 1981 (Ausst.-Kat.)
Margit Staber, Konkrete Kunst, in: *Propyläen Kunst Geschichte,* Bd. 12, Frankfurt a. Main/Berlin/Wien 1984, S. 263 f.
Ludmilla Vachtova, Konstruktive Kunst in der Schweiz, in: *Konstruktive Kunst 1915-45,* Zürich 1981 (Ausst.-Kat.)
Aline Vidal, Zwei Avantgarde-Bewegungen der frühen dreißiger Jahre in Paris, (Gespräche mit Michel Seuphor und Jean Hélion), in: *Arp 1886-1966,* Stuttgart 1986, S. 166 (Ausst.-Kat.)
Tentoonstelling Abstracte Kunst, Amsterdam 1938 (Ausst.-Kat.) (Reprint Redding, Conn. 1974)
Art abstrait – Les premières générations 1910-1939, Saint-Etienne 1957 (Ausst.-Kat.)
Geometric Abstraction 1926-42, Dallas 1972 (Ausst.-Kat.)
Constructivism in Poland 1923-1936, BLOK. Praesens. a. r., Essen 1973 (Ausst.-Kat.)
Aspekte konstruktiver Kunst, Zürich 1977 (Ausst.-Kat.)
Abstraction-Création 1931-1936, Münster 1978 (Ausst.-Kat.)
Constructivism and the Geometric Tradition. Selections from the McCrory Corporation Collection, New York 1979 (Ausst.-Kat.)
Dreissiger Jahre Schweiz. Konstruktive Kunst 1915-1945, Winterthur 1981 (Ausst.-Kat.)
Konstruktive Kunst 1915-45, Zürich 1981 (Ausst.-Kat.)
Contrasts of Form. Geometric Abstract Art 1910-1980, New York 1985 (Ausst. Kat.)

Literatur zum Surrealismus

Dawn Ades (Hrsg.), *Dada and Surrealism reviewed,* London 1978 (Ausst.-Kat.)
Theodor W. Adorno, Rückblickend auf den Surrealismus (1956), in: *Noten zur Literatur I,* Frankfurt a. Main 1958
Sarane Alexandrian, *Surrealismus,* München 1973
Sarane Alexandrian, *Surrealistische Malerei,* Berlin 1973
Sarane Alexandrian, *Les libérateurs de l'amour,* Paris 1977
Ferdinand Alquié, *The philosophy of surrealism,* Ann Arbor. University of Michigan Press 1965
Louis Aragon, *Les collages,* Paris 1965 (Die Textsammlung enthält u. a.: La peinture au défi, 1930; John Heartfield et la beauté révolutionnaire, 1935)
Louis Aragon, *Abhandlung über den Stil.* Surrealistisches Traktat, Berlin 1987 (Originalausgabe: Paris 1928)
Alan Axelrod (Hrsg.), *L'amour fou. Photography and surrealism,* New York 1985
Jacques Baron, *Anthologie plastique du Surréalisme,* Paris 1980
Alfred H. Barr (Hrsg.), *Fantastic Art, Dada, Surrealism,* New York 1936 (Ausst.-Kat.)
Robert Benayoun, *Erotique du Surréalisme,* Paris 1965
Walter Benjamin, Der Sürrealismus. Die letzte Momentaufnahme der europäischen Intelligenz, (1929), in: *Angelus Novus,* Frankfurt a. Main 1966, S. 200-215
Adam Biro/René Passeron (Hrsg.), *Dictionaire général du surréalisme et de ses environs,* Fribourg 1982
Rita Bischof, *Souveränität und Subersion. George Batailles Theorie der Moderne,* München 1984
André Breton, *Nadja,* Frankfurt a. Main 1974 (Originalausgabe: Paris 1928)
André Breton/Paul Eluard, *Die unbefleckte Empfängnis. L'Immaculée Conception.* München 1974 (Originalausgabe: Paris 1930)
André Breton, *Die kommunizierenden Röhren,* München 1973 (Originalausgabe: Paris 1932)
André Breton, *L'amour fou,* Frankfurt a. Main 1985 (Originalausgabe: Paris 1937)
André Breton, *Anthologie des Schwarzen Humors,* München 1979 (Originalausgabe: Paris 1940)
André Breton, *Der Surrealismus und die Malerei,* Berlin 1967 (franz. Ausgabe: Paris 1965)
André Breton, *Die Manifeste des Surrealismus,* Reinbek 1968
Whitney Chadwick, *Myth in Surrealist Painting. 1922-1939,* Ann Arbor. UMI Research Press Michigan 1980
Jacqueline Chénieux-Gendron, *Le surréalisme,* Paris 1984
Jean Clair, La pointe à l'oeil d'Alberto Giacometti, in: *Cahiers du Musée national d'art moderne* 83/11, S. 64-99
Wolfgang Drechsler, Die Romantik des Geschmacklosen, in: *Zauber der Medusa. Europäische Manierismen,* Wien 1987 (Ausst.-Kat. hrsg. von Werner Hofmann)
Yves Duplessis, *Der Surrealismus,* Hamburg 1960
Paul Eluard, *Liebesbriefe an Gala* (1924-1948), Hamburg 1987
Haim N. Finkelstein, *Surrealism and the Crisis of the Object,* Ann Arbor. UMI Research Press Michigan 1979
Wallace Fowlie, *Age of Surrealism,* London 1975
Xavière Gauthier, *Surrealismus und Sexualität. Inszenierung der Weiblichkeit,* Berlin 1980
Herbert S. Gershman, *A bibliography of the surrealist revolution in France,* Ann Arbor. University of Michigan Press 1969
Herbert S. Gershman, *The surrealist revolution in France,* Ann Arbor. University of Michigan Press 1969
László Glózer, *Picasso und der Surrealismus,* Köln 1974
Peter Gorsen, *Salvador Dali, der kritische Paranoiker,* Frankfurt a. Main 1980
Malcolm Haslam, *The Real World of the Surrealists,* London 1978
Edward B. Henning, *The spirit of surrealism,* Cleveland 1979 (Ausst.-Kat.)
Marcel Jean, *Geschichte des Surrealismus,* Köln 1961
Marcel Jean (Hrsg.), *The autobiography of surrealism,* New York 1980
Christian Kellerer, *Objet trouvé und Surrealismus.* Zur Psychologie der modernen Kunst, Reinbek 1968
Elisabeth Lenk, *Der springende Narziß. André Bretons poetischer Materialismus,* München 1971
Elisabeth Lenk, *Die unbewußte Gesellschaft. Über die mimetische Grundstruktur in der Literatur und im Traum,* München 1983
Elisabeth Lenk, *Kritische Phantasie.* (Gesammelte Essays), München 1986
Julien Levy, *Surrealism,* New York 1936
Eric Losfeld (Hrsg.), *Tracts surréalistes et déclarations collectives (1922-1969),* Tome 1: 1922-1939, Paris 1980, Tome 2: 1940-1969, Paris 1982
Marcel Mariën, *L'activité surréaliste en belgique,* Brüssel 1979
J. H. Matthews, *The imagery of Surrealism,* Syracuse University Press 1977
Günther Metken (Hrsg.), *Als die Surrealisten noch recht hatten. Texte und Dokumente,* Stuttgart 1976; Hofheim 1983
Maurice Nadeau, *Histoire du Surréalisme (suivie de Documents Surrealistes),* Paris 1964
Maurice Nadeau, *Geschichte des Surrealismus,* Reinbek 1965
Terry Ann R. Neff (Hrsg.), *In the Mind's Eye: Dada and Surrealism,* New York 1985 (Ausst.-Kat. Chicago 1984)
José Pierre, *Lexikon des Surrealismus,* Köln 1974
José Pierre, *L'univers surréaliste,* Paris 1983
José Pierre, *L'aventure surréaliste autour d'André Breton,* Paris 1986
Herbert Read (Hrsg.), *Surrealism,* London 1971 (Originalausgabe: London 1936)
William S. Rubin, *Dada und Surrealismus,* Stuttgart 1972
Robert Short, *Dada und Surrealismus,* Stuttgart 1984
Uwe M. Schneede, *Malerei des Surrealismus,* Köln 1973
Gisela Steinwachs, *Mythologie des Surrealismus oder Die Rückverwandlung von Kultur in Natur,* Neuwied/Berlin 1971
Tristan Tzara, *Le surréalisme et l'après-guerre,* Paris 1948
Patrick Waldberg, *Der Surrealismus,* Köln 1965 (1972[2]; 1975[3])
Dictionnaire abrégé du Surréalisme (erschienen zur Exposition Internationale du Surréalisme), Paris 1938
Metamorphose des Dinges. Kunst und Antikunst 1910-1970, Berlin 1971 (Ausst.-Kat.)
Der Surrealismus 1922-1942, München 1972 (Ausst.-Kat.)
Surrealität-Bildrealität 1924-1974, Düsseldorf 1975 (Ausst.-Kat.)
Surrealismus aus der Sammlung The Museum of Modern Art, New York, Wien/Düsseldorf/ Zürich 1978 (Ausst.-Kat.)
La planète affolée. Surréalisme. Dispersion et Influence 1938-1947. Paris 1986 (Ausst.-Kat. Marseille 1986)

chriften

abstraction, création, art non-figuratif
N° 1, 1932 – N° 5, 1936
Hrsg.: Association abstraction-création
Redaktion: A. Herbin, G. Vantongerloo, E. Beothy, A. Gleizes, J. A. Gorin, J. Hélion
Paris

Art Concret
April 1930 (eine Nummer)
Hrsg.: Th. van Doesburg
Paris

axis
N° 1-8, Jan. 1935 – Winter 1937
Hrsg.: Myfanwy Evans
London

bauhaus
Jahrgang 1929, Heft 1-4
Hrsg.: Hannes Meyer
Redaktion: Ernst Kállai
Jahrgang 1931, Heft 1-3
Hrsg.: bauhaus dessau
Redaktion: Ludwig Hilberseimer (Heft 1); Josef Albers (Heft 2); Wassily Kandinsky (Heft 3)

Cahiers d'Art
N° 1, 3, 4, 7/8, 1931 (Umfrage zur abstrakten Kunst; Antworten von: Mondrian, Léger, Baumeister, Kandinsky)
N° 5/6, 1935 (Beiträge zum Surrealismus)
N° 1/2, 6/7, 1936 (Beiträge zur surrealistischen und abstrakten Kunst)
Hrsg.: Christian Zervos
Paris

Cercle et carré
N° 1-3, März – Juni 1930
Hrsg.: Association cercle et carré
Redaktion: Michel Seuphor
Paris

Clé
Bulletin de la Fédération internationale de l'art révolutionaire indépendant (F.I.A.R.I.)
N° 1-2, Jan. – Feb. 1939
Redaktion: Maurice Nadeau
Paris

Documents
1. Jg., N° 1-7, April 1929 – Dez. 1929
2. Jg., N° 1–8, 1930
Hrsg.: Georges Bataille
Paris

Documents 34
N° 1, Juli 1934 (Sondernummer: Intervention surréaliste)
N° 2, Nov. 1934
Hrsg.: S. Cordier, E. L. T. Mesens
Brüssel

L'Invention Collective
N° 1-2, Feb. 1940 – April 1940
Hrsg.: Belgische Surrealisten-Gruppe
Brüssel

London Bulletin
N° 1-20, April 1938 – Juni 1940
Hrsg.: E. L. T. Mesens
London

Minotaure
N° 1-13, Juni 1933 – Mai 1939
Hrsg.: Albert Skira
Künstlerischer Leiter: E. Tériade
ab N° 10 (1937) Redaktionskomitee: A. Breton, M. Duchamp, P. Eluard, M. Heine, P. Mabille
Paris

Plastique
N° 1-5, 1937 – 1939
Hrsg.: C. Domela, H. Arp, S. Taeuber-Arp
Paris

La Révolution Surréaliste
N° 1-12, Dez. 1924 – Dez. 1929
Hrsg.: P. Naville, B. Péret (ab N° 4 Hrsg.: A. Breton)
Paris

De Stijl
Sonderheft über Theo van Doesburg, 1932
Redaktion: Petro (Nelly) van Doesburg
Leiden/Delft

Le Surréalisme au Service de la Révolution
N° 1-6, Juli 1930 – Mai 1933
Hrsg.: A. Breton
Paris

Transition
N° 1-27, 1927 – 1938
Hrsg.: E. Jolas, J. J. Sweeney
Erscheinungsorte: Paris, London, New York

VVV
N° 1-4, Juni 1942 – Feb. 1944
Hrsg.: D. Hare
Redaktionskomitee: A. Breton, M. Duchamp, M. Ernst
New York

Photonachweise

Ch. Bahier, Ph. Migeat, Paris: Kat. Nr. 12
Binia Bill, Schweiz: Kat. Nr. 13
Studio Grünke, Hamburg: Kat. Nr. 8
Hauswedell und Nolte, Hamburg: Kat. Nr. 9
Bernd Kirtz, Duisburg: Kat. Nr. 29, Kat. Nr. 61
Walter Klein, Düsseldorf: Kat. Nr. 100, Kat. Nr. 66, Kat. Nr. 68
Ralph Kleinhempel, Hamburg: Kat. Nr. 88
Kollard, s'Gravenhage: Kat. Nr. 79
Mariusz Lukawski, Lodz: Kat. Nr. 57, Kat. Nr. 58
Lee Miller Archives, Großbritannien: Kat. Nr. 30
Steven Slowman, New York: Kat. Nr. 16
Lothar Schnepf, Köln: Kat. Nr. 89, Kat. Nr. 26
John Webb, London: Kat. Nr. 19
Die übrigen Vorlagen für die Farb- sowie Schwarzweißabbildungen stellten freundlicherweise die Leihgeber zur Verfügung.

Musée National d'Art Moderne, Centre Georges Pompidou, Paris, Kandinsky-Nachlaß: 2
Photo Man Ray: 3
Archives of American Art, Smithsonian Institution, Washington D. C.
(Photo George Platt Lynes): 4
L'Illustration. Exposition 1937, Paris 29. Mai 1937: 14
Archives des Musées Nationaux, Palais du Louvre, Paris: 14
Cahiers d'Art, 12. Jg. (1937), Nr. 4/5: 18
Cahiers d'Art, 14. Jg. (1939), Nr. 5/10: 18; 19
Collection André Gomes,
Henriette Gomes, Paris (Photo André Gomes): 19
Collection André Gomes,
Henriette Gomes, Paris (Photo André Gomes): 21
La Révolution Surréaliste, 5. Jg. (1929), Nr. 12: 48
Musée National d'Art Moderne, Centre Georges Pompidou, Paris, Collection Hugnet
(Photo Adam Rzetka): 52
Musée National d'Art Moderne, Centre Georges Pompidou, Paris, Collection Hugnet
(Photo Adam Rzetka): 52
Alberto Giacometti-Stiftung, Kunstmuseum Basel: 60
Museum of Modern Art, New York: 60
Alberto Giacometti-Stiftung, Kunsthaus Zürich: 63
Ediciones Poligrafa, S. A., Barcelona: 182
Exposition 37, Paris 1937 (Photo Pierre Verger): 184
Cahiers d'Art, 14. Jg. (1939), Nr. 1/4: 186
Photo Man Ray: 187